부산경제사 연구총서 2

# 부산의 기업과 기업가단체, 1900~1945

박 섭 · 장지용 편

도서출판 해남

Busan Economic History Series 2

# Company and Business Association in Busan, 1900~1945

Sub Park and Ji-Yong Jang, eds.

Haenam Publishing Co.

# 차 례

## 총론



# 제1부 기업

## 제1장 회사자료의 정리와 분석



## 제2장 제조업회사의 변화와 성격

## 제3장 조선중공업(朝鮮重工業)주식회사의 설립과 경영

## 제2부 기업환경과 기업가단체

### 제4장 은행가와 금융



### 제5장 통합 상업회의소 출범 이전의 경제단체 -상업회의소를 중심으로-

## 제6장 부산상공회의소



**부록**

# 서 문

부산경제사연구회는 1999년 7월 10일부터 시작하였다. 최초에는 김종한, 김호범, 박섭, 박영구, 장지용, 정이근의 여섯 명으로 출발하였고, 나중에 안식년을 마치고 돌아온 김대래가 합류하였다. 발족한 직후에는 지역경제를 연구하는 데 필요한 논저와 부산경제의 현상과 역사에 대한 저작물을 읽었다.

한국인은 강한 지역주의에도 불구하고 한국 내의 어디에선가 형성된 경험은 한국의 다른 곳에서도 통용될 것으로 생각하는 경향이 있다. 하지만 지역주의가 각 지방의 역사적 경험이 다르기 때문에 만들어짐을 고려하면 이것은 모순된 사고이다. 우리가 어떤 지역의 문제를 정확하게 이해하기 위해서는 그 지역의 경험을 충분히 알고 있어야 한다. 다른 지역의 경험은 그 지역의 문제를 이해하는 데 참조점이 될 뿐이다. 이것이 부산경제를 연구하게 한 가장 중요한 계기였다.

2000년 여름에 부산경제를 계속 연구하려면 부산경제의 장기통계를 만들어야 한다고 의견을 모았다. 과거를 보여 주는 장기통계가 없어 막연한 이미지만이 존재하거나, 통계가 부정확하여 정확한 실태를 알 수 없다면 커다란 오류를 낳을 수 있다. 자신의 과거가 과도하게 부풀려져 실제로 없는 잠재력이 있는 것처럼 보일 수도 있고, 과거가 보이지 않아 실제로 있는 잠재력이 없는 것처럼 보일 수도 있다. 그 결과 현재의 정책도 오류를 갖게 되며, 나아가 미래에 대한 전략도 잘못된 기반 위에 만들어지게 된다고 판단하였기 때문이다.

장기적으로는 19세기 말부터 최근의 통계를 모두 정비할 것을 염두에 두었지만, 처음에는 상대적으로 하기 쉬운 1945~2000년에 한정하였고, 생산 · 노동 · 교육 · 무역 · 금융 · 재정 통계를 정비하였다. 이 작업에 2001년부터 약 2년이 걸렸다. 이어서 2003년부터는 1900~2000년까지의 부산 경제통계를 정비하고 부산의 경제성장과정을 해석하였다.

부산경제사연구회는 이 연구결과를 여러 논문으로 발표하였지만 책으로 출판하지는 못하였다. 표와 표에 대한 해석을 전부 모으고 적절한 방법으로 편집해야 하였는데, 각자가 자신의 연구와 사회활동에 바빠 그런 정성을 기울이지는 못하였던 것이다. 우리가 통계작업을 시작할 때 지방의 장기경제통계를 정비할 수 있는 방법을 만들어 낼 것이고, 그것을 제공하여 다른 지방이 경제통계를 정비하려 할 때에 드는 비용을 줄일 수 있도록 계획하였는데, 결국 그 일을 하지 못하였던 것이다. 다만 경상남도청, 경북대학교, 인천대학교 인천학연구소가 우리의 작업에 관심을 가져 주었기 때문에 그것으로 조금 위안을 삼으려 한다.

장기통계를 만들면서 부산경제사연구회는 부산경제의 장기적 변동에 대해 연구회 공통 및 개별 회원의 해석을 만들 수 있었다. 우리의 연구에 의하면 1940년대 후반의 경제후퇴와 1950년대 전반의 경제성장이 뚜렷하게 대비되었다. 그리하여 2004년부터 "한국전쟁과 경부성장축의 강화"라는 주제로 공동연구를 하였다. 이 공동연구의 결과도 여러 논문으로 출판되었는데, 단행본으로도 편집되어 부산경제사 연구총서 제1권으로 출판되므로 자세한 경과는 그 책의 서문을 읽어 주시기 바란다.

2007년부터 식민지기 부산의 기업과 기업가단체에 대해 연구하였다. 회원 중 박영구가 자신의 작업을 더욱 발전시켜 『근대 부산의 제조업, 1900-1944: 통계와 발전』과 『현대 부산의 제조업, 1945-2000: 통계와 발전』(부산발전연구원, 2005)이라는 두 권의 책을 출판한 것이 우리가 기업에 대해 관심을 더 많이 갖게 하였다. 또 박섭이 식민지기의 사업자단체에 대해 공부하고 있었기 때문에 기업과 기업가단체를 함께 연구하게 되었다.

이 연구를 위해 장지용, 정이근이 기업과 기업가단체의 데이터베이스를 만들었다. 그 작업의 전부를 이 책에 수록할 수는 없기 때문에 모든 업종의 총괄표와 제조업 기업의 개략만을 이 책의 부록으로 싣는다. 우리는 이 부록이 부산경제를 연구하는 분들에게 유용한 자료가 될 것으로 믿는다. 저자들은 데이터베이스를 활용하여 부산지역 회사의 전체적인 양상, 제조업 기업과 금융기업, 경제단체의 설립과정, 부산경제 성장에서의 부산상공회의소의 역할을 검토하였다. 출판을 계획하면서 부산의 제조업기업에 대한 사례연구를 추가하여 공동연구의 완성도를 높이기로 하였고, 이 책의 제3장은 그 과정에서 수록되었다.

총론은 식민지기 부산경제의 특징을 묘사한 것이다. 총론에 따르면 부산은 기업가적 도시였으며, 상업도시로 출발하였고, 상업을 기반으로 해서 공업을 발달시켰다. 1920년대 말까지 부산의 공업은 순조롭게 성장하였고 전국에서 차지하는 비중도 높였으나 1930년대에는 부산 제조업기업들의 적극적인 대응에도 불구하고 불황의 영향을 전국의 다른 도시보다 더 크게 입었다. 그리하여 1930년대 후반에는 그 비중이 크게 하락하였다. 이 무렵부터 부산부와 부산상공회의소는 부산의 관광업을 발달시키기 위한 계획을 세웠다. 중일전쟁이 발발하자 부산의 공업비중이 다시 커지기 시작하였다. 전체적으로 보아 식민지기에 부산은 기업가적 도시였고, 상업에 기반을 두고 공업을 발달시켰으며, 일본과의 경제적 연관이 부산경제의 부침에 큰 영향을 미쳤다.

제1장은 식민지기 부산지역 회사에 관한 자료를 수집 · 정리한 후, 이를 기반으로 부산지역 회사의 변동을 고찰한 것이다. 검토결과 부산은 다른 지역에 비해 회사가 이른 시기에 발달한 지역이었다. 그러나 부산의 회사는 1920년대 중반 이후 점차 영세화하였고, 1930년대에는 전국 평균규모에도 못 미치게 되었다. 반면 많은 영세기업의 대극에 소수의 거대기업이 존재하였는데, 그리하여 우리는 부산경제가 소수의 거대기업에 지나치게 의존하였음을 추측할 수 있다. 이러한 구조적 변화는 회사의 신설과 소멸을 자본금규모별로 나누어 분석함으로써 더 구체적으로 확인할 수 있다. 신설과 해

산 모두 소규모 자본에 집중되어 있었지만, 그 중에는 회사형태의 변화를 수반한 성장도 고찰된다. 또 중견기업의 신설과 해산을 고찰한 결과 부산지역에는 중견기업의 존속률이 낮았다. 이 역시 부산이 현재 안고 있는 문제와 맥을 같이 하는 것이다.

제2장은 제조업기업을 검토한다. 부산지역의 제조업기업에게는 네 번의 큰 변화가 있었다. 그 첫 번째는 20세기 초 일본 자본의 진입이었는데, 이들은 일부 기호식품을 제외하고 식민지 내부시장을 형성하는 데 실패하였고, 장기적 제조이익보다 단기적 유통이익을 선호하였다. 두 번째는 1916년부터 시차를 두고 확대된 전쟁특수와 이에 따른 조선회사령 완화에 의한 변화였다. 이때 1910년대 전반부까지와 달리 지역 내수시장이 확대되었고, 이에 기초하여 대규모 기업진입과 한국계 제조업기업의 진입 등이 이루어졌다. 세 번째는 1930년의 공황이었다. 공황은 위기였지만 한편으로는 비용을 낮출 수 있는 기회였기에 주식회사 창업과 일부 대기업 회사의 규모확대가 동시에 나타났고, 공황을 극복하기 위한 신상품 개발과 해외시장 지향 생산이 이루어졌고, 동종업종의 집적지가 만들어졌다. 네 번째는 전시기로 그 기간에 부산의 제조업회사는 양극화와 수출시장 상실, 경쟁의 왜곡 등 시장왜곡화를 겪었고, 그 결과 자립적인 내생성장구조를 잃어 갔다. 이는 일제하 강화된 해외의존성과 결합하여 해방 직후 1940년대 어느 지역보다 부산의 제조업기업이 큰 타격을 받는 원인이 되었다.

제3장은 일제시기 부산의 대표적 기업 중 하나였던 조선중공업주식회사의 설립과 경영실태를 검토하여, 부산지역 공업화를 개별 기업의 측면에서 분석한다. 1937년 조선중공업이 설립된 계기는 군수와 민수의 요구가 동시에 결합한 것이었다. 그러나 태평양전쟁이 발발하기 전에는 민수가 조선(造船)의 중심이었다. 함정을 수리할 대형 도크가 건설되어 유사시에는 언제든지 군수회사로 변모할 수 있었지만, 태평양전쟁 발발 이전에는 수요를 예상한 시설일 뿐이었다. 조선중공업은 1930년대 말 해운업 호황에 힘입어 대

거 수주하였으나 전시통제경제에 따른 자재조달난에 직면하여 조선은 부진하였다. 태평양전쟁은 조선중공업에게 새로운 기회를 제공하였다. 전쟁수행을 위한 해상수송력 확충이 일본제국의 당면과제로 부상하면서, 선박 양산을 목적으로 하는 전시계획조선(戰時計劃造船)이 핵심 국책사업으로 실시되었기 때문이다. 그 계획에 참여한 조선중공업은 군수회사로서의 성격이 강화되었지만 설비를 크게 확장하고, 활발하게 건조할 수 있었다. 조선중공업의 설립과 경영과정은 일제 말 중공업의 급격한 성장을 보여 주는 것이었으나, 그것이 기업 스스로의 힘이 아닌 국가의 대규모 지원에 힘입은 것이었고, 재생산조건도 전적으로 일본에 의존하였다는 점이 약점이었고, 해방 후 기업재건에 큰 부담이 되었다.

제4장은 부산에 존재하였던 경남(구포)은행(1912년 창립), 부산상업은행(1912년 창립) 및 동래은행(1918년 창립)을 중심으로 이 세 은행이 최종적으로 매수 · 합병된 1935년경까지 설립과 경영상의 특징, 합병과정과 그 과정에서 드러난 조선총독부 은행합병정책의 성격을 살펴보고, 이어서 1906~1945년까지 부산소재 은행의 전국적 위상과 다른 대도시와 비교한 특징을 통계적으로 제시한다. 세 은행의 대주주나 경영자는 자신들의 기업체 운영에 은행 자금을 이용하려 하였다. 1920년대에 들어서 영업부진에 빠진 경남은행은 1928년에 대구은행과 합병하여 대구상공은행이 되었고, 동래은행은 개정된 1928년 은행령에 규정된 자본금 200만 원을 채우지 못하여 광주의 호남은행에, 부산상업은행은 부실대출이 화근이 되어 1935년에 일본인이 소유 · 지배하는 조선상업은행에 각각 흡수되었다. 부산의 금융계는 호황기에는 나름대로 기업의 확장과 운영에 도움을 주었지만, 1920년대 이후의 경기변동에 효과적으로 대응하지 못하였으며, 은행 합병을 통해서 식민지 경제에 대한 통제력를 강화하려 한 총독부에 대해서 자신의 이해를 대변해 줄 경제단체를 갖추지 못하였다. 한편, 식민지기에 부산의 예금과 대출은 전국의 주요 도시 중에서 경성 다음의 2위를 차지하였는데, 식민지 말기에는 점

차 그 비중이 감소하였다.

제5장은 개항에서 한일합방 직후의 경제단체의 설립과정을 다루고 있다. 1916년 통합경제단체가 출현하기까지 부산에는 한국인과 일본인 상업회의소가 별개로 존재하였는데, 이들 사이에 존재하였던 긴장과 타협을 살펴보면서 통합의 과정과 결과가 어떤 것인가를 분석하고 있다. 부산부(부산 일본 거류민단)와 일본 기업의 견제 속에서 한국인 경제단체는 결국 그 억압을 이겨내지 못하고 일본인 상업회의소에 흡수되는 길을 걸었다. 아울러 순수한 경제단체는 아니지만 부산에서 출범하였던 조선실업협회는 일본인의 식민과 식민지 지배의 첨병역할을 하였는데, 부산 거주 일본인 기업가들이 많이 참여하고 있었다. 이 시기 경제단체는 정치적이면서 권력적이었고 또 민족적이었다.

제6장은 부산상의의 역할을 살펴본다. 1916년에 조선총독부의 명령에 의해 한국인과 일본인의 상업회의소가 통합되었고, 1943년에 경남상공통제회에 흡수될 때까지 부산 상공업자를 대표하는 단체였다. 당시에는 부산의 시민사회가 발달하지 못하여 부산상의는 상공업자의 이익만이 아니라 부산 시민의 이익까지도 대변하였다. 그리하여 부산경제와 관련된 여러 사업에서의 실질적인 영향력은 부산부회를 능가하였다. 부산상의는 1910~1920년대에는 물류와 상업의 개발을 주장하였고, 1930년대에는 그것에 공업개발을 덧붙였으며, 1940년대에는 그것에 관광업을 덧붙였다. 부산상의가 역동적일 수 있었던 외적인 환경은 부산이 일본과 중국을 연결하는 결절점이며 천혜의 항구를 가졌다는 것이고, 내적인 조건은 조직역량이 높았다는 것이다.

저자들은 이 공동연구에서 최초의 계획을 모두 이루지는 못하였다. 하나는 식민지기의 정부와 기업의 관계를 연구하지 못한 것이다. 부산부의 역량, 총독부 및 부산 기업가와의 관계 등을 검토할 수 있었다면 식민지기의 기업과 기업가단체의 활동을 더 명확하게 이해하였을 것이다. 다른 하나는 상공회의소 이외의 단체를 검토하지 못한 것이다. 그 당시에 많은 동업자단체가 있었고, 상의 평의원 선거를 살펴보면 그 단체와 상의의 관계는 긴밀하였다. 그럼에도 불구하고 상의 이외의 단체를 제외한 것은 분석에 필요한 자료를 충분히 입수할 수 없었기 때문이다.

마지막으로 이 책의 제1장은 「식민지기 부산지역 회사자료의 정리와 분석: 『釜山府勢要覽』자료를 중심으로」(『한국민족문화』 제36집, 부산대학교 민족문화연구소, 2010)에, 제2장은 「외부충격과 지역경제: 부산 제조업회사, 1908-1936」(『한국경제학보』 제5권 제2호, 연세대학교 경제연구소, 2008)과 「전시기 부산 제조업회사의 성격변화, 1937-1945」(『지역사회연구』 제16권 제2호, 한국지역사회학회, 2008)에, 제3장은 「日中戰爭期朝鮮重工業株式會社の設立と經營」(『朝鮮史研究會論文集』 제44집, 東京: 朝鮮史研究會, 2006)과 「朝鮮重工業株式會社의 戰時經營과 해방 후 재편과정」(『역사와 경계』 제60호, 부산경남사학회, 2006)에, 제4장은 「식민지기 본점은행의 설립과 해체: 부산 3행의 경우」(『한국경제지리학회지』 제12권 제4호, 2009)에, 제5장은 「근대지방경제단체의 형성(1876-1916)-부산상업회의소를 중심으로-」(『지역사회연구』 제18권 제1호, 한국지역사회학회, 2010)에 그 일부가 발표되었는데, 이 책의 출판에 즈음하여 각 논문의 책임연구자가 수정 · 가필하였다.

도서출판 해남의 노현철 대표와 편집부 및 이 책의 집필과 출판에 도움을 주신 모든 분께 감사 드린다.

2010년 5월

저자를 대표하여 박섭 · 장지용

# 범 례

이 책은 부산의 역사성보다 현재성에 더 중점을 둔다. 그런 이유로 조선 대신에 한국을, 한국과 일본의 무역은 이출과 이입 대신에 수출과 수입으로 표기한다. 범례에 소개되지 않았다고 해도 용어는 그런 관점에서 선택될 것이다.

그렇지만 고유명사 및 문맥에서 역사적 상황을 반드시 살려야 할 때는 조선으로 표기한다. 아울러 어떤 지명이 현재의 명칭으로는 당시의 범위를 정확히 나타내지 못하는 경우는 당시의 명칭으로 표기한다. 예를 들어, 영선동이 아니라 영선정으로 표기한다.

또 서울만은 경성으로 표기한다. 그것은 한국에서의 서울의 지위를 특권화하지 않기 위해서이다. 서울의 보통명사로서의 의미는 수도인데, 그리하여 한국에서는 서울은 영원히 수도가 된다. 이것은 서울이 특권화되는 하나의 이유일 것이다. 경성의 경(京)의 의미가 서울이기 때문에 경성으로 표현해도 그 문제는 남지만, 식민지기에 경성이 수도가 아니었으므로, 서울이 주는 무게보다는 가벼워진다고 판단한다.

# 총론

Ⅰ. 기업가적 도시

Ⅱ. 상업을 기반으로 한 상공업도시

Ⅲ. 부산의 경제변동

Ⅳ. 해방 이후의 부산

# 총론

## Ⅰ. 기업가적 도시[1]

많은 한국인이 한국의 식민지기를 조선총독부가 민간부문을 엄격하게 통제한 기간으로 이해하고 있다. 총독부에 의해 가격이 결정되었고, 그 가격에 따라 생산물이 수집되고 배급된 경제로 이해하고 있는 것이다. 1937년에 중일전쟁이 시작되었고, 1938년에 국가총동원령이 내려졌으며, 그 이후에는 경제가 통제되었지만, 그 이전 시기는 시장경제였으므로 많은 사람이 식민지기의 경제를 오해하고 있는 것이다.

1937년 이전에 한국경제는 시장수요와 시장공급에 의해 가격이 결정되었다. 생산자는 시장가격의 변동을 지표로 해서 생산물의 종류와 생산량을 결정하였고, 판매자와 구매자는 그 가격을 지표로 해서 거래하였다. 한편, 물권과 채권에 대한 법률 및 상법이 공포되었고, 통화가치가 안정되고 무명잡세가 폐지되는 등 민간의 경제활동을 촉진하는 제도가 갖추어졌다. 부역

1) 이 책에서의 기업은 '영리(營利)를 얻기 위하여 재화나 용역을 생산하고 판매하는 조직체'를 가리키며, 기업가는 '기업에 자본을 대고 기업의 경영을 담당하는 사람'을 가리킨다. 그렇기 때문에 이 책에서는 자영업자도 기업가에 포함된다. 한편, 기업가적 도시라는 표현은 오해를 낳을 수도 있다. 이 용어를 순화하면 기업가도시로 되는데, 기업가도시를 직역하면 기업가에 의해서 그 중추가 장악된 도시를 나타낼 것이기 때문이다. 이렇게 보면 중세 유럽의 자치도시는 기업가도시의 전형이 될 것인데, 저자가 부산이 그런 도시였다고 주장하는 것은 아니다. 아래에서 자세히 언급하겠지만 이 책에서의 기업가적 도시는 기업가가 민간부문을 주도하며 지방정부에 대한 기업가의 교섭력이 높은 도시를 뜻한다.

과 같은 법에 의거하지 않는 조세가 징수되기도 하였고,[2] 「조선회사령」과 같은 민간의 경제활동을 억압하는 법률이 제정되기도 하였지만, 그것이 생산의욕을 현저히 감소시키지는 않았다고 생각한다. 그럼에도 불구하고 식민지기 전체가 통제경제로 이해되는 일이 많은 것은, 일본에 의한 수탈을 지나치게 강조하는 것과 국가총동원령이 내려진 이전과 이후의 경제체제의 차이를 정확하게 알지 못하기 때문일 것이다.

그렇다고 해서 조선총독부가 경제를 자유방임하였던 것은 아니었다. 특정한 생산물 또는 산업을 선별해서 육성하는 정책을 다수 제정하였고, 정책이 제대로 집행되도록 행정지도하였다. 대표적으로 벼농사를 육성 · 개량하는 정책, 철도건설을 촉진하는 정책, 전력업을 통제하고 육성하는 정책 등을 들 수 있다. 또 국가총동원령이 내려진 이후에는 포괄적인 산업정책이 세워졌는데, 조선총독부가 1939년에 제정한 「조선시국산업확충계획」은 대표적인 그러한 정책이었다. 그것은 하나의 생산물 또는 하나의 산업이 아니라 복수의 생산물과 복수의 산업을 동시에 육성하는 계획이었다.

그런데 이러한 정책을 세우고 집행한 것은 독립 이후의 한국 정부도 마찬가지였다. 이승만정부는 박정희정부보다 산업정책을 적게 세웠지만, 이승만정부도 1949년에 1953년을 목표연도로 하는 「5개년 생산계획안」을 내었고, 1957년에는 「면포수출 5개년 계획」을 세웠다. 식민지기와 독립 이후를 비교하면 농업의 산업정책은 식민지기가 더 강하였고, 공업의 산업정책은 독립 이후가 더 강하였다고 할 수 있다.

정부가 시장경제에 친화적일수록 사업기회가 시장에서 생기며, 그런 만큼 정부에 대한 기업가의 교섭력은 커진다. 한편, 정부가 산업정책을 많이 시행할수록 사업기회가 정부에서 생기며, 그런 만큼 정부에 대한 기업가의 교섭력은 작아진다. 식민지기의 중앙정치에서는 총독부에 대한 기업가

2) 박이택(2002).

의 교섭력이 낮았다. 삼일운동 이후 설치되었던 '조선산업조사위원회'의 한국인 위원은 한국인 공업을 보호하는 정책을 세워 줄 것과 한국인 기업가를 우대해 줄 것을 요청하였지만,[3] 그들의 교섭력은 낮았고, 주장은 받아들여지지 않았다. 보조금은 증가하지 않았으며 관세율은 1910년대보다 더 낮아졌다. 1923년에 제정된 「신조선관세령」은 주정, 주정을 함유한 음료, 직물의 세 가지를 제외한 나머지 모든 일본 상품이 한국에 무관세로 수입되게 하였다. 경성상공회의소[4]는 식민지 자본의 육성에 힘써 줄 것을 요구하였는데, 예를 들면 공업시험소 육성, 일관된 공업정책 확립, 보조금 지급, 농업과 동일한 수준의 저리자금 공급, 관세의 편의 보장, 공업과세 경감 등이었다. 그렇지만 총독부는 그것을 배려하지 않았다.[5] 식민지기 한국에 중앙정치에 대한 참정권이 매우 약하였는데, 기업가의 교섭력이 낮았던 것은 그 때문이기도 하였을 것이다. 한국에는 중앙의회가 없었으며, 1931년부터 일본 국회 귀족원[6]에 한국대표를 파견할 수 있게 되었지만, 1945년까지 7명이 귀족원 의원으로 파견되었을 뿐이었다. 1945년부터는 중의원에 한국대표가 파견되게 되었지만, 일본이 패전하여 실현되지 않았다.

지방정치의 참정권은 중앙정치보다 강하였다. 1920년에 지방제도가 개정되었고, 부(府)와 읍[7]의 협의회 의원은 민선으로 선출하였다. 도와 보통면에도 평의회와 협의회를 두었다. 하지만 그 의원은 도지사와 군수가 임명하였다.[8] 보통선거가 행해지지는 않았고, 면 부과금 또는 부세(府稅)를 5원 이상 납부하는 남자에게 참정권을 주었다.[9] 농경지 8헥타르 정도를 가지고 있으면 면 부과금이 5원이었다.[10] 1930년에 지방제도가 다시 개정되었는데 참

3) 金子文夫(1992), p. 192.
4) 이하에서는 상업회의소와 상공회의소를 상의로 줄여 쓴다.
5) 高橋龜吉(1935), pp. 359~364.
6) 현재의 일본 참의원으로 상원에 해당한다.
7) 당시의 명칭에 따르면 指定面.
8) 具英姬(1989).
9) 손정목(1992), pp. 185~187.

정권의 범위가 넓어졌다. 부와 읍만이 아니라, 면에도 의회가 설치되었고, 의원은 모두 민선으로 선출되었다. 도의회에서는 도지사가 1/3의 의원을 임명하였고, 읍과 면의 의원이 2/3를 선출하였다. 부산은 부였기 때문에 1920년부터 의원이 민선되었다.

주민이 부윤(府尹)을 선출할 수 없는 점에서 참정권이 제한적이었지만, 의원을 선출할 수 있었던 것은 기업가에게 기회가 주어졌기 때문이다. 1920년에 부산부협의회 의원 당선자 20명 가운데 공업, 상업, 금융업, 운송업에 종사하는 사람이 14명(70%), 나머지가 6명(30%)이었고, 1929년에는 전자가 17명(57%), 후자가 13명(43%)이었다.[11] 1935년에는 부산부회(부산부협의회의 후신) 의원선거가 있었는데 전자와 후자가 각각 20명(56%)과 16명(44%)이었다.[12] 이들이 공업, 상업, 금융업, 운송업에서 직업을 가지고 있다고 해서 이들이 모두 사업체의 소유자라고 판단할 수는 없다. 하지만 1926년 부산부협의회 회원 30명 가운데 16명이 부산상의 평의원이었으므로,[13] 부회 의원의 다수가 기업가였다고 가정해도 될 것이다.

부산부협의회와 부회가 상공업자에 의해 장악되었던 것인데, 이러한 사태는 논리적으로도 이상하지 않다. 그것은 식민지기의 부산에 정당정치가 행해지지 않았으며, 대중운동가가 합법적으로 활동하기 어려웠고, 고등교육기관이 없었기 때문일 것이다. 식민지기에 부산수산전문학교가 부산의 유일한 고등교육기관이었는데 그나마 1944년에 설립되었다. 오늘날에는 지방의회 의원 중에 정당인이나 시민운동가와 같이 평소에 정치를 해 온 사람과 언론인이나 교육자처럼 자기 직업에 국한된 이해관계만이 아니라 사회 전체적인 이해관계 속에서 사회를 관찰하는 사람이 꽤 있다. 그렇지만 20세기 전반의 부산의 환경에서는 그러한 사람이 부족하였고, 상공업 이외에서

10) 박섭(2004), p. 48.
11) 홍순권(2006), p. 199.
12) 홍순권(2007), p. 356.
13) 홍순권(2006), p. 199.

정치인이 공급되기는 어려웠다.

1920년에 부산의 직업별 인구구성은 공업, 광업, 상업, 교통업에 종사하는 사람이 54%, 농림목축업, 어업, 제염업, 관공리, 자유업이 21%, 기타가 25%였고, 1930년에는 각각 44%, 24%, 32%, 1941년에는 각각 53%, 19%, 28%였다.[14] 기타가 포함하는 업종은 알기 어렵지만 기타의 90~95%가 한국인이었으므로 노무자가 많았을 것이다. 그런데 공업, 광업, 상업, 교통업에 종사하는 사람이 약 5할을 점하였으므로, 공업, 광업, 상업, 교통업의 사업체 소유자가 부회 회원이 되었다면, 그 회원은 자기 업종을 배경으로 해서 부산부에 대한 교섭력을 가졌다고 판단할 수 있다.

1920년 이전에도 부산은 기업가적이었던 듯하다. 1876년의 개항 이후 부산에 일본인 인구가 점차 증가하여 1906년 동래부[15] 총인구 7만 8,026명 중 일본인이 1만 6,059명을 차지하였다.[16] 이 일본인은 사업기회를 찾아서 왔을 것이므로, 그들이 불법적이고 투기적인 이윤을 노렸다고 하더라도, 기업가적 성향이 강하였을 것으로 이해할 수 있다. 한편, 조선통감부 『통계연보』의 회사, 조합, 공장 통계를 살펴보면 흥미로운 사실을 알 수 있다. 〈표 A-1〉에 의하면 부산은 경성과 인천보다 기업이 훨씬 많았다. 저자가 회사와 조합을 구별하지 않고 함께 제시하는데, 조합이 많다는 것은 기업이 많다는 뜻이기 때문이다. 부산, 경성, 인천의 1910년 가구수가 각각 2만 492호, 6만 4,582호, 1만 3,504호였으므로,[17] 인구를 감안하면 부산이라는 도시의 기업가적 성격은 경성에 대해서는 두드러짐이 더 강해지고 인천에 대해서는 조금 약해지지만, 부산이라는 도시가 그들에게 사업기회를 더 많이 제공하였고, 부산의 일본인 이민이 더 적극적으로 움직였다고 할 수 있다.

부산이 기업가적 도시였다고 표현할 때의 또 하나의 특징은 기업가단

14) 홍순권(2004), p. 57.
15) 1910년까지는 부산이 동래부 내의 지방행정단위였다.
16) 김대래(2005), p. 300.
17) 1906~1909년판에는 일본인 가구수가 정확히 나오지 않아서 소개할 수 없음.

**표 A-1** 부산, 인천, 경성의 회사, 조합, 공장 수

| 연도 | 회사/조합 | | | 공장 | | |
|---|---|---|---|---|---|---|
| | 부산 | 경성 | 인천 | 부산 | 경성 | 인천 |
| 1906 | 29 | 24 | 15 | 14 | 6 | 10 |
| 1907 | 52 | 36 | 38 | 9 | 10 | 14 |
| 1908 | 66 | 38 | 30 | 22 | 10 | 10 |
| 1909 | 69 | 37 | 23 | 48 | 15 | 9 |

주: 『조선총독부통계연보』(1910)에는 회사와 공장이 도시별로 소개되어 있지 않으며, 조합에 대한 통계가 없음.

체가 활발히 움직였던 것이다. 한국에는 기업가단체에 대한 연구가 매우 적으므로 먼저 당시의 전국적인 상황을 조금이라도 살펴보자. 조선총독부는 기업가가 단체를 조직하고 총독부와 협력하는 것을 중시하였다. 19세기 말에 일본 정부는 일본에서 동업조합 설립을 장려하였고 동업조합을 이용해서 생산물의 품질을 높였고 수출량을 늘리는 데 성공하였는데, 총독부가 그 경험을 중시하였을 것이다.[18)]

먼저 업종별 단체에 대해서는 총독부가 1915년에 「중요물산동업조합령」을 시행하였고, 중일전쟁이 발발하여 군수물자의 공급이 중요한 과제로 되자 1938년에 「朝鮮공업조합령」을 시행하였으며, 태평양전쟁 중인 1944년에는 「朝鮮공업통제령」을 시행하였다. 위 법령에 의거해서 동업조합, 공업조합, 통제회가 각각 결성되었다. 동업조합은 1927년에 233개가 존재하였고, 공업조합은 1944년에 164개였다.[19)] 여기에서 설명하지는 않지만, 저자의 조사에 의하면 업종별 단체는 실제적으로도 중요한 역할을 하였다.[20)]

한편, 지역별 단체에 대해서는 조선총독부가 1915년에 「조선상업회의소령」을 시행하였고, 1930년에 「조선상공회의소령」을 시행하였다. 상공회

18) 박섭(2007).
19) 朝鮮總督府殖産局(1935), p. 16.
20) 박섭(2007), pp. 355~363.

의소는 1944년에 전국의 30개 지역에 존재하였다.[21] 이 책의 제5장에 의하면 부산의 지역별 기업가단체는 1879년에 처음 설립되었다. 일본인 상인이 설립하였고 명칭이 부산상업회의소였는데, 당시에는 일본에도 도쿄와 오사카에만 상업회의소가 있었으므로 매우 일렀다고 할 수 있다. 한국인 상인은 1883년에 부산항 객주가 상무회의국(商務會議局)을 개설하였고, 1889년에는 '부산객주상법회사'를 설립하였는데, 일본인 상인의 단체활동에 대응하기 위해서 설립하였다고 할 수 있다. 한국인 단체의 구성원은 줄곧 객주였으나, 1908년에 동래상업회의소가 설립되면서 객주 이외의 상인과 제조업자도 다수 가입하였다. 1914년에는 경상남도 지사가 동래상업회의소를 선인(鮮人)상업회의소로 개명하게 하였다.[22] 1916년에 조선총독부가 한국인과 일본인의 두 상의를 통합하게 하였고 부산상의가 설립되었다.

식민지기에 부산에 동업조합이 다수 있었지만, 그것들의 활동은 자세히 알 수 없다. 당시의 신문이나 잡지 기사에서 판단하면 식민지기에 부산의 기업가를 대표하는 단체는 부산상의였다. 그리고 부산상의와 동업조합은 잘 연계되어 있었다. 우선 부산상의의 평의원은 하나 또는 복수의 동업단체의 지지를 받아 당선되는 일이 많았다.[23] 또 부산상의와 동업조합은 현안을 상의해서 처리하였다. 이 책의 제6장에 의하면, 1930년대 초의 불황 중에 부산상의가 부선(艀船)업자조합에게 운임을 2할 인하하도록 요청하였고 조합은 1할 인하를 대안으로 제시하였다. 같은 불황 중에 부산상의가 부산조합은행단에 금리 2리 인하를 요청하였다. 중일전쟁 중에는 부산양화(洋靴)동업조합이 부산상의에게 원료를 구입하기 어려우므로 그에 대한 방책을 세워 줄 것을 요청하였다.[24]

부산상의는 전국 또는 부산의 경제성장을 도모하거나, 상의 회원 또는

21) 부산상공회의소(1982), p. 295.
22) 부산상공회의소(1982), pp. 102~104.
23) 차철욱(2005), p. 295.
24) 동아일보(1938. 9. 10), p. 4.

상의 집행부와 사무국의 이익을 옹호할 수 있었다. 차철욱은 1903~1915년의 부산상의 회원과 그 시기 그들의 활동을 검토하였는데, 그 연구에 의하면 영선산을 깎고 바다를 매립하게 한 것은 유력자의 부동산 투기를 위한 것이었고, 동래 온천장까지 전철이 들어가게 한 것은 유력자의 여관영업을 돕기 위한 것이었다. 그리하여 차철욱은 부산상의 내 유력자(집행부)가 상의를 이용해서 그들의 개인적 이익을 실현하려 하였다고 결론지었다.[25)]

저자는 영선산 공사의 주목적은 경부선과 부두를 연결하여 부산항을 더 발달시키기 위한 것이었고, 부산역과 온천장을 연결하는 전철은 국내외의 더 많은 사람이 부산을 방문하게 하기 위한 것이었다고 이해하는데, 그렇다고 해서 유력자가 이 사건에 개입하지 않았다고 주장하는 것은 아니지만, 집행부의 이익을 옹호하는 것에 중점이 두어지지는 않았다고 판단한다. 1900~1945년의 부산상의를 검토하면 부산상의가 상의 회원의 이익을 옹호하였음을 잘 알 수 있다.

그런데 부산은 상공업 경영자가 많은 기업가적 도시였기 때문에, 상의가 회원의 이익을 옹호하는 것은 부산경제 전체의 성장을 도모하는 것과 그다지 다르지 않았다. 제5장에 의하면 부산상의는 1910년대에 사회간접자본의 건설에 주력하였고, 제6장에 의하면 부산상의는 1920년대부터 부산의 상공업과 관련산업의 발달에 주력하였는데, 이것은 부산경제의 성장을 낳는 것이었다. 자세한 내용은 본론에서 살펴보므로 여기에서는 더 이상 언급하지 않는다.

25) 차철욱(2004).

## Ⅱ. 상업을 기반으로 한 상공업도시

한국과 일본의 국교는 임진왜란 이후 일시 단절되었다가 1609년에 회복되었다. 그때부터 18세기 초까지는 한국과 일본의 무역량이 꽤 많았다. 1713년부터 청 상인이 비단과 명주를 廣州에서 나가사키로 직수출하게 되자 한국과 일본의 무역량은 감소하였고, 1876년까지 정체하였다. 그런 만큼 부산은 왜관이 두어져 있었다고는 해도 동래군에 속한 조그만 포구에 지나지 않았다.

1876년에 한국 정부가 부산을 개항하자 일본인이 다수 거주하기 시작하였다. 김대래에 의하면 1880~1895년에 일본인의 직업은 무역상, 중매상, 소매상이 많았다.[26] 1895년 가을부터 조사가 세밀하게 되어 직업을 더 자세하게 알 수 있는데, 흥미로운 것은 국내외 상업종사자가 증가할 뿐 아니라, 목수, 미장이, 기와공, 석공, 페인트공, 토목 단순노동자가 늘어난 것이다.[27] 상업과 토목업 종사자가 동시에 증가하는 것은 부산의 성장경로를 잘 알려준다. 부산은 상업과 관련한 사회간접자본이 건설되고 그 위에서 상업이 발달하며 경제적 기초가 만들어졌던 것이다.

부산을 상업도시로 발달시킨 사회간접자본으로는 항만과 철도를 들어야 할 것이다. 부산만은 여러 섬으로 둘러싸여 파고가 낮고 수심이 깊어 천혜의 항구였지만, 해안과 산이 가까워서 항만부지가 적었다. 그리하여 1887년부터 매립이 시작되었다. 한편, 큰 배가 기항하려면 잔교가 있어야 하였으므로 1906년 10월에 폭 10m, 길이 180m의 제1잔교가 건설되었다. 잔교에 철도가 부설되었기 때문에 제1잔교-경부선-경의선-압록강철교[28]를 따라

26) 김대래(2009), pp. 154~156.
27) 김대래(2009), pp. 159~165.
28) 압록강철교는 1911년에 완공되었다.

만주까지 연결되었다. 1912년 3월에는 제1잔교보다 조금 더 남쪽에 제2잔교가 건설되었다. 그리하여 제1잔교는 여객선, 제2잔교는 화물선이 정박하게 되었다. 1919년부터는 항만을 준설하였고, 방파제와 배를 댈 수 있는 안벽을 건설하였다.[29)]

부산항이 정비되면서 항로가 늘어났다. 1905년 8월까지는 부정기항로밖에 없었지만 1905년 9월에 부산-시모노세키 사이에 정기선(부관연락선)이 취항하였다. 1937년에는 부산에서 외국의 22개 도시에 국제항로가 연결되었으며, 16개 선박회사가 그 곳에 취항하였다. 연안항로는 25개였다.[30)] 한편, 1905년에 부산-경성 사이와 삼랑진-마산 사이에 철도가 개통되었고, 1923년에 마산-진주 사이에 철도가 개통되었다. 1922년에 송정(전라남도)-순천 사이에 철도가 개통되어 있었으므로 1923년에는 진주-순천 사이의 불편은 있었지만, 부산에서 전라남도 내륙까지 철도로 수송할 수 있게 되었다.

상인이 다수 거주하고 교통망이 형성되자 시장이 발달하고 상거래가 증가하였다. 〈그림 A-1〉의 세로축은 전국 시장거래액에서 차지하는 경상남도와 경기도의 비율을 나타낸다. 이 그림에 의하면 1914, 1918년에 경상남도의 시장거래량은 전국 총거래량의 15%를 넘었고, 1922~1942년에는 10~15% 사이에 있었다. 경기도와 비교하면 평균적으로 보아 경상남도가 조금 높았다. 경기도에는 총독부가 자리잡은 경성, 조선시대부터 상업이 발달하였던 개성, 주요 무역항의 하나였던 인천이 있었으므로, 그것을 감안하면 부산이 매우 활발한 상업도시였음을 잘 알 수 있다.

〈그림 A-2〉에 의하면, 부산이 상업적으로 매우 중요한 도시가 된 것은 무역의 발달에 기인하였다고 추측할 수 있다. 등락이 있기는 하지만, 1886~1939년을 평균하면, 전국의 무역총액에서 부산항이 차지하는 비율이 29.3%였다.

29) 최해군(2007), pp. 176~180.
30) 부산상공회의소(1937), pp. 133~137.

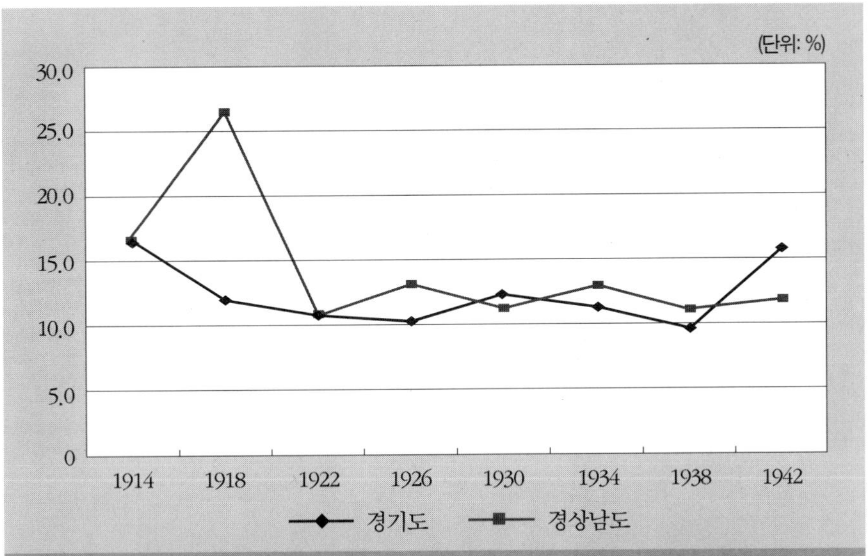


**그림 A-1** 전국 시장거래액에서 차지하는 경상남도와 경기도의 비율

자료: 『조선총독부통계연보』(1914, 1918, 1922, 1926, 1930, 1934, 1938, 1942).

한편, 부산상의 회원에 대한 차철욱의 연구에 의하면, 1912년의 회원은 수출무역상, 곡물상, 장유제조 및 판매상, 주류제조 및 판매상의 순서로 많았다. 곡물상은 정미업을 겸하였을 것이며, 부산이 미곡수출항이었던 것을 고려하면 수출무역과 관련이 깊었을 것이다.[31] 부산상의 회원수로 부산 무역업의 현황을 대신하면 부산은 수출무역이 발달하였다고 할 수 있다. 그렇다면 철도와 도로를 통해서 부산항으로 곡물과 해산물이 수집되었고, 그것이 일본으로 수출되면서 부산의 상업이 발달하였고 부산이 성장하였다고 할 수 있을 것이다.

부산은 처음에는 상업도시로 발달하였지만 인구와 소득이 증가하면서

31) 차철욱(2005).

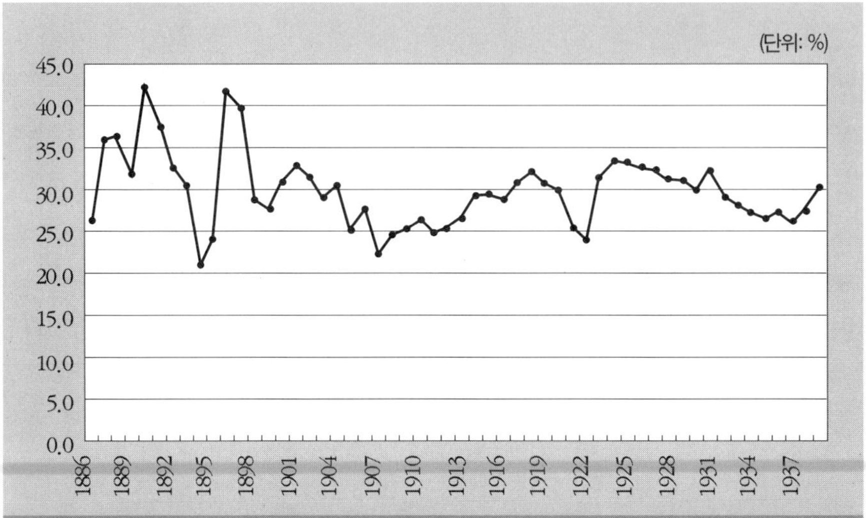


**그림 A-2** 부산의 무역액이 전국에서 차지하는 비율

자료: 부산) 1885~1899년, 김옥근(1989), p. 378; 1900~1939년, 김호범(2004), p. 377.
전국) 김낙년(2001), pp. 200~202.

수입대체공업이 점차 발달하였다. 주류, 간장, 식용유, 통조림, 세탁비누, 타올, 과자 제조업이 성장하였고, 그것들이 다른 지역으로 반출되었다.[32] 부산과 지방도시를 연결하는 도로와 연안항로가 발달하였던 것이 좋은 조건의 하나였을 것이다. 〈그림 A-3〉에 의하면 부산의 공산액은 1915~1927년에 연평균 9.1% 증가하였다.

한편, 부산의 공업성장을 전국의 동향과 비교하면 〈그림 A-4〉와 같다. 1918년과 1923년이 유달리 높은데 설명할 방법이 없으므로 그것을 제외하고 〈그림 A-4〉를 살펴보면, 1915~1927년에 부산의 공업성장률은 전국평균보다 매우 높았음을 알 수 있다. 이 기간에 부산의 수입대체 공업화가 다른 지역

32) 『月報』(1927. 8), pp. 15~16; 부산상공회의소(1928).

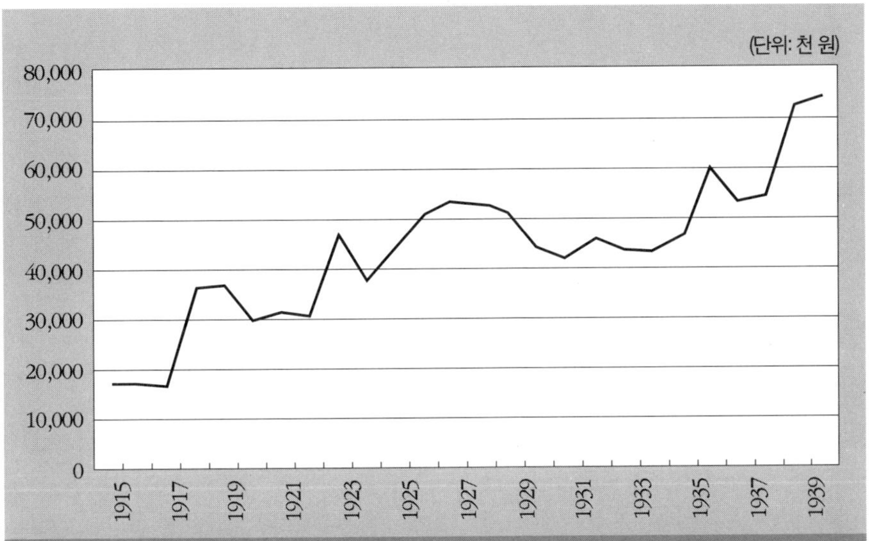


그림 A-3 부산의 실질공산액

주: 박영구(2005)에 공장생산액이 실려 있는데, 『月報』(1931. 8), p. 18을 이용해서 공장생산액을 공산액으로 환산하였음. 디플레이터는 1935년이 기준연도임.
자료: 명목가격 생산액은 박영구(2005), p. 140에 의함. 디플레이터는 김낙년(2006), p. 424와 p. 428에서 계산함.

보다 효과적이었다고 할 수 있다. 그리하여 1920년대 중반에는 경성 다음의 공업도시가 되었다. 1928년대 말부터 공업생산량이 정체하고 전국에서 차지하는 비중이 하락하는데, 그 원인은 다음 절에서 설명한다.

## Ⅲ. 부산의 경제변동

〈그림 A-3〉에 의하면, 부산의 공산액은 1927~1931년에 22% 감소하였고,

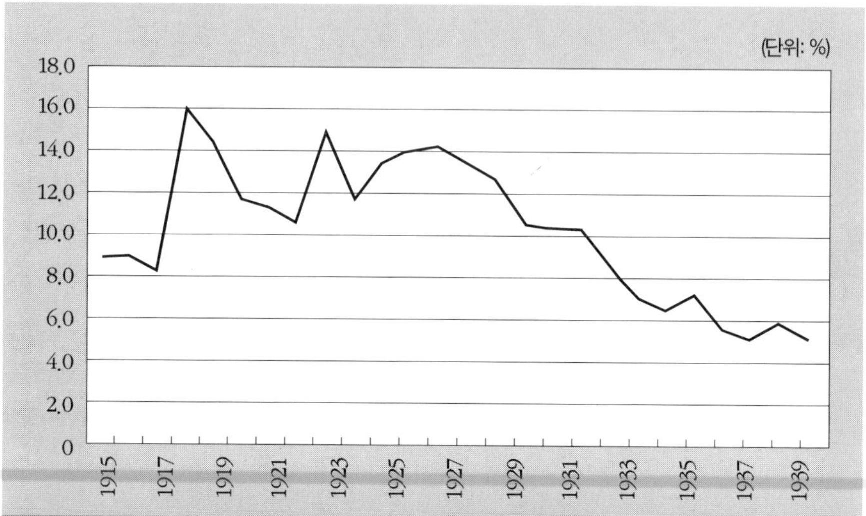


**그림 A-4** 부산의 공산액이 전국에서 차지하는 비중

注: 부산의 공장생산액을 『月報』(1931. 8), p. 18을 이용해서 공산액으로 환산하였음.
자료: 부산의 공장생산액은 박영구(2005), p. 140에 의함. 전국의 생산액은 김낙년(2006), pp. 423~424에 의함.

1936년에 이르러서야 1927년 생산액을 능가하게 되었다. 그런데 전국의 공산액은 1930~1931년에 2% 감소하였으나 1932년에 1930년 생산액을 초과하였다.[33] 경성의 공산액이 1927~1929년에 11% 감소하였고, 1933년에 1927년 생산액을 초과한 것을 고려하면,[34] 부산의 공산액에 대한 저자의 추정에 큰 문제가 있지는 않을 듯하다. 그리하여 저자는 1930년대 전반에 부산 공업의 침체를 일본과의 경쟁을 소재로 해서 설명하고자 한다. 堀和生의 계산에 의하면, 한국의 공업제품 자급률이 1927~1928년에 63.2%에서 58.3%로 급락하였다.[35] 1927~1928년에 GDP가 4.1% 감소하였으므로 수요가 증가하여 자급

33) 김낙년(2006), p. 428.
34) 堀和生(2003), p. 187.
35) 堀和生(2003), p. 54.

률이 하락한 것은 아니었고, 일본이 불황이어서 일본 기업이 한국 수출을 늘렸기 때문이라고 해석할 수 있다. 이렇게 되면 일본의 수출품과 경쟁하는 지역일수록 공업생산이 감소할 것인데 부산기업은 일본 소비재와 경쟁하였고 그런 만큼 피해를 많이 입었다고 할 수 있다. 한편, 수입 생산재의 가격이 하락하므로 1930년대에 투자가 증가한 지역일수록 공업생산이 빨리 회복하였을 것인데, 1920년대 후반부터 북부에 공업투자가 증가하기 시작하였고, 아래 문단에서 설명하듯이 부산에는 공업투자가 상대적으로 적게 증가하였던 것이 부산 공업의 회복을 늦추었을 것이다. 그리하여 〈그림 A-4〉에 의하면 1928년부터 전국 공산액에서 차지하는 부산 공산액의 비율이 하락하였고, 1930년대 후반에는 부산의 공산액이 전국에서 차지하는 비중이 6% 전후까지 떨어졌다. 경제력의 이러한 변동은 부산상의의 세입에서도 잘 나타난다. 1918년에 부산상의의 세입이 경성상의의 22%였는데, 그 이후 상승하여 1928년에는 50%에 이르렀지만 다시 하락하여 1934년에는 27%였다.[36)]

1920년대 말부터 1930년대 전반까지의 부산경제의 침체는 금융의 측면에서도 발견된다. 〈그림 A-5〉는 부산의 예금액과 대출액을 나타낸 것이다. 그것에 의하면, 부산의 예금액은 1930년대 전반을 제외하면 꾸준히 증가하였으나, 부산의 대출액은 1920년부터 1933년까지 정체하였고 그 이후 다시 증가하였다. 그리하여 1926년부터 1942년까지 줄곧 부산의 예금이 대출을 초과하였다. 이 사실은 부산에 투자기회가 부족하였음을 잘 나타낸다.

〈그림 A-6〉에 의하면 부산의 예대율은 1919년이 정점이었고, 그때부터 1927년까지 급락하였다. 한편, 전국의 예대율은 1924년이 정점이었고, 그래프가 완만한 포물선 형상을 나타낸다. 예대율의 변화는 정부정책, 은행의 사업방침, 사업기회의 양에 의존한다. 정부정책과 은행의 사업방침의 차이를 고려한다 하더라도 〈그림 A-5〉와 〈그림 A-6〉을 결합해서 생각하면, 부

36) 부산상공회의소(1982), p. 286; 伊藤正慤(1941), p. 147.

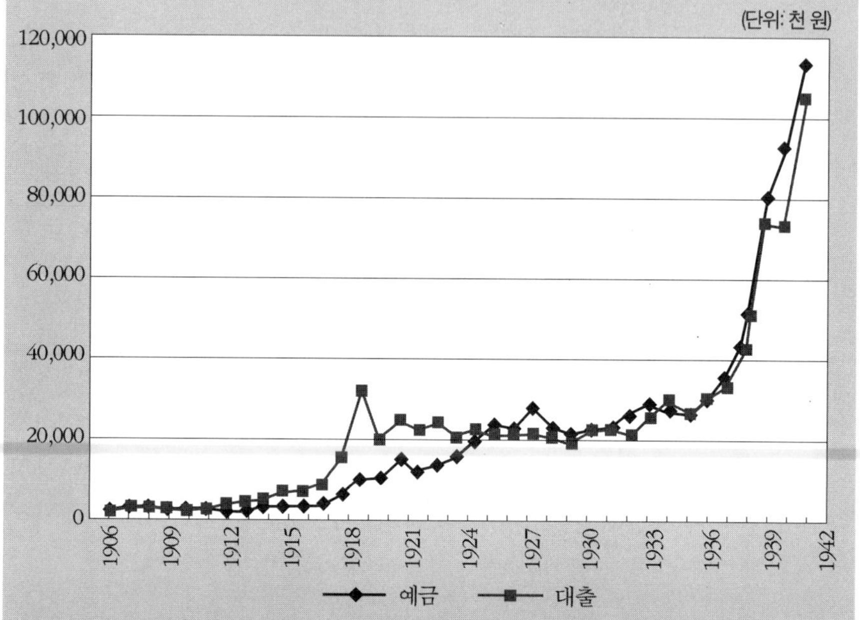


**그림 A-5** 부산의 예금액과 대출액

자료: 이 책 제4장.

산의 사업기회가 1920년대에 상대적으로 감소하였음을 알 수 있다.

부산의 예금과 대출 동향에 의하면 1920년대 후반부터 부산의 투자가 부진하기 시작하였고, 제조업 생산동향에 의하면 1928년부터 생산액이 감소하기 시작하였다. 약간의 시차를 두고 투자부진의 결과가 나타났으며, 그 상태가 지속되었다고 할 수 있을 것이다.

제조업의 부진은 금융업에도 영향을 주었다. 제4장에 의하면 1912년에는 구포은행(1915년에 경남은행으로 개명)과 부산상업은행이, 1918년에는 동래은행이 부산에 본점을 두고 설립되었는데, 이 세 은행은 1928~1935년 사이에 모두 다른 은행에 합병되었다. 경남은행과 부산상업은행은 각각 1928

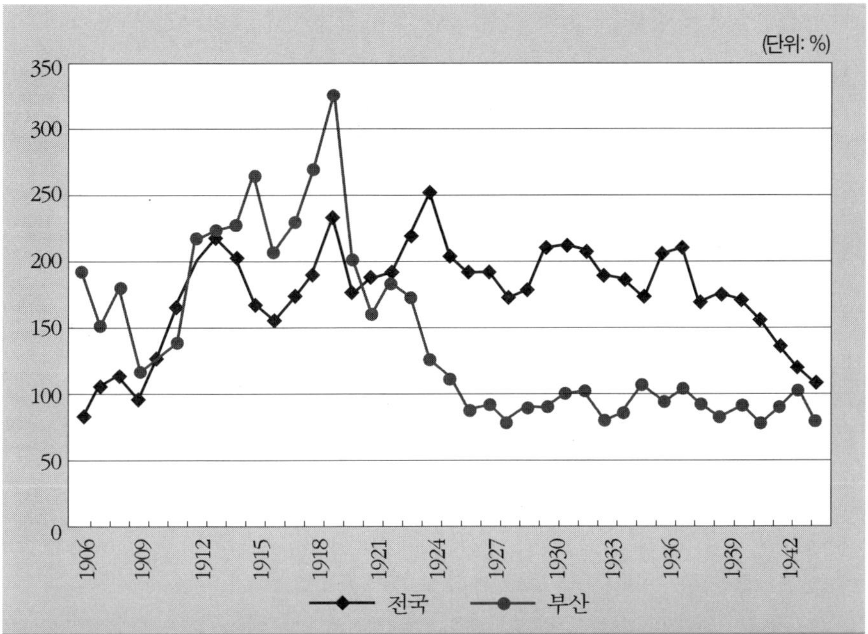


**그림 A-6** 전국과 부산의 예대율

자료: 이 책 제4장.

년과 1935년에 대구은행과 조선상업은행에 합병되었는데, 이는 경영실적이 나빴기 때문이다. 동래은행은 불입자본금이 25만 원에 불과하였기 때문에, 총독부가 1928년에 은행령을 개정하여 은행 자본금의 최저한도를 200만 원으로 규정하자 증자하거나 합병될 수밖에 없었고, 그 결과 1933년에 호남은행에 합병되었다. 여기에서 흥미로운 것은, 경남은행과 부산상업은행은 경영실적이 나빠 합병되었던 것이다. 특히, 경남은행은 1926년 하반기부터 배당금을 지불하지 못하였다. 당시에 한국의 시중은행은 은행 대주주가 소유한 기업에 거액을 대출하는 일이 잦았다. 부산에서도 마찬가지여서 부산상업은행은 迫間房太郎, 大池忠助, 香椎源太郎 등의 대주주가 소유한 부산수산주식회사에 거액을 대출하였다. 그런데 부산수산주식회사가 부실하게 되자 부산상업은행도 영업손실을 크게 입었고, 결국 조선상업은행에게 매수되었던 것이다.[37)]

〈그림 A-4〉에 의하면 전국 공산액에서 차지하는 부산 공산액의 비율이 1938년까지 하락하였고, 그 이후 약간 상승하였다. 전국의 대출액에서 부산이 차지하는 비율은 1939년까지 하락하였고 그 이후 상승하였다. 1930년대 말에 이르러 부산경제가 전국평균보다 빨리 성장하였던 것이다. 제1차 세계대전 중에 일본이 대호황이었는데, 〈그림 A-3〉, 〈그림 A-5〉, 〈그림 A-6〉에 의하면 제1차 세계대전 중에 부산경제도 호황이었다.

한편, 앞에서의 저자 설명에 의하면 일본의 불황은 한국의 다른 지역보다 부산에 더 큰 피해를 입혔다. 즉, 부산경제는 한국의 다른 지역보다 일본의 영향을 많이 입었던 것이다. 그것에서 유추하면 1938년 이후의 회복은 중일전쟁에 기인하는 일본의 호황 덕택일 것이다.

제2장에서도 지적되어 있듯이 식민지기에 부산은 중국과 일본을 연결하는 결절점의 하나였고, 일본과의 경제적 관계가 매우 긴밀하였다. 전쟁특수 및 그것이 유발한 수요증가가 한국의 다른 도시보다 부산에 더 많은 경제적 혜택을 주었고, 그것이 1930년대 말에 부산경제를 회복시켰다고 할 수 있다. 제3장의 조선중공업주식회사에 대한 사례연구는 이 점을 잘 나타낸다.

37) 이 책 제4장.

## Ⅳ. 해방 이후의 부산

저자의 지금까지의 설명에 따르면, 식민지기에 부산은 기업가적 도시였고, 상업에 기반을 두고 공업을 발달시켰으며, 일본과의 경제적 연관이 부산경제의 부침에 영향을 미쳤다.

부산항의 기능은 태평양전쟁 중에 크게 하락하였다. 그런 만큼 부산경제는 1940년대 전반에 매우 나빴을 것이다. 부산은 해방 후에 도쿄와 서울의 두 미군정 사령부를 잇는 한국측 중계도시가 되었다. 민간항공기가 1924년부터 여의도비행장에서 이착륙하였지만, 당시에는 여전히 사람과 물자가 부산항으로 들어오고 경부선을 이용해서 서울로 이동하였다. 부산경제가 회복될 하나의 조건이 갖추어진 것이다.

해방된 이후 원조물자가 부산항으로 도입되자, 부산에 사업기회가 많이 생겼고, 부산에 기업가가 증가하기 시작하였다. 부산상의가 부산시의 직할시 승격(처음에는 특별시 승격)운동에서 주도적으로 활동하였고, 부산시를 지원하며 치안을 유지하기도 하였던 것을 참조하면,[38] 1950년대에 부산의 기업가적 성격이 유지되었다고 생각된다. 박정희정부는 1960년대에 경공업용 생산재를 수입하고 그것을 가공하여 수출하는 것에 중점을 두었는데, 부산은 이미 1950년대에 원조물자 가공공업이 발달하였기 때문에 경공업 수출가공산업에 적합하였다. 그리하여 1960년대에는 당시의 유수한 대기업, 예를 들면 동명목재, 성창기업, 금성사 등이 부산에 본사를 두고 있었다. 박정희정부가 지도받는 자본주의를 표방하였고, 기업가를 지도하고자 하였으므로[39] 정치적인 제약은 있었으나 경제상황으로 보아 1960년대까지는 부

38) 박섭(2006).

39) 박영구(2002), pp. 117~144는 이 기간의 박정희정부와 기업의 관계를 정부가 기업을 지도한 것이 아니라, 선도한 것으로 보고 있다.

산의 기업가적 성격이 크게 바뀌지 않았을 것이다.

한국 정부는 1973년부터 중화학공업화에 착수하였고, 1970년대 중반에 경상도에 중화학공업 국가산업단지가 여럿 건설되었다. 그러자 부산의 중공업과 화학공업 공장이 수도권과 국가산업단지로 이전하였다. 강성석에 의하면 1977~1990년에만 350개 기업이 부산 외부로 이전하였다.[40] 부산의 기업가와 부산시는 그 자리를 대신할 새로운 제조업을 개발하지 못하였다. 그리하여 이 기간에 부산의 서비스업 비중이 높아졌다. 점차 공업도시적이지 않게 된 것이다. 한편, 부산의 1인당 부가가치 생산액의 전국에 대한 비율은, 1970년에 1.45였으나 1980년에는 1.03, 1990년에는 0.86으로 하락하였는데,[41] 이것은 영세 서비스업이 부산의 공업을 대체하였음을 나타낸다. 기업규모가 작아졌음을 고려하면 부산은 1970년대부터 공업도시적 성격이 약해짐과 동시에 기업가적 성격도 약해졌을 것이다.

부산은 1970년대부터 점차 기업가적이지 않고, 공업도시적이지 않게 되었다. 1958년에는 여의도비행장의 민간항공기는 모두 김포공항으로 이동하였고, 같은 해부터 대한국민항공사(KNA)가 김포공항에서 국제선을 취항하였다. 항공물류가 점차 발달하자 부산항이 가지는 이점도 서서히 감소하였다.

모든 변화에 대한 부산의 책임은 그다지 크지 않을 수도 있다. 한국이 1945년 이전보다 더 서울 중심적으로 바뀌었기 때문이다. 어쨌든 부산은 그러한 변화 속에서 자신의 경쟁력을 높일 수 있는 새로운 요소를 발견하지 못하였는데, 부산경제의 침체는 그것에 동반하였다고 하겠다.

40) 강성석(1998).
41) Kim(1997), p. 46.

## 참고문헌


강성석, 「부산상공회의소 건의 · 진정사업에 관한 연구」, 부산대학교 석사학위논문, 1998.

京城日報.

高橋龜吉, 『現代朝鮮經濟論』, 千倉書房, 1935.

具英姬, 「朝鮮植民地時代における地方自治制」, 『史學研究』 182호, 廣島史學研究會, 1989.

堀和生, 『朝鮮工業化の史的分析』, 有斐閣, 1995(주익종 옮김, 『한국근대의 공업화: 일본 자본주의와의 관계』, 전통과 현대, 2003).

金子文夫, 「1920年代における朝鮮産業政策の形成」, 『近代日本の政治と經濟』, 山川出版社, 1992.

김낙년, 「조선무역의 장기동향」, 안병직 편, 『한국경제성장사』, 서울대학교 출판부, 2001.

김낙년 편, 『한국의 경제성장, 1910-1945』, 서울대학교 출판부, 2006.

김대래, 「이주와 지배: 개항이후 부산거주 일본인에 관한 연구(1876-1910)」, 『경제연구』 제27권 제1호, 2009.

김대래 · 김호범 · 장지용 · 정이근, 「일제강점기 부산지역 인구통계의 정비와 분석」, 『한국민족문화』 제26집, 부산대학교 한국민족문화연구소, 2005.

김옥근 · 김일곤 · 신규성 · 이해주, 『부산경제사』, 부산상공회의소 · 부산경제연구원, 1989.

김호범 · 김대래 · 김종한 · 박섭 · 박영구 · 장지용 · 정이근, 『20세기 부산경제통계의 이해와 부산경제의 변동분석』, 부산광역시, 2004.

東亞日報.

每日申報.

박 섭, 「식민지기 한국의 경제성장: 제국주의 정책과 식민지민의 상호작용」, 『식민지 근대화론의 이해와 비판』, 백산서당, 2004.

______, 「근대 동아시아 경제에서 동업자단체의 역할」, 나카무라 사토루 · 박섭 엮고 지음, 『근대 동아시아 경제의 역사적 구조』, 일조각, 2007.

박섭 · 김종한 · 박영구 · 장지용, 「부산상공회의소의 경제적 역할, 1945-60」, 『경제연구』 제24권 제4호, 한국국민경제학회 · 한국경상학회, 2006.

박영구, 「산업과 보호: 1970년대 중화학공업화 재정정책」, 『한국경제연구』 제9권, 한국경제연구학회, 2002.

______, 『근대 부산의 제조업, 1900-1944: 통계와 발전』, 부산발전연구원, 2005.

박이택, 「식민지기 부역의 추이와 그 제도적 특질」, 『경제사학』 제33호, 경제사학회, 2002.

부산상공회의소, 『통계연보』, 1937.

______, 『부산상의사』, 1982.

釜山商業會議所 編, 『會員名簿』, 釜山商工會議所, 1928.

손정목, 『한국 지방제도자치사 연구(상)』, 일지사, 1992.

『月報』, 釜山商業會議所 · 釜山商工會議所.

伊藤正慤, 『京城商工會議所二十五年史』, 京城商工會議所, 1941.

朝鮮總督府, 『朝鮮の商工業』, 朝鮮總督府殖産局, 1935.

『朝鮮總督府統計年報』.

차철욱, 「개항기~1916년 부산 일본인 상업회의소의 구성원 변화와 활동」, 『지역과 역사』 제14호, 2004.

______, 「일제강점기 부산상업(공)회의소 구성원의 변화와 '부산상품견본

시'」, 『지역과 역사』 제17호, 2005.

최영호 외, 『부관연락선과 부산』, 논형, 2007.

최해군, 『해양수도 건설을 위한 내 사랑 부산바다: 부산항 변천사』, 부산광역시, 2001.

홍순권, 「일제시기 부산지역 일본인사회의 인구와 사회계층구조」, 『역사와 경계』 제51집, 경남사학회, 2004.

______, 「1910-20년대 『부산부협의회』의 구성과 지방정치: 협의원의 임명과 선거 실태 분석을 중심으로」, 『역사와 경계』 제60집, 경남사학회, 2006.

______, 「1930년대 부산부회의 의원 선거와 지방 정치세력의 동태」, 『지방사와 지방문화』, 역사문화학회, 2007.

Kim, Dae Hwan, "Economic concentration and disparities," Dae Hwan Kim and Tat Yan Kong, eds., *The Korean Peninsula in Transition*, Macmillan Press; St. Martin's Press, 1997.

# 제1부 기업

제1장
**회사자료의 정리와 분석**

제2장
**제조업회사의 변화와 성격**

제3장
**조선중공업(朝鮮重工業)주식회사의 설립과 경영**

# 1 회사자료의 정리와 분석

부산 대청동, 식민지기

# 회사자료의 정리와 분석

## Ⅰ. 머리말

회사의 사전적 정의는 "상법에 근거한 영리법인"이다. 즉, 상행위를 목적으로 2명 이상의 자(者)가 협동해서 설립한 법인을 의미한다. 이런 근대적 의미의 회사가 한국에 처음 소개된 것은 1882년 유길준이 소개한 「상회규칙」과 1883년 한성순보에 게재된 「회사설」이다.[1] 또 회사를 관장하는 정부기구는 1895년 3월 25일자 칙령 48호로 발표된 「농상공부관제 제8조」에 의한 상공국이 최초이다.[2]

회사제도는 시장경제 발전에 따라 부단히 변화하고 발전하였다. 대별해 보면 개인자본, 공동출자, 주식회사의 단계를 거쳤고, 주식회사는 다시 무한책임에서 유한책임회사로의 발전과정을 거쳤다. 이러한 기업제도의 변화는 경제여건의 변화에 적응하기 위한 기업의 합리적 선택의 결과이다. 거래비용의 다과가 기업제도 및 그 변화를 결정하는 요인이라는 점에서 그러하다.[3] 따라서 근대적 회사제도가 도입되고 정착된 시기의 회사제도 변동을 고찰하는 것은 역으로 당시 경제상황에 대한 정확한 이해를 위해서 반드

1) 전우용(1997), pp. 14~16; 김영래(2005), pp. 9~10; 藤永壯(1995), pp. 259~260.
2) 구체적인 내용은 "상공국에서는 상업 · 공업 · 도량형 및 영업제회사에 관한 사무를 장(掌)함"으로 되어 있다. 손정목(1996), p. 296.
3) 왕옥여(2005), p. 118.

시 필요한 과정이라 할 수 있다.

식민지기 회사의 변동에 대한 기존 연구들은 다양하게 진행되었다. 이들의 연구는 주로 전국을 단위로 회사의 변동을 추적한 것이었다.[4] 그러나 기존의 논의들은 회사에 대한 불확실한 정의로부터 출발하고 있고, 자료의 성격을 충분히 검토한 것도 아니었다.[5] 또한 지역을 대상으로 한 연구는 경성지역을 제외하면 전무하다고 해도 과언이 아니다.

본 연구는 가장 기초 통계자료라고 할 수 있는 부산부(釜山府) 발행의 『부산부세요람』(釜山府勢要覽)을 이용하여 부산지역 회사관련 자료를 정비하는 것이 일차적인 목표이다. 수집가능한 모든 자료를 수집하여 하나씩 검토한 이후에 이를 일관된 기준에 의해 정비하여 부산지역 회사의 시계열자료를 온전히 확보하고자 한다.

연구의 두 번째 과제는 정비된 통계를 바탕으로 부산지역 회사의 변동을 고찰하는 것이다. 정비된 데이터베이스는 회사명, 설립연도, 해산연도, 업종, 불입자본금, 공칭자본금, 회사의 소재지, 대표자에 대한 포괄적인 정보를 포함한다. 이를 이용하여 부산지역 회사의 성장과 침체, 전국에서의 지위변동의 추이와 원인에 대한 분석은 물론 생존율, 자본금 규모별 회사의 변동을 고찰하고자 한다. 이 과정에서 부산지역 회사변동의 특징을 발견할 수 있을 것이다.

4) 손정목(1984), pp. 87~130; 小林英夫 外(1994); 전우용(1997); 주익종(1991), pp. 31~66; 허수열(1989), pp. 354~387.
5) 김두얼(2008), pp. 2~8.

## Ⅱ. 회사자료의 채택과 정비

부산의 회사자료는 여러 곳에 소개되어 있다. 이를 발행기관을 기준으로 분류하면 대략 다섯 가지 정도로 분류할 수 있다. 먼저 부산부가 발행한 『부산부세요람』, 『부산의 산업』(釜山の産業) 등의 자료가 있고, 다음은 경상남도가 발행한 『경상남도통계연보』, 세 번째는 조선총독부가 발행한 『조선총독부통계연보』와 조선은행 · 경성상공회의소가 발행한 『경제월보』 등의 전국 통계, 네 번째는 부산상공회의소 등 부산 민간단체의 공식 발표통계, 마지막으로는 『조선은행회사조합요록』 등의 기타 자료를 들 수 있다.[6]

이 중에서 통계의 신뢰선택은 부산지역 통계자료의 정비과정에서 이미 확립된 방법을 그대로 이용하였다.[7] 즉, 신뢰도가 가장 높은 1차 자료는 부산부가 공식적으로 발행한 자료라고 판단되며 이를 중심으로 정리하였다. 그 중에서 가장 기본이 되는 자료는 『부산부세요람』이다. 현재 구할 수 있는 것은 『부산부세요람』 대정11년판(1922), 대정12년판(1923), 대정13년판(1924), 소화2년(1927), 소화3년(1928), 소화4년(1929), 소화5년(1930), 소화6년(1931), 소화7년(1932), 소화8년(1933), 소화9년(1934), 소화11년판(1936)이다. 또 이 외에 『부산의 산업』 소화10년(1935), 소화11년(1936), 소화12년(1937), 소화13년(1938), 소화15년(1940), 소화17년판(1942)이 있다. 이들 자료는 대개 회사명, 위치, 주업종, 창립연월, 공칭자본금, 불입자본금, 적립금, 대표자 등이 기술되어 있고, 이를 하나씩 검토하여 정리하였다.

김두얼은 현재의 관점에서 회사를 규정하고 있다. 즉, 일차적으로 법인이어야 하고, 법인은 등기를 통해 국가로부터 법인격을 부여받아야 한다는 점을 강조하고 있다. 따라서 "1910년 이전에 존재한 '회사'라는 명칭을 가진

6) 각각 자료의 성격에 대한 자세한 설명은 박영구(2005), pp. 3~28 참조.
7) 박영구(2005), pp. 29~54; 장지용 외(2005), pp. 57~58; 박영구 · 장지용(2003), pp. 181~198.

기업들을 오늘날의 회사와 연결시키려는 시도는 매우 신중을 기할 필요가 있다"라고 주장하고 있다. 이런 김두얼의 논의[8]를 충분히 고려한다 하더라도 『부산부세요람』 1922년 자료에 기재되어 있는 1910년도 이전의 회사는 법인격을 부여받은 것이라고 할 수 있다. 또 부산의 실상을 가장 잘 반영하고 있는 1차 자료이기 때문에 이를 통해 부산지역 회사의 변동을 정확하게 파악할 수 있다. 오히려 더 큰 문제는 1922년 자료에는 1921년 현재 존재하고 있는 기업에 대한 기록만 있기 때문에 그 이전에 생성하여 소멸한 회사에 대한 정보가 없다는 점이고, 따라서 1921년 이전은 오히려 과소평가될 가능성이 농후하다.[9]

현재까지의 정리에 의하면 부산지역의 주식회사는 모두 306개사가 출현하였고, 합자회사는 465개사, 합명회사 90개사, 유한회사 19개사, 지점이 131개 있었던 것으로 확인되었다. 이들을 회사형태별로 정리하였는데,[10] 다음과 같은 원칙에 따랐다. 첫째, 회사명의 경우 다양하게 기재되어 있다고 하더라도 소재지, 주업종, 자본금 등을 보아 동일한 기업이라고 판단되면 동일기업으로 하였다. 반대로 동일한 기업명이라 하더라도 설립연도, 출자액, 업종 등을 보아 전혀 다른 기업인 것은 따로 정리하였다. 또 명백하게 잘못된 것은 바로잡았다. 예를 들면, '小佐琺瑯硝子(주)'와 '小佐工業(주)'로 각각 기록되어 있지만 이들 두 기업은 동일기업이며, 뒤의 회사명을 따라 '小佐工業(주)'로 정리하였다. 또 '魚彬製藥(주)'와 '魚乙彬製藥(주)'도 설립연도가 같고, 공칭자본금이 같으므로 동일기업으로 분류하였다. 반면 동일한 기업명을 사용하고 있다 하더라도 분명히 다른 기업은 따로 정리하였다. '釜山倉庫'라는 업체명의 동일한 기업이 두 번에 걸쳐 나타나지만 설립연도 등

8) 김두얼의 주장은 적어도 식민지기 회사를 현재와 연결시켜 분석하고자 할 경우에 타당하다. 다른 한편 안병직 · 堀和生은 오히려 회사조직을 취하지 않은 자본활동을 고려하지 못할 경우 과소평가의 문제가 있다고 지적하고 있다. 김두얼(2008), pp. 2~8; 안병직 · 堀和生(1993), p. 29.

9) 이는 차후의 과제로 남겨 둔다.

10) 유한회사는 1940년대 말에 등장한 것이고, 지점의 경우는 불입자본금 등이 실제로 부산에 투자된 것인지가 명확하지 않다. 이는 추후에 검토하기로 한다.

이 너무 상이하다. 한 기업의 설립연도는 1896년이고, 다른 한 기업은 1935년으로 상이하고, 자본금도 2만 5,000원과 10만 원으로 상이하다. 이 경우는 상이한 기업으로 분류하여 정리하였다. 또 '朝鮮サルヴェ-ジ(주)'와 '朝鮮サルウェ-ムジ(주)'로 기록되어 있지만 "サルヴェ-ジ"(salvage)가 맞는 것이고 "サルウェ-ムジ"는 오기이므로 바로잡았다.

둘째, 여러 가지 자료가 혼재해 있는 경우 기본적으로 가장 뒤에 수정된 자료를 채택함을 원칙으로 하였다. 그러나 각 부문의 합계 등을 고려하여 명백한 오류라고 생각되는 부분은 수정하였다. 예를 들면, 1919년의 회사 전체 순익금은 1922년 자료에는 1,092,771로 기록되어 있지만 이후 1923년과 1924년 자료에는 1,092,571로 되어 있어 뒤의 자료를 따랐다. 또 합자회사의 순익금도 158,5,5가 아니라 158,305가 맞음으로 이는 수정하였다. 1922년 주식회사의 불입자본금은 1927년 자료에는 11,494,295로 되어 있지만 이전의 모든 자료(1923, 1924년)에는 11,494,195으로 되어 있고, 합계가 맞아 이를 채택하였다.

셋째, 자료에 따라서 불입자본금과 공칭자본금이 매년 표기되어 있지 않은 경우도 있다. 이 경우 최초에 기록된 연도가 설립연도와 일치하고, 이후 별다른 기록이 없다면 이후에도 자본금의 변동이 없는 것으로 간주하였다. 중간의 한 해에 자본금의 변동이 있고, 이후 일정한 기간 언급이 없는 경우에도 마찬가지로 변동 이후는 다른 변화가 없는 것으로 간주하였다.

넷째, 설립연도가 자료에 따라 상이한 것은 일일이 확인하는 것을 원칙으로 하였지만 설립월의 차이는 무시하였다. 그리고 상이한 기록이 여러 있는 것은 실제의 창립연월일과 법인등록일의 차이이거나 최초에 합명회사 등으로 설립하여 주식회사로 전환한 경우 등이 있을 수 있다. 창립연월일과 법인등록일이 상이한 경우는 일일이 확인하여야 하지만 이번 자료의 정리에서는 한두 번 등장하는 것 이외에 대부분이 동일한 설립연월일을 기재하고 있다면 그것을 채택하거나, 아니면 가장 뒤에 수정된 것을 채택하였다.

또 회사형태가 변화한 경우에는 각각을 따로 구별하였다. '朝鮮琺瑯'은 1932년에 합자회사로 설립되어 1935년에 주식회사로 전환하고 있는데, 주식회사의 자료에는 설립연도가 1932년으로 되어 있다. 이 경우 주식회사는 1935년에 설립된 것으로 정리하였고, 따로 밝혀 두었다.

다섯째, 부산시역의 문제가 있다. 부산은 1905년에 동래군이었고, 1906년 동래부로 되었다가, 1910년 부산부로 바뀐다. 1914년 부산부의 일부가 분리되어 동래군으로 편입되었고, 이후 1936년 동래군에 편입되었던 서면이 부산부로 편입된다. 따라서 엄밀하게 부산부라고 하면 이러한 시역의 변화를 모두 고려하여야 한다. 그러나 정비된 자료를 보면 대부분의 회사가 지금의 동구, 서구, 중구, 영도구에 위치해 있어서 시역의 변화에 크게 영향을 받은 것은 아니다. 또 본 연구에서는 장기적인 부산지역 회사자료의 정비가 목표이기 때문에 부산의 시역변화를 그대로 포함하여 정리하였다.

밝히지 않은 것은 이미 기존의 통계정리과정에서 확립된 방법에 따랐다.[11] 이렇게 정리된 기초적인 시계열 통계자료와 회사명부는 〈부표 2〉 부산지역 회사 총괄표와 〈부록〉 부산지역 회사 일람표로 작성하였다.

## Ⅲ. 부산지역 회사의 변동

### 1. 회사형태별 회사수의 추이

부산지역 회사수의 회사형태별 추이를 보인 것이 〈그림 1-1〉이다. 먼저

11) 박영구 · 장지용(2003), pp. 181~198; 박영구(2005), pp. 29~54; 장지용 외(2006), pp. 57~58.

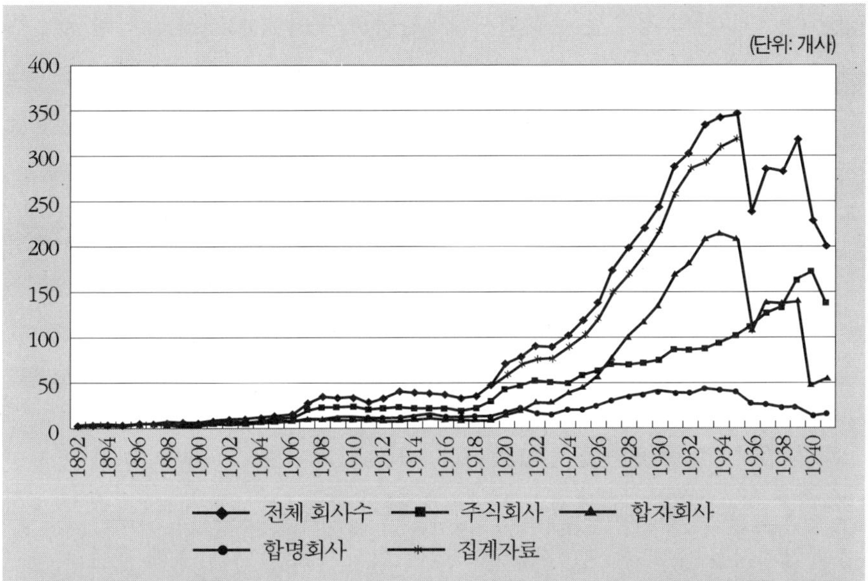


**그림 1-1** 부산지역 회사수의 추이

주: '집계자료'는 『부산부세요람』 각년판에 밝히고 있는 총괄집계표를 말한다. 반면 나머지는 회사명부자료의 정비를 통해 얻어진 값에 기초하여 작성한 것이다.

1892년에 전체 회사가 1개사에 불과하였던 부산지역은 1907년을 전후한 시점에 일차적으로 회사수가 증가한다. 1905년에는 11개사로 증가하였고, 이 중 6개사는 주식회사이고 나머지 5개사는 합자회사이다. 또 1907년에 25개사로 증가하고, 1908년에 다시 32개사로 증가하고 있다.[12)]

부산지역 회사수의 급격한 증가는 1919년부터이다. 1919년 회사수의 증가는 전국적인 현상이었는데 전국적으로 143개의 회사가 신설된 것으로 파

12) 이는 전국적인 현상이었던 것으로 판단된다. 전우용에 의하면 1905년에 전국적으로 설립신청을 한 회사수는 44개사에 불과하였지만, 1906년에는 81개사, 1907년에 66개사, 1909년에 72개사, 1910년에 81개사로 1906년을 전후한 시점부터 설립신청이 증가하였다. 다만 전우용의 연구는 설립신청 상황만을 표시한 것으로 회사가 실질적으로 활동하였는지의 여부는 알 수 없기 때문에 직접적인 비교는 불가능하다. 전우용(1997), p. 250 〈표 2〉참조.

악된다.[13] 부산의 경우는 주식회사 9개사를 비롯하여 13개사가 신설되어 전체 회사수가 45개사로 증가하였다. 또 1920년에 24개사가 신설되어 회사수가 69개사에 이르렀다. 즉, 1919년 이후의 시기는 전체 회사수가 급격히 증가하는 시기였고, 적어도 1934년까지 지속되었다. 1934년 현재 회사수는 모두 344개사이며, 이 중 주식회사 91개사, 합자회사 214개사, 그리고 합명회사 39개사이다.[14]

문제는 1935년 이후이다. 1935년 이후는 『부산부세요람』 자료를 이용할 수 없어서 『부산의 산업』에 의거하여 회사자료를 정비하였다. 그런데 정비를 통해 구한 회사수가 갑자기 큰 폭의 감소를 보이고 있다. 1935년에 무려 142개사가 소멸된 것으로 조사되었다. 이는 기본적으로 자료의 한계에 기인한다. 〈그림 1-1〉을 보면 1934년 이전의 기간에는 『부산부세요람』에 발표된 총괄집계자료에 비해 『부산부세요람』의 회사자료 정비를 통해 구한 회사수가 항상 많다. 『부산부세요람』의 회사자료는 전수조사에 의한 것으로 총괄자료에 비해 더 풍부한 내용을 담고 있었음을 말한다. 그런데 1935년 이후 회사수의 급격한 감소는 실제로 회사수가 줄었다기보다는 1935년 이후의 『부산의 산업』은 전체 회사에 대한 조사자료를 수록하고 있지 않은 것에 기인한다. 따라서 1935년 이후는 새로운 자료의 발굴과 정비가 필요한 시기이다.[15] 이하의 분석은 1934년까지의 기간으로 한정한다.

1934년에 이르는 기간 동안 각 회사형태별 성장률을 보인 것이 〈그림 1-2〉이다. 초기 값이 워낙 적어서 성장률의 의미가 없다고 판단되는 시기를 제외하고 1910년 이후의 성장률을 구하였다.[16] 〈그림 1-2〉에서 보는 것과

13) 김두얼(2008), p. 18 〈그림 2〉 참조.

14) 자세한 추이는 〈부표 2〉 부산지역 회사 총괄표를 참조.

15) 구할 수 있는 자료는 앞에서 언급한 조선총독부 『관보』, 『조선은행회사조합요록』, 경성상공회의소가 발간한 『경제월보』에 수록된 「조선회사변동표」 등이 있다. 이들 자료는 각각 성격을 달리하기 때문에 기초자료인 부산부 발행자료와는 분명한 차이가 있다. 각주 32) 참조. 따라서 1935년 이후 자료의 정비에는 신중을 기해야 한다. 자료에 대한 소개와 비판은 김두얼(2008), pp. 2~8; 박영구(2005), pp. 3~28을 참조.

16) 1910년 현재 부산지역 회사의 총수가 31개에 불과하다. 따라서 한두 회사의 설립이 성장률에 미

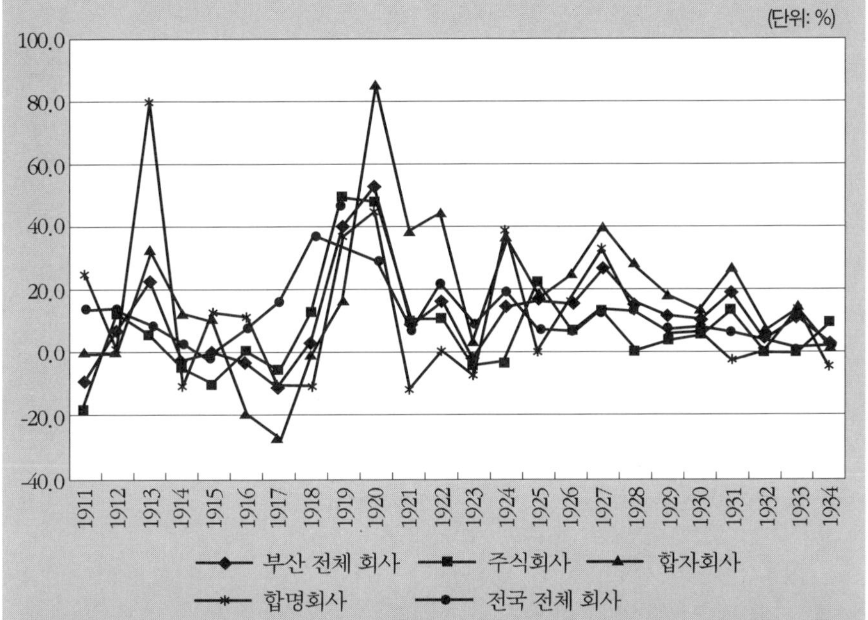


**그림 1-2** 회사형태별 성장률의 추이

같이 전체적인 경향은 회사형태에 관계없이 비슷하다. 또 전국의 회사 전체의 성장률과 비교해 보아도 기본적인 모습은 비슷하다. 그러나 세부적으로 보면 전국과 부산, 그리고 부산지역 내에서도 회사형태별로 다소 상이한 성장률을 보이고 있다. 먼저 전국과 부산지역 전체 회사의 증가율을 보면 1924년 이전과 이후로 크게 대별할 수 있다. 즉, 1911년부터 1924년에 이르는 기간 동안은 1913년, 1915년, 1920년, 1921년을 제외하면 전국 회사의 성장률이 더 높다. 반면 1925년 이후는 1932년을 제외하면 부산지역 회사의 성장률이

치는 영향이 너무 크다. 예를 들어, 1907년의 성장률은 무려 108.3%에 이른다.

전국 평균을 넘어서고 있다. 주지하는 바와 같이 부산은 개항장이었고, 따라서 식민지 초기 회사설립이 활발한 것으로 예상되었지만 성장률을 기준으로 하면 오히려 반대이다. 부산지역이 식민지기 이전에 이미 회사의 설립이 많았던 것도 원인의 하나일 것이다.

부산의 회사형태별 변화경향은 확연히 구별되는 세 시기로 나눌 수 있다. 1917년 이전의 시기에는 1912년을 제외하면 합명회사와 합자회사의 성장률이 높고,[17] 이들이 전체 회사수의 증가를 이끌고 있다. 특히, 합명회사는 1914년의 감소를 제외하면 1917년 이전에 다른 회사형태에 비해 훨씬 높은 성장률을 보이고 있다. 1917년을 중간기로 보면 이후 1918년과 1919년에는 주식회사의 성장률이 전체의 성장을 이끌고 있다. 1920년부터 1933년에 이르는 기간은 1925년을 제외하면 합자회사의 성장을 중심으로 회사수의 증가가 나타났다. 1920년 이전에 전체 회사수가 적어서 성장률의 의미가 크지 않기 때문에 실제로 부산지역 회사의 증가는 1920년 이후 합자회사의 성장에 의한 것이라고 해도 될 정도이다.

다만 합자회사의 성장률은 1920년을 정점으로 감소 추세를 보이고 있고, 합자회사와 주식회사 성장률의 차이를 구해 보면 다소의 변동을 포함하지만 1920년 이후에 격차가 줄어들고 있다. 또 추가적인 정비가 필요하여 구체적인 분석에서 제외한 1935년 이후 부산지역의 경우와 전국 모두 주식회사의 증가율이 더 높다. 1935년 이후의 변화를 단정적으로 논할 수 없지만 주식회사의 성장을 예견할 수 있다.[18]

이는 곧 전체 회사에 대한 회사형태별 비중의 차이로 나타나고 있다. 〈그림 1-3〉은 초기 값이 낮은 시기를 제외하고[19] 1910년 이후 전체 회사에 대한

17) 다만 1923년과 1932년이 예외적으로 다소 낮다. 이 두 해는 모두 앞선 해의 성장률이 매우 높은 것에 원인이 있다.

18) 또 〈그림 1-1〉에서 보인 것과 같이 초기값이 주식회사가 높았다는 점도 고려되어야 한다. 1907년에 주식회사는 모두 17개사이지만 합자회사는 6개사이다.

19) 1910년 이전의 경우 1892년부터 1895년까지는 합자회사 1개사 뿐이었고, 이후 1898년까지는 주식회사와 합자회사가 각각 1개사이다. 1899~1900년에는 합자회사가 1개사 신설되어 합자회사의

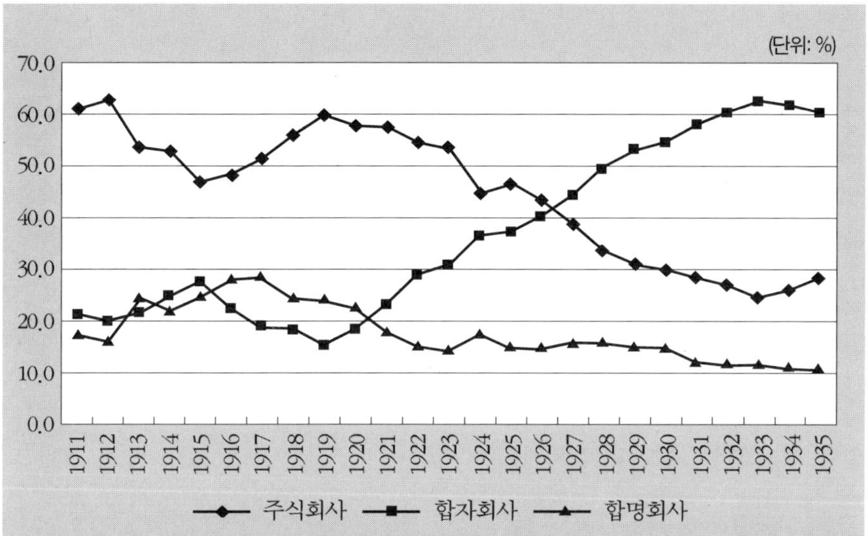


**그림 1-3** 회사형태별 비중의 추이

회사형태별 비중의 추이를 보인 것이다. 회사수의 초기 증가가 있었던 1907년에는 전체 회사 25개사 중에 17개사가 주식회사의 형태로 그 비중은 68%에 이르고 있다.

1910년 이후의 변화를 보면 성장률이 높은 합자회사의 비중이 점점 높아지고 있는 것과는 대조적으로 초기에 회사수가 합자회사보다 많았던 주식회사의 비중은 감소하고 있다. 이러한 흐름은 1933년까지 지속되었다. 주식회사가 전체 회사에서 차지하는 비중은 1910년에 68%에서 점차 감소하여 1933년에는 25%로 감소하였다. 반면 합자회사의 비중은 같은 기간 19%에서 63%로 증가하였다.

한편, 합명회사의 전성기는 1910년대이다. 1908년 16%에 이른 이후 1916

비중이 66.7%이다.

년에 29%에 이르기까지 기본적으로 비중이 증가하였고, 이후 감소 추세를 보이고 있지만 1921년도 18%를 차지하고 있다. 그러나 그 비중은 점점 감소하고 있다. 1920년 이래로 합명회사의 신설이 매년 10개사를 넘지 않았기 때문이다.

이는 해당 시기 경제적 변화과정과 일치하는 것이다. 1910년대 합명회사의 비중이 높은 것은 새로운 자본의 진출이 있었다기보다는 일찍부터 부산에 진출한 일본의 영세한 자본과 합병 이전부터 발전하고 있었던 소규모 자본을 중심으로 기업의 설립이 진행된 것이었다. 반면 제1차 세계대전에서 얻은 일본의 전쟁특수 호황으로 1911년 발효된 「회사령」은 1916년 이후 사실상 폐지되었다. 이 과정에서 '조선방직주식회사'(朝鮮紡織株式會社), '일본경질도기주식회사'(日本硬質陶器株式會社) 등 대자본이 들어오기도 하였지만 설립이 용이한 합자회사의 증가가 나타난 것이다.

이후, 1920~1933년의 기간은 제1차 세계대전의 전시활황을 통과하면서 식민지 조선 역시 공산품 내수시장이 확대되었으며, 외부적으로는 회사령의 해제와 관세제도의 개혁, 일본 과잉자본의 이주 선택이 작용하면서 기업의 설립붐이 일었다.[20] 또 1931년의 경우에는 대공황의 여파로 일본으로부터의 자본유입이 진행되었으며, 주로 소규모의 합자회사였다.[21]

1933년 이전의 1920년대에 합자회사가 중심이었다는 것은 이 시기 자본축적의 정도와 일치하는 합리적인 선택의 결과였다고 할 수 있다.[22] 주지하는 바와 같이 합명회사는 모든 사원이 무한책임사원으로 회사의 채무에 대하여 직접 · 무한 · 연대책임을 진다. 또한 전 사원은 경영에서 회사를 대표하는 권한을 가진다. 따라서 인적(人的) 신뢰관계가 있는 소수인의 공동기업

---

20) 박영구(2005), p. 245.

21) 합자회사의 경우 1928년에 불입자본금 50만 원의 '부산축항(자)'가 가장 큰 규모이다. 〈표 1-1〉참조.

22) 일본의 영세자본이 진출해 온 것도 역시 같은 맥락에서 해석할 수 있다. 즉, 공황기에 경쟁력이 약한 자본이 식민지 초과이윤을 목적으로 식민지로 대거 이전해 온 것으로 해석할 수 있다.

에 적합하며, 이 때문에 인적 신뢰관계가 구축되지 않으면 회사의 설립은 어렵다. 반면 합자회사는 무한책임사원과 유한책임사원으로 구성되는 이원적(二元的) 조직의 회사이다. 전자는 합명회사와 같은 책임 · 권한을 가지나, 후자는 출자액을 한도로 책임을 지고 이익분배를 받게 된다. 즉, 합자회사는 합명회사에 비해 자본동원이 용이하다. 이 시기 합자회사의 설립이 활발하였던 것은 열려 있는 이윤획득의 기회를 활용하기 위한 기업설립이 요구되었지만 아직은 대규모 자본을 필요로 하는 단계도 아니었고, 대규모 자본을 동원할 수 있는 단계도 아니었기 때문이다.

1933년 이후 주식회사의 성장도 이 시기 경제적 환경의 변화와 일치한다. 합자회사는 비교적 창업이 수월하다는 장점을 가지고 있다. 그러나 1933년 이전의 합자회사는 지극히 영세한 규모였기 때문에 경기변동에 취약할 뿐만 아니라 경쟁력도 확보하지 못하였으므로 생성도 많이 진행되었지만 소멸이 급격하게 진행되었다(〈표 1-1〉, 〈표 1-2〉 참조). 특히, 1933년 이후에는 중견의 합자회사와 합명회사까지 도산하기 시작하였다. 이는 부산 역시 불황에 빠져 있었고, 흔히 말하는 자본의 정리가 진행된 시기였다. 합자회사의 경우는 1933년에만 18개사가 정리되었고, 1934년에는 무려 36개사가 퇴출되었다. 합명회사의 경우 회사수로는 4개사에 불과하지만 불입자본금이 25만 원인 '합명회사 대지(大池)정미소'도 이 시기에 도산하였다. 따라서 회사는 경쟁력을 확보해야 하였고, 이는 대규모 자본을 동원하여 규모의 경제를 실현하는 것으로 나타났다. 이것이 1933년 이후 주식회사가 성장하는 이유이다. 다만 뒤의 〈그림 1-9〉를 보면 전국의 경우는 1930년대 불황을 통과하는 과정에서 평균불입자본금이 증가하고 있다. 주식회사는 물론이고 합명회사도 그렇다. 그러나 부산지역은 이러한 변화가 크게 진행되지 않았다. 물론 부산지역도 주식회사의 설립이 활발해졌을 뿐만 아니라 합자회사가 주식회사로 전환하는 등의 예를 찾을 수 있다. '조선법랑(자)'는 불입자본금 1만 원이었지만 1932년에 주식회사로 전환하게 되고 불입자본금도 10만 원으로 증가하였다.[23)] 그러나 전국보다 이러한 자본의 정리를 통한 규모의 경제실현이 늦었고, 이 역시 부산경제가 점차 활력을 잃어 가는 이유의 하나이다.

또 1907년부터 회사령이 사실상 무력화된 1915년까지 전체 신설회사에서 주식회사가 차지하는 비중이 56.3%였다. 뒤이은 1916~1925년의 기간은 47.1%이며 1926년 이후는 전체 신설회사에서 주식회사가 차지하는 비중이 18.7%로 현저히 감소하고 있다.[24)] 이는 회사령이 무력화된 이후 설립이 용이한 합명회사나 합자회사의 설립이 활발한 것과 대조적으로 그 이전의 시기, 즉 회사설립에 제약이 남아 있었던 시기에는 대규모 회사, 특히 주식회사의 설립이 주축이었다고 할 수 있다. 이 역시 합리적인 선택이었다고 할 수 있다. 즉, 회사설립이 자유롭지 못한 시기에 이왕 회사를 설립한다면 대규모로 설립하는 것이 설립비용을 줄일 수 있었을 것이다.

부산지역의 회사가 전국에서 차지하는 비중의 추이를 보면 부산지역의 또 다른 특징을 발견할 수 있다. 〈그림 1-4〉는 부산지역 회사의 전국에 대한 비중을 나타낸 것이다. 먼저 1910년대 부산지역 회사가 전국에서 차지하는 비중이 아주 높았다. 그러나 1910년대 부산지역 회사의 증가가 전국보다 적게 진행되었기 때문에 부산지역 전체 회사가 전국에서 차지하는 비중은 1920년대 중반까지 감소하였다. 1911년에 부산지역 회사수가 전국 회사에서 차지하는 비중은 18.4%였지만 점점 감소하여 1925년에 9.8%까지 감소하였다. 이후 부산지역 회사가 차지하는 비중은 증가하여 1934년에는 14.9%까지

23) 시기가 좀 뒤이지만 불입자본금 1만 원의 '부산주조(자)'의 대표자가 김장태(金璋泰)인데, 1938년 같은 좌천정 682번지에 불입자본금 25만 원의 '부산진주조주식회사'의 대표자가 된다. 또 주식회사 간의 통합의 예도 있다. '부산신용(주)'는 1921년부터 '부산무진(주)'로 개칭하고, 1935년 9월에는 '경남무진(주)'를 합병하고, 1936년 3월에는 마산, 진주, 통영의 무진회사 3곳을 합병하여 불입자본금이 90만 원으로 증가한다. 또 '경남자동차(주)'는 1933년 '영남자동차(주)'를, 1935년에는 '부산서부자동차(주)' 등을 합병하여 불입자본금 100만 원의 기업이 된다.

24) 1911년, 1913년, 1915년, 1924년이 비교적 주식회사의 신설이 전체 회사신설에서 차지하는 비중이 낮다. 〈부표 1〉을 참조.

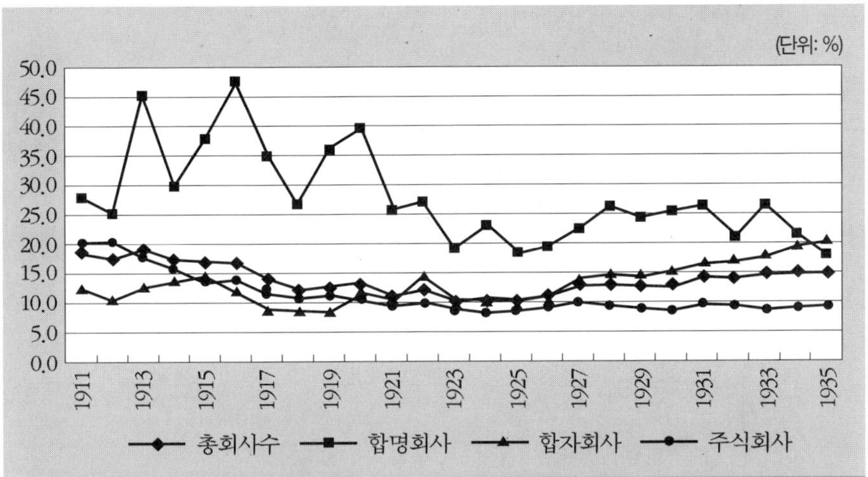


**그림 1-4** 전국에 대한 부산지역 회사의 비중

이르고 있다. 1910~1925년에 이르는 기간에 비해 1925년 이후에 회사수의 증가가 전국보다 빨리 진행되고 있었음을 의미한다.

또 각 회사형태별 비중의 추이를 보면 합명회사가 전국의 합명회사에서 차지하는 비중이 아주 높다. 1916년은 회사수로는 10개사에 불과하지만 전국 합명회사에서 차지하는 비중은 무려 47.6%에 이르고 있다. 초기에 부산지역에 합명회사의 설립이 전국에 비해서 아주 활발하였음을 잘 보여 주는 것이다. 그런데 부산지역에 출현하였던 합명회사 중에서 대표자의 이름이 명기된 것은 모두 61개사인데, 이 중에서 조선인은 6개사에 불과하다. 1921년의 전국 전체 회사의 조선인 회사수와 일본인 회사수의 비중은 약 1 : 4였다는 점을[25] 고려하면 일본인의 비중이 월등히 높다. 식민지 초기에 일본인의 진출에 의한 회사설립이 전국에 비해 아주 활발한 지역이었음을

25) 허수열(1989), p. 360.

보여 주는 것이며, 부산지역 회사의 특징 중에 하나이다.

한편, 합자회사가 전국의 합자회사에서 차지하는 비중이 1927년부터 1935년에 이르기까지 부산지역 전체 회사가 전국에서 차지하는 비중에 비해 높다. 1935년은 부산지역 합자회사가 무려 111개사나 소멸한 것으로 집계된 해이다. 반면에 주식회사의 경우에는 1920년대 후반 이래로 부산지역 전체 회사가 전국에서 차지하는 비중보다도 점차 낮아지는 경향을 보이고 있다. 즉, 회사수를 기준으로 하면 다른 지역과는 달리 부산지역은 영세한 규모의 합자회사 비중이 높은 지역이고, 반대로 주식회사의 비중이 상대적으로 낮은 지역이었음을 알 수 있다.

## 2. 부산지역 회사 자본금의 추이

부산지역 회사의 회사형태별 불입자본금의 추이를 나타낸 것이 〈그림 1-5〉이다. 그림에 생략된 1907년도 이전에는 합자회사와 주식회사 간의 불입자본금의 차이가 30만 원이 최고일 정도로 회사형태 간의 차이는 거의 없었다. 1907년 이후에 비교적 큰 규모의 주식회사 설립이 이어지면서 주식회사와 합자회사 간 불입자본금의 차이가 확대되기 시작하였고,[26] 1910년 이후 부산지역 전체 불입자본금의 추이는 주식회사 불입자본금의 움직임과 거의 일치한다고 해도 될 정도이다.

먼저 주식회사 불입자본금의 추이를 보면 몇 번의 단층적인 증가가 있었고, 이후 1925년 이후는 다소의 변동을 포함하지만 증가 추세를 보이고 있다. 단층의 기간은 1912년, 1917년, 1922년, 1924년이다.

1912년은 '조선기업(주)', '경남은행(주)', '부산상업은행(주)'의 세 회사가 설립되었는데 이들 모두 불입자본금이 75만 원에 달하였다. 1917년은 불

26) 1907년과 1908년에 신설된 주식회사에 대해서는 뒤의 3. 부산지역 회사의 생성과 소멸, 그리고 존속에 자세히 서술하였다.

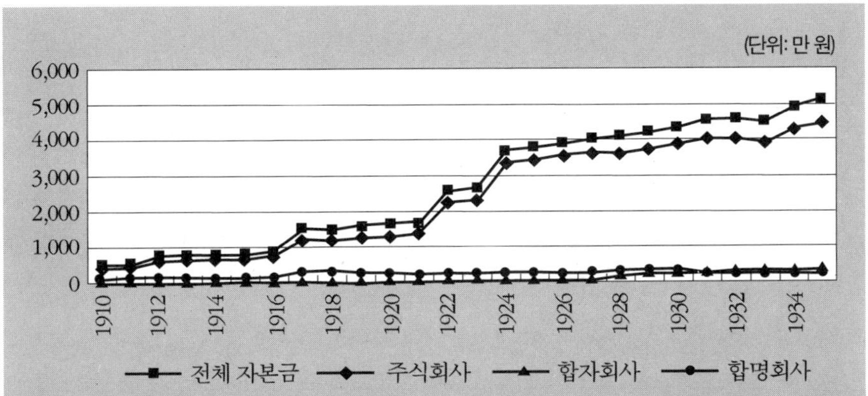


**그림 1-5** 부산지역 회사 불입자본금의 추이

입자본금 93만 7,500원의 '일본경질도기(주)'와 250만 원의 '조선방직(주)'가 설립되었다. 1922년은 기업의 신설이 13개사에 이른 것도 원인이지만 불입자본금 100만 원의 '대동석유(주)'와 5백만 원인 '부산축항(주)'가 설립된 것이 불입자본금의 단층적 증가의 원인이었다. 또 1924년은 신설회사는 4개사에 불과하지만 불입자본금이 1,000만 원인 '조선산금흥업(주)'가 창립된 것이 단층적인 증가를 가져왔다. 이후에는 불입자본금이 100만 원을 초과하는 기업이 신설되지도 않았지만 회사수도 증가하고, 전체 자본금의 규모가 커짐에 따라 한두 회사의 설립과 해산이 전체 자본금의 추이에 미치는 영향력이 감소하였기 때문에 이전과 같은 단층적인 변화는 보이지 않는다.

반면 절대액을 기준으로 할 경우 합자회사와 합명회사는 주식회사와 같은 큰 폭의 증가는 없었다. 다만 1916년 이후에는 합명회사의 불입자본금 총액이 좀더 많았고 1917년에 단층적인 증가를 보이고 있다. 이는 불입자본금 230만 원의 '高瀨'[27]가 진출한 것에 기인한다. 이후 1932년에 이르면 합자

27) '高瀨(명)'은 부산부 본정 2정목에 본점을 두고 설립된 상업회사로 1. 견, 면, 모직물 면사 및 제잡

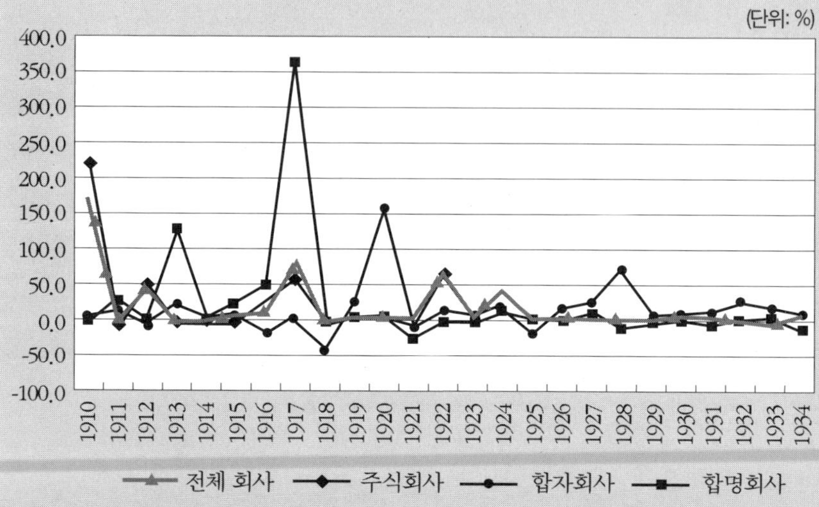


**그림 1-6** 부산지역 회사 불입자본금 증가율의 추이

회사의 불입자본금 총액이 합명회사를 추월한다.

이를 좀더 구체적으로 살펴보기 위해 부산지역 회사 불입자본금의 증가율의 추이를 구한 것이 〈그림 1-6〉이다. 여기에서도 가장 눈에 띄는 것은 주식회사의 증가율과 전체 회사 불입자본금의 증가율이 동조화하고 있다는 점이다. 또 1924년까지의 증가율 추이를 보면 변동성이 굉장히 큰 것을 알 수 있다. 반면 1925년 이후는 2~4%대로 비교적 일정하다. 다만 1928년이 전체 불입자본금을 기준으로 하면 0.8%의 저조한 성장을 보였고, 1932년과 1933년이 각각 1.7%와 -2.0%로 침체되는 모습을 보이고 있다. 반대로 1934년에 8.5%의 높은 성장을 보이고 있다. 이는 주식회사의 불입자본금 성장률에

화의 판매 및 기직(機織)사업, 2. 토지가옥의 임대 및 조림, 개간, 기타 토지경영, 3. 목축, 4. 이상 각종 부대사업을 행한 기업이다. 경성, 평양, 군산, 여수에 지점을 두고 중역으로는 高瀨政太郎, 福永政治郎, 高瀨平治郎이 있다. 1921년에 자본금이 150만 원으로 줄지만 이후 1939년까지 존속하였다. http://db.history.go.kr

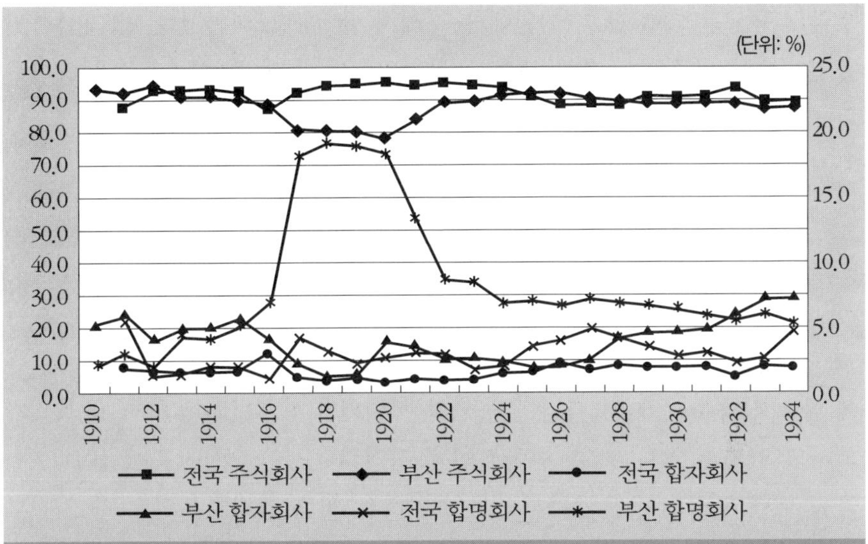


그림 1-7 전국과 부산지역 회사 불입자본금 비중의 추이

주: 주식회사의 경우에는 왼쪽 종축을 기준으로 하고, 나머지는 모두 오른쪽 종축을 기준으로 한다.

기인하는 바가 크다. 같은 기간 주식회사는 각각 -0.7%, 0.5%, -3.7%, 9.8%의 성장률을 보이고 있다.

또 1918년 이전의 기간은 1914년을 제외하면 항상 합명회사 불입자본금의 증가율이 합자회사의 그것보다 높다. 반면 1918년 이후가 되면 1925년을 제외하면 항상 합자회사 불입자본금 증가율이 더 높다. 이는 앞선 회사수의 분석과 뒤에 논의할 회사당 평균자본금의 추이를 고려하면 회사수의 증가에 기인한 것이다. 증가율의 변동이 극심한 것은 평균자본금의 규모가 작아서 한두 회사의 신설에 큰 영향을 받기 때문이다.

전국과 부산지역 회사들의 회사형태별 불입자본금의 비중 추이를 나타낸 것이 〈그림 1-7〉이다. 특징적인 것은 1918년 합명회사의 불입자본금이 전체의 19.2%로 정점에 도달해 있다. 이 시기 부산지역 회사의 전체 불입자본금의 규모는 1,434만 7,250원에 불과해서 '高瀨(명)'의 신설은 합명회사의 불입자본금 비중을 급격히 상승시키기에 충분한 것이었다. 이후 합명회사의 불입자본금 비중은 점차 감소하고 있다. 반면 합자회사의 불입자본금이 차지하는 비중 추이를 보면, 1918년에 1.4%를 저점으로 점차 증가하고 1932년에는 6.2%로 합명회사의 비중을 넘어서고 있고, 1934년에는 7.3%에 달하고 있다.

주식회사의 경우는 1918년을 저점으로 상승하여 1925~1927년까지는 90%를 넘는 비중을 보이고 있지만 이후 하락의 경향을 보이고 있다. 1931년에 다소 상승하여 89.2%까지 상승하지만 1920년대 후반처럼 90% 이상을 기록하고 있지는 않다. 이는 전국적인 움직임과 다소 상이한 움직임이다. 전국을 보면 주식회사 불입자본금이 차지하는 비중이 대부분의 시기에서 부산지역에 비해 높다. 그리고 변화의 경향을 보면 1916년에 86.6%를 기록한 이후에 비중이 증가하여 1920년에 94.4%에 도달한 이후 다시 감소하여 1926년에는 87.2%까지 감소한다. 이후 다시 증가하여 1932년에 92.6%를 기록한 후 다시 감소하고 있다. 전국은 1920년대 초에 주식회사의 불입자본금 비중이 높았던 반면, 부산지역은 1920년대 중반에 주식회사의 불입자본금 비중이 높았다. 1927년 이후로 한정하면 부산의 주식회사 불입자본금 비중은 감소하였지만 전국적으로는 주식회사의 불입자본금 비중이 증가하고 있는 것이다.

1920년에 전국과 부산지역에서 주식회사 불입자본금이 차지하는 비중의 차이가 무려 19.2%p에 이르고 있고, 이러한 경향은 1917년부터 시작되어 1921년까지 지속되었다. 이 역시 부산지역의 특성이다. 즉, 1910년대 후반부터 1920년대 초까지 합명회사의 불입자본금 비중이 전국의 그것과는 비교할 수 없을 정도로 높았고, 합자회사의 불입자본금 비중도 전국은 1926년의 8.8%를 정점으로 비중이 하락하지만 부산지역은 오히려 증가하는 경향을 보이고 있다. '조선방직'으로 대표되는 대규모 주식회사가 있었음에도 불구

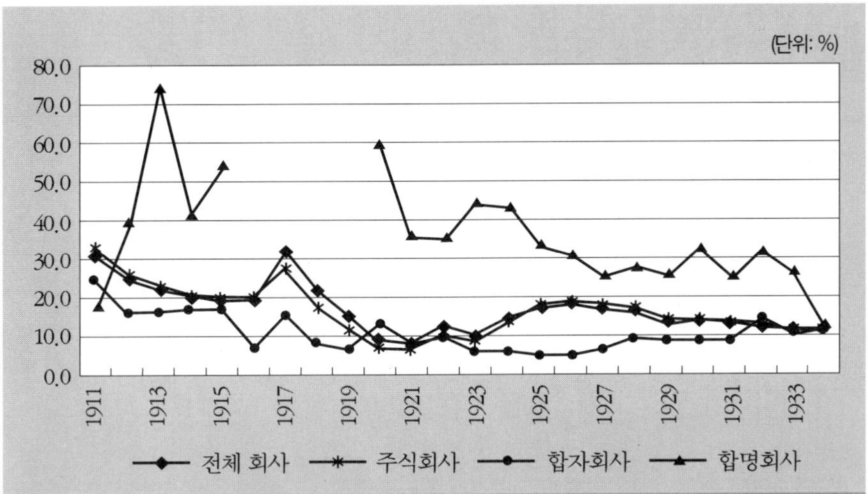


**그림 1-8** 부산지역 회사 불입자본금의 전국에 대한 비중의 추이

하고 주식회사의 불입자본금이 차지하는 비중이 낮다는 것이 부산지역의 특징이다. 즉, 부산지역은 전국에 비해 비주식회사의 비중이 큰 특징을 가지고 있다.[28)]

부산지역 회사의 불입자본금이 전국에서 차지하는 비중을 나타낸 것이 〈그림 1-8〉이다. 먼저 1910년대에 부산지역 회사의 전국에 대한 불입자본금 비중이 무려 30%를 넘었다. 이는 식민지 초기 부산지역의 기업활동이 활발하였던 지역이었고, 다른 지역에 비해 먼저 기업이 성장한 지역이었음을 말한다. 부산지역의 합명회사가 전국 합명회사에서 차지하는 비중이 아주 높았다.[29)] 또 부산지역 주식회사의 불입자본금의 전국 주식회사에 대한 비중

28) 이에 대해서는 추가적인 분석이 필요한데, 오미일은 부산지역의 제조업 비중이 낮은 것에 원인이 있다고 지적하고 있다. 오미일(1995), pp. 69~70. 그러나 더 직접적인 원인은 주식회사 형태의 중견기업 해산이 생성에 비해서 많이 진행된 것에 원인이 있다. 3. 부산지역 회사의 생성과 소멸, 그리고 존속을 참조.

29) 1916~1919년 사이는 부산지역 합명회사의 불입자본금이 가장 높은 시기인데 이 시기 전국 자료에 다소 문제가 있어 그림에서 생략하였다. 대체로 거의 90% 정도의 수준을 보이고 있다.

을 보면 1917년에 31.7%로 정점이다. 즉, 전국과 부산지역을 비교하면 부산지역 내에서 주식회사의 비중은 전국에 비해 낮았지만(〈그림 1-7〉 참조), 전국에서 부산지역 주식회사가 차지하는 비중은 1910년대 말까지 아주 높았다는 점을 확인할 수 있다.

부산지역 불입자본금의 전국에 대한 비중은 1917년에서 1921년(8.0%) 또는 1923년(9.3%)까지 급격히 저하하는 것이 두 번째 특징이다. 이 시기는 회사령이 사실상 무력화된 이후이며, 전국적으로 회사설립이 진행된 시기이다. 이 시기 부산지역은 오히려 전국에서 불입자본금이 차지하는 비중이 현저히 떨어지고 있다는 것은, 다른 지역에 비해 부산지역에서의 회사설립이 상대적으로 적게 진행되었을 뿐만 아니라 소규모로 진행되었음을 의미한다.[30] 이는 부산지역이 다른 지역에 비해 점차 기업활동에 대한 매력이 떨어지고 있었음을 말하는 것이다.

1923년을 저점으로 하여 전국에서 차지하는 부산지역 회사의 불입자본금의 비중은 1927년까지 일시적으로 증가하고 있다. 또 합자회사와 합명회사의 비중은 줄어드는 것과는 대조적으로 전체 자본의 비중이 현저히 주식회사와 동조화하고 있다. 1922년과 1924년은 앞에서 밝힌 대규모 주식회사의 신설이 원인이었다. 이후 1925년과 1927년도 불입자본금 55만 원의 '조선사선'(朝鮮社船)과 불입자본금 75만 원의 '부산진매축'의 설립이 큰 영향을 미쳤다.

그러나 이미 1920년대 후반에 부산지역 회사의 불입자본금이 전국에서 차지하는 비중이 지속적으로 하락하고 있다. 전국적으로 회사의 설립이 확산된 것에도 원인이 있지만 1920년대 후반에 부산지역은 전반적인 비효율의 문제에 직면하게 되었고, 이것이 부산지역 경제의 한계였다. 제조업에 대한 고찰결과 부산은 전력난에 더해 공업용지와 공업용수의 부족이 심각

30) 노동력 이용이라는 측면에서 본다면 전시 호황으로 전국적인 노동력 이용이 늘어나는 시기이기도 하다. 박영구(2005), p. 231.

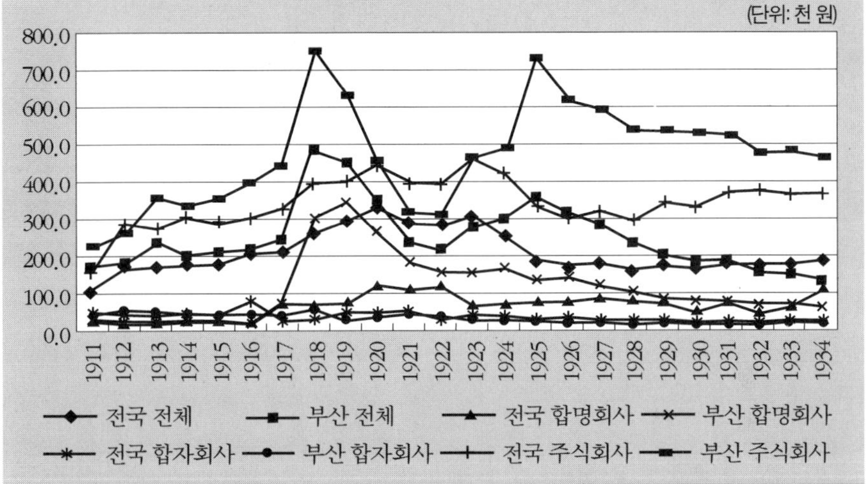


**그림 1-9** 전국과 부산지역 회사의 평균불입자본금의 추이

하였고, 이 때문에 저임금과 천연적 경제지리적 이점에도 불구하고 조선방직의 제2공장과 종연방직이 다른 지역에 입지하는 이유가 되었다.[31)]

부산지역 회사의 특징을 볼 수 있는 또 다른 지표가 회사당 평균불입자본금의 추이이다. 1917년에 이르는 기간 동안 부산 주식회사당 불입자본금은 급격히 증가하였고, 전국보다 오히려 높은 수준이었다. 이후 급격히 감소하였다가 1922년을 저점으로 다시 급격히 증가하는 모습을 보이고 있다. 이후에는 경향적으로 감소하고 있다.

이는 전국의 움직임과는 다소 차이가 있다. 전국의 경우에는 1921년과 1922년에 감소한 후에 1923년에는 다시 증가하였고, 1923년을 정점으로 1926년 또는 1928년까지 감소하였다가 다시 증가의 경향을 보이고 있다. 따라서

31) 박영구(2005), pp. 256~257, 268~276.

증가와 감소의 시기가 상이하고, 그 폭이 전국에 비해 크다는 특징을 가지고 있다. 1920년대까지의 시기적인 차이와 변화폭의 차이는 앞서 설명한 주식회사와 합명회사의 동향과 관련된 것이다. 1917년에 이르는 기간의 상승은 앞서 충분히 설명하였다. 1919~1921년 사이 평균불입자본금이 하락하는 것은 신설된 주식회사가 이전에 비해 소규모였던 것에 기인한다. 3년간 모두 29개사가 신설되지만 불입자본금 5만 원 이하가 16개사, 10만 원 미만이 5개사, 30만 원 미만이 10개사이다. 또 1924년 이후의 변화는 기본적으로 주식회사와 합자회사 모두 평균자본금의 규모가 작아지고 있는 것에 기인하고, 이 역시 부산회사의 특징 중 하나이다. 부산지역 회사의 평균자본금이 지속적으로 하락하고 있는 것은 영세한 규모의 회사설립이 활발하였기 때문이다. 전쟁특수가 소멸함으로써 일본의 불황이 진행되고, 이 과정에서 일본 내 중소규모 과잉자본의 진출도 활발하였고, 한국인 자본도 1920년대에는 이들과 경쟁하면 성장하는 것이 가능하였다. 이것이 오히려 부산지역 회사의 영세화를 가속화시킨 원인 중 하나이다. 가장 회사수가 많았던 합자회사의 경우 1920년 이후로는 지속적으로 평균자본금이 감소하고 있다.

이후 1930년대에는 한편에서는 공황에 따라 경쟁력을 상실한 소규모 기업의 몰락과 함께 일본으로부터 소규모 자본의 진입이 급격하게 진행되었고, 그 중심은 역시 합자회사, 합명회사와 같은 형태였다. 그에 반해 부산이 가진 입지적 제한으로 인해 대규모 회사의 등장은 여전히 전무한 상태였다. 1925년에서 1934년에 이르는 기간 동안 불입자본금 100만 원을 초과하는 기업의 설립이 '조선금속공업(주)'(불입자본금 112만 5,000원)를 제외하면 전무하였다.[32)]

32) 『부산부세요람』의 자료와 『요록』의 자료는 여러 군데에서 차이가 발견된다. 구체적인 검증은 차후의 과제로 미룬다. 다만 1925년에서 1934년 사이에 설립된 회사 중 자본금이 100만 원을 초과하는 기업을 『요록』 자료에서 찾아보면 '부산진매축(주)', '입석상점(주)', '부산축항(주)', '경남자동차(주)'의 4개 회사가 있다. 그런데 '부산진매축(주)'는 설립될 당시 공칭자본금이 300만 원이지만 불입자본금은 75만 원이다. '부산축항(주)'는 설립연도가 『요록』에는 1931년 설립으로 되어 있지만 『부산부세요람』을 기준으로 하면 1922년이다. '경남자동차(주)'의 경우는 설립연도가

따라서 식민지기에 부산지역 회사의 영세화는 이미 1920년대 후반부터 진행형이었고, 부산이 지닌 특성 중의 하나라고 판단된다. 먼저 일본 자본의 소규모 자본이 많이 진출한 것이 계기였고, 이후 부산지역의 대규모 자본을 유치할 수 있는 조건을 만들지 못하였던 것이다. 이 문제는 현재 부산에서도 그대로 적용된다.[33)]

한편, 부산지역 회사의 평균자본금 규모를 전국의 그것과 비교한 것이 〈그림 1-10〉이다. 예외적인 1917년과 1918년을 제외하면, 부산지역 회사 전체 불입자본금을 기준으로 하면 1920년까지는 기본적으로 대전국 비율이 저하하고 있다. 1920년부터 1925년에 이르는 기간은 대전국 비율이 증가하였지만 1926년을 정점으로 다시 감소하고 있다. 1920년대 초반은 기업설립은 얼마되지 않았지만 주식회사를 중심으로 비교적 큰 규모의 회사가 신설된 것에 원인이 있고, 1926년 이후는 규모가 작은 합자회사가 많이 신설되었기 때문이다. 이 때문에 1930년대에 들어와서는 전국의 평균적인 불입자본금에도 못 미치는 영세한 규모로 전락하고 있다.

합자회사의 경우는 1920년 이후에는 거의 전국의 합자회사의 평균불입자본금에 비해 영세한 규모였음을 알 수 있다. 합명회사의 경우도 한때 전국 평균자본금의 5배에 가까운 큰 규모였지만 1920년대 후반에 오면 전국의 그것과 비슷한 정도로 규모가 작아지고 있음을 알 수 있다.

반면 주식회사의 경우는 1920년대에 들어서 오히려 전국의 평균자본금

---

1931년인데, 이 당시에는 공칭자본금, 불입자본금 모두 100만 원이었다. 이후 합병과정을 통해 1939년부터 120만 원으로 증자된다. '입석상점(주)' 역시 설립은 1931년인데 이 당시에는 공칭자본금과 불입자본금이 모두 50만 원이고 1934년에 90만 원으로 증자된다. 이후 1937년 자료에 140만 원, 1940년 자료에 170만 원, 1940년 자료에는 225만 원으로 기록되어 있다. 따라서 『요록』과는 달리 1925~1934년 사이에 불입자본금 100만 원을 초과하는 기업은 적어도 설립을 기준으로 하면 '朝鮮金屬工業(주)' 한 회사뿐이다.

33) 물론 회사 전체에 대한 논의가 아니므로 직접적인 비교에 주의해야 하지만, 현대 부산지역 제조업에 대한 이해와 일치하는 것이다. 흔히 부산지역 경제문제를 논할 때 빠지지 않는 논의가 기업의 역외이전의 문제이고, 이에 대한 대책은 늘 대기업의 유치이다. 그런데 해방 이후 부산지역 제조업에 대한 고찰결과도 역외이전보다는 앞선 1960년대에 영세화가 먼저 진행되었고, 이것이 부산지역 제조업의 경쟁력을 약화시킨 원인이었다. 장지용 외(2005), pp. 67~68.

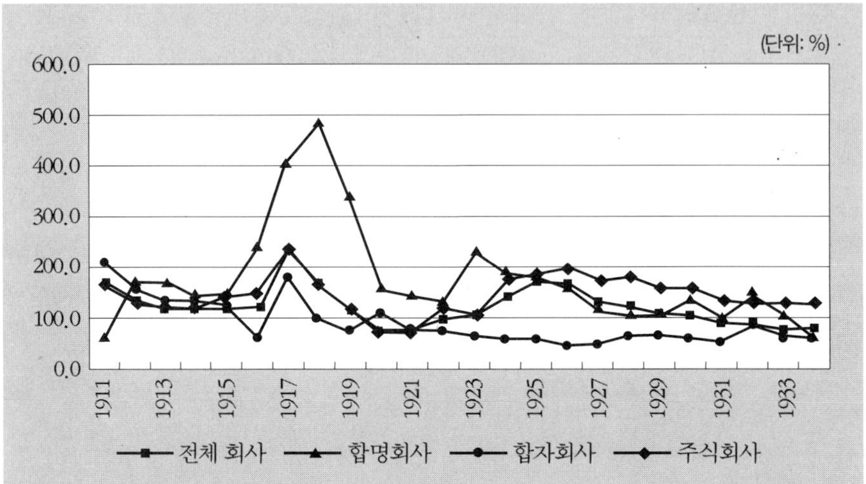


**그림 1-10** 부산지역 회사의 평균불입자본금의 대전국 비율

보다 높은 수준을 유지하고 있다. 1934년 한 해만 예를 들어 보면, 전체 91개 주식회사 중에서 36.3%인 33개사는 불입자본금 5만 원 이하이다. 또 24.2%인 22개 기업은 5만 원 초과 10만 원 이하이다. 따라서 60.4%가 10만 원 이하 기업이다. 반면에 불입자본금이 100만 원이 넘는 회사도 7개사 존재하고 있다. 이들 7개 회사를 보면 불입자본금 101만 원의 '부산수산(주)', 112만 5,000원의 '조선금속공업(주)', 126만 원의 '(주)부산진매축', 420만 원의 '조선가스전기(朝鮮瓦斯電氣)(주)', 500만 원의 '부산축항(주)'와 '(주)조선방직', 그리고 불입자본금 1,000만 원의 '조선산금흥업(주)'로 구성되어 있다. 특히, 자본금이 500만 원 이상인 기업이 3개사가 존재하고 있고, 이 때문에 주식회사는 전국의 평균불입자본금보다 큰 규모를 가지고 있었다. 그런데 이는 역으로 해석하면 이들에 대한 지역사회의 의존도가 지나치게 크다는 것을 의미하기도 한다. 또 이 중 '조선금속공업(주)'와 '(주)조선방직'을 제외하면 수산이거나, 토목, 전기 · 가스, 광업으로 구성되어 있다는 점도 역시 부산지역의 다른

중견기업, 또는 소기업과의 연관이 약화된 원인일 것이다.[34)]

### 3. 부산지역 회사의 생성과 소멸, 그리고 존속

부산지역에서 1892년 이후 등장한 회사의 총수는 861개사이다. 『부산부세요람』에서 확인할 수 있는 최초의 회사는 '조선시보사(자)'이며 불입자본금 2만 4,000원으로 서산하정(西山下町)에 설립된 것이었다.[35)] 가장 오랜 기간 존속한 기업은 '부산수산(주)'로 1907년에 공칭자본금 10만 원, 불입자본금 6만 원으로 창립되었고, 1915년 10월 '경남수산주식회사'를 합병하여 자본금 70만 원으로 증대하였으며, 1922년 공칭자본금을 200만 원으로 증자하였고, 불입자본금은 101만 원이었다. 1941년까지 존속하고 있었으며 존속기간은 35년 이상이다.[36)]

회사의 신설은 〈부표 1〉에서 보는 것과 같이 다소의 변동을 포함하고 있지만 1918년을 저점으로 하여 기본적으로 증가 추세를 보이고 있다. 이는 앞선 증가율에 대한 분석과 일치한다. 단일연도를 기준으로 하면 1931년에 가장 많은 67개사가 신설되었다.

1907년과 1908년 그리고 1913년이 1918년 이전의 기간 중에 기업설립이 가장 활발한 해였다. 부산은 지리적 여건으로 인해 합병 이전부터 일본 자

34) '(주)조선방직'이 부산에서 조업을 하였음에도 불구하고 면업에 관한 회사는 1938년에 설립된 '동아면업(주)'(불입자본금 18만 원)가 전부이다. 실제로 조선방직은 자회사에 해당하는 '남북면업'의 본점을 경성에 두었고, 이후 만주로 투자를 확대하는 전략을 취하였다. 따라서 부산지역의 중견기업과의 관련을 가진 경영형태라고는 말하기 어렵다. 정안기(2002), pp. 129~158; 정안기(2005), pp. 115~161.

35) 우리나라에서 민간인에 의해 근대적 기업회사가 설립된 것은 1880년대 초부터이다. 부산의 경우 『통리위문일기』에서 확인된 최초의 사영회사는 1886년의 '전경회사'이지만, 이 역시 상사회사이다. 또 그 조직면에서 근대적 회사로 보기 어렵고, 기능면에서도 협회 내지는 동업조합의 성격을 가지는 것이 대부분이다. 이후 1888년 '해산회사', 1889년 '기선회사', 1893년에 '보험회사', 1898년에 '부산철도회사', 1899년에 '협동기선회사' 등이 설립되었지만 적어도 『부산부세요람』의 회사명부에는 보이지 않는다. 부산상공회의소 · 부산경제연구원(1989), pp. 442~443.

36) 최종자료가 1942년판이기 때문에 이후의 변화를 알 수 없어서 "이상"이라는 표현을 사용하였다.

본들의 진입선점 경쟁이 이루어진 지역이며, 1905년 경부선이 개통되면서 일본과 한국, 그리고 대륙을 연결하는 여러 시설이 필요하였다. 1907년과 1908년의 신설기업을 주식회사만 보면 '부산연극(주)'와 같은 서비스 업종도 있지만 '부산식량품(주)', '부산연초(주)', '부산제분(주)', '조선농사(주)', '한국농사(주)', '부산수산(주)' 등과 같이 일차산업의 가공과 유통을 중심으로 한 기업들과 '한국창고(주)', '부산기선(주)'와 같은 창고 및 운수회사의 설립이 주를 이루었다. 1910년에는 불입자본금 375만 원의 '조선가스전기(주)'가 신설되었고, 1913년의 경우도 상업회사를 중심으로 한 일본인 자본이 회사를 설립하였다. 주식회사로는 '부산공동창고'(공칭자본금 20만 원, 불입자본금 10만 원), '부산상선조'(釜山商船組)(공칭 및 불입자본금 10만 원)의 두 회사, 합명회사로는 '伊藤商會'(공칭 및 불입자본금 12만 원) 등의 비교적 큰 규모의 상업회사를 중심으로 설립되었으며, 이 중 '석천정미소'(공칭자본금 5만 원, 불입자본금 3만 원)가 포함되어 있다. 식민지 초기 일본인이 부산에 대한 인식을 대표하는 자본진출이라고 할 수 있을 것이다.

〈표 1-1〉은 부산지역 회사의 신설을 자본금 규모별로 나누어 나타낸 것이다. 1919년부터[37] 1934년에 이르는 기간 동안 전체적으로 517개의 회사가 신설되었다. 이 중 주식회사는 132개사, 합자회사는 322개사, 합명회사는 63개사이다. 합자회사의 신설이 전체 회사 신설의 대부분을 차지하고 있다.

이들 합자회사 중 1921년과 1922년을 제외하면 절반 이상이 불입자본금 5,000원 미만의 회사들이다. 1920년부터 1934년에 이르는 기간 동안 설립된 합자회사 중 54.7%인 176개 회사는 불입자본금 5,000원 미만의 회사이며, 5,000원 초과 1만 원 미만의 회사가 22.7%인 73개사이다. 반면 1만 원 초과 5만 원 이하의 회사가 18.9%인 61개사이며, 5만 원 초과 10만 원 이하의 회사

37) 1919년 이전의 경우는 1907년, 1908년, 1913년, 그리고 1917년과 1918년에 관한 것은 앞에서 기업을 일일이 소개하였고, 1910년 이전의 경우는 기업설립이 그렇게 많지 않았기 때문에 1919년부터 표로 제시하였다. 〈표 1-2〉도 마찬가지이다. 개괄적인 것은 〈부표 1〉을 참조할 수 있다.

**표 1-1** 부산지역 회사의 자본규모별 신설연도별 집계표

(단위: 개사)

| 규모＼연도 | | '19 | '20 | '21 | '22 | '23 | '24 | '25 | '26 | '27 | '28 | '29 | '30 | '31 | '32 | '33 | '34 | 계 |
|---|---|---|---|---|---|---|---|---|---|---|---|---|---|---|---|---|---|---|
| 주식회사 | 5천 이하 | | | | 1 | | | | | 1 | 1 | | | | | | 1 | 4 |
| | 1만 이하 | | | | | | | | | | | | | 3 | | | | 3 |
| | 5만 이하 | 5 | 7 | 4 | 5 | 1 | 3 | 8 | 3 | 9 | 6 | 2 | 2 | 3 | 3 | 2 | 4 | 67 |
| | 10만 이하 | | 2 | 3 | 1 | | | 1 | | | | 2 | 3 | 5 | 2 | 1 | 1 | 21 |
| | 30만 이하 | 4 | 4 | | 2 | 2 | | | | | 1 | | 2 | | | 2 | 2 | 19 |
| | 50만 이하 | | | | | | | | | | | 2 | 1 | 1 | | 1 | 1 | 6 |
| | 100만 이하 | | | | 3 | | | 1 | 1 | | 1 | | 1 | 1 | | | 2 | 10 |
| | 100만 초과 | | | | 1 | | 1 | | 1 | | | | | | | | | 3 |
| | 계 | 9 | 13 | 7 | 13 | 3 | 4 | 10 | 4 | 10 | 9 | 6 | 9 | 13 | 5 | 6 | 11 | 132 |
| 합자회사 | 5천 이하 | | 2 | 1 | 1 | 2 | 7 | 6 | 4 | 16 | 17 | 18 | 19 | 29 | 25 | 17 | 12 | 176 |
| | 1만 이하 | | | 1 | 4 | 1 | 1 | 1 | 6 | 3 | 9 | 5 | 11 | 10 | 7 | 10 | 4 | 73 |
| | 5만 이하 | | | 4 | 5 | | 6 | 2 | 2 | 5 | 4 | 4 | 4 | 9 | 4 | 7 | 5 | 61 |
| | 10만 이하 | | 3 | 1 | | | | | | | | | 2 | | 2 | 1 | 1 | 10 |
| | 30만 이하 | | 1 | | | | | | | | | | | | | | | 1 |
| | 50만 이하 | | | | | | | | | | 1 | | | | | | | 1 |
| | 계 | | 6 | 7 | 10 | 3 | 14 | 9 | 12 | 24 | 31 | 27 | 36 | 48 | 38 | 35 | 22 | 322 |
| 합명회사 | 5천 이하 | | 1 | | | | 2 | | 2 | 1 | 3 | 1 | 1 | 3 | 2 | 1 | 2 | 19 |
| | 1만 이하 | 1 | 1 | | 1 | | 2 | | 1 | 2 | 2 | 1 | 2 | 2 | | 1 | | 16 |
| | 5만 이하 | 1 | 3 | | 3 | | | 1 | | 2 | 3 | 1 | 1 | 1 | 1 | 3 | 2 | 22 |
| | 10만 이하 | | | | | | | | | 2 | | | | | 1 | | | 3 |
| | 30만 이하 | 1 | | | | | 1 | 1 | | | | | | | | | | 3 |
| | 계 | 3 | 5 | 0 | 4 | 0 | 5 | 2 | 3 | 7 | 8 | 3 | 4 | 6 | 4 | 5 | 4 | 63 |
| 총계 | 5천 이하 | 0 | 3 | 1 | 2 | 2 | 9 | 6 | 6 | 18 | 21 | 19 | 20 | 32 | 27 | 18 | 15 | 199 |
| | 1만 이하 | 1 | 1 | 1 | 5 | 1 | 3 | 1 | 7 | 5 | 11 | 6 | 13 | 15 | 7 | 11 | 4 | 92 |
| | 5만 이하 | 6 | 10 | 8 | 13 | 1 | 9 | 11 | 5 | 16 | 13 | 7 | 7 | 13 | 8 | 12 | 11 | 150 |
| | 10만 이하 | 0 | 5 | 4 | 1 | 0 | 0 | 1 | 0 | 2 | 0 | 2 | 5 | 5 | 5 | 2 | 2 | 34 |
| | 30만 이하 | 5 | 5 | 0 | 2 | 2 | 1 | 1 | 0 | 0 | 1 | 0 | 2 | 0 | 0 | 2 | 2 | 23 |
| | 50만 이하 | 0 | 0 | 0 | 0 | 0 | 0 | 0 | 0 | 0 | 1 | 2 | 1 | 1 | 0 | 1 | 1 | 7 |
| | 100만 이하 | 0 | 0 | 0 | 3 | 0 | 0 | 1 | 1 | 0 | 1 | 0 | 1 | 1 | 0 | 0 | 2 | 10 |
| | 100만 초과 | 0 | 0 | 0 | 1 | 0 | 1 | 0 | 0 | 0 | 0 | 0 | 0 | 0 | 0 | 0 | 0 | 2 |
| | 계 | 12 | 24 | 14 | 27 | 6 | 23 | 21 | 19 | 41 | 48 | 36 | 49 | 67 | 47 | 46 | 37 | 517 |

가 10개사, 10만 원 초과 30만 원 이하가 1개사이다. 가장 규모가 큰 것은 1928년에 불입자본금 50만 원으로 설립된 '부산축항'이다.

반면 주식회사의 경우는 1919년 이후 모두 132개의 회사가 설립되었지만 불입자본금 5,000원 미만의 회사는 4개에 불과하다. 또 5,000원 초과 1만 원 이하의 회사도 1931년에 3개사가 있을 뿐이다. 반면 전체의 50.8%의 회사는 1만 원 초과 5만 원 이하의 기업이다. 또 전체의 15.9%인 21개 기업이 불입자본금 5만 원 초과 10만 원 이하의 기업이다. 따라서 비록 기업의 숫자는 적다고 하지만 1919년 이후 주식회사는 합자회사와는 비교도 되지 않을 정도의 규모로 설립되었다고 할 수 있다.

한편, 합명회사는 1919~1934년의 기간 동안 모두 63개사가 신설되었는데 불입자본금 규모별로 보면 전체의 34.9%인 22개사가 1만 원 초과 5만 원 미만이고, 전체의 30.2%인 19개사가 5,000원 미만이다. 또 전체의 25.4%인 16개사가 5,000원 초과 1만 원 미만의 기업이었다. 즉, 합자회사보다는 불입자본금의 규모가 크고, 주식회사에 비해서는 현저히 낮은 수준의 불입자본금으로 신설되었다고 할 수 있다.

또 연도별로 보면 전체적으로는 1931년을 정점으로 5,000원 이하의 신설회사수는 감소 추세로 돌아서고 있다. 반면 1만 원 미만의 신설회사수는 증가 경향을 보이고 있다. 주식회사의 경우는 더 뚜렷하여, 이미 1927년 이후에는 경향적으로 5만 원 이하 회사설립이 감소하는 경향을 보이는 반면에 1929년부터는 5만 원 이상, 10만 원 이하의 기업의 신설이 늘어나는 경향을 보이고 있다.

〈표 1-2〉는 부산지역 회사의 소멸을 연도별로 나타낸 것이다. 대체적인 모양은 부산지역 회사의 신설과 비슷하다. 그런데 부산지역의 신설이 많았던 해와 시차를 가지고 해산도 많았다는 점이 눈에 띤다. 시기적으로 보면 1921년을 전후한 시기에 해산이 집중되어 있고, 1927년 이후 해산이 집중되어 있다. 특히, 1931년에 해산이 많다. 1910년에 해산회사가 10개사이고 1916

**표 1-2** 부산지역 회사의 자본규모별 해산연도별 집계표

(단위: 개사)

| 규모 \ 연도 | | '20 | '21 | '22 | '23 | '24 | '25 | '26 | '27 | '28 | '29 | '30 | '31 | '32 | '33 | '34 | 계 |
|---|---|---|---|---|---|---|---|---|---|---|---|---|---|---|---|---|---|
| 주식회사 | 5천 이하 | | | | | | | 1 | | | | | | | | | 1 |
| | 1만 이하 | | | | | | | | | | | | | | | | 0 |
| | 5만 이하 | 2 | 4 | 3 | 3 | | | | 4 | 2 | 3 | 1 | 3 | 2 | | 1 | 27 |
| | 10만 이하 | | 1 | 1 | 3 | | | | 2 | 2 | | 1 | 2 | | 2 | 3 | 16 |
| | 30만 이하 | 1 | 2 | | | | | 1 | 0 | | 1 | | | 1 | | | 8 |
| | 50만 이하 | | | 1 | | | | | 2 | | | 1 | | 1 | | | 4 |
| | 100만 이하 | | | | | | | | 1 | | 1 | | | 2 | 1 | 1 | 7 |
| | 100만 초과 | | | | | | | | | | | | | | | | 0 |
| | 계 | 3 | 7 | 5 | 6 | 0 | 0 | 2 | 9 | 4 | 5 | 3 | 5 | 6 | 3 | 5 | 63 |
| 합자회사 | 5천 이하 | | 1 | 1 | 2 | 1 | 1 | 2 | 4 | 6 | 9 | 5 | 13 | 4 | 9 | 13 | 71 |
| | 1만 이하 | | | | | | | | 3 | 2 | 5 | 4 | 6 | 2 | 5 | 12 | 39 |
| | 5만 이하 | 1 | 1 | 1 | 2 | | | | 2 | 1 | 5 | 3 | 6 | 1 | 4 | 9 | 36 |
| | 10만 이하 | | | | | 1 | | | | | | 1 | | | | 2 | 4 |
| | 30만 이하 | 1 | | | | | | | | | | | | | | | 1 |
| | 50만 이하 | | | | | | | | | | | | | | | | 0 |
| | 계 | 2 | 2 | 2 | 4 | 2 | 1 | 2 | 9 | 9 | 19 | 13 | 25 | 7 | 18 | 36 | 151 |
| 합명회사 | 5천 이하 | 1 | 1 | | | 1 | | | 1 | | | 1 | 2 | | 2 | 1 | 10 |
| | 1만 이하 | 1 | 1 | 1 | | | | | | | | 1 | 1 | | 1 | 2 | 8 |
| | 5만 이하 | | 2 | | | 1 | | | 2 | 1 | 1 | 4 | | 1 | 1 | | 13 |
| | 10만 이하 | | | | | | | | | | | | | | | | 0 |
| | 30만 이하 | | | | | | | | 1 | | | 1 | | | 1 | | 3 |
| | 계 | 2 | 4 | 1 | 0 | 2 | 0 | 0 | 4 | 1 | 1 | 7 | 3 | 1 | 5 | 3 | 34 |
| 총계 | 5천 이하 | 1 | 2 | 1 | 2 | 2 | 1 | 3 | 5 | 6 | 9 | 6 | 15 | 4 | 11 | 14 | 82 |
| | 1만 이하 | 1 | 1 | 1 | 0 | 0 | 0 | 0 | 3 | 2 | 5 | 5 | 7 | 2 | 6 | 14 | 47 |
| | 5만 이하 | 3 | 7 | 4 | 5 | 1 | 0 | 0 | 7 | 4 | 9 | 8 | 9 | 4 | 5 | 10 | 76 |
| | 10만 이하 | 0 | 1 | 1 | 3 | 1 | 0 | 0 | 1 | 2 | 0 | 2 | 2 | 0 | 2 | 5 | 20 |
| | 30만 이하 | 2 | 2 | 0 | 0 | 0 | 0 | 1 | 3 | 0 | 1 | 1 | 0 | 1 | 1 | 0 | 12 |
| | 50만 이하 | 0 | 0 | 1 | 0 | 0 | 0 | 0 | 1 | 0 | 0 | 1 | 0 | 1 | 0 | 0 | 4 |
| | 100만 이하 | 0 | 0 | 0 | 0 | 0 | 0 | 0 | 2 | 0 | 1 | 0 | 0 | 2 | 1 | 1 | 7 |
| | 100만 초과 | 0 | 0 | 0 | 0 | 0 | 0 | 0 | 0 | 0 | 0 | 0 | 0 | 0 | 0 | 0 | 0 |
| | 계 | 7 | 13 | 8 | 10 | 4 | 1 | 4 | 22 | 14 | 25 | 23 | 33 | 14 | 26 | 44 | 248 |

년에 9개사이다. 해산이 없었던 1919년을 제외하고, 1920년부터 1934년에 이르는 기간 동안 해산된 회사는 모두 248개사이며, 이 중 주식회사가 25.4%인 63개사, 합자회사가 60.9%인 151개사, 합명회사가 13.7%인 34개를 차지하고 있다. 신설과 해산 모두 합자회사가 주도하고 있다.

그런데 1919년부터 1934년간 신설회사에 대한 해산회사의 비율[38)]을 구해 보면 오히려 합명회사가 54.0%로 가장 높고, 다음은 주식회사로 47.7%에 이르고 있다. 반면 합자회사는 46.9%이다. 합자회사가 가장 많이 생성되고 해산하였지만 상대적으로 해산비율이 낮은 것으로 파악되었다. 반면 합명회사의 경우는 생성도 적고 해산도 적었지만 생성에 비해 해산이 많았던 것으로 파악된다.[39)]

이들 중에서는 성장한 기업도 있는 것으로 파악되었다. 합자회사에서 주식회사로의 전환은 앞서 밝힌 '조선법랑'이 한 예가 될 것이다. 또 串崎萬次郎은 1928년에 자본금 3,000원으로 '串崎합명회사'를 경영하였고, 이후 1930년에는 자본금 5만 원으로 해산물 매매를 행하는 '(자)吉崎商店'을 연다. 이는 합명회사에서 합자회사로의 전환의 한 예이다. 분석기간을 벗어나지만 小佐助一郎은 자본금 12만 원으로 '(명)大佐田商會'를 1930년부터 경영하였고, 1937년부터 불입자본금 20만 원의 '小佐琺瑯硝子(주)'를 경영하였다. 이는 주식회사로의 성장의 한 예라 할 수 있다.

주식회사의 경우는 42.9%의 해산이 자본금 규모 1만 원 초과 5만 원 이하에서 진행되었는데, 생성/소멸 비율을 구해 보면, 40.3%에 이르고 있어 생성에 비해서는 소멸이 적게 진행된 구간이다. 반면에 5만 원 초과 10만 원 이하인 주식회사는 생성/소멸 비율이 76.2%이고, 50만 원 초과 100만 원 미만

38) 1919년부터 1934년의 기간 동안 신설된 회사수를 해산한 회사수로 나눈 것을 말한다. 이하 생성/소멸 비율이라 한다.

39) 보다 정확한 평가를 위해서는 모두를 불입자본금의 규모별로 나누어 고찰하여야 하지만 여기서는 평균적인 개념으로 간주한다. 즉, 합자회사의 평균자본금의 규모가 작았으므로 회사형태와 자본금 규모별 변동을 동일시하여도 큰 무리는 없을 것이다.

기업도 60%에 이르고 있어서 이 구간이 오히려 생성에 비해 소멸이 많이 진행되었다. 이 역시 일반적으로 자본규모가 작은, 규모의 경제를 실현하지 못하는 부분이 정리된다는 통상적인 이해와는 상이한 부문이다. 특히, 50만 원 초과 100만 원 이하의 주식회사를 보면 1927년에 '경남은행(주)', 1929년 '부산미곡상권신탁(주)', 1932년 '조선사선(주)'와 '오키나와(沖繩)탄광(주)', 1933년 '남조선신탁(주)', 1934년에 '부산상업은행(주)'가 해산한 것으로 은행 및 신탁, 운송, 그리고 광산업에서 공황의 영향을 더 크게 받은 것으로 파악된다.

반면 합자회사의 경우는 5,000원 이하가 전체의 47.0%인 71개사, 1만 원 이하가 25.8%인 39개사, 5만 원 이하가 23.8%인 36개사가 소멸하였다. 이 역시 비율로 보면 영세한 규모가 가장 높은 비율을 차지하고 있지만, 생성/소멸 비율을 구해 보면 오히려 5만 원 이하가 59.0%로 가장 높다. 반면 5,000원 이하는 40.3%이다. 그러나 합자회사의 경우는 창립이 쉬운 적은 자본금 규모의 회사가 많이 생기고 많이 소멸한 것으로 파악할 수 있다. 또 5만 원 이하의 기업은 설립은 활발하지 않은 반면 주식회사에 비해 경쟁력이 떨어지는 것이 생성/소멸 비율을 높인 것이라 할 수 있다.

부산지역 회사의 존속연수를 1934년을 기준으로 하여 집계한 것이 다음의 〈표 1-3〉이다. 부산지역 회사의 1934년까지의 평균존속연수를 산술적으로 구해 보면 5.2년이다. 주식회사의 경우는 7.2년이고, 합자회사의 경우는 4.6년, 합명회사의 경우는 3.5년이다.[40]

전체 회사를 기준으로 하면 소멸한 회사의 21.6%는 1년 이내에 소멸한

40) 각 존속연수에 존속 회사수를 곱하고, 이를 전부 더한 후에 회사수로 나눈 값을 말한다. 그런데 불완전한 자료로 추가적인 검토를 필요로 하는 1941년까지의 존속연수를 구해 보면, 회사기업 전체의 평균존속연수는 6.00년이다. 반면 주식회사의 존속연도는 7.06년이고, 합자회사의 존속연수는 5.11년인 반면 합명회사의 경우는 6.99년이다. 앞선 논의를 종합하면 1934년 이후 주식회사의 설립이 주를 이루었을 것을 짐작할 수 있는데 주식회사의 설립이 1935년 이후에 많이 진행된 것이 오히려 주식회사의 존속연수를 줄인 이유일 것이다. 반면 합자회사와 합명회사의 경우 취약한 층은 이미 공황을 경과하면서 정리되었기 때문에 1935년에 단층적인 회사수의 감소가 있음에도 불구하고 존속연수가 오히려 더 길게 나타난 것으로 판단된다.

**표 1-3** 부산지역 회사의 존속연수 집계표(1934년 기준)

(단위: 개사)

| 연도 / 존속연수 | 주식회사 | | | 합자회사 | | | 합명회사 | | |
|---|---|---|---|---|---|---|---|---|---|
| | 1934년 이전 소멸 | 1934년 소멸 | 1934년 존속 | 1934년 이전 소멸 | 1934년 소멸 | 1934년 존속 | 1934년 이전 소멸 | 1934년 소멸 | 1934년 존속 |
| 1 | 10 | | 11 | 47 | 6 | 16 | 5 | 1 | 3 |
| 2 | 19 | | 5 | 40 | 4 | 23 | 10 | 1 | 4 |
| 3 | 10 | | 5 | 19 | 5 | 27 | 5 | | 4 |
| 4 | 7 | | 10 | 15 | 7 | 28 | 5 | | 3 |
| 5 | 6 | 1 | 5 | 9 | 3 | 20 | 2 | | 3 |
| 6 | 5 | 1 | 5 | 5 | | 15 | 6 | | 2 |
| 7 | 4 | | 4 | 8 | 4 | 10 | 1 | | 3 |
| 8 | 5 | 1 | 5 | 6 | 2 | 10 | 2 | 1 | 4 |
| 9 | 2 | | 4 | 0 | | 4 | 1 | | 2 |
| 10 | 4 | | 6 | 1 | 1 | 4 | 1 | | |
| 11 | 3 | | 3 | 1 | 1 | 6 | | | 2 |
| 12 | 1 | | 3 | 2 | | 3 | 1 | | |
| 13 | 2 | | 4 | 1 | 1 | 3 | 1 | | |
| 14 | 0 | | 2 | 1 | 1 | 2 | 1 | | |
| 15 | 2 | 1 | 1 | 2 | 1 | 3 | | | |
| 16 | 2 | | 2 | 0 | | | | | 2 |
| 17 | | | 2 | 0 | | 1 | | | |
| 18 | | | 2 | 1 | | | | | 1 |
| 19 | 1 | | | 2 | | | | | |
| 20 | 1 | | | | | 1 | | | 1 |
| 21 | | | | | | 1 | | | |
| 22 | | | 1 | | | | | | 1 |
| 23 | 1 | 1 | | | | | | | |
| 24 | | | 1 | | | 1 | 1 | | |
| 25 | | | 1 | | | | | | |
| 26 | | | | | | | | | |
| 27 | | | 1 | | | | | | 1 |
| 28 | | | 3 | | | | | | |
| 계 | 85 | 5 | 86 | 160 | 36 | 178 | 42 | 3 | 36 |

회사를 중심으로 회사설립이 진행되었다. 그러나 주식회사의 진입은 전국에 비해 저조하였다.

둘째, 이러한 변화는 경제상황에 대한 합리적 대응의 과정이었으며, 자본축적의 정도를 반영하는 것이었다. 그러나 이 과정에서 소규모 자본의 진입이 있었지만 입지적 제한으로 주식회사의 진입은 전국에 비해 저조하였다. 그 결과 1920년대 이후 평균자본금의 대전국 비율이 하락하였고, 1930년대에는 평균불입자본금의 규모가 전국 평균에도 못 미치게 되었다. 다만 주식회사의 경우는 전국의 평균자본금의 규모를 크게 앞지르고 있었다. 이는 부산지역 회사가 한편으로는 영세화하면서 다른 한편으로는 소수의 대규모 자본에 크게 영향을 받는 구조이며, 대규모 자본과 소규모 자본 간의 연관관계가 약한 구조적 취약성을 가지게 되었다.

셋째, 이런 구조적 변화는 부산지역 회사의 연도별, 자본금 규모별 신설과 해산과정을 통해서 구체적으로 확인할 수 있었다. 신설과 해산 모두 소규모 자본이 많았지만, 이 중에는 회사형태의 변화를 수반한 성장도 관찰되었다. 또한 부산지역 회사의 평균존속연수가 짧지 않았고, 소규모 자본의 생성/소멸 비율도 생각한 것 보다 높지 않았다. 반면 중견기업이라고 할 수 있는 규모의 기업의 생성/소멸 비율이 더 높았다. 이는 지금도 부산이 안고 있는 지역 중견기업의 부재와 그 맥을 같이 하는 것이다.

부산지역은 변화의 시기에 항상 먼저 발전하였지만 그 발전을 유지하지 못하였다. 해방 이후 1960년대까지 가장 빠른 발전이 진행된 지역의 하나였고, 한국 최고의 중화학공업지역이었던 부산 역시 1970년대 이래에 쇠퇴의 길을 걸었다. 식민지기도 마찬가지였다. 이는 기본적으로 부산이 자생적이지 않은 것에 원인이 있다. 즉, 외부적인 환경의 변화, 특히 부산항과 관련된 변화에 크게 규정되어 왔고, 부산 내부에서 발전을 담보할 수 있는 조건을 창출하지 못한 것이 원인이었다. 그리고 그것은 지금도 마찬가지이다.

이상의 분석은 주로 『부산부세요람』 자료의 정비에 의거한 분석이었다.

따라서 부산지역 회사자료에 대한 최초의 시계열 자료를 정비하고, 이를 통해 분석하였다는 점은 의의가 있지만 남겨진 과제 또한 적지 않다. 첫째, 다른 자료를 모두 종합하여 완결된 시계열 자료를 완성하여야 하며, 둘째 이를 근거로 본 논문에서 분석을 하지 못한 1935년 이후의 부산지역 회사에 대한 분석도 진행되어야 한다. 셋째, 구체적인 경제상황의 변동과 연계된 회사분석이 진행되어야 할 것이며, 넷째 개별 기업 하나하나를 고찰하는 미시적 분석도 진행되어야 할 것이다.

## 참고문헌


慶尚南道, 『慶尚南道統計年報』, 1923~1925, 1927, 1929, 1932.

京城商工會議所, 『經濟月報』, 각호.

국사편찬위원회 한국사데이터베이스 http://db.history.go.kr

김두얼, 「회사제도와 회사, 1910-1945」, 경제사학회 발표회 논문, 2008. 10, pp. 1~29.

김영래, 「한국기업의 생성과 발전」, 『경영사학』 제20집 제1호, 2005. 6, pp. 1~77.

藤永壯, 「개항기의 '회사' 설립문제를 둘러싸고–박기종과 기선업 · 철도업」, 이해주 · 최성일 편역, 『한국근대사회경제사의 제문제』, 부산대학교 출판부, 1995, pp. 259~325.

박영구, 『근대 부산의 제조업, 1900–1944: 통계와 발전』, 부산발전연구원, 2005.

박영구 · 장지용, 「20세기 후반기 부산 제조업 통계의 정비화 형태」, 『경제학연구』 제51집 제2호, 한국경제학회, 2003, pp. 179~208.

부산부, 『釜山府勢要覽』, 大正11년판(1922), 大正12년판(1923), 大正13년판(1924), 昭和2년(1927), 昭和3년(1928), 昭和4년(1929), 昭和5년(1930), 昭和6년(1931), 昭和7년(1932), 昭和8년(1933), 昭和9년(1934), 昭和11년판(1936).

釜山府(産業), 『釜山の産業』, 1935, 1936~1938, 1940, 1942.

부산상공회의소 · 부산경제연구원, 『부산경제사』, 1989.

小林英夫 外, 『植民地への企業進出–朝鮮會社令の分析』, 柏書房, 1994.

손정목, 「회사령연구」, 『한국사연구』 46, 1984, pp. 87~130.

______, 『일제강점기 도시화과정연구』, 일지사, 1996.

오미일, 「1910-1920년대 부산지역 조선인 자본가층의 존재양상과 민족주의 운동의 전개」, 『항도부산』 제12호, 부산광역시사편찬위원회, 1995.

왕옥여, 「중일 자본주의 제도의 환경비교: 회사제도의 발생과 발전을 중심으로」, 中村哲 · 박섭 편저, 『동아시아 근대경제의 형성과 발전』, 신서원, 2005, pp. 115~134.

장지용 · 박영구 · 박 섭 · 정이근, 「부산 제조업의 규모별 · 부문별 통계자료 정비와 그 시사점: 1945-2000」, 『응용경제』 제7권 제1호, 한국응용경제학회, 2005. 6, pp. 55~77.

전우용, 「19세기말-20세기초 한인 회사 연구」, 서울대학교 국사학과 박사학위논문, 1997.

정안기, 「朝鮮紡織의 戰時經營과 資本蓄積의 전개」, 『經濟史學』 제32호, 2002, pp. 129~158.

______, 「戰時期 조선방직의 對 滿洲投資와 營口紡織」, 『역사와 경계』 제48집, 경남사학회, 2005, pp. 115~161.

조선은행, 『經濟月報』, 각호.

조선총독부, 『조선총독부통계연보』, 각년판.

주익종, 「일제하 조선인 회사자본의 동향」, 『경제사학』, 1991, pp. 31~66.

허수열, 「일제하 조선인회사 및 조선인중역의 분석」, 안병직 외, 『근대조선의 경제구조』, 비봉, 1989, pp. 354~387.

**부표 1** 부산지역 회사의 변동 집계표 (단위: 개사)

| 연도 | 주식회사 | | 합자회사 | | 합명회사 | | 총계 | |
|---|---|---|---|---|---|---|---|---|
| | 신설 | 소멸 | 신설 | 소멸 | 신설 | 소멸 | 신설 | 소멸 |
| 1892 | | | 1 | | | | 1 | |
| 1896 | 1 | | | | | | 1 | |
| 1899 | | | 1 | | | | 1 | |
| 1901 | 1 | | 1 | | | | 2 | |
| 1902 | 1 | | | | | | 1 | |
| 1904 | 1 | | 2 | | | | 3 | |
| 1905 | 2 | | | | | | 2 | |
| 1906 | | 2 | 1 | 1 | | | 1 | 3 |
| 1907 | 13 | | 1 | | 2 | | 16 | |
| 1908 | 3 | 1 | | 1 | 4 | 1 | 7 | 3 |
| 1909 | 1 | 1 | 1 | | | 1 | 2 | 2 |
| 1910 | 2 | 5 | | 2 | | 1 | 2 | 8 |
| 1911 | 1 | 1 | 2 | | 2 | | 5 | 1 |
| 1912 | 3 | 1 | | | | | 3 | 1 |
| 1913 | 2 | 4 | 2 | | 3 | | 7 | 4 |
| 1914 | 2 | 2 | 1 | | | | 3 | 2 |
| 1915 | | 1 | 1 | 2 | 1 | | 2 | 3 |
| 1916 | 1 | 3 | | 2 | 1 | 4 | 2 | 9 |
| 1917 | 2 | 1 | | 1 | 2 | | 4 | 2 |
| 1918 | 3 | | 1 | | | | 4 | 0 |
| 1919 | 9 | | 1 | | 3 | | 13 | 0 |
| 1920 | 13 | 3 | 6 | 2 | 5 | 2 | 24 | 7 |
| 1921 | 7 | 7 | 7 | 2 | | 4 | 14 | 13 |
| 1922 | 13 | 5 | 10 | 2 | 4 | 1 | 27 | 8 |
| 1923 | 3 | 6 | 3 | 4 | | | 6 | 10 |
| 1924 | 4 | | 14 | 2 | 5 | 2 | 23 | 4 |
| 1925 | 10 | | 9 | 1 | 2 | | 21 | 1 |
| 1926 | 4 | 2 | 12 | 2 | 3 | | 19 | 4 |
| 1927 | 10 | 9 | 24 | 9 | 7 | 4 | 41 | 22 |
| 1928 | 9 | 4 | 31 | 9 | 8 | 1 | 48 | 14 |
| 1929 | 6 | 5 | 27 | 19 | 3 | 1 | 36 | 25 |
| 1930 | 9 | 3 | 36 | 13 | 4 | 7 | 49 | 23 |
| 1931 | 13 | 5 | 48 | 25 | 6 | 4 | 67 | 34 |
| 1932 | 5 | 6 | 38 | 7 | 4 | 1 | 47 | 14 |
| 1933 | 6 | 3 | 35 | 18 | 5 | 5 | 46 | 26 |
| 1934 | 11 | 5 | 22 | 36 | 4 | 3 | 37 | 44 |
| 1935 | 14 | 10 | 31 | 111 | 2 | 21 | 47 | 142 |
| 1936 | 19 | 3 | 12 | 4 | 5 | | 36 | 7 |
| 1937 | 18 | 13 | 34 | 43 | 1 | 7 | 53 | 63 |
| 1938 | 19 | | 38 | 1 | 3 | | 60 | 1 |
| 1939 | 30 | 15 | 5 | 92 | | 8 | 35 | 115 |
| 1940 | 26 | 43 | 1 | 1 | | | 27 | 44 |
| 1941 | 9 | 137 | 6 | 53 | 1 | 12 | 16 | 202 |
| 합계 | 306 | 306 | 465 | 465 | 90 | 90 | 861 | 861 |

자료: 1941년의 소멸은 1941년 현재 존재하고 있는 회사수를 말한다. 1935년 이후의 자료는 추가적인 검토가 필요하지만 일단 같이 밝혀 둔다.

**부표 2** 부산지역 회사 총괄표

(단위: 개사, 원)

| 연도 | 총계 | | | 주식회사 | | | 합자회사 | | | 합명회사 | | |
|---|---|---|---|---|---|---|---|---|---|---|---|---|
| | 회사 수 | 공칭 자본금 | 불입 자본금 | 회사 수 | 공칭 자본금 | 불입 자본금 | 회사 수 | 공칭 자본금 | 불입 자본금 | 회사 수 | 공칭 자본금 | 불입 자본금 |
| 1892 | 1 | 24,000 | 24,000 | | | | 1 | 24,000 | 24,000 | | | |
| 1893 | 1 | 24,000 | 24,000 | | | | 1 | 24,000 | 24,000 | | | |
| 1894 | 1 | 24,000 | 24,000 | | | | 1 | 24,000 | 24,000 | | | |
| 1895 | 1 | 24,000 | 24,000 | | | | 1 | 24,000 | 24,000 | | | |
| 1896 | 2 | 49,000 | 37,000 | 1 | 25,000 | 13,000 | 1 | 24,000 | 24,000 | | | |
| 1897 | 2 | 49,000 | 37,000 | 1 | 25,000 | 13,000 | 1 | 24,000 | 24,000 | | | |
| 1898 | 2 | 49,000 | 37,000 | 1 | 25,000 | 13,000 | 1 | 24,000 | 24,000 | | | |
| 1899 | 3 | 199,000 | 187,000 | 1 | 25,000 | 13,000 | 2 | 174,000 | 174,000 | | | |
| 1900 | 3 | 199,000 | 187,000 | 1 | 25,000 | 13,000 | 2 | 174,000 | 174,000 | | | |
| 1901 | 5 | 349,000 | 279,500 | 2 | 125,000 | 88,000 | 3 | 224,000 | 191,500 | | | |
| 1902 | 6 | 699,000 | 629,500 | 3 | 475,000 | 438,000 | 3 | 224,000 | 191,500 | | | |
| 1903 | 6 | 699,000 | 629,500 | 3 | 475,000 | 438,000 | 3 | 224,000 | 191,500 | | | |
| 1904 | 9 | 912,000 | 718,200 | 4 | 625,000 | 463,700 | 5 | 287,000 | 254,500 | | | |
| 1905 | 11 | 1,132,000 | 848,200 | 6 | 845,000 | 593,700 | 5 | 287,000 | 254,500 | | | |
| 1906 | 12 | 1,162,000 | 878,200 | 6 | 845,000 | 593,700 | 6 | 317,000 | 284,500 | | | |
| 1907 | 25 | 3,927,000 | 1,626,950 | 17 | 3,590,000 | 1,299,950 | 6 | 287,000 | 287,000 | 2 | 50,000 | 40,000 |
| 1908 | 32 | 4,745,000 | 2,084,250 | 20 | 4,340,000 | 1,689,250 | 7 | 307,000 | 307,000 | 5 | 98,000 | 88,000 |
| 1909 | 31 | 5,040,000 | 1,883,600 | 20 | 4,590,000 | 1,493,600 | 6 | 272,000 | 272,000 | 5 | 178,000 | 118,000 |
| 1910 | 31 | 9,047,000 | 5,145,825 | 21 | 8,600,000 | 4,758,825 | 6 | 272,000 | 272,000 | 4 | 175,000 | 115,000 |
| 1911 | 28 | 8,663,000 | 4,985,870 | 17 | 8,155,000 | 4,534,250 | 6 | 313,000 | 306,620 | 5 | 195,000 | 145,000 |
| 1912 | 30 | 14,153,000 | 7,229,070 | 19 | 13,645,000 | 6,776,750 | 6 | 313,000 | 307,320 | 5 | 195,000 | 145,000 |
| 1913 | 37 | 14,270,500 | 7,461,750 | 20 | 13,290,000 | 6,756,250 | 8 | 555,500 | 370,500 | 9 | 425,000 | 335,000 |
| 1914 | 36 | 14,208,000 | 7,481,750 | 19 | 13,310,000 | 6,781,250 | 9 | 563,000 | 385,500 | 8 | 335,000 | 315,000 |
| 1915 | 36 | 14,193,000 | 7,588,750 | 17 | 13,185,000 | 6,753,250 | 10 | 593,000 | 440,500 | 9 | 415,000 | 395,000 |
| 1916 | 35 | 14,263,000 | 8,471,250 | 17 | 13,135,000 | 7,515,750 | 8 | 513,000 | 360,500 | 10 | 615,000 | 595,000 |
| 1917 | 31 | 26,628,000 | 15,121,250 | 16 | 23,385,000 | 12,033,250 | 6 | 503,000 | 348,000 | 9 | 2,740,000 | 2,740,000 |
| 1918 | 32 | 26,944,000 | 14,347,250 | 18 | 23,835,000 | 11,393,250 | 6 | 359,000 | 204,000 | 8 | 2,750,000 | 2,750,000 |
| 1919 | 45 | 30,104,000 | 15,484,750 | 27 | 26,785,000 | 12,320,750 | 7 | 409,000 | 254,000 | 11 | 2,910,000 | 2,910,000 |
| 1920 | 69 | 33,691,500 | 16,383,550 | 40 | 29,882,000 | 12,752,350 | 13 | 809,500 | 654,200 | 16 | 3,000,000 | 2,977,000 |
| 1921 | 76 | 32,548,000 | 16,462,539 | 44 | 29,725,000 | 13,668,938 | 18 | 628,000 | 616,601 | 14 | 2,195,000 | 2,177,000 |
| 1922 | 89 | 45,170,000 | 25,564,596 | 49 | 42,245,000 | 22,651,695 | 26 | 710,000 | 697,901 | 14 | 2,215,000 | 2,215,000 |
| 1923 | 87 | 43,881,600 | 26,030,215 | 47 | 40,965,000 | 23,134,090 | 27 | 731,600 | 711,125 | 13 | 2,185,000 | 2,185,000 |
| 1924 | 100 | 53,414,700 | 36,307,840 | 45 | 50,077,000 | 32,990,090 | 37 | 874,100 | 854,150 | 18 | 2,463,600 | 2,463,600 |
| 1925 | 117 | 55,374,800 | 37,239,340 | 55 | 52,017,000 | 33,901,090 | 44 | 749,200 | 729,650 | 18 | 2,608,600 | 2,608,600 |
| 1926 | 135 | 58,537,700 | 38,642,000 | 59 | 55,060,400 | 35,186,250 | 55 | 850,700 | 829,150 | 21 | 2,626,600 | 2,626,600 |
| 1927 | 172 | 60,622,220 | 40,035,270 | 67 | 56,629,500 | 36,088,750 | 77 | 1,068,620 | 1,037,420 | 28 | 2,924,100 | 2,909,100 |
| 1928 | 198 | 60,534,240 | 40,340,524 | 67 | 55,946,500 | 35,838,000 | 99 | 1,811,240 | 1,763,540 | 32 | 2,776,500 | 2,738,984 |
| 1929 | 220 | 61,804,560 | 41,407,815 | 69 | 56,948,500 | 36,735,000 | 117 | 2,052,560 | 1,923,331 | 34 | 2,803,500 | 2,749,484 |
| 1930 | 243 | 61,451,940 | 42,837,042 | 73 | 56,484,500 | 38,043,500 | 133 | 2,141,440 | 2,034,058 | 37 | 2,826,000 | 2,759,484 |
| 1931 | 288 | 63,553,290 | 44,690,310 | 83 | 58,522,500 | 39,868,120 | 169 | 2,380,140 | 2,251,340 | 36 | 2,650,650 | 2,570,850 |
| 1932 | 301 | 62,457,240 | 45,436,474 | 83 | 56,860,500 | 40,069,120 | 182 | 2,991,090 | 2,834,604 | 36 | 2,605,650 | 2,532,750 |
| 1933 | 334 | 59,322,340 | 44,534,184 | 83 | 53,165,500 | 38,585,620 | 210 | 3,452,690 | 3,285,314 | 41 | 2,704,150 | 2,663,250 |
| 1934 | 344 | 65,879,530 | 48,330,214 | 91 | 59,775,500 | 42,349,370 | 214 | 3,608,530 | 3,506,844 | 39 | 2,495,500 | 2,474,000 |
| 1935 | 347 | 67,777,659 | 50,357,109 | 100 | 61,458,000 | 43,916,250 | 209 | 3,825,659 | 3,967,859 | 38 | 2,494,000 | 2,473,000 |
| 1936 | 238 | 67,725,300 | 47,769,420 | 108 | 62,610,000 | 42,460,120 | 108 | 2,819,800 | 3,013,800 | 22 | 2,295,500 | 2,295,500 |
| 1937 | 285 | 75,358,170 | 53,232,590 | 124 | 69,715,000 | 47,447,120 | 138 | 3,332,670 | 3,474,970 | 23 | 2,310,500 | 2,310,500 |
| 1938 | 284 | 78,491,671 | 55,207,841 | 130 | 72,813,000 | 49,573,870 | 135 | 3,501,171 | 3,456,471 | 19 | 2,177,500 | 2,177,500 |
| 1939 | 318 | 91,129,270 | 65,193,040 | 160 | 84,680,000 | 58,808,870 | 139 | 4,227,270 | 4,162,170 | 19 | 2,222,000 | 2,222,000 |
| 1940 | 230 | 94,291,782 | 70,222,052 | 171 | 91,860,982 | 67,833,252 | 48 | 1,921,300 | 1,879,300 | 11 | 509,500 | 509,500 |
| 1941 | 202 | 122,254,300 | 96,036,412 | 137 | 119,124,000 | 93,079,362 | 53 | 2,347,800 | 2,214,200 | 12 | 782,500 | 742,850 |

# 제조업회사의 변화와 성격

2

토목공사, 1930년대

# 제조업회사의 변화와 성격

## Ⅰ. 자료와 시기, 방법

1910~1945년의 35년간에 걸친 장기계열이면서 동시에 현대가 아닌 근대 일제하 제조업회사를 살펴보기 위해서 우선 정의해야 할 문제는 부산이라는 지역기준과 제조업이라는 산업기준이다.

본고에서의 부산 제조업회사는 부산에 본점을 둔 제조업회사에 한정한다. 그런데 회사를 업종별로 분류하는 문제는 역사적 연구에서는 매우 복잡하다. 오늘날과 달리 일제하의 회사는 여러 산업에 걸쳐 있는 경우가 일반적이었기 때문이다. 예컨대, 건설회사라고 해도 건설자재 및 장비 제조를 포함하는 경우가 많은 등 서비스업과 제조업이 기능적으로 분화되지 않고 결합된 경우가 많았다. 따라서 어떤 회사의 업종은 그 회사의 주업종이 무엇인가에 따라 분류할 필요가 있으며, 그 때문에 주업종이 바뀌면 회사분류가 달라지기도 한다. 『朝鮮總督府統計年報』에는 회사가 업종별로 분리되어 있는데 '釜山鹽業', '石川精米所'가 1915년판에서는 제조업회사로 분류되었다가 1916년판, 1917년판에서는 상업회사로 되어 있다. 이는 주업종의 변화에 이유가 있는 것이다.

그런데 부산부가 발행하고 기업추출의 1차 기초자료가 되는 『釜山府勢要覽』, 『釜山商工案內』, 『釜山の産業』 등은 회사명부에 업종분류 없이 회사명, 업종, 주소, 설립연월일 등이 기록되어 있다. 한편, 『조선총독부통계연보』, 경상남도가 발행한 『慶尙南道統計年報』, 中村資良이 편찬하여 東亞經濟時報社에서 발행한 『朝鮮銀行會社組合要錄』은 회사를 업종별로 분류하고 있다. 부산부, 조선총독부, 경상남도의 자료는 정부에서 발행한 공식 1차 통계이고, 『조선은행회사조합요록』은 민간에서 발행한 자료인데, 정부가 발행한 자료와 민간이 발행한 자료 사이에는 차이가 있다.

첫째, 분류상의 차이가 있다. 정부가 회사를 분류할 때는 그 회사를 직접 조사하여 분류하였지만, 동아경제시보사는 편찬자가 분류한 것이다. 따라서 『조선총독부통계연보』와 『경상남도통계연보』의 분류는 신뢰할 수 있지만, 中村資良의 편찬자료는 분류의 신뢰성이 떨어진다. 이런 점은 『조선은행회사조합요록』의 경우 회사명에 '상점', '상회' 등이 들어가면 업종과 생산과정에 상관없이 대체적으로 그냥 상업으로 분류하는 경향이 있었던 것에서 확인된다. 예컨대, 『경상남도통계연보』에서 제조업회사로 분류가 되어 있는 '永瀨商店', '釜山鹽業商會', '藤本商店' 등은 분명히 제조를 주로 하는 제조업회사임에도 '상점', '상회'가 들어간 회사명 때문에 『조선은행회사조합요록』(1929년판)에서는 모두 상업회사로 분류되어 있다.

둘째, 부산시, 조선총독부, 경상남도의 업종기록은 간단히 표시되는 경우가 많지만, 유사한 항목일지라도 계속 바뀌고 있는 것으로 보아 매년 새로이 조사하여 기록하고 있음을 보여 준다. 그러나 『조선은행회사조합요록』의 기록은 변경도가 떨어져 관례적으로 지난 조사를 다시 썼을 가능성이 높다. 실제로 '에비스藥'은 1934년 회사이름을 '조선제약'에서 '에비스藥'으로 바꾸고 1937년 말에는 업종에서 약품판매만을 하고 있는 데도[1] 『조선은행회사조합요록』(1939)은 계속 제조업회사로 분류하고 있다. 이는 부산부의 조사와 달리 매년의 변화를 반영하지 않았던 것에 기인한다. 업종기록만

1) 釜山府(産業, 1937, 1938).

이 아니라 자본금을 보아도 이런 점이 발견된다. 『朝鮮銀行會社組合要錄』(1939)에 의하면 1939년 3월 공칭자본금이 50만 원으로 되어 있는데, 이미 1938년 말 자본금이 300만 원으로 상향되었음에도 『조선은행회사조합요록』이 정정하지 않고 이전 자료를 사용하였기 때문이다.

셋째, 정부기관이 발행한 자료는 조사시점이 대부분 연말로 되어 있어 한 해의 변화를 반영하는 데 반해, 『조선은행회사조합요록』의 조사시점은 3월, 4월, 6월, 8월, 9월 등 불규칙하게 되어 있어 일관성이 없고, 시점이 그 해를 대표하기 어렵다는 문제가 있다.

본고는 이상의 세 가지 측면을 고려하여 부산시, 조선총독부, 경상남도의 자료가 업종을 구분한 경우는 그 분류에 따르고, 여기에서 구분이 안 되는 경우는 『조선은행회사조합요록』의 분류를 일단 참고로 하되 그 분류를 그대로 따르지 않고 업종, 조사시점을 검토하여 회사를 분류하였다. 이렇게 한 이유는 비록 『조선은행회사조합요록』에서 상업으로 분류하였다고 해도 부산부, 경상남도에서 일관되게 업종을 제조업으로 기록하거나 명백히 제조업을 위주로 할 경우 제조업회사로 보아야 하기 때문이다. 따라서 주업종을 알 수 없고 분류가 되어 있지 않은 회사는, ① 신뢰도가 가장 높은 1차 자료인 부산부의 『釜山府勢要覽』, 『釜山商工案內』, 『釜山の産業』에서 회사들을 업종별로 검토하여 제조업을 포함하면 제조업회사로 일차 분류한 다음, ② 분류가 되어 있는 『朝鮮總督府統計年報』나 『慶尙南道統計年報』 등에서 동일연도, 가장 가까운 연도, 같은 시기적 성격을 가지는 시기 순으로 맞추어 보다 세밀히 주업종을 분류하고, 그래도 분류가 어려운 경우 최종적으로, ③ 일제하 총괄적인 공업회사 분류규칙과 해방 후 분류규칙의 변화에 의해 통일되어 가는 분류를 적용하여 시계열 통일성을 확보하였다. 이렇게 할 경우 『朝鮮銀行會社組合要錄』에 적혀 있는 대로 분류한 것과 차이가 있을 수 있다. 한편, 『朝鮮總督府統計年報』는 회사수가 늘어나는 것도 하나의 원인이 되어 1916년 조사부터 회사자료를 전부 싣지 않고 전국 요약만 싣게 되었고, 따라서 『조선총독부통계연보』에서의 분류는 1915년까지 얻을 수 있다. 『慶尙南道統計年報』는 1920년, 1921년, 1922년, 1923년, 1925년, 1926년, 1930년의 7년 기준값을 1923년판, 1924년판, 1925년판, 1927(1928)년판, 1929년판, 1932년 발행판에서 얻을 수 있다.

위 ①~③의 원칙에 따라 분류의 일관성 확보를 위해 신문사, 가스전기회사, 토목회사는 제조업회사에서 일단 제외한다. 신문사는 『慶尙南道道勢要覽』의 1914년판에서 제조업회사로 포함되어 있으나 『조선총독부통계연보』 1915년판에서는 제조업회사에서 제외되고 이후 계속 제외된다. 『경상남도통계연보』 1923년판부터는 다시 포함되었지만 1932년판부터는 다시 제외된다. 가스전기는 『경상남도도세요람』(1914)과, 부산부의 1917년 발간자료로 추정되는 『釜山府勢一斑』,[2] 그리고 『경상남도통계연보』 등에서 이미 공업회사가 아닌 것으로 별도 기록되어 있다. 물론 업종이 조선은행조사부의 『經濟年鑑』(1949)처럼 '전기'라고 기록하고 있어도 '전기공급'이 아니고 '전기기구 제작'인 회사가 있는데 이는 포함한다. 토목건축은 초기에 '釜山埋築'이 통감부의 『統監府統計年報』 1909년판에서는 제조업회사로 분류되고, '朝鮮起業'이 『경상남도도세요람』(1914)에서는 공업회사로 되어 있으나, 『조선총독부통계연보』 1915년판에서는 공업회사에서 제외되고, 다시 1916년판, 1917년판에서는 공업회사로 분류되고 있다. 그러나 1920년대 이후 『경상남도통계연보』(1923, 1932), 부산부의 『釜山の産業』, 그리고 공장통계 등 전 자료에서 일반적으로 토목 자체는 공업에서 제외되고 있다.

이제 이상의 원칙에 따라 1910~1945년 부산의 제조업회사를 추출해 내고 그 변화와 성격을 살펴보자. 시기구분은 회사에 상호 영향을 미치는 경기변동을 일차적 기준으로 하되, 이 연구가 식민지 연구나 정책, 전 산업 연구가 아닌 부산의 제조업회사에 초점을 맞춘 연구이므로 부산 제조업회사

2) '1917년 2월' 기록이 내용에서 발견되고 대부분 중심통계가 1916년 것이다.

의 변화에 맞추어 약간 수정하였다. 그래서 전쟁특수와 호황기가 부산의 제조업에 반영되는 1916년, 대공황의 1930년, 대공황 회복과 전쟁특수가 시작되는 1935년을 기준으로 시기를 나누었다. 1914년경을 전쟁특수의 시작으로 볼 수 있지만 공장생산액 변화로 보면 여전히 부산에 미친 영향은 제한적이었던 것으로 보이며, 뒤에서 지적하듯이 부산의 제조업회사에 미치는 영향은 「회사령」의 완화효과가 동시에 발현되면서 시차를 두고 나타났던 것으로 보여 이 점이 확인되는 1916년으로 나누었다. 경기변동으로 보아도 1912년 경기가 하강하기 시작해 대체로 1915년까지 회복되지 못한 것으로 보이며, 당시 미가를 보더라도 1913년부터 1916년 전반기까지는 하락 또는 정체기였다.[3)] 또 뒤에 설명하겠지만 한국 전체로 1920년 이후 1924년경까지 제1차 세계대전 이후 급속한 수요감소와 함께 구조조정에 따른 불황이 나타났지만, 부산의 제조업회사에 미친 영향은 통일적이지 않고 비교적 작았던 것으로 나타나 제조업회사를 보는 본고의 목적에 따라 일단 대공황 이전까지를 같이 묶었다. 저자는 제2차 세계대전까지 모두 대공황의 해결과정으로 포함하여 보고 있다. 제조업 기업과 관련된 고찰에서 금액상 나타나는 불변가격지수로의 변환은 한국은행이 작성한 생산자물가지수를 사용한 박영구(2005a, 부록)를 이용하였다. 이렇게 할 경우 GDP디플레이터의 연결에 따른 환산오차도 줄일 수 있는 장점이 있다. 그리고 불변가격으로의 변환시 모든 가격은 해방 후 두 번의 화폐개혁을 반영하여 1/1,000로 환산하여 2000년 가격으로 하였다. 회사의 설립일이 자료에 따라 다른 경우 설립일을 찾을 수 있는 모든 자료를 검색하여 가장 많이 사용된 설립일을 따랐고, 자료가 부족한 경우 정정의 가능성을 고려하여 가장 늦게 출판된 자료의 값을 이용하였으며, 특별한 목적 때문에 설립일을 바꾼 경우 이는 밝혀 두었다.

3) 『한국경제연구』 투고시 익명의 심사자가 지적한 것이다. 감사드린다.

부산 최초의 제조업회사는 1903년 등록된 불입자본금 1만 7,500원의 '日韓精米'이다.[4] '일한정미'는 1904년 '日朝精米'로 사명을 변경하고 불입자본금을 5만 원으로 대폭 확대하였다.[5] '釜山電燈'이 이미 1901년에 창립되었지만 여전히 제조업을 하지 않는 상업회사였다.[6] '부산수산'은 영업목적이 '어류잡매와 제조'로 되어 있으나 『경남도세요람』(1914)에서 보듯이 주업종이 수산업이었다. 1904년 '韓國臺鹽販賣'가 창립되었으나 역시 판매를 주로 하다가 1911년부터야 재(再)제염을 본격화하였다. 이 회사는 대만과 중국의 천일염을 거래하였다.

1904~1907년에는 부산의 제조업회사가 창립되지 않았다. '釜山煙草'는 1907년 4월 창립되었지만 1907~1908년에는 연초의 중개판매만 하다가 1909년부터 연초제조를 시작해 제조업회사로 등록되었다. 또 '日淸製藥'의 경우 1907년 9월 창립으로 되어 있는데, 1913년에 공식 등록되었다. 이때 부산으로 이주해 왔을 가능성도 있다.

1908년부터 부산의 회사는 빠른 속도로 늘어나기 시작하는데, 이 중 1908~1915년 부산의 제조업회사를 추출해 정리하면 〈표 2-1〉과 같다. 1908년 제조업회사는 '부산제분', '山西酒造', 그리고 제조를 시작한 '부산전등' 3개로 늘어나고, 이들 3개 제조업회사는 모두 주식회사였다. '부산전등'은 大池忠助가 1899년에 사장으로 취임하여[7] 1901년 9월에 부산에서 창립신고한 매우 선구적인 회사로 불입자본금이 10만 원에 이르는 대기업이었는데, 전력이 19세기 말 이후 자본을 움직이는 가장 기본적이고 대표적인 사회간접

4) 相澤仁助(1905a).
5) 相澤仁助(1905b).
6) 統監府(1909); 朝鮮總督府(年報, 1910).
7) 朝鮮功勞者銘鑑刊行會(1935), p. 637.

자본이라는 점에서 부산에 선구적인 전력대기업이 들어선 것은 의미가 큰 것이었다. 이렇게 빨리 대기업 전력회사가 부산에 독자적으로 설립되었던 것은 단순히 인구수나 일본인 거주지 등의 이유 외에도 공장, 회사 등 경제적인 면에서의 전력수요가 많았기 때문이다. '부산전등'은 1908년부터 전력수요 확대에 대처하면서 동시에 사업다각화를 위해 전기관련 제품을 생산하고 있었다. 나머지 2개 회사는 불입자본금이 3만 원, 4만 5,000원의 영세한 회사였다.

1909년의 '山西酒造', 1910년의 '小西酒造', 1911년 기록에 보이는 '丸金酒造'는 동일회사가 회사명을 바꾼 것이다. 1909년 들어와 부산 제조업회사는 '부산연초'가 다시 편입되어 4개가 되었으며, 이들 제조업회사의 총불입자본금 합은 20만 9,575원이었다.[8)]

1910년 5월에 '한국가스전기'가 동경에 만들어지면서 11월부터 '한국가스전기'가 '한국가스전기 부산지점'으로 인수합병되어 부산지점으로 바뀌었고, 그 결과 본사를 부산에 둔 제조업회사는 '부산연초', '부산음료사', '小西酒造'의 3개로 다시 바뀌었다가[9)] 강제합병 후 첫 해인 1911년 7개로 대폭 늘어났다. '韓國臺鹽販賣'는 1904년에 창립되었으나[10)] 판매를 주영업으로 하는 상업회사로 있다가 1911년부터 재제염을 포함하는 제조업회사로 바뀌었다. 이들 제조업회사는 모두 일본인회사였다. '부산제분'은 창립일이 1908년 3월인데 공장가동이 정상적으로 이루어지지 않아 1910년에는 회사명부에서조차 빠졌다가 1911년 다시 등록되었다.

부산의 회사는 식민지 초기에는 공업보다 대일수출을 위한 상업에 중점을 두고 있었다. 따라서 공업회사는 1911년 늘어난 후 다시 정체되어 있는데 비해, 상업회사는 1911년 8개, 1912년 9개, 1913년 14개로 늘어났고, 1913

8) 朝鮮總督府(年報, 1911).
9) 朝鮮總督府(年報, 1912).
10) 1876년에 첫 일본인 제염공장인 '한국대염판매'가 부산에 설립되어 이후 대만과 중국의 천일염을 거래하고 일부 再製하다가 1904년 8월 합자회사로 창업하였다.

**표 2-1** 1908~1915년 공업회사 일람

| 연도 | 공업회사 | 회사형태 | 설립일자 | 불입자본금 | 순익금 | 이익배당률 |
|---|---|---|---|---|---|---|
| 1908 | 釜山電燈 | 주식회사 | 1901. 9 | 100,000 | | 1.5 |
| | 釜山製粉 | 주식회사 | 1908. 3 | 30,000 | | – |
| | 山西酒造 | 주식회사 | 1908. 12 | 45,000 | | 없음 |
| | 합계 | 3 | | 175,000 | | |
| 1909 | 釜山煙草 | 주식회사 | 1907. 4 | 34,575 | | – |
| | 釜山電燈 | 주식회사 | 1901. 9 | 100,000 | | 1.6 |
| | 釜山製粉 | 주식회사 | 1908. 3 | 30,000 | | – |
| | 山西酒造 | 주식회사 | 1908. 12 | 45,000 | | 1.0 |
| | 합계 | 4 | | 209,575 | | |
| 1910 | 釜山煙草 | 주식회사 | 1907. 4 | 35,000 | | 1.0 |
| | 小西酒造 | 주식회사 | 1908. 12 | 45,000 | | 1.2~1.2 |
| | 釜山飮料社 | 합자회사 | | 8,620 | | – |
| | 합계 | 3 | | 88,620 | | 1~1.5 |
| 1911 | 韓國臺鹽販賣 | 합자회사 | 1904. 1 | 60,000 | 4,086 | – |
| | 釜山飮料 | 합자회사 | 1910 | 9,320 | 1,550 | 1.55 |
| | 丸金酒造 | 주식회사 | 1908. 12 | 45,000 | 7,019 | 1.00 |
| | 釜山製粉 | 주식회사 | 1908. 3 | 30,000 | 162 | – |
| | 釜山煙草 | 주식회사 | 1907 | 35,000 | 1,630 | – |
| | 針酒造 | 주식회사 | 1911. 1 | 10,000 | – | – |
| | 釜山鹽業 | 합명회사 | 1911. 1 | 30,000 | – | – |
| | 합계 | 7 | | 219,320 | 14,447 | |
| 1912 | 釜山飮料 | 합자회사 | 1910 | 10,000 | 850 | 1.70 |
| | 丸金酒造 | 주식회사 | 1908. 12 | 42,000 | 1,595 | – |
| | 釜山煙草 | 주식회사 | 1907 | 35,000 | 1,433 | 0.82 |
| | 辻酒造 | 주식회사 | 1911. 1 | 25,000 | – | – |
| | 釜山製粉 | 주식회사 | 1908. 3 | 30,000 | –583 | – |
| | 韓國臺鹽販賣 | 합자회사 | 1904. 1 | 60,000 | –1,946 | – |
| | 釜山鹽業 | 합명회사 | 1911. 1 | 30,000 | – | – |
| | 합계 | 7 | | 232,000 | 1,349 | |
| | 辻酒造 | 주식회사 | 1911. 1 | 25,000 | 1,740 | – |
| | 釜山煙草 | 주식회사 | 1907 | 35,000 | – | – |

**표 2-1** 계속

| 연도 | 공업회사 | 회사형태 | 설립일자 | 불입자본금 | 순익금 | 이익배당률 |
|---|---|---|---|---|---|---|
| 1913 | 釜山飮料社 | 합자회사 | 1910 | 10,000 | 2,400 | 1.0 |
| | 丸金酒造 | 주식회사 | 1908. 12 | 42,000 | −95 | − |
| | 日淸製藥 | 주식회사 | 1907. 9 | 15,000 | 10 | − |
| | 釜山鹽業 | 합명회사 | 1911. 1 | 30,000 | −2,335 | − |
| | 石川精米所 | 합명회사 | 1913. 1 | 30,000 | 6,969 | 1.0 |
| | 大山 | 합명회사 | 1913. 1 | 10,000 | − | − |
| | 합계 | 8 | | 197,000 | 8,689 | |
| 1914 | 辻酒造 | 주식회사 | 1911. 1 | 25,000 | 7,426 | 0.8 |
| | 丸金酒造 | 주식회사 | 1908. 1 | 42,000 | 2,765 | − |
| | 釜山煙草 | 주식회사 | 1907 | 35,000 | − | − |
| | 日淸製藥 | 주식회사 | 1907. 9 | 15,000 | 190 | − |
| | 朝鮮飮料社 | 합자회사 | 1910 | 10,000 | 1,130 | 0.35~0.78 |
| | 大山 | 합명회사 | 1913. 1 | 10,000 | 6,556 | 1.10~1.10 |
| | 합계 | 6 | | 137,000 | 8,067 | |
| 1915 | 釜山煙草 | 주식회사 | 1907 | 35,000 | − | − |
| | 日淸製藥 | 주식회사 | 1907. 9 | 15,000 | 819 | 0.5~0.3 |
| | 丸金酒造 | 주식회사 | 1908. 1 | 42,000 | 1,183 | 0.50 |
| | 釜山飮料社 | 합자회사 | 1910 | 10,000 | 500 | 0.50 |
| | 辻酒造 | 주식회사 | 1911. 1 | 25,000 | 3,243 | 0.7 |
| | 大山 | 합명회사 | 1913. 1 | 10,000 | 184 | 2.0 |
| | 합계 | 6 | | 137,000 | 5,929 | |

자료: 統監府(1910); 朝鮮總督府(年報, 1911~1917).

년 11월과 1914년 7월에는 한일합작의 상업회사 '부산공동창고'와 '경남수산'도 불입자본금이 각각 7만 원, 2만 5,000원으로 부산에서 만들어졌다.[11]

1912년 7개 제조업회사 '부산음료사', '丸金酒造', '부산연초', '辻酒造', '부산제분', '韓國臺鹽販賣', '부산염업'은 전부 일본인회사였는데, '한국대

11) 朝鮮總督府(年報, 1913~1917).

염판매'의 불입자본금이 6만 원이었고 나머지 회사들의 불입자본금은 4만 2,000원, 3만 원, 그리고 그 이하의 소규모였다.

이들 7개 회사 중 회사의 순익금을 계산해 낼 수 있는 자료를 남긴 회사는 5개사이다. 이를 통해 1910년대 초 당시 부산 제조업회사의 경영상태를 보면 '부산제분', '한국대염판매'는 각각 결손금이 583원, 1,946원으로 기업경영이 어렵다가 결국 다음 해 1913년 '부산제분'은 폐업하고, '한국대염판매'는 '臺鹽販賣'로 사명을 바꾼 뒤 제조보다 중개판매업으로 주력을 옮겼지만 여전히 2,812원의 손실을 보고 1914년 폐업하였다.[12] 이 두 기업은 비교적 일찍 1908년과 1904년 전형적인 내수품목인 식품사업으로 부산에 진출하였고, 특히 '한국대염판매'는 자본금 6만 원에 1911년 4,086원의 이익을 내면서 '부산염업'의 신입도 유인하는 선도역할을 하였지만, 이후 시장상황 변화에 적응하지 못함으로써 완전히 정착하지 못한 채 몰락하였다. 1911년 진입한 '부산염업' 역시 1911년, 1912년 이익을 내지 못하고 1913년에는 2,335원의 손실을 기록한 후, 1914년 매입 · 판매를 중심으로 하는 상업회사로 주업종을 전환하였으나 1914년에도 이익을 보고하지 못하였고, 1915년에도 전반기 14원의 이익을 보고한 외에 하반기에는 이익보고를 하지 못하는[13] 등 고전을 겪었다. 반면 정미 · 음료 · 주조 기업들은 전반적으로 계속 이익을 내고 있었다. 이러한 업종별 차이는 업종별 시장요인이라는 미시적 요인이 다르게 존재하였음을 보여 주는 것이다. 그러나 수요의 소득 · 가격탄력성이 적은 염업과 제분업에서 나타난 이러한 식품제조기업의 몰락은, 일본인들의 신뢰도 받지 못하고 나아가 새로이 부산에서의 내수창출 및 수요전환에 실패하였던 신식품기업의 상황을 보여 준다. 한편, 음료, 주류와 함께 식품이라고 하지만 기호식품업으로 1910년 제조를 시작한 '부산연초'는 1911년, 1912년에 각각 불입자본금의 4.7%, 4.1%의 고수익을 내고 있어 정착에

12) 朝鮮總督府(年報, 1914~1916).
13) 朝鮮總督府(年報, 1913~1917).

성공하고 있었다. 식민지 초기에 필수품이 아닌 기호식품 소비가 증가하는 현상은 주목된다.

1913년에는 '부산제분'과 '韓國臺鹽販賣'가 폐업 또는 제조영업을 중단하고 대신 '日淸製藥', '石川精米所', '大山'이 새로 제조업회사로 등록하였다. '석천정미소', '대산'은 1913년에 창립된 회사이지만 '일청제약'은 1907년에 창립된 회사였다가 이 해에 제조업회사로 등록한 것이다. 그 결과 1913년의 제조업회사는 1912년에 비해 1개 늘어났지만 제조업회사에서 소멸된 회사에 비해 새로 등록한 회사의 불입자본금이 적어 오히려 제조업회사의 불입자본금 총액은 줄어들었다. 회사 불입자본금 규모를 보면 모두 작았는데, '丸金酒造'가 4만 2,000원으로 가장 많았고 다음이 '부산연초'의 3만 5,000원이었으며, 나머지 제조업회사들은 모두 3만 원 이하의 소규모 제조업체였다. 제조업회사의 순익을 보면 6개 회사 중 '환금주조', '釜山鹽業'의 2개 회사가 각각 95원과 2,335원의 영업결손을 겪고 있었다.

1914년 부산의 제조업회사는[14] '朝鮮起業'을 제외하고 다시 6개로 줄었다. 제조업회사가 감소한 것은 2개의 제조업회사가 주력업종을 상업으로 바꾸었기 때문이다. 1913년 불입자본금의 23.2%에 해당하는 6,969원의 큰 순이익을 기록한 '석천정미소'는 "정미 및 미곡위탁판매"를 영위하였지만 미곡위탁판매에 주력하는 것으로 주업종을 바꾸었다. 또 '부산염업'은 "원염의 구입, 정제 및 식염판매"를 하고 있었지만 제염이나 재제염은 거의 하지 않고 유통보급에 주력하는 것으로 바꾸었다.[15] 1913년에 적자를 내고 있었던 '釜山鹽業'이 제조가 아닌 단순정제, 재판매로 주업종을 바꾼 것이나 '石川精米所'가 제조보다 위탁판매에서 더 막대한 이익을 얻게 되자 전면적으로 위탁판매업에 주력하게 된 것은 일차적으로 진출 식품기업들이 장기적 제

14) '施政5年 記念誌'로 출간된 朝鮮物産共進會釜山府協贊會(1915)에 1914년 말로 추정되는 자료가 나오는데, 역시 '淡盛商會', '朝鮮時報社', '부산염업', '석천정미소'를 제외하고 제조업회사는 6개가 나와 있다. 또 釜山仕入案內社(1915)에서도 조사연도가 없는 제조업회사 6개가 기록되어 있다.

15) 朝鮮總督府(年報, 1916), 부록 회사현황.

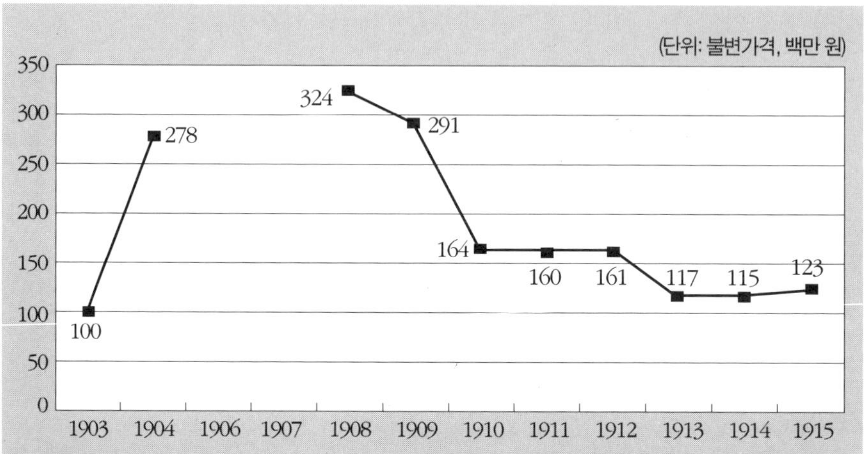


그림 2-1 1910년 중반까지의 제조업회사당 불입자본금

자료: 相澤仁助 編(1905a); 相澤仁助 編(1905b); 統監官房文書課(1907); 統監府(1909~1910); 朝鮮總督府(年報, 1911~1917).

조이익보다 단기적 유통이익을 선호하는 식민지의 초기 특성을 보여 주는 것이지만, 동시에 이는 일본 기업의 진출에 의해 부산 주민들의 전반적인 소득증대가 일어나지 못하고 있는 것을 반영하는 것이다. 일본인 중심의 한정된 기존 고정수요를 충족시키는 데에는 신규 제조보다 익숙해져 있는 기존 선호상품을 수입 · 판매하는 것이 유리하고 또 수익이 높기 때문이다. 그러나 이런 시장상황 속에서도 살아 남은 제조업회사들은 1914년부터 이익이 발생하고 있어 시장경쟁의 효율성이 작동하고 있었음을 짐작하게 한다.

한국에 진출한 일본 기업 전체의 영세성과 함께, 1910년대 전반까지 부산 제조업회사는 영세하였다. 1908~1915년간 부산에 진출하고 있는 기업의 영세화는 〈그림 2-1〉의 제조업회사당 불입자본금의 감소에서 분명히 확인된다. 1910년 급속한 감소에는 앞서 지적하였듯이 지점으로 바뀌면서 '부산전등'이 빠져나간 변수가 있었다.

이러한 부산 제조업회사의 영세성은 1910년대 중반까지 부산 제조업 발

표 2-2 1910년대 전반(前半) 주요 업종별 공장의 전국 비교 (단위: 개, 원, 명, 원)

| 구분 | | 1914년 | | | | 1915년 | | | |
|---|---|---|---|---|---|---|---|---|---|
| 업종 | 지역 | 공장수 | 자본금 | 직공수 | 생산액 | 공장수 | 자본금 | 직공수 | 생산액 |
| 비누 | 부산 | 2 | 4,500 | 10 | 12,468 | 3 | 9,500 | 12 | 25,328 |
| | 전국 | 5 | 27,529 | 28 | 75,580 | 8 | 36,533 | 33 | 80,388 |
| 양초 | 부산 | 3 | 11,000 | 32 | 180,000 | 3 | 9,500 | 25 | 122,900 |
| | 전국 | 4 | 15,000 | 49 | 213,400 | 4 | 13,500 | 42 | 176,900 |
| 비료 | 부산 | 1 | 30,000 | 15 | 12,000 | 1 | 30,000 | 15 | 2,000 |
| | 전국 | 3 | 287,457 | 32 | 78,540 | 3 | 240,000 | 49 | 96,675 |
| 선박 | 부산 | 2 | 60,000 | 23 | 38,000 | 2 | 60,000 | 37 | 43,000 |
| | 전국 | 4 | 78,000 | 63 | 70,638 | 4 | 150,000 | 77 | 84,173 |
| 제분 | 부산 | 1 | 11,000 | 16 | 6,285 | 1 | 11,000 | 15 | 7,665 |
| | 전국 | 5 | 30,000 | 32 | 24,980 | 7 | 30,300 | 42 | 38,081 |
| 제면 | 부산 | 3 | 4,500 | 52 | 38,620 | 2 | 10,000 | 12 | 17,400 |
| | 전국 | 11 | 15,500 | 83 | 71,529 | 8 | 18,600 | 29 | 42,886 |
| 제빙 | 부산 | 1 | 10,000 | 8 | 18,882 | 1 | 80,000 | 11 | 24,582 |
| | 전국 | 2 | 14,000 | 25 | 35,802 | 2 | 126,183 | 30 | 33,654 |
| 제염 | 부산 | 5 | 91,000 | 64 | 101,019 | 11 | 101,000 | 87 | 208,969 |
| | 전국 | 12 | 180,000 | 202 | 350,905 | 13 | 397,000 | 189 | 405,588 |

자료: 朝鮮總督府(年報, 1916, 1917).

전의 애로요인이었다. 〈표 2-2〉에서 보듯이 1910년대 부산에서 융성하였던 부문은 비누, 양초, 비료 등의 화학공업이었고, 공업입지상 선박제조업, 제빙(製氷), 제염 등이 발전하였었지만[16] 이 분야의 회사가 발달하지 못하고 있음도 이런 영세성에 연유하는 것이었다. 선박제조업은 입지조건과 경제적 상황이 맞아 1887년 1월에 영선정(瀛仙町)에 '田中造船鐵工所'가 세워져 발동선 제작이 이미 시작되었고,[17] 1914~1915년에는 전국 선박제조업체 4개 중 2개가 부산에 있어 일찍부터 부산의 조선공업 입지가 정착되었지만[18] 회

16) 朝鮮總督府(年報, 1916, 1917).
17) 朝鮮總督府殖産局(1932).

사형태로까지 발전하여 나타나지 못하고 있었다. 제염업회사 역시 앞서 보았듯이 정착 · 발전하지 못하고 있었다.

설립자 민족별로 보면 1913년 전국적으로는 한국인과 일본인이 공동으로 설립한 제조업회사가 4개, 한국인이 설립한 제조업회사가 8개 있었으나, 부산에는 한국인 제조업회사가 하나도 없고 모두 일본인 영세회사였다. 1914년 전쟁특수의 시작으로 전국적으로는 한일 공동 제조업회사가 2개 늘어 6개가 되었고, 한국인 제조업회사가 7개 있었지만 부산에는 여전히 한국인의 제조업회사는 없었다. 1915년에도 동일하였다.

## Ⅲ. 제조업회사의 정착과 확장, 1916~1929년

1916년부터 전쟁특수가 본격화되었다. 이와 함께 「회사령」이 완화되면서 회사가 늘어나기 시작하였고, 〈그림 2-2〉에서 보듯이 정체되던 부산 제조업회사수는 1916년 이래 전반적으로 상승곡면을 그리기 시작하였다.

부산 제조업회사의 구조와 성격을 보면 1915년 이전과 1916년 이후가 뚜렷이 구분된다. 앞서 보았듯이 1915년까지 부산의 회사는 공업보다 일본에서의 판매를 위한 상업에 중점을 두고 있었고, 부산에서의 내수창출 및 수요전환에 어려움을 겪었으며, 장기적 제조이익보다 단기적 유통이익을 선호하고 있었다. 이러한 배경에는 1910년대 중반까지도 두드러진 기업의 영세성이 있었다. 그러나 1916년부터는 전쟁특수와 회사령 완화가 본격화되면서 제조업회사 창업이 부산에서 활발해졌고 회사의 양적 · 질적 변화도

18) 朝鮮總督府(年報, 1916, 1917).

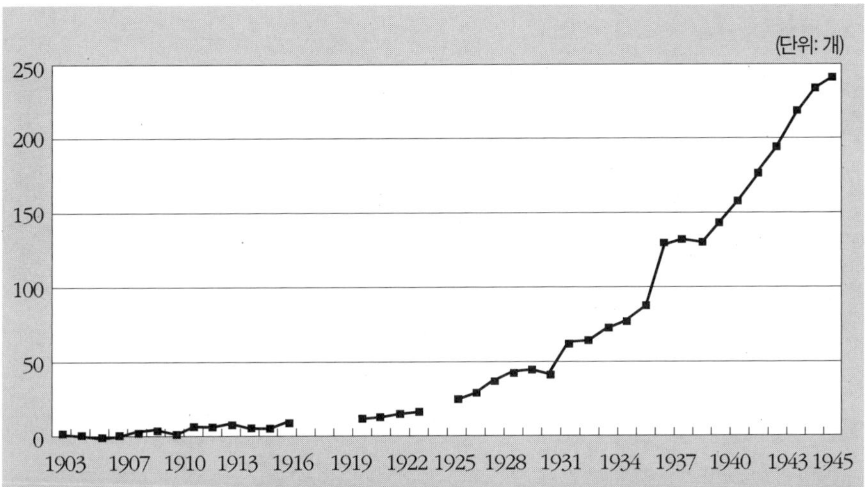


**그림 2-2** 1903~1945년 부산의 제조업회사

자료: 相澤仁助 編(1905a); 相澤仁助 編(1905b); 統監官房文書課(1907); 統監府(1909~1910); 朝鮮總督府(年報, 1911~1917); 釜山府(一斑, 1917); 間城香陽(1926); 釜山府(要覽, 1921~1924, 1927~1928, 1929, 1930, 1932~1934, 1936); 慶尙南道(年報, 1927, 1929, 1932); 釜山府(案內, 1932); 釜山府(産業, 1935, 1937); 朝鮮銀行調査部(1949).

나타났다. 부산부가 발행한 『釜山府勢一斑』 1917년판에는 1916년 조사로 추정되는 공업회사 10개가 나와 있는데, 조사시기가 정확하지 않지만 제조업회사는 지점이 포함되지 않았으므로 공업회사 전체로 볼 수 있다. 회사명부를 구할 수 없어 정확한 대조는 어렵지만 부산에는 전체 회사수가 3개 늘어나면서 제조업회사는 4개가 늘어나고 있어 전쟁특수가 본격화되면서 1916년 제조업회사 창업이 부산에서 활발하였음을 확인할 수 있다.[19] 부산의 한국인 최초 제조업회사인 '경남인쇄'도 자본금 5만 원으로 1916년 4월 14일에

19) '朝鮮起業'의 불입자본금이 75만 원인데, 제조업 총불입자본금이 76만 1,000원이므로 제조업회사에 『統計年報』에서 1915년 조사부터 다시 공업회사로 분류된 '조선기업'이 포함되어 있지는 않음을 알 수 있다.

설립되었다.[20]

1917~1919년의 제조업회사는 『釜山府勢要覽』 1923년판에 주식회사, 합명회사, 합자회사의 총수만 나오고 회사명부를 구할 수 없어 알 수 없다. 하지만 제1차 세계대전과 함께 러시아로의 파병 등 확대된 전쟁특수와 회사령 완화 속에서 이를 이용하려는 움직임은 기존의 영세기업과는 다른 일본 대기업의 부산 진입이라는 질적 변화도 가져왔음을 1920년대 회사별 자료를 통해 확인된다.

일본 대자본의 부산 진입을 가장 잘 보여 주는 것은 1917년 11월 '조선방직'의 창립이다. 이 회사는 부산만이 아니라 한국 전체로도 기업사에서 매우 중요한 의의를 가지는 것이었는데, 범일정(凡一町)에 창립한 이 회사의 공칭자본금은 500만 원에 달하였다. 당시까지 제조업회사의 경우 영세기업 중심으로 진입하여 가장 큰 회사의 자본금이 10만 원에 불과하였다. 전 산업으로 확대하여도 부산에서 공칭자본금 규모가 가장 컸던 면사포 무역업의 '高瀨'(1917. 10)의 자본금이 230만 원이었고, 해면매축업(海面埋築業)의 '朝鮮起業'(1913. 8)이 200만 원, 상업회사였던 '부산수산'이 70만 원이었다.[21] 1918년 설립된 무역업의 '부산수산수출'(1918. 5), '白山貿易'(1918. 12)의 공칭자본금도 100만 원에 불과하였던 점에서 '조선방직'이 당시 수준에서 어느 정도 대규모였는지 알 수 있다. 제1차 세계대전 종전 이후인 1919년에도 '조선주조', '帝國特許醬油慶尙釀造', '부산상공', '부산요업'이 창립되어[22] 제조업회사의 설립이 활발하였다. 공칭자본금의 1/4밖에 불입하지 못하였지만 '부산요업'이 공칭자본금 50만 원으로 창립되어 '조선방직'에 이어 다시 대규모 제조업회사의 등장을 알렸다.

결국 1910년대 후반 1916~1919년은 전쟁으로 인해 회사령이 완화되면서

20) 朝鮮總督府(官報, 1916. 4. 14).
21) 釜山府(要覽, 1921).
22) 釜山府(要覽, 1921).

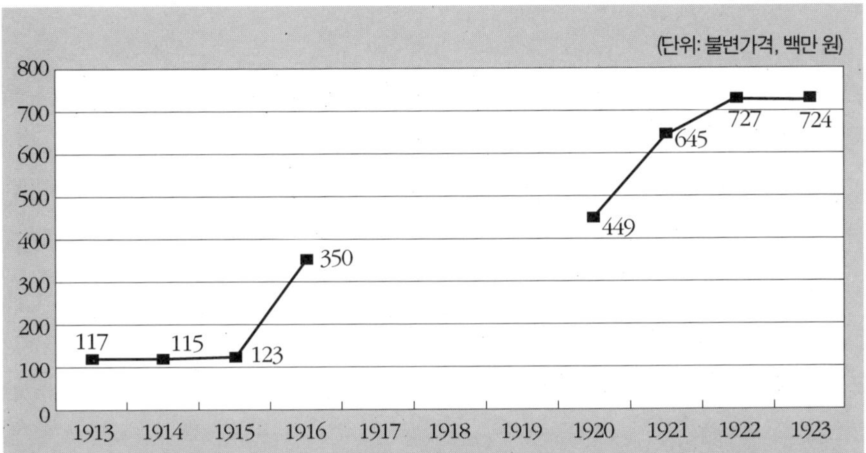


**그림 2-3** 제조업 1회사당 불입자본금액

자료: 朝鮮總督府(年報, 1915~1917); 釜山府(一斑, 1917); 間城香陽(1926); 釜山府(要覽, 1921~1924, 1927~1929, 1930, 1932~1934, 1936); 慶尙南道(年報, 1927, 1929, 1932); 釜山府(案內, 1932); 釜山府(産業, 1935, 1937); 朝鮮銀行調査部(1949).

전쟁특수를 이용한 회사설립이 양적 · 질적으로 한 단계 업그레이드되었다고 볼 수 있다. 〈그림 2-1〉에서 보았듯이 계속 감소하던 제조업 1회사당 불입자본금 규모도 〈그림 2-3〉에서 보듯이 1916년부터 상승하기 시작하여 1922년까지 상승하였다.

전쟁이라는 외생요소를 기초로 이렇게 부산의 제조업회사들이 활발히 설립되고 있었고, 또 질적인 구조변화가 진행되었다는 것은 이후 부산의 제조업 발전에 일정한 한계점을 보여 주는 것이었다. 그러나 이러한 변화는 동시에 1910년대 전반까지와 달리 부산의 내수시장 확대를 비로소 확인하고, 이에 기초하여 대규모 기업이 진입하는 데 기초하고 있었다는 점에서 지역경제에 중요한 의미를 갖는 것이었다.

한편, 1920년대 전반부 부산의 제조업회사를 볼 때 일반성과 다른 지역특수성이 발견된다. 그것은 전국, 나아가 엔화경제권 전체적으로 제1차 세

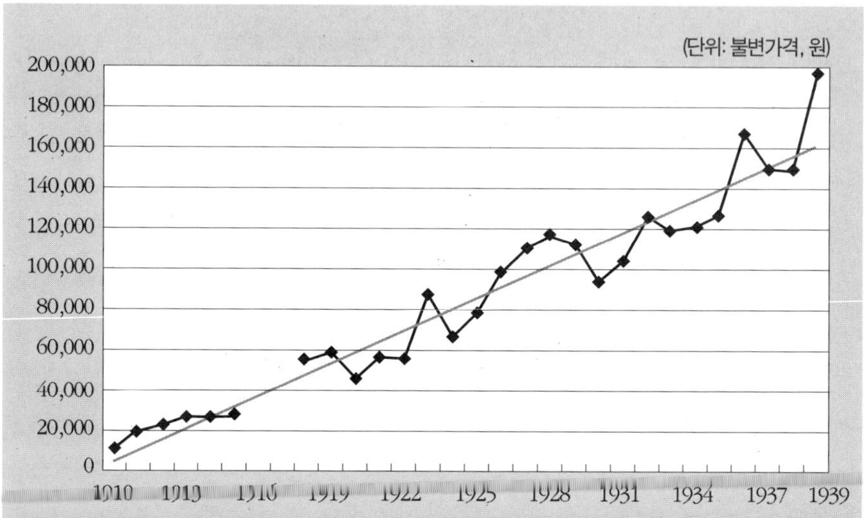


**그림 2-4** 부산 공장생산액

주: 가운데 직선은 추세선임.
자료: 박영구(2006a).

계대전 이후의 수요격감에 따른 충격이 있었고, 〈그림 2-4〉처럼 동행지수 대변수인 부산의 공장생산액도 전후 1920년부터 추세선 아래로 내려가지만, 그럼에도 〈그림 2-3〉에서 보듯이 부산의 제조업회사에는 뚜렷하게 이에 대응되는 변화가 통일적으로 보이지 않는다는 것이다.

1920년대 전반기의 제조업회사를 설립연도, 불입자본금과 함께 주식회사, 합자회사, 합명회사로 나누어 정리하면 〈표 2-3〉과 같다.

1920년의 제조업회사는 『大正10年朝鮮總督府慶尙南道統計年報』에서 상업, 수산, 기타 회사로 분류된 '부산수산', '조선수산수출', '東成商會', '新納商店', '朝鮮起業'과 『대정11년조선총독부경상남도통계연보』에서 운수회사로 분류된 '釜山丸漁'를 제외하고 14개사였다. 그런데 '川井印刷所'는 사실 창립연월이 1921년 3월이므로 제외하면 13개사의 제조업회사가 있었다.

**표 2-3** 1920년대 제조업회사 (단위: 원, 개)

| 구분 | | 회사명(설립연도, 불입자본금) | 개수 |
|---|---|---|---|
| 1920 13사 | 주식회사 | 釜山煙草(1907, 45,000), 丸金酒造(1908, 33,600), 辻酒造(1911, 100,000), 慶南印刷(1916, 17,500), 朝鮮紡織(1917, 2,500,000), 朝鮮酒造(1919, 25,000), 帝國特許醬油慶尙釀造(1919, 25,000), 釜山商工(1919, 50,000), 釜山窯業(1919, 12,500) | 9 |
| | 합자회사 | 釜山飮料社(1910, 10,000) | 1 |
| | 합명회사 | 釜山精米所(1904, 68,000), 上山商行(1908, 50,000), 石川精米所(1913, 50,000) | 3 |
| 1921 14사 | 주식회사 | 釜山煙草(1907, 동), 丸金酒造(1908, 56,500), 辻酒造(1911, 47,500), 慶南印刷(1916, 동), 朝鮮紡織(1917, 3,000,000), 釜山商工(1919, 100,000), 大正醬油(1919, 35,000), (주)川井印刷所(1921, 70,000) | 8 |
| | 합자회사 | 釜山飮料社(1910, 동), 滿留嘉久(1921, 65,000) | 2 |
| | 합명회사 | 釜山精米所(1904, 83,000원), 上山商行(1908, 동), 石川精米所(1913, 동), 學校用品製作所(1920, 4,000) | 4 |
| 1922 16사 | 주식회사 | 丸金酒造(1908, 동), 辻酒造(1911, 동), 慶南印刷(1916, 동), 朝鮮紡織(1917, 4,000,000), 釜山商工(1919, 동), (주)川井印刷所(1921, 동), 朝鮮船渠工業(1922, 40,000), 사쯔마야(さつまや)製菓(1922, 12,500) | 8 |
| | 합자회사 | 釜山飮料社(1910, 동), 滿留嘉久(1921, 동), 早川防水布製造所(1922, 10,000) | 3 |
| | 합명회사 | 釜山精米所(1904, 90,000원), 上山商行(1908, 동), 石川精米所(1913, 동), 古川釀造所(1922, 10,000), 山峰코크스(コークス)製造販賣業(1922, 24,000) | 5 |
| 1923 18사 | 주식회사 | 丸金酒造(1908, 동), 辻酒造(1911, 동), 慶南印刷(1916, 동), 朝鮮紡織(1917, 동), 釜山商工(1919, 동), (주)川井印刷所(1921, 동), 朝鮮船渠工業(1922, 400,000), 사쯔마야(さつまや)製菓(1922, 동), 日本海産興業(1922, 100,000) | 9 |
| | 합자회사 | 釜山飮料社(1910, 동), 滿留嘉久(1921, 동), 早川防水布製造所(1922, 동), 黑江藥石堂(1922, 20,000) | 4 |
| | 합명회사 | 釜山精米所(1904, 동), 上山商行(1908, 동), 石川精米所(1913, 동), 新納商店(1920, 25,000), 山峰코크스(コークス)製造販賣業(1922, 동) | 5 |

자료: 釜山府(要覽, 1921~1924, 1927); 慶尙南道(年報, 1923, 1924).

13개 제조업회사는 주식회사에 '부산연초'(1907년 창립), '丸金酒造'(1908), '辻酒造'(1911), '경남인쇄'(1916), '조선방직'(1917), '조선주조'(1919), '帝國特許醬油慶尙釀造'(1919), '부산상공'(1919), '부산요업'(1919)의 9개, 합자회사에 '부산음료사'(1910)의 1개, 합명회사에 '부산정미소'(1904), '上山商行'(1908), '石川精米所'(1913)의 3개이다. 이들 회사를 불입자본금 규모로 나누어 보면 '조선방직'이 250만 원, '십주조'가 10만 원으로 대기업이었고, 그 다음은 '부산상공'이 5만 원, '부산연초'가 4만 5,000원으로 중소규모였다. 1910년대 후반 대기업의 진입에도 불구하고 나머지 다수 제조업기업들은 영세한 채로 머물고 있었다. 이런 현상은 기업들이 제1차 세계대전 종전에 따른 수요축소를 고려하면서 자본불입 확대 등을 일시적으로 늦춘 것에도 원인이 있었다.

1921년에는 종전에 따른 수요감소와 이에 이은 정상적인 구조조정으로 '십주조'가 불입자본금을 10만 원에서 4만 7,500원으로 오히려 5만 2,500원 줄였고, 1919년 창립하여 뿌리를 내리지 못한 '조선주조', '부산요업' 등이 해체되는 현상이 보였다. 그러나 한편에서는 '천정인쇄소', '滿留嘉久'와 1920년 창립한 '學校用品製作所'가 새로이 회사로 등록하기도 하였다.[23] 1921년에는 '조선방직'이 50만 원, '환금주조'가 2만 2,900원, '부산상공'이 5만 원, '부산정미소'가 1만 5,000원씩 불입자본금을 늘렸으며, '大正醬油' 역시 불입자본금을 1만 원 늘렸다. 여기에 이 해에 신설된 '천정인쇄소'와 '滿留嘉久'의 공칭 · 불입자본금이 각각 7만 원, 6만 5,000원으로 중소기업 중 비교적 높아 전체적으로 제조업회사 1사당 불입자본금은 앞의 〈그림 2-3〉에서 보듯이 43.7% 대폭 증가하고 있다. 제1차 세계대전 종전의 충격이 둔화되면서 1922년에는 5개 신설 제조업회사가 생기는 등 제조업회사가 활발하게 설립되었다. 1923년에 등록된 통조림제조업의 '일본해산흥업, '黑江藥石堂'을

23) '제국특허장유경상양조'와 '대정장유'는 창립연도와 주소, 자본금이 같고 회사명부의 동일연도에 함께 실리지 않았으며, 다음 해에 이어 나오는 것 등에서 동일회사로 추정된다. 기록상 창립월이 1월과 9월로 다르지만 1921년판 『朝鮮銀行會社組合要錄』에 의하면 창립일은 1919년 9월 15일이다.

합하면 사실 1922년에 7개의 신규 제조업기업이 창업한 것이다. 주식회사에서는 '朝鮮船渠工業', '사쯔마야제과'가 신규 설립되었다. '조선선거공업'은 선박제조, 수선, 증기기관 및 내연기관, 기관차, 기구 등을 제조하는 기업으로 영선정에서 1922년 3월 공칭 · 불입자본금 4만 원으로 설립되었다. 영선정은 이미 1887년 1월에 '田中造船鐵工所'가 최초로 세워져 조선관련 기계기구공업을 시작한 조선공업의 선구지였던 곳이다.[24] 합자회사로 '早川防水布製造所'가 설립되었고, 합명회사는 '古川釀造所', '山峰코크스제조판매업'이 새로 창립되었다. 신규 설립된 회사들은 자본금 10만 원의 '일본해산흥업'을 제외하고 불입자본금 1만~4만 원의 영세기업, 특히 합자 · 합명회사는 불입자본금 2만 4,000원 미만의 소규모 영세기업들이었다. 그러나 '조선방직'이 이 해 불입자본금을 100만 원 늘렸고, '부산정미소'도 7,000원 늘리는 등 기존 회사의 불입자본금 확대로 제조업 1회사당 평균불입자본금은 증가하였다. 이런 속에서도 종전에 의한 수요감소와 구조조정으로 주식회사에서는 1907년 설립된 '부산연초'와 1919년 설립된 '大正醬油'가 문을 닫았고, 합명회사는 '學校用品製作所'(1920)가 폐업하였는데 종전 후 폐업한 회사들은 '조선주조'(1919), '부산요업'(1919), '대정장유'(1919), '학교용품제작소'(1920) 등의 예에서 보듯이 불황이 시작하기 직전에 설립되어 미처 정착하지 못한 회사들이 주를 이루었다.

1923년 제조업회사는 18개로[25] 수치상 다시 전년 대비 2개가 증가한 것으로 나타나지만, 사실은 1923년 새로 창립된 회사는 없었다. 앞서 지적하였듯이 1922년에 창립된 2개 회사가 새로 등록하였고 상업회사였던 '新納商店'이 철물제조를 주업으로 바꾸었다. 그런데 '古川釀造所'(1922)가 해산되어 2개가 순증가한 것이다. '朝鮮船渠工業'의 1922년 공칭자본금과 불입자본금이 각각 4만 원이었으나 이것이 1923년 각각 40만 원으로 10배 늘어나는

24) 朝鮮總督府殖産局(1932).
25) 釜山府(要覽, 1924); 慶尙南道(年報, 1925).

등[26] 1923년에도 일부 증자가 있었지만, 전체적으로 1923년에는 새로운 대기업의 진입이 없고 자본금이 그다지 증가하지 않아 꾸준히 증가하던 제조업 1회사당 불입자본금은 정체하였다.

1924~1925년은 전쟁특수 소멸 이후의 불확실성이 해소되고 구조조정의 저점도달 인식이 확산되어 2차 확장이 다시 시작된 시기였다. 제조업회사는 1923년에 18개였는데 1925년까지 2년간 7개사가 순증가하였다. 이러한 큰 폭의 증가는 '조선수산수출'이 수산업에서 제조업으로 업종을 전환한 때문이기도 하지만, '부산상공'(1919),[27] '일본해산흥업'(1922), '滿留嘉久'(1921), '黑江藥石堂'(1922), '신납상점'(1920) 등이 구조조정과정에서 퇴출되었음에도 불구하고 이루어져 신규 설립이 두드러진 것을 보여 준다. '부산상공'이나 '일본해산흥업'은 자본금 10만 원 이상의 대기업이었고, '신납상점'은 1923년 생존을 위해 적극적으로 제조업으로 업종을 바꾸어 보았으나 결국 퇴출되었는데, 역시 모두 신규 기업이라는 공통점이 있었다. 이러한 활발한 제조업회사의 교체와 진입은 추세적인 경기회복기에 나타나는 것이므로 부산의 입장에서 볼 때 의미가 큰 것이었다.

1925년에 특히 눈에 띄는 것은 제조업의 중심지로 성장하고 있었던 영선정에 1920년 7월[28] 한일합작으로 설립된 '日本硬質陶器'이다. 1917년에 자본금 100만 원으로 '朝鮮硬質陶器'가 세워졌는데, 1920년에 자본금을 375만 원으로 늘리면서 일본의 본사에 합병된 뒤 1924, 1925년에 회사등록을 하였다. 공칭자본금이 375만 원에 불입자본금만도 93만 7,500원에 이르는 대기업이었다. 그러다가 1925년에는 본사도 부산으로 옮겨와 동남아와 중국, 만주 등지에 상품을 수출하고 있었다. 25개 제조업회사의 불입자본금 총액은 685

26) 『釜山府勢要覽』에서만이 아니라 『慶尙南道統計年報』(1924)에서도 1922년 4만 원으로 기록되었다가 『경상남도통계연보』(1925, 1928)에서 1923년, 1925년 40만 원으로 되어 있는 것으로 보아 오기일 가능성은 적다.

27) '부산상공'은 1927년 4월 1일에 합자회사로 재창립되었다.

28) 『부산부세요람』(1927)에는 6월로 나와 있다. 이런 경우는 통상적으로 6월에 창립하되 7월로 넘겨 창립식을 가진 것이다.

**표 2-4** 1920년대 후반 부산의 제조업회사 (단위: 개, 원, 경상가격)

| 구분 | | 1927년 | 1928년 | 1929년 |
|---|---|---|---|---|
| 주식회사 | 회사수 | 9 | 9 | 10 |
| | 불입자본금 | 6,452,200 | 6,577,500 | 6,607,500 |
| 합자회사 | 회사수 | 21 | 28 | 30 |
| | 불입자본금 | 245,320 | 335,173 | 353,173 |
| 합명회사 | 회사수 | 8 | 6 | 6 |
| | 불입자본금 | 540,500 | 501,500 | 501,500 |
| 합계 | 회사수 | 38 | 43 | 46 |
| | 불입자본금 | 7,237,820 | 7,414,173 | 7,462,173 |

자료: 釜山府(要覽, 1928, 1929, 1930, 1932, 1934); 慶尙南道(年報, 1927, 1929).

만 4,900원이었는데, 불입자본금을 450만 원으로 늘린 '조선방직'과 '일본경질도기' 2개사의 불입자본금이 전체의 79.3%를 차지하였다. 1920년대 전반기는 거대 두 회사가 있는 가운데, 이와는 규모에서 차이가 큰 다수의 기업이 존재하는 구조였음을 알 수 있다.

1920년대 후반 대공황 이전 2차 확장기 제조업회사의 변화를 보기 위해 제조업회사를 기업형태별로 나누어 정리하면 〈표 2-4〉와 같다.

1927~1929년간 제조업회사수를 보면 〈표 2-4〉에서 보듯이 규모가 가장 작은 합자회사가 변화를 주도하였음을 알 수 있다. 따라서 1927~1929년간 제조업회사수가 8개, 21.1%가 늘어나고 있지만 전체 불입자본금은 3.1%만이 증가하였다. 규모가 컸던 주식회사의 불입자본금은 2년간 2.4% 증가에 그쳤으며, 합명회사의 경우 회사수 2개 감소와 함께 불입자본금이 7.2% 감소하였다.

1920년대 후반의 제조업회사의 변화를 보다 세밀히 추적해 보기 위해 자본금 10만 원 이상의 회사들만을 골라 공황 이전 1926~1929년간 정리하면 〈표 2-5〉와 같다.

1926년을 보면 이미 공칭자본금 100만 원이 넘는 주식회사가 3개 있었

**표 2-5** 대공황 이전 주요 제조업회사(공칭자본금 10만 원 이상, 1926~1929년) (단위: 원)

| 구분 | | | 창립 | 업종 | 자본금 | 불입액 | 주소 |
|---|---|---|---|---|---|---|---|
| 1926 | 주식회사 | 丸金酒造 | 1908. 12 | 주초류(酒酢類)양조업 | 100,000 | 56,500 | 富平町 |
| | | 辻酒造 | 1911. 6 | 주류 제조 · 판매 | 100,000 | 58,000 | 부평정 |
| | | 朝鮮紡織 | 1917. 11 | 면포 · 면사 제조 등 | 5,000,000 | 4,500,000 | 凡一町 |
| | | 朝鮮水産輸出 | 1918. 8 | 수출수산물 제조 등 | 1,000,000 | 400,000 | 本町 |
| | | 日本硬質陶器 | 1920. 6 | 도기 제조 · 판매 | 3,750,000 | 937,500 | 瀛仙町 |
| | | 朝鮮船渠工業 | 1922. 3 | 선박 제조 · 수선 등 | 400,000 | 400,000 | 영선정 |
| | 합명회사 | 上山商行(1908) | 1908. 1 | 장유양조업 등 | 100,000 | 100,000 | 佐川町 |
| | | 大池精米所 | 1924. 6 | 정미 및 위탁 등 | 250,000 | 250,000 | 高島町 |
| 1927 | 주식회사 | 丸金酒造 | 1908. 12 | 주초류양조업 | 100,000 | 56,500 | 부평정 |
| | | 辻酒造 | 1911. 6 | 주류 제조 · 판매 | 100,000 | 58,000 | 부평정 |
| | | 朝鮮紡織 | 1917. 11 | 면포 · 면사 제조 등 | 5,000,000 | 4,500,000 | 범일정 |
| | | 朝鮮水産輸出 | 1918. 8 | 수출수산물 제조 등 | 1,000,000 | 400,000 | 본정 |
| | | 日本硬質陶器 | 1920. 6 | 도기 제조 · 판매 | 3,750,000 | 937,500 | 영선정 |
| | | 朝鮮船渠工業 | 1922. 3 | 선박 제조 · 수선 등 | 400,000 | 400,000 | 영선정 |
| | 합명회사 | 上山商行(1908) | 1908. 1 | 장유양조업 등 | 100,000 | 100,000 | 水晶町 |
| | | 大池精米所 | 1924. 6 | 정미 및 위탁 등 | 250,000 | 250,000 | 大倉町 |
| 1928 | 주식회사 | 丸金酒造 | 1908. 12 | 주초류양조업 | 100,000 | 56,500 | 부평정1 |
| | | 辻酒造 | 1911. 6 | 주류 제조 · 판매 | 100,000 | 58,000 | 부평정2 |
| | | 朝鮮紡織 | 1917. 11 | 면포 · 면사 제조 등 | 5,000,000 | 5,000,000 | 범일정 |
| | | 朝鮮水産輸出 | 1918. 8 | 수출수산물 제조 등 | 1,000,000 | 400,000 | 본정1 |
| | | 日本硬質陶器 | 1920. 6 | 도기 제조 · 판매 | 3,750,000 | 937,500 | 영선정 |
| | 합명회사 | 上山商行(1908) | 1908. 1 | 장유양조업 등 | 100,000 | 100,000 | 수정정 |
| | | 大池精米所 | 1924. 6 | 정미 및 위탁 등 | 250,000 | 250,000 | 대창정4 |
| 1929 | 주식회사 | 丸金酒造 | 1908. 12 | 주초류양조업 | 100,000 | 56,500 | 부평정1 |
| | | 辻酒造 | 1911. 6 | 주류 제조 · 판매 | 100,000 | 58,000 | 부평정2 |
| | | 朝鮮紡織 | 1917. 11 | 면포 · 면사 제조 등 | 5,000,000 | 5,000,000 | 범일정 |
| | | 朝鮮水産輸出 | 1918. 8 | 수출수산물 제조 등 | 1,000,000 | 400,000 | 본정1 |
| | | 日本硬質陶器 | 1920. 6 | 도기 제조 · 판매 | 3,750,000 | 937,500 | 영선정 |
| | 합명회사 | 上山商行(1908) | 1908. 1 | 장유양조업 등 | 100,000 | 100,000 | 수정정 |
| | | 大池精米所 | 1924. 6 | 정미 및 위탁 등 | 250,000 | 250,000 | 대창정4 |

자료: 釜山府(要覽, 1927~1930).

는데, '조선방직'이 자본금 500만 원에 불입자본금 450만 원, '日本硬質陶器'가 자본금 375만 원에 불입자본금 93만 7,500원, '조선수산수출'이 자본금 100만 원에 불입자본금 40만 원이었다. 이 밖에도 '朝鮮船渠工業'이 공칭자본금 40만 원의 대회사였고 '丸金酒造', '辻酒造'가 공칭자본금은 10만 원이었지만 불입자본금은 6만 원에 미달하였다. 주식회사가 아닌 공칭자본금 10만 원 이상의 회사로는 1908년 창립한 '上山商行', '大池精米所'의 2개 합명회사가 있었는데, 이 중 '대지정미소'는 합명회사였지만 공칭자본금이 20만 원의 대규모 정미 위탁회사였다.

이런 가운데에도 경기가 정점에 접근하고 있는 1928년에는 두 가지 주목할 만한 일이 있었다. 첫째는 '조선방직'이 자본금 50만 원을 더 불입해 불입자본금을 공칭자본금 500만 원으로 채운 것이었다. 두 번째는 1922년 창립된 자본금 40만 원의 '조선선거공업'이 영업을 정상화시키지 못하고 결국 폐쇄되어 오히려 대기업수가 줄어들었다는 것이다. 1929년에는 자본금 10만 원 이상의 대기업수가 바뀌지 않았다. 부산의 대기업은 아직 공황의 영향을 받지 않았던 것이다.

1920년대 대공황 이전 부산의 제조업회사를 전체적으로 정리해 보면 꾸준한 제조업체수 증가와 함께 중소기업은 물론 '부산상공'(1919), '일본해산흥업'(1922) 등 대기업의 몰락도 계속되는 몇몇 특징적인 기업의 부침이 발견된다. 이는 여전히 1920년대가 전후 구조조정과 2차 확장이라는 혼합적 성격하에서 부산 제조업회사들 역시 안정기나 발전기적 성격보다 과도기적 성격을 가지고 있었음을 보여 준다. 이런 속에서 자본금 100만 원 이상의 '조선방직', '일본경질도기', '조선수산수출' 등 제조업 대회사가 등장하고 합명회사에서도 '上山商行', '大池精米所' 등 자본금 10만 원 이상의 회사가 2개 등장하였지만, 1920년대는 여전히 많은 제조업회사가 영세한 형태로 존재하였으며 시장 등 구조적인 면에서 뚜렷한 한 방향으로의 변화나 특징을 보여 주지 않고 있었다. 특히, 1920년대 후반기에는 합자회사가 큰 폭으로 증가하였는데, 합자회사의 평균규모가 가장 작았기 때문에 그 결과 제조업 회사수의 변동보다 전체 불입자본금의 변화가 더 작은 질적인[29] 정체현상도 나타났다. 이러한 지역 제조업회사에 변화를 촉진시킨 것은 1910년대 후반에도 그러하였듯이 외부충격이었다.

## Ⅳ. 공황기 제조업회사의 대응과 발전, 1930~1934년

공황은 제1차 세계대전 후 불확실성 위에서 1920년대 완만하게 움직이던 기업들을 생존과 기회포착을 위해 보다 적극적으로 움직이도록 만들었다. 1925년 창립되어 약제상을 하던 '조선제약'은 1930년에 업종에서 약종제조업을 강화함으로써 제조업회사로 새로 등록하였다. '大鮮釀造'는 日本 '大日本酒類釀造'가 1929년 5월 범일정에서 부산공장으로 설립하였다가[30] 1930년 7월 1일 대표를 池見辰次郎, 공칭자본금을 100만 원, 불입자본금 60만 원으로 하여 독립하였다.[31] 직공수는 60여 명이었다. 한편, '조선수산수출'은 수출에 주력하여 회사의 업종을 바꾸었고, '上山商行'(1908) 역시 제조부문을 약화시켜 주업종을 바꾸었다. 1931년에는 '大鮮釀造'도 주요 업무에서 양조를 하지 않고 '주류청량음료공업용약품의 판매업'으로 주요 업종을 바꾸었다. 공황 초기에 기업들이 자신의 입장에서 보다 수익성이 큰 부문으로 이동하고 있음을 알 수 있다.

29) 불입자본금의 증가가 동반되지 않으면 신규 투자와 함께 안정적인 고임금 고용, 생산성 증대 등이 동반되지 않고, 따라서 거시적인 순공급과 순수요에 미치는 긍정적 파급효과도 작다. 이런 점에서 질적으로 정체되었다고 볼 수 있다.

30) 金義煥(1972), pp. 1024~1025.

31) 朝鮮總督府(官報, 1930. 8. 15).

공황기 부산의 제조업회사 움직임을 보다 자세히 관찰하기 위해 자본금 10만 원 이상 회사만을 뽑아 정리해 보면 〈표 2-6〉과 같다.

우선 1931년 제조업회사의 형태를 보면, 표에는 나오지 않으나 전체 창립회사수에서는 합자회사가 압도적으로 많았지만, 자본금 10만 원 이상의 주요 제조업회사에는 합자회사는 없었고, 합명회사는 1개사에 불과하였다. 1931년 말 부산의 합자회사는 총 160개사(1933년 193개사, 1935년 200개사)에 달하였지만 공칭자본금이 10만 원 이상의 제조업회사는 없었다. 합자회사 중 공칭자본금이 10만 원을 넘는 회사는 제조업회사 이외에서도 공칭자본금 50만 원으로 1927년 창립된 '부산축항'이 유일하였다.[32] 이후 1933년 4월에 공칭자본금 2만 원으로 창립한 후 1934년에 공칭자본금 20만 원으로 증자한 '小宮黑鉛鑛業所黑煙鑛業', 1935년 창업한 '神崎漁業'(10만 원), 그리고 토목건축업의 '田中組'(10만 원), '中谷組'(10만 원)가 있었다.[33] 반면 1931년 부산의 주식회사는 64개사(1933년 66개사, 1935년 85개사)였지만, 이 중 10만 원 이상 제조업회사가 7개사 있었다. 합명회사는 26개사(1933년 34개사, 1935년 35개사)가 있었지만 공칭자본금 10만 원 이상 제조업회사는 '大池精米所' 오직 1개사뿐이었다.

1933년부터는 자본금 10만 원 이상 제조업기업은 합명회사와 합자회사에서는 사라지고 주식회사만 존재하게 되어 부산 역시 공황을 통과하면서 제조업 대기업은 주식회사만 존재하는 제조업 주식회사 시대가 열렸다. 공황기에 들어와 부산의 제조업회사는 절대다수를 차지하고 있던 합자회사들이 매우 영세하였고, 전체적인 영세성 속에서도 대규모 제조업기업은 주식회사의 형태로 진입·발전하고 있었음을 알 수 있다. 이는 공황기에 생존경쟁이 점점 치열해지면서 규모가 커질수록 자본모집, 규모의 경제 등 경쟁상의 효율성이 더 높아지기 때문인데, 세계사적인 현상이[34] 부산지역에서도

32) 釜山府(要覽, 1934), p. 190.
33) 釜山府(産業, 1935); 釜山府(要覽, 1936).

**표 2-6** 공황기 주요 제조업회사(공칭자본금 10만 원 이상, 1930~1933년)

(단위: 원)

| 구분 | | | 창립 | 업종 | 자본금 | 불입액 | 주소 |
|---|---|---|---|---|---|---|---|
| 1930 | 주식회사 | 丸金酒造 | 1908. 12 | 주초류(酒酢類)양조업 | 100,000 | 56,500 | 富平町1 |
| | | 辻酒造 | 1911. 6 | 주류 제조·판매 | 100,000 | 58,000 | 부평정2 |
| | | 朝鮮紡織 | 1917. 11 | 면포·면사 제조 등 | 5,000,000 | 5,000,000 | 凡一町 |
| | | 朝鮮製藥 | 1925. 4 | 매약약종 제조·판매 | 100,000 | 25,000 | 辨天町2 |
| | | 大鮮釀造 | 1930. 7 | 주류양조업 | 1,000,000 | 600,000 | 범일정 |
| | | 日本硬質陶器 | 1920. 6 | 도기 제조·판매 | 3,750,000 | 937,500 | 瀛仙町 |
| | 합명 | 大池精米所 | 1924. 6 | 정미 및 위탁 등 | 250,000 | 250,000 | 大倉町4 |
| 1931 | 주식회사 | 丸金酒造 | 1908. 12 | 주초류양조업 | 100,000 | 56,500 | 부평정1-10 |
| | | 辻酒造 | 1911. 6 | 주류 제조·판매 | 100,000 | 58,000 | 부평정2-68 |
| | | 朝鮮紡織 | 1917. 11 | 면포·면사 제조 등 | 5,000,000 | 5,000,000 | 범일정700 |
| | | 日本硬質陶器 | 1920. 6 | 도기 제조·판매 | 3,750,000 | 937,500 | 영선정1-21 |
| | | 朝鮮製藥 | 1925. 4 | 매약약종 제조·판매 | 100,000 | 25,000 | 변천정2-9 |
| | | 丸大고무(ゴム) | 1931. 4 | 고무화, 제품제조 | 250,000 | 250,000 | 범일정942 |
| | | 立石商店 | 1931. 12 | 유류 제조·가공 | 500,000 | 500,000 | 本町1-525 |
| | 합명 | 大池精米所 | 1924. 6 | 정미 및 위탁 등 | 250,000 | 250,000 | 대창정4-18 |
| 1932 | 주식회사 | 丸金酒造 | 1908. 12 | 주초류양조업 | 100,000 | 56,500 | 부평정1-10 |
| | | 辻酒造 | 1911. 6 | 주류 제조·판매 | 100,000 | 58,000 | 부평정2 |
| | | 朝鮮紡織 | 1917. 11 | 면포·면사 제조 등 | 5,000,000 | 5,000,000 | 범일정 |
| | | 日本硬質陶器 | 1920. 6 | 도기 제조·판매 | 3,750,000 | 937,500 | 영선정1-21 |
| | | 丸平토마토사딘 | 1932. 5 | 수산물통조림 제조 | 100,000 | 25,000 | 南濱町1 |
| | | 朝鮮製藥 | 1925. 4 | 매약약종 제조·판매 | 100,000 | 25,000 | 변천정2-9 |
| | | 南鮮護謨工業 | 1932. 4 | 고무화 제조·판매 | 100,000 | 25,000 | 범일정 |
| | | 田中造船鐵工所 | 1931. 7 | 조선업 | 100,000 | 75,000 | 영선정 |
| | | 大鮮釀造 | 1930. 7 | 주류양조업 | 1,000,000 | 600,000 | 범일정 |
| | | 丸大고무(ゴム) | 1931. 4 | 고무화, 제품제조 | 250,000 | 250,000 | 범일정942 |
| | | 立石商店 | 1931. 12 | 유류, 제면 등 | 500,000 | 500,000 | 본정1-525 |
| | 합명 | 大池精米所 | 1924. 6 | 정미 및 위탁 등 | 250,000 | 250,000 | 대창정4 |
| 1933 | 주식회사 | 丸金酒造 | 1908. 12 | 주초류양조업 | 100,000 | 56,500 | 부평정1 |
| | | 辻酒造 | 1911. 6 | 주류 제조·판매 | 100,000 | 58,000 | 부평정2 |
| | | 朝鮮紡織 | 1917. 11 | 면포·면사 제조 등 | 5,000,000 | 5,000,000 | 범일정 |
| | | 日本硬質陶器 | 1920. 6 | 도기 제조·판매 | 3,750,000 | 937,500 | 영선정 |

**표 2-6** 계속

| 구분 | | | 창립 | 업종 | 자본금 | 불입액 | 주소 |
|---|---|---|---|---|---|---|---|
| 1933 | 주식회사 | 丸平토마토사딘 | 1932. 5 | 수산물통조림 제조 | 100,000 | 25,000 | 南濱町1 |
| | | 朝鮮製藥 | 1925. 4 | 賣藥藥種 제조·판매 | 100,000 | 25,000 | 辨天町2-9 |
| | | 田中造船鐵工所 | 1931. 7 | 조선업 | 100,000 | 75,000 | 瀛仙町 |
| | | 大鮮釀造 | 1930. 7 | 주류양조업 | 1,000,000 | 600,000 | 凡一町 |
| | | 丸大고무(ゴム) | 1931. 4 | 고무화, 제품제조 | 300,000 | 300,000 | 범일정942 |
| | | 立石商店 | 1931. 12 | 유류, 製綿 등 | 500,000 | 500,000 | 本町1 |
| | | 魚(乙)彬製藥 | 1933. 5 | 제약업 | 150,000 | 37,500 | 榮町1 |
| | | 朝鮮製網 | 1933. 7 | 마닐라로프 제조 | 250,000 | 250,000 | 영선정 |

주: 음영은 변경 혹은 신규 항목임.
자료: 釜山府(要覽, 1930, 1933, 1934); 釜山府(案內, 1932); 慶尙南道(年報, 1930, 1932).

그대로 관철되고 있음을 보여 준다. 이렇게 공황기를 통과하면서 제조업회사는 양극화하였는데 그 결과는 〈표 2-7〉과 같다.

〈표 2-7〉을 보면 1933년에 합명회사는 8개사에서 6개사로 줄었고 1934년에는 합명회사수가 늘어났지만, 불입자본금 변화에서 보듯이 매우 영세한 기업들이 진입하였다. 합자회사 역시 1934년에는 5개사가 줄었고 이후 1935년에는 늘어났지만, 역시 영세기업이 진입하여 불입자본금이 오히려 줄었다. 그 결과 규모를 반영하는 1회사당 불입자본금을 보면 1935년에 주식회사는 34만 5,234원이었는데 비해, 합자회사는 7,564원, 합명회사는 2만 6,750원에 불과하였다.

공황기 대규모 주식회사로의 통합이라는 양극화 속에서 진행되고 있는 특징을 연도별 · 기업별로 추적해 보자.

1931년 4월에 '丸大고무'가 고무신과 고무제품 제조회사로 범일정에서 창립되었다. 자본금은 25만 원이었고 첫 해에 모두 불입되었다. 또 '立石商

34) 정창영 · 이종욱 · 박영구(2001), p. 88.

**표 2-7** 공황기 부산의 제조업회사 (단위: 개, 원, 경상가격)

| 구분 | | 1931년 | 1932년 | 1933년 | 1934년 | 1935년 |
|---|---|---|---|---|---|---|
| 주식회사 | 회사수 | 13 | 16 | 17 | 21 | 32 |
| | 불입자본금 | 6,985,000 | 7,700,000 | 8,012,500 | 9,507,000 | 11,047,500 |
| 합자회사 | 회사수 | 41 | 42 | 50 | 45 | 47 |
| | 불입자본금 | 368,620 | 408,860 | 492,020 | 457,430 | 355,500 |
| 합명회사 | 회사수 | 9 | 8 | 6 | 11 | 10 |
| | 불입자본금 | 422,350 | 418,500 | 203,500 | 280,000 | 267,500 |
| 합계 | 회사수 | 86 | 66 | 73 | 77 | 89 |
| | 불입자본금 | 7,775,970 | 8,527,360 | 8,708,020 | 10,244,930 | 11,670,500 |

자료: 釜山府(案內, 1932, 1934); 釜山府(産業, 1935, 1937); 釜山府(要覽, 1933, 1934, 1936); 慶尙南道(年報, 1932).

店'도[35] 12월에 제조업회사로 등록되었는데, 유류일체의 수이입 및 제조·가공, 카바이트 관련제품, 제면, 타이어수입 회사로 공칭자본금이 50만 원이고 역시 등록 첫 해에 모두 불입되었다. 공황은 중소기업을 중심으로 다수의 많은 기업들에게 충격과 몰락을 가져다주었지만, 다른 한편 '大鮮釀造', '丸大고무', '立石商店'의 예에서 보듯이 일부 기업에게는 오히려 창업과 투자비용을 낮출 수 있는 기회였다. 그래서 1931년에는 제조업기업의 많은 몰락 속에서 기업 M&A와 창업이 진행되어 1931년 말 부산의 제조업회사는 1930년 42개사에서 63개사로 폭등하였고,[36] 63개사 중 36.5%가 1931년 한 해에 신규 설립되었다.[37] 이 해에 설립·재설립된 제조업회사로 주식회사는 '환대고무', '입석상점' 외에 '田中造船鐵工所', '江原食品'이 있었고, 합자회사는 '伊福鐵工所', '寸井商店', '菱岩護謨製造', '友金正商店', '北西鐵工所', '安村商店', '共營物産', '金田精米所', '共榮印房', '三和精米所', '栗林商店', '高橋酒造所', '大東酒造場', '宮中商會', '부산주조', '森永로크로木型製

35) 이 회사는 釜山府(案內, 1932)에서 창립연월이 1931년 12월로 기록되어 있으나, 釜山府(要覽, 1932, 1933)에서는 모두 1930년 12월로 정정되어 기록되어 있다.
36) 釜山府(要覽, 1932); 釜山府(案內, 1932); 慶尙南道(年報, 1932).
37) 박영구(2005a), p. 287.

作工場', 그리고 합명회사로 '山本金物店', '부산수산식품', '釜山麵子製造'가 있었다.[38)]

1932년 들어와, 영선정에서 1931년에 창립한 공칭자본금 1만 원의 '田中造船鐵工所'는[39)] 공칭자본금을 10만 원으로 상향하고 불입자본금도 7만 5,000원을 채워 대대적 사업확장을 꾀하였다. '전중조선철공소', 1928년에 영선정에서 창립한 '부산조선철공소' 등 영선정에서 조선공업이 부산의 항구입지에 따라 발전하고 있었다면, 고무공업은 원료집산과 함께 온후한 기후로 부산이 절대우위를 가지면서 발전한 공업이었다. 이런 생산조건하에서 '南鮮護謨工業'이 1932년 4월 고무화 제조 · 판매를 사업내용으로 공칭자본금 10만 원, 불입자본금 2만 5,000원으로 범일정에서 창업하였지만 1년을 버티지 못하고 몰락한 반면, 대자본인 '丸大고무'는 1933년 오히려 자본금을 30만 원으로 올리고 바로 전액 불입하며 규모를 확장하였다. 기업들의 이러한 변화는 전형적인 공황기의 양극화가 중화학공업 전 분야에서 진행됨을 의미하는 것이었다.

공황기 제조업기업에서 나타난 또 하나의 특징은 제한적인 국내시장의 한계를 극복하고자 하는 움직임이었다. 1932년에는 수산물통조림 제조기업인 '丸平토마토사딘'[40)]이 공칭자본금 10만 원으로 남빈정(南濱町)에서 5월에 창립하였다. 당시 일본의 정어리통조림산업은 세계최대 경쟁국인 미국을 제치고 남양(南洋) · 인도 방면으로 수출하고 있었으며, 이미 1930년에 三井이 '東洋製罐'과 협정을 맺으면서 본격 통조림 수출사업을 추진하고 있었다.[41)] '환평토마토사딘' 창업은 공황하에서 정어리가공수출산업을 확대하기 위해 부산 현지생산을 본격화하는 것이었다. 이렇게 부산의 공업이 해외시장 지향형으로 급속히 확대되기 시작한 것은 국내수요의 한계에 봉착한

38) 釜山府(案內, 1932).
39) 釜山府(案內, 1932).
40) 사딘(sardine)은 정어리임.
41) 釜山日報(1930. 10. 22).

일본 기업들의 해외시장 추구에 편승한 대공황기였다. 1935년 '환평토마토사딘'이 '丸平水産工業'으로 사명을 바꾸고 종합수산공업회사를 표방하면서 불입자본금도 100% 늘려나가는 등 해외지향노력이 계속되었고, 1936년에는 부산 제조업의 수출대상국과 수출품목의 급속한 팽창으로 결실되어 부산의 수이출 대상국가는 1935년의 81개국에서 97개국으로 급증하였다.[42] 부산이 일본과 엔화블록 이외의 지역에 주로 수출하고 있었던 주요 수출품의 하나인 법랑철기, 전구, 신도기(新陶器) 등은 공황기에 부산지역에서 부산 제조업이 독자적으로 발전시킨 새로운 중화학공업이었다.[43]

1933년에는 주요한 두 기업이 창업하였다. 하나는 '魚乙彬製藥'으로 5월에 자본금 15만 원, 불입자본금 3만 7,500원으로 영정(榮町)에서 창업하였고, 이어 7월에는 마닐라로프 제조업체인 '朝鮮製網'이 자본금 25만 원, 불입자본금 25만 원으로 영선정에서 창업하였다. 이 회사는 오사카 '前岡製網'의 자매회사로 1929년에 영도에서 처음 만들어졌는데, 당시 직공수는 200명에 달하였다.[44] 그런데 이 회사가 설립된 영선정은 이미 '부산철공소'(1928),[45] '田中造船鐵工所'(1931), '日本硬質陶器'(1920), 주식회사로 발전하는 '山峰코크스'(1922)[46] 등이 조업하고 있었고, 제조업 중에서도 중화학공업지역으로 성장하고 있던 지역이었다. 한편, 富平町은 일찍부터 '丸金酒造', '辻酒造', '川井印刷所'(1921) 등으로 경공업이 발달하였고, 남빈정은 수산물통조림 제조기업인 '환평토마토사딘'(1932), '江原食品'(1931) 등이 들어와 새로운 식품제조업 거리로 발전하고 있었다. 공황기 기업들의 정보, 원료, 유통 등 생산비 절감노력은 동종업종의 집적을 확대시켜 나가고 있었던 것이다.

이렇듯 공황기에 양극화, 해외신시장 개척, 신상품 개발, 동종업종의 집

42) 釜山稅關(1937), 2권; 釜山稅關(1939, 1940).
43) 박영구(2005a), pp. 321~322.
44) 金義煥(1972), p. 1025.
45) 1934년 '釜山鐵工造船所'로 회사이름이 변경된다. 釜山府(産業, 1935).
46) 中村資良 編(1923).

**표 2-8** 1934년 주요 제조업회사(공칭자본금 10만 원 이상) (단위: 원)

| 회사 | 창립 | 업종 | 자본금 | 불입액 | 주소 |
|---|---|---|---|---|---|
| 丸金酒造 | 1908. 12 | 주초류양조업 | 100,000 | 56,500 | 富平町1-10 |
| 辻酒造 | 1911. 6 | 주류 제조 · 판매 | 100,000 | 58,000 | 부평정2-68 |
| 朝鮮紡織 | 1917. 11 | 면포 · 면사 제조 등 | 5,000,000 | 5,000,000 | 凡一町700 |
| 田中造船鐵工所 | 1931. 7 | 조선업 | 100,000 | 75,000 | 瀛仙町1989 |
| 大鮮釀造 | 1930. 7 | 주류양조업 | 1,000,000 | 600,000 | 범일정401-1 |
| 立石商店 | 1931. 12 | 유류, 제면 등 | 1,000,000 | 900,000 | 本町1-25 |
| 丸大고무(ゴム) | 1931. 4 | 고무화, 제품제조 | 300,000 | 300,000 | 범일정942 |
| 魚乙彬製藥 | 1933. 5 | 제약업 | 150,000 | 150,000 | 榮町1-23 |
| 丸平사딘(トマトサーヂン) | 1932. 5 | 수산물통조림 제조 | 100,000 | 25,000 | 南濱町1-41 |
| 東洋琺瑯 | 1934. 12 | 법랑철기 제조 | 120,000 | 90,000 | 영선정258 |
| 三和護謨 | 1934. 9 | 고무제품 제조 | 855,000 | 855,000 | 범일정1290 |
| 에비스(エビス)藥鋪 | 1925. 4 | 매약약종 제조 · 판매 | 100,000 | 25,000 | 大倉町4-28 |
| 日本硬質陶器 | 1920. 6 | 도기 제조 · 판매 | 3,750,000 | 937,500 | 영선정1821 |
| 朝鮮製網 | 1933. 7 | 제망 | 250,000 | 250,000 | 영선정1887 |
| 釜山鐵器에나멜(エナメル) | 1934. 10 | 철기에나멜품 제조 | 100,000 | 25,000 | 영선정273 |

주: 1) 음영부분은 변경 또는 신규 사항임.
2) 전부 주식회사임.
자료: 釜山府(産業, 1935).

적 등이 나타났는데, 1934년의 부산 제조업회사 중에 자본금 10만 원 이상의 회사를 골라 정리하면 〈표 2-8〉과 같다.

1934년의 제조업기업 중에 자본금 10만 원 이상의 회사를 조사해 보면 일부 기존 회사의 자본금 증액과 업종특화 그리고 신규 중화학공업 회사의 창업이 눈에 띈다. '立石商店'은 공칭자본금을 50만 원에서 100만 원으로 대폭 상향하고 90만 원을 불입하였으며, '魚乙彬製藥'은 공칭자본금 15만 원의 불입을 완료하였다. '에비스약포'는 '조선제약'이 사명을 변경하여 설립된 것으로 공칭자본금, 불입자본금, 설립일을 통해 확인할 수 있다. 이렇게 회사명을 바꾼 것에는 제조업을 약화시키고 판매업을 강화한 데 따른 것으로 판단된다. 한편, 1934년 9월에는 '三和護謨', 10월에는 '부산철기에나멜', 그리고 12월에는 '東洋琺瑯'이 창립되었다. '삼화고무'는 공칭자본금, 불입자본금이 85만 5,000원에 달하는 대규모 회사였다. 1934년의 창립회사들은 공황을 이기기 위한, 확대되는 성장업종을 선택하고자 하는 기업들이었다. 공칭자본금은 5만 원으로 적었지만 1928년 영선정에서 설립되어 1934년부터 회사명을 변경하면서 내연기관을 제조한 '부산철공조선소' 역시 동일하였다. '부산철기에나멜', '동양법랑' 등의 계속적인 법랑철기회사들의 창립과 '丸平토마토사딘'의 확장 등 수출 제조업회사들의 사례는 해외시장으로의 사업이 1930년대에 중일전쟁 이전까지 확대되고 있었음을 보여 준다.

이상에서 공황을 통과하면서 부산의 제조업회사에 중일전쟁 이전까지 나타난 특징을 다시 요약하면 다음과 같다.

첫째, 1930년대 부산의 제조업회사는 공황을 통과하면서 대규모의 제조업기업은 주식회사로 발전하였다. 이는 공황기 생존경쟁이 점점 치열해지면서 규모가 큰 기업의 경우 주식회사로의 전환이 자본모집과 책임분산에서 유리하여 경쟁효율성을 더 많이 높일 수 있었기 때문이었다. 1933년부터는 자본금 10만 원 이상 제조업기업은 모두 주식회사인 제조업 주식회사 시대가 열렸고, 제조업회사의 구조는 소규모의 합명 · 합자회사와 대규모의 주식회사로 양분되었다.

둘째, 부산의 제조업회사는 공황기를 통과하면서 적극적이고 긍정적인 대응과 전환을 모색하였다. 공황 초기에는 제조업회사가 수익성이 더 큰 부문으로 이동, 특화하는 전환을 모색하였고, 점차 한쪽에서의 규모확대와 한쪽에서의 몰락이라는 양극화가 중화학공업 전 분야에서 진행되었다. 공황은 위기였지만 한편으로는 창업과 투자비용을 낮출 수 있는 기회였으며, 실제로 공황기에 높은 창업자이득 또는 저렴한 창업비용을 이용하고자 하는 움직임으로 제조업회사 창업붐은 1930년대 중반에 확대되었고 일부 대기업회사의 규모도 확대되었다.

세 번째로 공황기에 부산의 제조업기업은 국내수요의 한계를 넘어서기 위해 신상품 개발과 해외시장 지향 생산에 나서기 시작하였고, 또 기업들의 정보, 원료, 유통 등 생산비 절감노력으로 동종업종의 집적지를 만들어 내었다. 새로운 시장의 추구와 함께 법랑철기와 전구, 신도기 등 중화학공업의 신제품 생산이 확대되었고 영선정은 집약된 중화학공업지역으로 발전해 나갔다. 새로운 시장과 새로운 정보가 확대되는 가운데 한국인 가내공업 생산자가 공장을 세우기도 하였다.

결국 1930년대 부산 제조업계에는 공황이라는 위기가 나타났지만 오히려 공황을 통과하면서 부산 제조업이 그 대응책을 찾아 나가는 과정에서 새로운 발전가능성을 만든 시기였다. 적어도 전쟁 이전까지 정체가 아닌 내재적인 대응구조를 만들어 나가고 있었다. 이는 분명히 주식회사로의 발전, 양극화라는 공황하의 세계적인 일반성과 함께 나타난 부산지역의 또 다른 움직임이었고, 이러한 움직임은 1937년 이후 전쟁기로 들어서면서 부산의 차별적인 전개과정을 만들어 냈다.

## Ⅴ. 공황회복과 전쟁특수하 제조업회사, 1935~1940년

신제품과 신시장의 추구 그리고 공황을 통과하면서 나타난 높은 창업자이득 또는 저렴한 창업비용을 이용하고자 1934년 하반기부터 제조업회사 창업붐이 크게 시작되었다. 이러한 움직임은 이어져 1935년에는 자본금이 10만 원을 넘는 제조업회사만으로도 '淸水糖精米所', '조선주물공업', '부산제빙냉장', '倉橋商店', '若狹材木店', '三友商會', '조선법랑' 등 다수가 창립되었다(〈표 2-9〉 참조). '倉橋商店'과 '若狹材木店'은 부산부의 1935년 조사에

**표 2-9 1935년 주요 제조업회사(공칭자본금 10만 원 이상)** (단위: 원)

| 회사 | 창립 | 업종 | 자본금 | 불입액 | 주소 |
|---|---|---|---|---|---|
| 丸金酒造 | 1908. 12 | 주초류양조업 | 100,000 | 56,500 | 富平町1-10 |
| 辻酒造 | 1911. 6 | 주류 제조 · 판매 | 100,000 | 58,000 | 부평정2-68 |
| 朝鮮紡織 | 1917. 11 | 면포 · 면사 제조 등 | 5,000,000 | 5,000,000 | 凡一町700 |
| 日本硬質陶器 | 1920. 6 | 도기 제조 · 판매 | 3,750,000 | 937,500 | 瀛仙町 |
| 丸平水産工業 | 1932. 5 | 수산물통조림 제조 | 100,000 | 50,000 | 南濱町1 |
| 田中造船鐵工所 | 1931. 7 | 조선업 | 100,000 | 75,000 | 영선정 |
| 大鮮釀造 | 1930. 7 | 주류양조업 | 1,000,000 | 600,000 | 범일정 |
| 丸大고무(ゴム) | 1931. 4 | 고무화, 제품 제조 | 300,000 | 300,000 | 범일정942 |
| 立石商店 | 1931. 12 | 유류, 제면 등 | 1,000,000 | 900,000 | 本町1-25 |
| 魚乙彬製藥 | 1933. 5 | 제약업 | 150,000 | 150,000 | 榮町1 |
| 朝鮮製網 | 1933. 7 | 제망업 | 250,000 | 250,000 | 영선정 |
| 에비스(エビス)藥舗 | 1925. 4 | 매약약종 제조 · 판매 | 100,000 | 25,000 | 大倉町4-28 |
| 淸水糖精米所 | 1935. 3 | 인접정미업 | 500,000 | 300,000 | 범일정 |
| 朝鮮鑄物工業 | 1935. 3 | 주물공업 | 100,000 | 25,000 | 남빈정1 |
| 倉橋商店 | 1935. 1 | 건구, 표구재료 제조 | 250,000 | 200,000 | 大廳町 |
| 三和護謨 | 1934. 9 | 고무제품 제조 | 855,000 | 855,000 | 범일정 |
| 釜山鐵器エナメル | 1934. 10 | 법랑철기 제조 | 100,000 | 25,000 | 영선정 |
| 東洋琺瑯 | 1934. 12 | 법랑철기 제조 | 120,000 | 90,000 | 영선정 |
| 若狹材木店 | 1935. 4 | 제재, 목재 판매 | 200,000 | 100,000 | 영정3 |
| 釜山製氷冷藏 | 1935. 9 | 제빙, 냉장 · 냉동 | 200,000 | 200,000 | 昭和通2 |
| 三友商會 | 1935. 10 | 양가구, 장식 제조 | 100,000 | 40,000 | 본정3 |
| 朝鮮琺瑯 | 1935. 11 | 법랑철기 제조 | 100,000 | 100,000 | 영선정 |

주: 1) 음영부분은 변경 또는 신규 사항임.
2) 전부 주식회사임.
자료: 釜山府(産業, 1937); 釜山府(要覽, 1936).

서는 제조가 업종에 포함되었으나 1937년 말 조사에서는 제조가 포함되어 있지 않은데[47] 전쟁과 함께 업종이 상업으로 특화되면서 변화한 것이다. 또

47) 釜山府(産業, 1937, 1938).

한 1935년에는 자동차 차체제작사인 '出口鐵工所'가[48] 소규모이지만 1914년 창립한 기존 철공소를 주식회사로 재창립하였으며,[49] '朝鮮電氣鑄鋼', '牧島酒造'가 창립되었다. 그 해에 등록은 하지 않았지만 '丸和工業'도 1935년 9월에 창립되었다. 특히, 해외수출붐을 타고 1934년 10월 '부산철기에나멜'과 12월 '동양법랑' 창립에 이어 1935년 11월 '조선법랑'이 창립되어 법랑철기 생산붐이 일어났다. 동시에 이 법랑철기회사들과 신설 '朝鮮電氣鑄鋼'은 모두 영선정에 집결되어 영선정은 중화학공업지역으로 더욱 진행되었다. 법랑철기의 수출붐이 일어나면서 작업량이 많아져 1936년 10월 8일에는 '동양법랑' 종업원 300여 명이 노동시간 단축과 임금인상을 요구하고 파업을 단행함으로써 전국적으로 큰 반향을 일으킬 정도였다.[50] 1934년 하반기 이래 부산의 창업붐으로 부산 공업이 왕성해지자 신문도 "長足發展의 부산공업, 공장오백오십여 그 중 방직공업이 수위를 점령, 종업원팔천삼백명"이라는 등의 기사를 게재하고[51] 부산의 공업을 업종별로 소개하였다.[52]

1936년 자본금 10만 원 이상으로 창업한 제조업회사로는 '朝鮮穀産工業', '大立護謨', '朝日放熱器' 등이 있다. 여기에서 앞의 두 회사는 金日守, 金明五가 창업한 한국인 제조업회사로 공칭자본금 규모는 둘 다 10만 원이었다. 그런데 업종이 완전히 다름에도 같은 해 창립한 두 회사가 부전리에 같이 자리를 잡은 것은 정보와 생산요소를 공유하려는 위험회피적인 한국인 회사의 군집성을 보여 준다고 할 수 있다. 1937년 25개 제조업 대회사 중

48) 釜山府(産業, 1938)에서는 창립일이 1934년 9월로 나오지만, 이후 1942년판에서 정정되고 있고 中村資良 編(1937, 1939)에서도 일관되게 1935년 8월로 나와 있다.
49) 朝鮮總督府殖産局(1932).
50) 朝鮮日報(1936. 10. 9); 동아일보(1936. 10. 9); 朝鮮新聞(1936. 10. 11).
51) 동아일보(1935. 4. 17).
52) 이 기사에 의하면 부산은 당시 557개 공장, 8,378명의 종업원이 있는 것으로 나타나 있다. 그 근거를 알 수 없지만 공장수는 과대평가되고 종사자수는 과소평가되어 있다. 필자가 확인한 것에 따르면 1934년 말에 5인 이상 공장수는 347개에 종사자수는 1만 199명이었고, 1935년은 공장 338개에 종사자수 1만 2,364명이었다(박영구, 2005a). 제조업회사의 창업붐이면서도 공장수는 감소하였는데 공장의 합병이 다수 행해졌거나, 상위공장들이 규모를 키워나가면서 소규모 공장들이 잔여시장 지분을 축소당하고 몰락하였거나, 경기국면 전환에 따라 생산요소의 이동과 가격 상승으로 소공장이 폐업하는 등의 한 가지 또는 복수의 요인이 작용하였다고 보여진다.

부전리에 자리잡은 제조업회사는 3개뿐이었던 것에서 알 수 있듯이 부전리가 기업입지로서 우수한 유인요소가 있었던 것은 아니었다. 어쨌든 1936년 한국인 제조업회사 2개가 창업한 것은 우연이 아니라 바로 다양한 중화학공업 제품이 새로이 부산 공업의 신제품으로 등장하고 해외시장이 대폭 확대되고 있는 가운데 부산의 가내공업이 성장하고 있었던 것을 기반으로 한 것이었다.[53)]

앞서 지적하였듯이, 고무공업은 부산이 기후입지적으로 우수한 조건을 갖추고 있었고, 열악한 작업환경과 작업의 곤란성으로 한국인 회사들이 강한 공업이었는데, 한국인 회사인 '大立護謨'의 진출도 이를 반영한 것이다. 흥미로운 것은 1934년 7월 18일 범일정에서 창립한 '三和護謨'(米倉淸三郎)가 이듬해 공칭자본금을 오히려 85만 5,000원에서 76만 5,000원으로 줄이고 불입금도 감소시키고 있는데, 이것은 한국인 고무공장과의 경쟁과 관련이 있었던 것으로 보인다. 반면 '朝日放熱器'는 중공업회사로 중공업집산지로 자리잡은 영선정에서 창립되었고, 1936년에 창립된 '釜山爐工業', 船釘 · 볼트 등 중공업제품을 생산하던 '釜山製灯所'(1941년 조사)도 영선정에 자리잡았다.

1934년 하반기부터 시작된 제조업회사 창업붐과 해외수출붐을 타면서 부산의 제조업이 급속히 발달하자 공장부지 부족문제가 제기되기 시작하였고, 이에 부산부는 제조업자들에게 공장부지를 저렴하게 제공하고자 하였다. 부산부는 1930년대 중반 구역 확장에 나서 서면 일대 및 영도 일원을 확장 편입하였다. 부산진 매립사업으로 자성리 주변, 우암리, 적기(赤崎)가 매립되자, 부산부는 이를 이용하기 위해 동래군 서면을 1936년에 부산으로 편입하였고, 영도의 봉래동 일대에도 공장이 많았기 때문에[54)] 부산부로 편입하여 공장부지를 더 개발하고자 하였다. 영도는 일본인과 일본인 토지가 많다는 것도 편입의 한 이유가 되었다.[55)] 부산의 산업발전은 기업에 필요한 토

53) 박영구(2005a), pp. 319~323.
54) 부산발전연구원 부산학연구센터(2003), p. 171.

지를 확대 · 제공하는 역사와 맥을 같이 하는 것이었다. 이러한 과정이 붕괴된 것은 1960년대 말부터였고, 1980년부터 부산에서의 「인구과밀지역해소와 집중완화를 위한 도시성장관리정책」 시행은 부산의 기업입지에 결정적 타격을 주었다.[56]

1937년 부산의 제조업회사 중 공칭자본금 10만 원 이상의 회사를 골라 정리하면 〈표 2-10〉과 같다. 1937년 창립 또는 재창립한 회사로는 '森本精米', '부산요업', '小佐琺瑯硝子', '조선중공업'이 있다. '森本精米'는 부산 정미업계를 대표하던 '森本精米所'가 1935년 6월 대화재로 전소되었다가[57] 1937년 11월에 최신 설비를 갖추고 주식회사로 재창립한 것이었고,[58] 1919년 창립되어 1921년에 폐쇄된 '부산요업' 역시 다시 창립연도를 1920년으로 하여 주식회사로 재등록한 것이다. 회사등록은 1938년에 이루어지지만 '昭和興業'도 '소화코르크공업'의 사장 望月誌吉에 의해 동일장소에서 자본금 30만 원 불입금 7만 5,000원으로 창업되었다. 반면 '丸大고무'는 몰락하였다.[59] 1935년 창업한 '조선주물공업' 역시 이후 기록에서 사라졌는데, 이 기업은 공칭자본금이 10만 원이었지만 불입자본금을 2만 5,000원만 불입하고 창업하였던 회사였다. 이 두 기업은 신생 중화학공업에서 치열한 경쟁이 진행되고 있었음을 보여 준다.

1937년 부산의 제조업회사에서 나타난 주목할 점은 자본규모 확대가 경쟁적으로 이루어지고 있다는 것이었다. 이 해 창립된 '森本精米', '小佐琺瑯

55) 지역을 편입하면 부산부 내로 공장부지를 확대공급하는 것이 된다. 이 밖에도 이 곳에 있던 기존 공장들에게는 부산부 편입에 따라 산을 깎거나 바다를 메우는 개간 · 개척이 촉진되어 공장부지의 절대공급 확대가 나타나고, 또 부산부 편입에 따른 도로 등 사회간접자본 정비가 촉진되어 공장부지가 효율적인 면에서 간접적으로 늘어나는 효과도 나타나게 된다. 봉래동은 일본인을 상대로 한 '목도유곽(牧の島遊廓)'이라고 불리던 큰 유곽이 번창할 정도로 일본인 조선소가 많고 일본인이 많이 살았다.

56) 박영구(2005b), pp. 349~350.

57) 동아일보(1935. 6. 27).

58) 釜山日報(1935. 11. 1).

59) '丸大고무'는 회사 전체를 실은 『朝鮮銀行會社組合要錄』에서 1933년판까지만 등장하고, 신문 등에서도 조선일보, 1933년 12월 13일자에 등장하고 더 이상 나타나지 않는다.

**표 2-10** 1937년 주요 제조업회사(공칭자본금 10만 원 이상)

(단위: 원)

| 회사 | 창립 | 업종 | 자본금 | 불입액 | 주소 |
|---|---|---|---|---|---|
| 丸平水産工業 | 1932. 5 | 수산물통조림 제조 | 100,000 | 100,000 | 南濱町1-14 |
| 清水精米所 | 1935. 3 | 정미업 | 500,000 | 400,000 | 凡一町522 |
| 辻酒造 | 1911. 6 | 청주양조 | 100,000 | 58,000 | 부평정2-68 |
| 大鮮釀造 | 1930. 7 | 소주, 이연청주 제조 | 1,000,000 | 1,000,000 | 범일정401 |
| 朝鮮穀産工業 | 1936. 4 | 製飴業, 원료판매 | 100,000 | 50,000 | 釜田里46 |
| 森本精米 | 1937. 1 | 정미업 | 250,000 | 250,000 | 佐川町 |
| 丸金酒造 | 1908. 12 | 청주양조 | 100,000 | 56,500 | 富平町1-10 |
| 魚乙彬製藥 | 1933. 5 | 제약업 | 150,000 | 150,000 | 榮町1-3 |
| 大立護謨 | 1936. 6 | 고무화 제조 | 100,000 | 100,000 | 부전리340-1 |
| 釜山製氷冷藏 | 1935. 9 | 제빙, 냉장 | 200,000 | 200,000 | 昭和通2-95 |
| 立石商店 | 1931. 12 | 제유, 제랍(製蠟) | 2,000,000 | 1,400,000 | 本町1-25 |
| 三和護謨 | 1934. 9 | 고무화 · 운동화 제조 | 765,000 | 765,000 | 범일정1290 |
| 釜山窯業 | 1920. 2 | 연와 | 250,000 | 150,000 | 田浦里39 |
| 少佐琺瑯硝子 | 1937. 11 | 법랑철기, 양정(洋灯) | 240,000 | 200,000 | 범일정884 |
| 日本硬質陶器 | 1920. 6 | 도기 제조 · 판매 | 3,750,000 | 937,500 | 瀛仙町1821 |
| 朝鮮重工業 | 1937. 7 | 선박 건조 · 수리, 기관차 | 3,000,000 | 1,500,000 | 영선정1 |
| 釜山鐵器에나멜(エナメル) | 1934. 10 | 법랑철기 제조 | 100,000 | 25,000 | 영선정273 |
| 出口鐵工所 | 1935. 8 | 자동차체 및 수리 | 500,000 | 275,000 | 부전리259 |
| 東洋琺瑯 | 1934. 12 | 법랑철기 제조 | 250,000 | 250,000 | 영선정258 |
| 朝日放熱器 | 1936. 3 | 방열기 제조 · 판매 | 100,000 | 100,000 | 영선정916 |
| 田中造船鐵工所 | 1914. 6 | 조선업 | 100,000 | 75,000 | 영선정1989 |
| 朝鮮琺瑯 | 1935. 11 | 법랑철기 제조 | 100,000 | 100,000 | 영선정2 |
| 朝鮮紡織 | 1917. 11 | 면포 · 면사 제조 등 | 10,000,000 | 6,250,000 | 범일정700 |
| 朝鮮製網 | 1929. 9 | 마닐라로프, 제망 | 250,000 | 250,000 | 영선정1887 |
| 丸和工業 | 1935. 9 | 직물, 염색, 정리 | 100,000 | 100,000 | 堂甘里113 |

주: 1) 음영부분은 변경 또는 신규 사항임.
2) 전부 주식회사임.
자료: 釜山府(産業, 1938); 釜山府(要覽, 1938).

硝子', '조선중공업' 중 앞의 두 업체는 공칭자본금이 각각 25만 원, 24만 원으로 높은 수준이었고, 특히 주목할 업체인 '조선중공업'은 선박의 건조와 수리, 기관차, 기타 철공 등 종합중공업체로 공칭자본금이 300만 원에 이르는 대기업이었다. 1934년 설립된 '東洋琺瑯'은 영선정에서 공칭자본금을 25만 원으로 상향하고 불입을 완료하였다. 이 해에 재등록한 '부산요업'은 공칭자본금이 25만 원, 불입자본금이 15만 원이었다. '淸水糖精米所'는 '淸水精米所'로 사명을 변경하면서 불입자본금을 10만 원 늘려 40만 원으로 만들고 있다. 1935년 주식회사로 재창립한 자동차 차체제작 및 수리사인 '出口鐵工所'도 자본금 5만 원을 50만 원으로 상향하고 27만 5,000원을 불입하였다. '立石商店'은 1933년 조사 당시 공칭 · 불입자본금이 50만 원이었지만 영업업종 확대와 함께 1935년 자본금을 100만 원으로 상향하고 불입자본금도 90만 원으로 늘린 후,[60] 1937년에는 자본금을 다시 200만 원으로 대폭 올리고 불입자본금도 140만 원으로 상향하였다. '大鮮釀造' 역시 불입자본금을 공칭자본금 100만 원으로 불입완료하였다. 한편, '조선방직'은 공칭자본금을 500만 원에서 1,000만 원으로 다시 대폭 상향하면서 625만 원을 불입하여 자본금 1,000만 원의 부산 제조업 기업시대를 열었다. 규모확대 경쟁의 결과 감소하던 제조업회사당 불입자본금은 1937년 폭등하였다.[61]

기업들의 규모확대 경쟁은 앞의 〈그림 2-4〉에서 보듯이 1935~1936년 분명해진 대공황에서의 탈출과 공장생산의 확대라는 신호도 있었지만, 급박하게 변하기 시작한 당시 상황과 깊은 관련성이 있었다. 중일전쟁은 1937년 전면전으로 되었지만 일본은 1936년부터 이미 "대륙에 제국의 토대를 확보하고 해양으로 진출한다"는 남북병진의 국책을 발표하여(1936. 8. 7), 영토확장을 준비하고 있었다. 일본군부는 전쟁을 지원하는 전쟁기초산업에서의 생산력 확충을 위해 1936년부터 군부 주도에 의한 생산력확충계획을 전개하고 있었다.[62] 따라서 군수관련 공업의 성장은 모든 면에서 뚜렷해지고 있

60) 中村資良 編(1935).
61) 釜山府(要覽, 1936); 釜山府(産業, 1935, 1937, 1942); 조선은행조사부(1949).
62) 김낙년(2003), p. 173; 김인호(1998), p. 37.

었고, 그 결과 공업생산액에서 군수공업으로 분류될 수 있는 품목의 생산액 비중은 1935년까지 정체하였지만 1936년부터 급속히 증가하였다.[63] 또 일본 대자본의 한국 진출분야를 보아도, 공황극복의 대체수단으로 다양하게 등장한 중화학공업부문이 1936년 이후 강화되고 있는 모습에서 군수공업 확대가 뚜렷이 확인된다.[64] 이런 속에서 일본 정부와 기업들은 부산의 지정학적 위치에 따라 부산을 주목하였다. 부산 제조업회사의 규모확대는 바로 이런 급격한 변화 속에서 정보를 수집하고 있던 기업들이 자신의 입지를 확고히 하고자 하는 선제적 노력의 결과였던 것이다.

반면 향후 전쟁에서 안정적인 원료와 자본재를 확보하지 못하리라 생각하기 시작한 제조업회사들은 제조업의 비중을 줄이거나 포기하고 순수하게 중개 또는 공매업으로 특화하였다. '에비스약포'는 이미 1934년에 회사이름을 '조선제약'에서 '에비스약포'로 바꾸고 매매업을 강화하면서도 1935년까지 제조업을 겸하고 있었는데, 1937년 말에는 업종에서 약품판매만을 하고 있다.[65] 1935년 창업한 '三友商會'는 1936년 말 조사와 1937년 4월 조사까지는 제조업을 겸하였지만[66] 이후 가구상으로만 영업하였다.[67] 또 '倉橋商店'과 '若狹材木店'은 1935년 말 조사와 달리 1937년 말 조사에서는 업종에 제조업이 포함되어 있지 않다.[68] '약협재목점'은 1925년 8월에 이미 범일정에서 제재공장을 설립하였고 1935년 주식회사로 등록하였지만, 목재수급이 불안정해지자 제재업을 거의 중단하였다.[69] 소규모 회사이지만 '江原食品'도 수산통조림 가공제조에서 판매로 주업종을 옮겼다.[70]

63) 허수열(2005), p. 203.
64) 朝鮮總督府(月報, 13-8), pp. 25~26.
65) 釜山府(産業, 1937, 1938).
66) 中村資良 編(1937).
67) 1941년 조사에서 등장하는 '有限會社三友商會'는 자본금 1만 3,000원에 함경남도 북청읍 남리 536에 본사를 둔 회사로 토목 광산용 기계재료 판매의 동명회사이다. 中村資良 編(1941).
68) 釜山府(産業, 1938).
69) 이 회사는 1941년 3월 조사의 부산 공장조사에서야 다시 제재공장을 운용하고 있는 것으로 나온다(釜山府(産業), 1942).

1937년 8월 13일 제2차 상해전쟁을 통해 중일전쟁이 본격화되었다. 이와 함께 부산의 공업기지 역할이 커지기 시작하였다. 부산에서는 전쟁특수에 의해 공장생산이 급속히 증가하였고, '부산공업시험장' 설치가 본격 협의되기 시작하였다.[71] 1938년 10월 1일 일본은 부산-북경 직통열차를 운행하기 시작해 일본-부산-중국의 직통로를 확보하였다. 1938년 미국의 「대일본항공자재금수조치」에 이어 1939년에는 「미일무역협정」이 파기되면서 일본은 태평양전쟁을 준비하기 시작하여 더욱더 전시물자 수요견인에 의한 급속한 생산증대가 나타났다. 그 결과 전쟁이 본격화되는 1939년에 부산의 공장생산액은 다시 전년 대비 32.4%가 급등하였고, 1939년에는 공장수가 전쟁 이전 최고수준인 공황 직전 1929년의 408개를 넘어서 421개로 증가하였으며, 전년도 1938년에 비해 9.4% 증가하였다.[72] 이는 1938년 9월부터 '조선공업조합령', '조선공업조합시행령' 공포로 공업조합법이 시행되고, 특히 한국에서 일본의 공업조합법보다 훨씬 강하게 조선총독부가 공업의 신설과 확장에 개입하도록 하였던 점을 고려하면 매우 높은 증가율이었다.

이렇게 부산이 전쟁경제에 깊숙이 편입되어 가던 1938년 말 자본금 10만 원 이상 제조업회사를 조사하면 〈표 2-11〉과 같다. 1938년에는 '부산공작소', '부산진주조', '南鮮燒酒', '蓬萊酒造', '부산서부주조', '協同繩叺', '今城水産工業' 등 제조업회사의 창립이 매우 활발하였다. 이 해에 등록되지는 않았지만 자동차판매 및 차체제작의 '慶尙日産自動車'도 1938년에 창립되었다. 여기에서 '부산공작소'는 군수품 하청공업을 목적으로 立石, 西條, 迫間 등 부산 내 유력기업자들이 모두 참가하여 창립한 민간군수기업이었다.[73]

공황을 통과하면서 이루어진 양극화는 전시에 더욱 심화되었다.

70) 釜山府(産業, 1937, 1938).
71) 동아일보(1937. 11. 21).
72) 釜山府(産業, 1938, 1940, 1942).
73) 釜山日報(1938. 2. 13).

**표 2-11** 1938년 주요 제조업회사(공칭자본금 10만 원 이상)

(단위: 원)

| 회사 | 창립 | 업종 | 자본금 | 불입액 | 주소 |
|---|---|---|---|---|---|
| 昭和興業 | 1937. 6 | 임업제탄 | 300,000 | 75,000 | 영선정1260 |
| 魚乙彬製藥 | 1933. 5 | 제약업 | 150,000 | 150,000 | 榮町1-3 |
| 朝鮮紡織 | 1917. 11 | 면포 · 면사 제조 등 | 10,000,000 | 7,500,000 | 凡一町700 |
| 丸和工業 | 1935. 9 | 무지염업 | 100,000 | 100,000 | 堂甘里113 |
| 朝鮮製網 | 1929. 9 | 제망 | 250,000 | 250,000 | 瀛仙町1887 |
| 釜山鐵器에나멜(エナメル) | 1934. 10 | 법랑철기 제조 | 100,000 | 25,000 | 영선정273 |
| 朝鮮重工業 | 1937. 7 | 조선, 수리 | 3,000,000 | 1,000,000 | 영선정1 |
| 朝鮮金屬工業 | 1935. 8 | 철공용품군수품 | 3,000,000 | 1,125,000 | 釜田里359 |
| 田中造船鐵工所 | 1931. 6 | 조선업 | 100,000 | 75,000 | 영선정1989 |
| 東洋琺瑯 | 1934. 12 | 법랑철기 제조 | 350,000 | 350,000 | 영선정258 |
| 朝鮮琺瑯 | 1935. 11 | 법랑철기 제조 | 100,000 | 100,000 | 영선정2 |
| 釜山工作所 | 1938. 2 | 군수품 일반수리 | 100,000 | 100,000 | 영선정1998 |
| 朝日放熱器 | 1936. 3 | 주조업 | 100,000 | 100,000 | 영선정916 |
| 少佐琺瑯硝子 | 1937. 11 | 법랑철기, 硝子器 | 200,000 | 135,000 | 범일정884 |
| 釜山窯業 | 1920. 2 | 연와 | 250,000 | 150,000 | 田浦里39 |
| 日本硬質陶器 | 1920. 6 | 도기 제조 · 판매 | 3,750,000 | 937,500 | 영선정1821 |
| 三和護謨 | 1934. 9 | 고무제품 | 765,000 | 765,000 | 범일정1290 |
| 釜山製氷冷藏 | 1935. 9 | 제빙, 냉장 | 200,000 | 200,000 | 昭和通2-95 |
| 大立護謨 | 1936. 6 | 고무화 제조 | 100,000 | 100,000 | 부전리340 |
| 立石商店 | 1931. 12 | 제반유업 | 2,000,000 | 1,700,000 | 本町1-25 |
| 釜山鎭酒造 | 1938. 9 | 주양조판매 | 250,000 | 250,000 | 佐川町682 |
| 大鮮釀造 | 1930. 7 | 소주, 이연청주 제조 | 1,000,000 | 1,000,000 | 범일정401 |
| 丸金酒造 | 1908. 12 | 주류 제조 | 100,000 | 56,500 | 富平町1-10 |
| 森本精米 | 1937. 1 | 정미업 | 200,000 | 200,000 | 좌천정68 |
| 南鮮燒酒 | 1938. 11 | 소주양조 | 100,000 | 40,000 | 大新町319 |
| 牧島酒造 | 1935. 6 | 주제조 판매 | 100,000 | 100,000 | 영선정1592 |
| 辻酒造 | 1911. 6 | 주류 제조 | 100,000 | 72,000 | 부평정2-68 |
| 清水精米所 | 1935. 3 | 정미업 | 500,000 | 500,000 | 범일정522 |
| 蓬萊酒造 | 1938. 8 | 조선탁주 제조 | 250,000 | 250,000 | 영선정587 |
| 釜山西部酒造 | 1938. 9 | 조선주 | 300,000 | 300,000 | 대신정502 |
| 協同繩叺 | 1938. 7 | 새끼가마니 제조 · 판매 | 150,000 | 60,000 | 大廳町 |
| 今城水產工業 | 1938. 4 | 어비어유 | 300,000 | 150,000 | 大倉町1-21 |
| 丸平水產工業 | 1932. 5 | 수산물통조림 제조 | 100,000 | 100,000 | 南濱町1-14 |

주: 1) '辻酒造'의 설립일로 기록된 "明治 14. 6"은 "44. 6"의 오식이므로 바로잡음.

2) '田中造船鐵工'의 창립일은 1937년 조사에서는 1914년으로 소급되었지만, 1938년 조사에서는 1931년으로 환원되어 그 이전의 조사와 같아졌음.

3) 음영부분은 변경 또는 신규 사항임.

4) 전부 주식회사임.

자료: 釜山府(產業, 1940).

'조선방직'은 1938년 불입자본금을 125만 원 더 늘려 750만 원으로 하면서 계속 설비규모를 확대해 나갔다. 1935년 창립한 '조선금속공업'은 '出口鐵工所'가 발전한 것인데, 전쟁특수하에서 공칭자본금, 불입자본금을 50만 원, 27만 5,000원에서 각각 300만 원, 112만 5,000원으로 대폭 상향하였다. 업종에서는 '군수용품'이라고 분명히 명기되어 있듯이 본격적인 대규모 금속공업회사였다. 1934년 창립한 '동양법랑' 역시 1938년 자본금을 공칭 · 불입자본금 모두 10만 원 올려 35만 원으로 상향하였고, 1935년 창립한 '牧島酒造'도 공칭자본금을 5만 원에서 10만 원으로 상향하였다. '立石商店'은 불입자본금을 30만 원 늘려 170만 원으로 만들었다. '辻酒造'는 불입자본금을 7만 2,000원으로 늘렸고, '淸水精米所'는 공칭자본금 50만 원을 모두 불입하였다. 반면 전시하에서 많은 기업이 원료, 자금, 자본재에서 소외되어 축소 · 몰락하거나 전쟁의 영향을 가장 적게 받는 대안을 찾아야 하였다. 전쟁의 영향으로 면사원료 수입제한, 고무원료 사용제한, 중유의 배급제한, 가솔린 배급통제, 철강배급통제, 피혁제한 등이 실시되고 있었고, 그 영향을 받아 규모를 축소한 공장이 나타났다.[74)]

## Ⅵ. 요약과 정리

20세기 전반기의 부산경제에 대한 외부충격과 이에 대한 지역 제조업회사의 변화와 반응은 지역사회에 세계적인 일반성과 함께 지역 특수성이 존재함을 보여 주며, 따라서 지역문제의 역사적 접근을 위해서는 지역별 연구

74) 朝鮮總督府警務局保安課(1938. 10. 15). 전시기 부산 제조업회사에 대한 추가적인 논의와 해방 이후 시사점에 대해서는 박영구(2008. 6), pp. 127~144를 참조.

가 심화되어 별도로 진행되어야 함을 보여 준다.

20세기 전반기 부산지역의 제조업회사에게는 네 번의 외부적 충격이 있었다. 그 첫 번째는 일본에 의한 한국 지배 초기의 일본 자본 진입이었는데, 이들은 일부 기호식품을 제외하고 식민지 내부시장을 형성하는 데 실패하였고, 장기적 제조이익보다 단기적 유통이익을 선호하였다. 이러한 이유는 기업의 영세성에 근본원인이 있었다.

두 번째 외부충격은 제1차 세계대전에 의한 전쟁특수와 이에 따른 회사령 완화였다. 그 영향은 1916년부터 나타났다. 이때 부산지역에는 일본 대기업의 진입이라는 질적 변화도 나타났는데, 1910년대 전반부까지와 달리 지역 내수시장 확대를 확인하고 이에 기초하여 대규모 기업이 진입하였다는 점은 지역경제에 중요한 의미를 갖는 것이었다. 그러나 제1차 세계대전 종전 이후 수요격감과 구조조정이 부산의 제조업회사에게는 분명하게 나타나지 않았다. 다른 지역과 달리 부산의 제조업 1사당 불입자본금 규모도 1916년부터 상승하기 시작하여 1922년까지 상승하였다. 1910년대 말과 1920년대 초 퇴출기업은 전쟁특수가 끝나는 마지막 시점, 즉 경기변동이 정점을 거의 통과한 이후에 설립된, 변화하는 정보와 상황 파악에 늦은, 즉 합리적 기대형성(rational expectation)에 실패한 회사들이었는데, 이는 지역기업에게 중요한 시사점을 준다.

대공황 이전 1920년대 부산의 제조업회사를 전체적으로 정리해 보면, 꾸준한 제조업체수 증가와 함께 빈번한 기업별 부침이 발견된다. 이는 여전히 1920년대가 부산 제조업회사의 안정기나 발전기라기보다는 정착기나 과도기였음을 보여 준다. 전체적으로 1920년대는 여전히 많은 제조업회사가 영세한 형태로 존재하였으며 원료 및 판매시장 등에서 구조적으로 뚜렷한 변화나 특징을 보여 주지는 않았다.

이러한 부산 제조업회사에 변화를 낳은 세 번째 충격은 대공황이었다. 공황이라는 충격 속에서 부산의 제조업회사에는 세 가지 변화가 진행되었다. 첫째, 공황을 통과하면서 대규모의 주식회사 형태로 진입 · 발전하였다. 1933년부터는 자본금 10만 원 이상 제조업기업은 모두 주식회사인 제조업 주식회사 시대가 열렸고, 제조업회사는 소규모의 합명 · 합자회사와 대규모의 주식회사로 양극화되었다. 이는 대불황기 유럽에서 관찰된 일반성이 부산 제조업에서도 그대로 확인됨을 보여 준다. 둘째, 공황은 위기였지만 한편으로는 창업과 투자비용을 낮출 수 있는 기회였으며, 실제로 공황기 높은 창업자이득 또는 저렴한 창업비용을 이용하고자 하는 움직임으로 제조업회사 창업붐은 1930년대 전반에 확대되고 일부 대규모 기업의 규모확대가 이루어졌다. 동시에 한쪽에서의 규모집중과 한쪽에서의 몰락이라는 양극화가 규모의 경제가 가장 크게 나타나는 중화학공업을 중심으로 진행되었다. 이 역시 세계사적인 일반성이 부산지역에도 관철되고 있었음을 보여 준다. 셋째, 부산의 제조업회사는 공황기에 적극적이고 긍정적인 대응과 전환을 모색하였다. 제조업회사는 공황기 국내수요의 한계를 넘어서기 위해 신상품 개발과 해외시장 지향 생산에 나서기 시작하였고, 또 기업들의 정보, 원료, 유통 등 생산비 절감노력으로 영선정 중화학공업단지 등 동종업종의 집적지를 만들어 내었다. 그리하여 1936년 부산의 수이출 대상국가는 81개국에서 97개국으로 급등하였고, 이러한 새로운 시장의 추구와 함께 주요 수출품인 법랑철기, 전구, 신도기 등이 공황기 부산지역에서 독자적으로 발전하였다. 공황기에 이루어진 창립회사들은 공황을 이기기 위한, 확대되는 성장업종을 선택하고자 하는 기업이었다. 새로운 시장과 새로운 정보가 확대되는 가운데 한국인 가내공업이 성장하여 제조업회사로 창업하는 일도 이루어졌다. 결국 공황이라는 외부적 충격으로 맞은 1930년대 부산의 제조업회사들은 공황이라는 위기 속에서 새로운 대응경로를 찾아 내고 있었고, 이는 공황으로부터 회복기에 들어가는 1935년 이후에도 연결되어 적어도 전쟁 이전까지 내재적인 발전가능성을 만들어 나가고 있었다.

네 번째 충격은 중일전쟁과 제2차 세계대전이었다. 이 기간에 부산의 공업기지 역할이 커지기 시작하였다. 부산에서는 전쟁특수로 인해 공업생산이 급속히 증가하였고 제조업회사의 창립이 활발하였다. 반면 전쟁이 진행됨에 따라 시장외적 영향이 커지면서 기업규모에 따른 양극화는 심화되어 갔다. 계속적인 양극화와 함께 전시를 통해 부산의 제조업회사는 남방수출시장 상실, 경쟁의 왜곡 등 전체적인 시장왜곡화를 다른 지역보다 더 겪었고, 그 결과 공황기에 형성하였던 자립적인 내생성장구조를 잃었다. 지역적으로 일제시기 전체를 통해 일본에의 의존성이 강화된 데다가 일제 말기 이렇게 지역의 내생성장구조를 잃어버린 결과, 해방 직후 1940년대 후반에 부산의 제조업기업은 한국의 어느 지역보다 큰 타격을 받았다.

## 참고문헌


間城香陽, 『釜山』, 釜山日報社印刷部, 1926.

慶尙南道(年報), 『慶尙南道統計年報』, 1923~1925, 1927, 1929, 1932.

김낙년, 『일제하 한국경제』, 도서출판 해남, 2003.

金義煥, 「부산근대 공업발달사」, 『한국근대사 연구논집』, 성진문화사, 1972, pp. 1001~1068.

김인호, 『태평양전쟁기 조선공업연구』, 신서원, 1998.

동아일보, 1935. 1. 6~1940. 3. 30.

每日申報, 1940. 10. 20~1945. 4. 19.

박영구, 『근대부산의 제조업, 1900-1944: 통계와 발전』, 부산발전연구원, 2005a.

______, 『현대부산의 제조업, 1945-2000: 통계와 발전』, 부산발전연구원, 2005b.

______, 「전시기 부산제조업회사의 성격변화 1937-1945」, 『지역사회연구』 제16권 제2호, 2008, pp. 127~144.

부산발전연구원 부산학연구센터, 『부산항변천사』, 2003.

釜山府(大要), 『大正13年 釜山府勢要覽』, 年度不明.

釜山府(産業), 『釜山の産業』, 1935~1938, 1940, 1942.

釜山府(案內), 『釜山商工案內』, 1932, 1934.

釜山府(要覽), 『釜山府勢要覽』, 1921~1924, 1927~1934, 1936.

釜山府(一斑), 『釜山府勢一斑』, 年度不明.

釜山仕入案內社, 『釜山仕入案內』, 1915.

釜山商工會議所(釜商), 『釜山商議史』, 1982.

釜山商工會議所(商工), 『釜山商工案內』, 1934~1935.

釜山商工會議所(統計), 『統計年報』, 1933~1935, 1938.

부산상공회의소 · 부산경제연구원, 『부산경제사』, 1989.

釜山稅關,『釜山港貿易概覽』, 1937, 1939, 1940.

부산일보, 1917~1941. 3. 30.

相澤仁助 編,『釜山港勢一斑』, 日韓昌文社, 1905a.

相澤仁助,『韓國二大港實勢』, 日韓昌文社, 1905b.

정창영 · 이종욱 · 박영구,「시장의 지배자들」, 매일경제신문사, 2001.

朝鮮功勞者銘鑑刊行會,『朝鮮功勞者銘鑑』, 民衆時論社, 1935.

朝鮮物産共進會釜山府協贊會,『釜山港勢一斑』, 1915.

朝鮮銀行調査部,『朝鮮經濟年報』, 1948.

______,『經濟年鑑』, 1949.

조선일보, 1935. 12. 13~1942. 12. 28.

朝鮮總督府(官報),『朝鮮總督府官報』, 1912. 10. 24~1943. 7. 5.

朝鮮總督府(四統),『第四次朝鮮總督府統計年報』, 1911.

朝鮮總督府(年報),『朝鮮總督府統計年報』, 1912~1917, 1922, 1928~1932, 1940~1944.

朝鮮總督府(要覽),『大正元年 朝鮮總督府統計要覽』.

朝鮮總督府(月報),『調査月報』, 1930~1938.

朝鮮總督府警務局保安課(19381015),「秘, 經濟統制下에 있어서의 商工業者의 動靜」,「治安狀況」昭和 13年 44報~47報 要約, 발송일 1938년 10월 15일.

朝鮮總督府內務局,『賃金統制令解說』, 1941.

朝鮮總督府殖産局,『朝鮮工場名簿』, 1932, 1936~1937, 1941.

中村資良 編,『朝鮮銀行會社組合要錄』, 東亞經濟時報社, 1921, 1923, 1927, 1933, 1939, 1942.

統監官房文書課,『第一次統監府統計年報』, 1907.

統監府,『統監府 統計年報』, 1909~1910.

허수열,『개발없는 개발-일제하 조선경제 개발의 현상과 본질』, 은행나무, 2005.

# 조선중공업(朝鮮重工業)주식회사의 설립과 경영

대한조선공사(조선중공업의 후신), 1960년대

# 조선중공업(朝鮮重工業)주식회사의 설립과 경영

## Ⅰ. 머리말

전시체제기로 접어들어 부산지역의 공업화는 보다 가속화되었다. 그 내용은 '중화학'과 '군수'라는 단어로 규정할 수 있고, 금속기계와 화학공업을 중심으로 대규모 기업들이 속속 설립되었다. 전시체제기 부산지역 공업화의 전체적인 양상과 관련해서는 일정한 연구축적이 이루어졌다.[1] 그러나 개별 기업의 경영분석이라는 미시적 측면에서 접근하여 전시체제기 부산지역 공업화를 살펴보는 연구는 아직 출발점에 있다.[2]

본 연구는 이와 같은 문제의식하에 중일전쟁 발발직전인 1937년 7월 부산의 영도(影島)에 설립된 조선중공업주식회사(이하 조선중공업)의 설립과 경영을 분석하려고 한다. 조선중공업은 전시체제기 부산에 세워진 가장 큰 회사 중 하나이자, 전시체제기를 통해 가장 빠르게 성장한 회사였다. 따라서 중화학과 군수라는 키워드 속에 전개된 전시체제기 부산지역 공업화의 구체적 전개양상을 살펴보는 사례로서 적절하다고 할 수 있다. 더욱이 조선중

1) 대표적으로는 박영구(2005); 박영구(2008)의 연구가 있다.
2) 일제시기 기업경영사 연구는 전체적으로도 부진한 편이다. 현실적인 이유는 자료제약의 문제가 있지만, 기존 연구가 주로 조선인 자본에 주목하였던 경향과도 관련이 있다. 따라서 주로 조선총독부의 지원을 배경으로 일본 재벌의 진출로 이루어진 전시체제기 중화학공업 계열 기업에 대한 구체적 연구는 거의 이루어지지 않았다.

공업은 역사 속으로 사라진 기업이 아닌 현재까지도 지역경제의 주요한 축을 이루고 있다는 점에서 동 회사의 일제시기 경영분석은 보다 의미 있는 작업이 될 것이다.[3)]

산업사적 관점에서도 조선중공업은 중요한 회사이다. 한국 최초의 강선(鋼船) 건조를 전문으로 하는 대형 조선소로 근대적 조선산업의 출발점이기 때문이다.[4)] 동 회사의 설립 때까지 국내 조선소는 대부분 소규모였고, 어선용으로 100톤 전후의 소형 목선을 건조하였다. 도크(dock), 선대(船臺)와 같은 거대조선시설을 갖추고 1,000톤[5)] 이상의 대형선을 건조하는 조선소는 조선중공업이 처음이었다. 한국 조선공업에서 조선중공업의 위상은 1970년대 현대중공업의 울산조선소가 건설될 때까지 유지되었다.

본 연구는 이와 같이 부산지역 경제사는 물론 산업사적 관점에서도 중요한 위치를 차지하는 조선중공업의 설립에서부터 1945년 일제 패전까지의 경영과정을 구체적으로 분석하는 것을 목적으로 한다. 이 분석과정은 기업경영사적 측면에서 '부산지역 공업화' 나아가서는 '식민지 공업화'를 다루는 것을 의미한다. 특히, 일제말 군수적 관점에서 식민지 권력과 군부, 그리고 일본 독점자본이 결합한 중화학공업화의 실태, 성과와 한계를 살펴보는 계기가 될 것이다.

연구내용은 크게 전시체제 구축이 심화되는 과정에서 기업경영의 변화가 있었던 시점에 따라 세 시기로 나누고, 시계열적으로 구성하였다. 구체적으로 보면 첫 번째 시기는 설립과정과 초기 경영을 다룬 1938년까지이다.

3) 조선중공업은 해방 후 대한조선공사(大韓造船公社) 시대를 거쳐 현재는 한진중공업 영도조선소가 되어 있다. 1970년대 이후 현대, 대우, 삼성 등 거대조선소가 잇달아 건설되면서 일제시기의 압도적인 위상은 사라졌지만 여전히 부산지역 경제의 중추기업이자 한국 조선산업계의 주요한 조선소 중 하나로 남아 있다.

4) 엄밀한 의미에서 근대적인 조선의 출발은 대체로 '동력선 건조'를 기준으로 한다. 동력선 건조는 이미 한말에 부산에 설립된 일본인 조선소들이 동력어선의 건조를 시도하고 있으므로, 이를 감안하면 한국의 근대조선의 출발시기가 올라간다.

5) 본 논문에서 선박의 규모를 나타내는 톤은 특별한 언급이 없는 한 '총톤'(Gross Ton)을 의미한다. 총톤은 G/T로 쓰기도 하며, 선박 내부의 용적을 가지고 선박크기를 표시하는 단위이다.

1936년 10월 '조선산업경제조사회'를 계기로 설립이 본격화되었고, 전문 조선소가 아닌 기계제작, 육상플랜트 공사 등의 비중이 상대적으로 높은 중공업회사로서 출발하였는데, 그 초기 경영실태를 다루었다. 두 번째 시기는 조선소로서의 성격이 강화되는 1941년까지의 시기이다. 전시경제의 본격적 시작을 알리는 생산력확충계획 실시에 힘입어 대형 조선시설 확충에 성공하여 조선 전업도가 높아지고 활발한 선박수주를 달성하였지만, 철강조달 부진이라는 뜻밖의 장벽으로 조선이 부진하였던 경영전개과정을 다루었다. 세 번째 시기는 태평양전쟁기이다. 전쟁수행을 위한 해상운송력 유지 · 확충을 위해 실시한 전시계획조선(戰時計劃造船)에 편승하여 조선 부진을 만회할 새로운 기회가 부여된 시기로, 그 실태를 파악해 보았다. 그리고 마지막 절에서는 단기간에 급성장한 이면의 한계를 짚어 보았다.

## Ⅱ. 설립배경과 초기 시설계획

### 1. 민수와 군수 양 방향의 필요성

조선중공업이 설립되기 전 한국이 필요로 하는 대형 강선은 전부 일본에서 건조되었다. 한국에서는 간단한 정비를 할 수 있을 뿐이었다. 한국은 목선을 건조하는 조선소가 전국에 산재하였고, 주로 어선을 건조하였다. 그나마도 동력선은 일본에서 조선하는 경향이었고, 한국에서는 무동력선 건조가 주류를 이루었다. 그러나 1930년대 후반에 들면서 식민지 조선공업은 새로운 국면에 접하게 되었다. 대형 강선을 한국에서 건조해야 할 필요성이 대두되었기 때문이다. 그 이유는 대형 강선 수요가 급격히 늘어난 반면, 기존 일본에서의 선박건조가 점점 힘들어졌기 때문이다.

대형선 수요가 확대된 것은 해운업의 성장에 의한 것이었다. 이것은 일본 경제권 내의 한국 및 중국대륙과 관련한 해상물동량이 증가한 것이 원인이었다. 일제의 대륙침략에 따라 만주와 화북에 새로운 시장이 개척되었고, 한국과 만주의 공업화가 급격히 이루어진 데 따른 것이었다. 1937년 중일전쟁 발발로 인한 전시특수는 일본과 대륙 간 물동량 증가를 더욱 가속화하였다. 한국과 일본 간의 수출입액만 보더라도 1930년대 초 7억 원 정도에 불과하던 것이 1934년 10억 원을 넘었고, 1939년에는 16억 원을 초과하였다.[6)]

물동량 증가에 대응하여 해운회사들은 소유 선박의 대대적 확충을 시도하였다. 여기에는 식민지 해운회사도 예외는 아니었다. 〈표 3-1〉은 근해항로를 독점하고 있던 조선우선주식회사(朝鮮郵船株式會社)[7)]의 1930년대 소유 선복량(船腹量)을 정리한 것인데, 1930년대 중반 이후 급격한 선박 확충과 대형화가 이루어지고 있음이 명확하다. 조선우선은 1936년도에만 4,100톤급 3척, 4,800톤급 1척, 5,100톤급 2척, 총 6척, 2만 7,300톤이라는 대규모 선박건조를 결정하여 三菱重工業(미쓰비시중공업) 등 일본의 각 조선소에 발주하였다.[8)]

문제는 급증하는 선박수요를 일본 내 조선소들의 건조능력이 따라가지 못하였다는 점이다. 특히, 급증하는 상선 수요에 더하여 대륙에서의 전쟁기운이 높아지면서 군부의 함정건조 수요까지 가세하여 민간조선업계의 시설능력 부족은 가속화되었다.[9)] 〈표 3-2〉는 이런 상황을 잘 보여 준다. 일본 민간조선소의 상선건조는 1935년 15만 톤이던 것이 불과 2년 뒤인 1937년에 2배를 훨씬 넘는 40만 톤을 기록하였고, 함정건조의 경우도 1937년부터 급격

6) 안병직 편(2001), pp. 214~219.

7) 조선우선은 1912년 조선총독부가 각지에 분립되어 있던 해운업자에게 합동경영을 종용하여 자본금 300만 원으로 설립한 회사이다. 총독부의 명령항로 취항 등 총독부의 해운 통제의 손발 역할을 하면서 한국 연안 및 근해항로 독점회사로 성장하였다. 관련해서는 朝鮮郵船株式會社(1937) 참조.

8) 朝鮮郵船株式會社(1937上).

9) 小野塚一郎(1962), pp. 270~271.

**표 3-1** 1930년대 조선우선주식회사의 소유 선복량 변화 추이

| 연도 | 척수(A) | 톤수(B) | B/A |
|---|---|---|---|
| 1930 | 32 | 35,774 | 1,118 |
| 1931 | 30 | 32,953 | 1,098 |
| 1932 | 28 | 37,778 | 1,349 |
| 1933 | 22 | 36,294 | 1,650 |
| 1934 | 22 | 36,032 | 1,638 |
| 1935 | 21 | 36,625 | 1,744 |
| 1936 | 20 | 35,355 | 1,767 |
| 1937 | 25 | 51,132 | 2,045 |
| 1938 | 26 | 53,767 | 2,068 |
| 1939 | 26 | 53,774 | 2,068 |
| 1940 | 26 | 54,680 | 2,103 |
| 1941 | 27 | 57,035 | 2,112 |

주: 1) 1척당 톤수는 반올림하였음.
2) 후반기 영업보고서를 기준으로 작성.
자료: 조선우선주식회사(1930後~1941後).

히 증가하고 있음을 알 수 있다.

1930년대 후반 일본 조선업의 상황은 그때까지 일본에 선박을 의존하던 한국에게 필요한 선박을 자체적으로 조달하고, 나아가서는 공급이 달리는 일본의 조선 수요를 충족하는 역할도 수행해야 할 필요성을 대두시켰다. 어떤 의미에서는 '강요된 수입대체'라고 볼 수 있지만, 한국에 최초로 대형 강선의 건조시장이 열린 것을 의미하는 것이었다.

한편, 1930년대 후반 급격히 높아진 대륙의 긴장감은 유사시 함정을 수리할 도크[10]를 한국에 두어야 한다는 군부의 목소리를 강화시켰다. 전술한 대로 조선중공업 설립 이전까지 조선시설은 고작 소형 목선을 건조하는 재래식 조선소가 전국 해안에 산재할 뿐이었다. 소형선은 육지로 끌어올려 수

10) '선거(船渠)'라고도 한다. 오늘날 도크의 개념은 배를 만드는 곳이지만, 일제시기까지만 해도 조선은 선대(船臺)에서 주로 작업이 이루어졌고, 도크는 선박을 수리하는 곳이었다.

**표 3-2** 일본 내 조선소의 상선 및 함정건조량 비교

| 연도 | 민간조선소 | | | | 해군공창 | |
|---|---|---|---|---|---|---|
| | 일반상선 | | 함정 | | | |
| | 척수 | 총톤수 | 척수 | 배수톤수 | 척수 | 배수톤수 |
| 1935 | 166 | 150,123 | 9 | 16,300 | | 32,800 |
| 1936 | 192 | 217,461 | 28 | 15,750 | | 23,900 |
| 1937 | 219 | 399,324 | 20 | 26,640 | | 33,350 |
| 1938 | 233 | 423,039 | 23 | 31,900 | | 18,400 |
| 1939 | 116 | 333,431 | 23 | 59,640 | | 50,200 |
| 1940 | 125 | 307,161 | 39 | 124,910 | | 85,900 |
| 1941 | 112 | 241,090 | 43 | 96,120 | | 24,300 |

자료: 日本造船學會 編(1977), p. 36.

리할 수 있었지만, 함정과 같은 대형선의 수리를 위해서는 도크가 필요하였다. 당시 부산 영도에 소재한 西條鐵工所(사이조철공소)가 한국에서는 유일하게 최대 1,500톤급 선박의 수리가 가능한 도크를 보유하고 있었다.[11] 그러나 이 유일한 시설조차도 함정을 수리하기에는 너무 작았다. 진해 군항이 있었지만 함정을 수리할 도크시설은 없었다. 대부분의 함정은 한국 연안에서는 간단한 정비수준의 수리를 받는 것 이상을 기대할 수 없는 상황이었다. 도크에서 수리가 필요한 함정은 일본까지 가서 해결해야만 하였다. 물론 상선도 마찬가지 상황이었다.[12]

대륙진출의 병참기지이어야 할 한국의 이런 상황은 군부의 입장에서는 근본적인 개선을 요구하는 것이었다. 1936년 10월 개최된 '조선산업경제조사회(朝鮮産業經濟調査會)'는 군부의 입장이 확인되고 관철되는 장이었다. 동 조사회는 조선총독부가 대륙에서의 긴장감 고조에 따른 군사적 요구와 식민지 공업화라는 두 가지 당면과제에 대응하여 산업시책을 전반적으로 재

11) 『茗荷谷文書』 E45a.
12) 朝鮮總督府(1940).

검토하기 위해 개최한 것이었다. 여기서 조선공업은 한국에서 "국책상 특히 국방상의 견지에서 중요하게 인정되는 공업으로 현 정세를 감안하여 특별한 진흥책을 강구하여 급속히, 그리고 적극적으로 발전을 도모해야 하는 공업" 중 하나로 결정되었다.[13] 구체적 방법은 "소형 선박 조선업 및 선박수선업자 중에 일정한 조건을 구비한 자에 대해 조성(助成)의 방도를 강구한다"[14]고 하여 기존 업체 중 대상업체를 선정하여 주체로 삼고 국가적 차원에서 집중 지원 · 육성하는 방식으로 결정되었다.

## 2. 중공업회사로서의 출발

조선산업경제조사회를 계기로 본격화된 조선공업의 육성방침은 당시까지 유일하게 도크를 소유하고 있던 사이조철공소를 확장하여 근대식 조선소로 전환시키는 것에 모아졌다. 조선총독부의 지휘 아래 당시 조선우선의 사장이었던 森辨治郎(모리 벤지로)이 실무역할을 맡았다.[15] 조선우선은 〈표 3-1〉과 같이 당시 대형 화물선 중심으로 선복(船腹)개량을 추진하고 있던 상황이었으므로 강선 조선소 건설이 절실한 입장이었다. 1936년 12월 초 설립계획의 윤곽이 언론에 공포되었는데, 그 내용은 사이조철공소를 토대로 새로운 회사를 설립, 시설을 확장하고 신설회사의 자본금을 500만 원으로 한다는 것이었다. 신설되는 회사는 모태가 되는 사이조철공소가 경영하도록 계획되었다.[16]

사이조철공소는 西條利八(사이조 리하치)이 1906년 부산 부평동에 설립한 소형 철공소로 각종 철기(鐵器)류를 제작하였고, 설립 당시 직원은 일본

13) 朝鮮總督府(1936.10a), p. 29.
14) 朝鮮總督府(1936.10b), p. 117.
15) 모리는 早稻田大學의 전신인 東京專門學校 영문과를 졸업하고, 日本郵船株式會社에 입사, 이후 일본우선 관계사인 日清汽船株式會社 사장을 거쳐 1930년 4월 역시 일본우선이 최대주주였던 조선우선 사장에 취임하였다. 관련해서는 森健吉(1941) 참조.
16) 每日申報(1936. 12. 4; 1937. 2. 4).

인 15명, 조선인 20명으로 총 35명의 제법 큰 철공소였다.[17] 사이조철공소는 1928년 1월 부산 영선동으로 이전하여 같은 이름의 회사를 신설하고 기선(汽船)수리업을 중심으로 조선공업에 진출하였다.[18] 1930년대에는 소형 강선(鋼船)의 건조를 실시하여 1935년 384톤급, 1936년에는 533톤급 강선을 건조하였다.[19] 조선중공업 설립 당시 사이조철공소의 주요 시설능력은 1,500톤급 도크, 500톤급 강선 건조, 500마력 디젤엔진 제작이 가능한 수준이었다.[20] 그러나 실제 주력생산품은 육상에서 이루어지는 여러 가지 기계제작 및 수리였다. 연평균 매출액 69만 원 중 각종 기계제작 44만 원, 기계수리 10만 원, 선박수리 15만 원이라는 사실은 이를 뒷받침한다.[21] 조선부문은 조선총독부, 조선기선주식회사(朝鮮汽船株式會社) 등이 보유한 선박을 수리하는 것이었다. 경영상태도 안정적이었다. 1930년대 후반의 경제호황에 힘입어 각종 기계제작 수요가 폭증하였기 때문이었다.

그런데 사이조철공소가 중심이던 이 계획은 1937년 2월 동 회사를 매수하는 쪽으로 갑자기 변경되었다.[22] 사이조철공소의 입장에서 본다면 총독부의 정책에 편승하여 소규모 철공소에서 근대적 조선소로 도약할 수 있는 절호의 기회가 사라진 것은 물론 회사 자체가 사라질 위기에 봉착한 것이었다.

갑작스런 계획변경의 구체적 원인은 1937년 2월 일본 미쓰비시중공업의 참가결정과 관련이 있었다. 1937년 2월 조선우선 사장 모리가 미쓰비시중공업의 대륙진출사업을 총괄하고 있던 동 회사 상무 伊藤達三(이토 다츠조)[23]을 경성에서 만나 협의한 후, 미쓰비시중공업이 사업참여를 결정하였

17) 釜山日本人商業會議所(1907), p. 190.

18) 朝鮮工業協會(昭和11年版), p. 45; 사이조철공소의 조선공업 진출은 조선선거공업주식회사(朝鮮船渠工業株式會社) 인수가 계기가 되었는데(金在瑾, 1987, pp. 10~11), 조선선거공업은 1922년 3월 자본금 40만 원(전액 불입)으로 설립한 조선회사로 사장은 大友賴幸, 최대주주는 총 2만 주 중 8,360주를 소유한 小野信次郎이었다(中村資郎, 1923년판).

19) 朝鮮總督府(1938. 9), p. 83.

20) 『茗荷谷文書』 E45a.

21) 『茗荷谷文書』 E45a.

22) 每日申報(1937. 2. 4).

는데,[24] 이 시점을 전후하여 계획이 변경되었기 때문이다. 또 새로 설립될 회사의 경영자로 미쓰비시중공업 임원 출신인 阿部梧一(아베 고이치)이 내정되었다는 점도 이런 정황을 뒷받침한다.[25] 아베는 도쿄대학 공학부 조선과 출신으로 미쓰비시 산하 橫浜船渠(요코하마센쿄)의 전무, 고문을 지낸 인물이었다.[26]

결국 계획변경은 조선공업의 토대가 갖추어지지 않았던 한국의 현실에서 일본의 최대 조선회사인 미쓰비시중공업이 조선소 설립 및 경영을 주도한다면 보다 신속하게 목적을 달성할 수 있을 것이라는 조선총독부의 판단과, 식민지 투자기업의 경영권을 장악하고자 하는 미쓰비시의 의도가 결합한 산물이라고 볼 수 있다. 이런 상황에서 식민지에서 자생적으로 성장한 일본인 조선회사 사이조철공소가 설 자리는 없었다.

미쓰비시의 참가가 결정되면서 6월 설립을 목표로 설립계획이 빠르게 진척되었다. 우선 시설확장의 구체적 안이 마련되었다. 시설확장을 위한 부지는 사이조철공소의 앞바다를 매립하여 총 3만 7,000평을 확보하고, 그 위에 수리용 도크 및 부속시설을 건설하도록 계획하였다. 매립비용은 평당 19원으로 계산하여 대략 70만 원이 상정되었고, 도크 건설은 35만 원의 예산으로 3,000톤급 선박의 입거수리가 가능한 규모로 계획되었다. 부지매립 및 도크공사는 1939년까지 완성하는 것을 목표로 하였다.[27]

23) 이토는 1934년 8월 만주국을 시찰한 후에 奉天 공장지대에 소규모 기계공장 설립을 제안하고, 그 결과 1935년 11월 미쓰비시중공업 자회사로서 자본금 300만 원의 만주기기유한공사(滿洲機器有限公司)가 설립되었다(『三菱社誌』 37, pp. 1036~1037). 1936년에는 해군이 臺灣에 대형 함정 수리선거 필요성을 제기, 대만총독부로 하여금 건설하도록 하고, 민간회사로 하여금 경영하도록 하는 계획에서 민간회사로 미쓰비시중공업이 지명되었는데, 역시 이토가 타이완 현지조사를 시행하였다. 이를 통해 大阪鐵工所가 1899년 설립한 基隆船渠株式會社를 매수하여 1937년 6월 臺灣船渠株式會社가 설립되었다. 동 회사의 자본금은 100만 원으로 미쓰비시중공업 외에 臺灣銀行, 大阪商船, 近海郵船이 공동출자하였다(『三菱社誌』 37, p. 1280).

24) 每日申報(1937. 2. 4).

25) 『茗荷谷文書』 E45a.

26) 帝國秘密探偵社(1943).

27) 『茗荷谷文書』 E45a.

**표 3-3 조선중공업주식회사 설립계획 및 필요자금 내역** (단위: 圓)

| 구분 | 1937년 | 1938년 | 1939년 | 1940년 | 합계 |
|---|---|---|---|---|---|
| 西條철공소 매수 | 850,000 | | | | 850,000 |
| 창립비 | 15,000 | | | | 15,000 |
| 埋立공사비 | 200,000 | 350,000 | 150,000 | | 700,000 |
| 船渠建造 | | | 350,000 | | 350,000 |
| 기계정비비 | 150,000 | 50,000 | 100,000 | | 300,000 |
| 잡공사비 | | 30,000 | 50,000 | | 80,000 |
| 재료구입자금 | 150,000 | | | | 150,000 |
| 준비금 | 235,000 | −130,000 | −50,000 | 500,000 | 555,000 |
| 합계 | 1,600,000 | 300,000 | 600,000 | 500,000 | 3,000,000 |

자료: 『茗荷谷文書』 E45a.

회사설립 및 시설확장에 필요한 자본금은 부지매립, 도크 건설, 사이조 철공소 매입비 등을 합쳐서 300만 원으로 계획하였다. 설립계획 및 그에 따른 자금계획의 구체안은 〈표 3-3〉과 같다.

자본금 300만 원은 액면가 50원 주식 6만 주를 발행하여, 이 중 3만 9,000주는 설립주도 회사 등에 대한 배정, 나머지 2만 1,000주는 공모할 예정이었다. 자본금 불입은 설립과 함께 50%인 150만 원의 불입을 완료하고, 1940년 2차로 나머지 50%의 불입을 완료할 계획이었다. 〈표 3-3〉을 보면 1937년 계획된 투자금이 160만 원으로 설립 초년도에 이미 불입자본금을 초과하고 있다. 또 1939년까지 총 250만 원의 투자금이 필요하여 1차 불입금 외에 100만 원 정도의 추가자금이 필요하였다. 여기에 대해 부족한 자금은 일단 차입금으로 충당하고 1940년 2차 불입된 자본금으로 변제할 계획이었다.[28]

1937년 5월 동양척식주식회사의 조선중공업 출자가 결정되었다. 이는 조선총독부의 종용에 의한 것으로 동척이 일본 척무성(拓務省)에 투자승인

28) 『茗荷谷文書』 E45a.

**표 3-4** 조선중공업주식회사 출자계획

| | 주식수 | 비율(%) | 금액(圓) | 1차불입(37년) | 2차불입(40년) |
|---|---|---|---|---|---|
| 三菱重工業 | 12,000 | 20 | 600,000 | 300,000 | 300,000 |
| 東洋拓殖 | 12,000 | 20 | 600,000 | 300,000 | 300,000 |
| 西條鐵工所 | 6,000 | 10 | 300,000 | 150,000 | 150,000 |
| 朝鮮郵船 | 5,000 | 8 | 250,000 | 125,000 | 125,000 |
| 迫間房太郞 | 3,000 | 5 | 150,000 | 75,000 | 75,000 |
| 水産組合 | 1,000 | 2 | 50,000 | 25,000 | 25,000 |
| 公募 | 21,000 | 35 | 1,050,000 | 525,000 | 525,000 |
| 합계 | 60,000 | 100 | 3,000,000 | 1,500,000 | 1,500,000 |

자료: 『茗荷谷文書』 E45a.

을 신청하여 6월 2일 승인받음으로써 최종 확정되었다.[29] 동척은 1만 2,000주, 60만 원을 출자하여 미쓰비시와 함께 최대주주가 되었다. 〈표 3-4〉는 출자계획인데, 설립을 주도한 조선우선과 미쓰비시, 그리고 동척의 투자금을 합하면 계획된 자본금의 절반이었다. 나머지는 자신의 조선소를 매수당한 사이조와 부산의 또 다른 유력 일본인 자본가 迫間房太郞(하자마 후사타로)[30]의 출자 및 공모를 통해 충당한다는 것이었다.

계획에 대하여 실제 출자상황이 어떻게 이루어졌으며, 이후 자본지배구조가 어떻게 변화되는지를 정리한 것이 〈표 3-5〉이다. 조선중공업 설립을 주도한 회사들이 필요자본의 절반을 조달하는 것은 대략 계획대로 이루어졌음을 알 수 있다. 한 가지 주목되는 사실은 회사설립 직전까지도 계획

29) 『茗荷谷文書』 E45b; 동척은 조선총독부의 통제도 받지만, 동척법에 의거 일본 중앙관청의 통제 아래 있었다. 1908년 설립시에는 大藏省, 1910년 拓殖局, 1913년 內務省, 1917년 拓殖局, 1922년 拓務事務局, 1924년 內閣拓殖局을 거쳐 1929년부터 척무성의 통제 아래 있었다(東洋拓殖株式會社, 1938. 12, pp. 31~32).

30) 하자마 후사타로는 1860년 일본 和歌山縣 출신으로 1880년 오사카 五百井상점의 지배인으로 부산에 건너왔다. 1899년 독립한 그는 1904년부터 부산을 거점으로 한 부동산투자를 통해 거부를 일구었다(부산경남역사연구소, 1999 참조). 1930년 현재 소유토지는 780만 평으로 경남 전체 소작지의 3.5%에 달하였다(국제신문, 1991. 5. 27).

에 없었던 조선식산은행의 자본출자이다. 직접적인 출자경위는 알 수 없지만 조선우선 및 하자마의 출자가 계획보다 적어지면서, 그 부족금액을 조선식산은행이 떠맡은 양상이다. 식은이 군수산업의 자금창구였음을 상기하면 조선총독부에 의한 '명령출자'였을 가능성이 크다.

조선중공업의 주주구성에서 국책회사인 동척, 식산은행, 조선우선, 그리고 미쓰비시중공업의 지분은 점차 강화되는 것이 확인된다. 최초 계획에서 48%(2만 9,000주)였던 이들 4대 회사의 지분은 설립시 54%(3만 2,300주), 300만 원에 대한 자본불입이 완료된 1939년 11월에 61%(3만 6,400주), 700만 원으로 증자가 이루어진 1942년 5월에는 62%(8만 7,164주), 1943년 9월에는 63.5%로 지속적으로 증가하였다. 반면 사이조의 지분은 급격히 감소하여 1942년 5월에는 700주를 소유하였을 뿐이었다. 사이조는 1939년 시행된 2차 자본불입을 거부하고 소유주식 중 4,000주를 방매하였다. 이 주식은 동척과 미쓰비시가 각각 1,000주, 식산은행이 1,500주, 하자마가 500주를 인수하는 것으로 처리되었다.[31] 사이조의 지분감소는 4대 회사의 지분상승의 주요한 원인이었다. 1942년 11월 사이조 리하치가 사망하면서 조선중공업에서 사이조철공소의 흔적은 완전히 사라지게 된다.

부산지역 일본인 자본가들은 조선중공업 출자에 소극적이었다. 출자계획 당시 주요하게 이름이 거론되었던 하자마의 출자는 원래 계획(5%, 3,000주)에 미치지 못하였고,[32] 2차 증자에도 참가하였지만 지분은 여전히 5%가 되지 못하였다. 조선중공업에 첫 번째로 선박을 발주한 立石汽船(다테이시기선) 사장 立石良雄(다테이시 요시오)[33]은 1939년 9월 동 회사 주식 1,500주

31) 『茗荷谷文書』 E51b.

32) 迫間一男(하자마 카즈오)은 迫間房太郎(하자마 후사타로)의 아들이다. 그는 1935년 조선부동산(주)를 설립으로 부산상공계에 등장한다(국제신문, 1991. 5. 27). 〈표 3-4〉의 출자계획 당시에는 아버지 후사타로의 이름이 올라가 있는데, 〈표 3-5〉의 실제 출자시에는 아들 카즈오 명의로 투자가 이루어진 이유는 알 수 없다. 카즈오는 1942년 8월 아버지 후사타로의 사망으로 부산 최대의 재력가라는 지위를 물려받았다.

33) 다테이시 요시오는 1911년 부산에 건너와서 석유행상을 시작, 1923년 (주)立石商店을 설립하였

를 인수하였지만[34] 2차 증자에는 참여하지 않았고, 보유주식도 감소하였다.

한편, 조선중공업 설립에는 한국인 자본가의 참여도 이루어졌다.[35] 그러나 적극적인 투자행위로 보기는 힘들다. 〈표 3-5〉에서 보듯이 일률적으로 1,000주씩을 투자하였고, 이후 대규모 증자가 계속되는 상황에서 역으로 투자자본을 회수하고 있기 때문이다. 전시체제기 내선일체가 강조되던 분위기 속에서 시국산업에 대한 상징적 참가를 짐작할 수 있다.

일본에서의 출자는 미쓰비시를 제외하면 설립 초기는 미미하였지만 경향적으로 확대하였다. 그러나 지분에 변동폭이 큰 것을 보면 투자수익을 노린 여유자금의 단기투자의 경향이 강하다.

결국 조선중공업의 출자는 전시체제기 자금조달 창구인 동척과 식은, 국책해운사인 조선우선, 그리고 일본의 미쓰비시중공업으로 이루어졌고, 시간이 지나면서 이 구조는 강화되었다. 한편, 설립 초 내선일체의 모범적 모습을 위해 한국인 및 재한 일본인의 자본참여가 이루어졌지만, 곧 위축 내지 소멸되었고 그 자리를 단기투자를 목적으로 한 일본에서의 투자가 메우는 경향도 보였다.

필요자금의 주요 조달처가 확정된 5월부터 사이조철공소의 매수작업이 본격화되었다. 매수작업은 조선총독부가 직접 시행하였는데, 당시 경남지사였던 土師盛貞(하지 모리사다)은 일체의 권한을 부여받아 사이조철공소와 협상하였다.[36] 매수를 위한 사이조철공소의 자산평가는 기계설비의 경우

---

다. 미국산 송(松)표, 승리(勝利)표 모빌유의 지정판매상이 된 것을 계기로 조선 내 석유공급권을 장악하였다. 1934년에는 조선 최초의 원유정제시설인 다테이시제유공장을 설립하였다. 다테이시기선은 이 정유공장이 생산하는 석유의 운송을 위해 설립한 회사였다. 다테이시는 부산의 석유왕으로 불리었으며, 迫間房太郎, 大池忠助, 香椎原太郎, 米倉清三郎과 함께 부산 5대 자본가의 한 명이었다(국제신문, 1991. 4. 15).

34) 조선중공업주식회사(1939下).

35) 김연수(金季洙)는 경성방직 사장, 박영철(朴榮喆)은 조선상업은행 두취(頭取)이며, 최창학(崔昌學)은 평안북도 출신으로 '조선의 金鑛王'으로 불렸던 인물이다. 하준석(河駿錫)은 경남 창녕의 대지주로 영남자동차(주) 사장이었다(『朝鮮功勞者銘鑑』, 1935).

36) 每日申報(1937. 5. 7).

**표 3-5** 조선중공업주식회사의 주요 주주현황

(단위: 株)

| 株主名 | 주소 | 계획 | 1기 (37.11) | 3기 (38.11) | 5기 (39.11) | 10기(42.5) 구주 | 10기(42.5) 신주 | 10기(42.5) 합계 | 13기 (43.9) |
|---|---|---|---|---|---|---|---|---|---|
| 동양척식(주) | 東京 | 12,000 | 12,000 | 11,800 | 12,800 | 12,700 | 17,066 | 29,766 | 29,766 |
| 조선식산은행 | 경성 | | 4,800 | 4,600 | 6,100 | 6,300 | 8,665 | 14,965 | 14,965 |
| 조선우선 | 경성 | 5,000 | 3,800 | 4,800 | 4,800 | 5,000 | 7,800 | 12,800 | 14,532 |
| 三菱중공업(주) | 東京 | 12,000 | 11,700 | 11,700 | 12,700 | 12,700 | 16,933 | 29,633 | 29,633 |
| 주요 법인 소계 | | 29,000 | 32,300 | 32,900 | 36,400 | 36,700 | 50,464 | 87,164 | 88,896 |
| 西條利八 | 부산 | 6,000 | 6,100 | 5,550 | 1,550 | 300 | 400 | 700 | |
| 迫間一男 | 부산 | 3,000 | | 1,900 | 2,400 | 2,400 | 4,333 | 6,733 | 4,783 |
| 立石良雄(信吉) | 부산 | | | 1,000 | 1,150 | 550 | | 550 | 500 |
| 부산 일본인 자본 소계 | | 9,000 | | 8,450 | 5,100 | | | 7,983 | 5,283 |
| 金季洙(三養同濟會) | 경성 | | 1,000 | 1,000 | 1,000 | | | | |
| 河駿錫 | 경남 | | 1,000 | 200 | 470 | | | | |
| 張秉良 | 경성 | | 1,000 | 1,000 | 1,000 | 1,000 | | 1,000 | 1,000 |
| 朴榮喆(朴潤昌) | 경성 | | 1,000 | 1,000 | 1,000 | | | | |
| 崔昌學 | 경성 | | 1,000 | 1,000 | | | | | |
| 多山育英會 | 경성 | | | | | 1,000 | | 1,000 | 1,000 |
| 조선인 자본 소계 | | | 5,000 | 4,200 | 3,470 | | | 2,000 | 2,000 |
| 山本健次郎 | 大阪 | | | | 3,400 | 1,900 | 1,333 | 3,233 | 3,033 |
| 武田次七 | 동경 | | | 2,150 | 2,150 | | 500 | 500 | |
| 浦賀船渠(주) | 동경 | | 3,800 | 3,800 | 1,800 | | | | |
| 鈴木二魯 | 新奈川(동경) | | | | 500 | 400 | 666 | 1,066 | 966 |
| 田中正之輔 | 神戸 | | | | | | 2,000 | 2,000 | 2,000 |
| 廣內友三 | 神戸 | | | | | 750 | 750 | 1,500 | |
| 山文상점(주) | 동경 | | | | | 900 | 550 | 1,450 | 1,182 |
| 伊藤恭一 | 大阪 | | | | | | | | 500 |
| 笹山梅治 | 富山 | | | | | | | | 1,000 |
| 神榮증권(주) | 神戸 | | | | | | | | 1,400 |
| 伊藤達三 | 동경 | | | | | | | | 700 |
| 山本博一 | 兵庫 | | | | | | 1,200 | 1,200 | |
| 일본 일본인 자본 소계 | | | 3,800 | 5,950 | 7,850 | 3,950 | 6,999 | 10,949 | 10,781 |
| 총주수 | | | 60,000 | 60,000 | 60,000 | 60,000 | 80,000 | 140,000 | 140,000 |
| 주주수(명) | | | | 69 | 71 | | | 320 | 348 |

주: 迫間一男은 迫間房太郎의 아들임.

자료: 『茗荷谷文書』 E38, E45a, E51, E78a; 조선중공업주식회사(1938上~1944下); 大韓造船公社(1968).

표 3-6 西條鐵工所 자산평가 내역 (단위: 圓)

| 평가대상 | 평가액 | 西條측 주장액 | 비고 |
|---|---|---|---|
| 船渠 및 제기계기구 | 262,011 | 290,826 | 西條측 장부가격 |
| 토지 | 330,000 | 440,000 | |
| 건물 | 11,000 | 11,000 | |
| 鑄工所 | 50,000 | 100,000 | |
| 합계 | 653,011 | 841,826 | |

자료: 『茗荷谷文書』 E45a.

조선총독부 체신국 소속 기사 黑田吉夫(쿠로다 요시오), 토지 및 건물의 경우 신설회사의 경영자로 내정된 阿部梧一(아베 고이치)이 담당하였다.[37] 사이조 철공소의 평가액은 대략 65만 원 정도였는데, 그 내역은 〈표 3-6〉과 같다.

조선총독부는 전체 평가액을 65만 원 정도로 산정하였지만, 실질매수비는 84만 원으로 계획하였다.[38] 실질평가액과 매수비용의 차액은 그간 사이조가 쌓아 온 신용에 대한 평가라고 하였다.[39] '신용에 대한 평가'는 조선총독부가 갑자기 계획을 변경하여 수용에 가까운 매수를 한 것에 대한 보상의 성격이었을 것이다. 한편으로는 사이조측의 요구가격을 감안한다는 의미도 있었다. 사이조는 공장매각비를 그대로 출자할 경우, 신설 조선회사의 최대 주주가 될 수 있었지만 그에게 그런 기회는 주어지지 않았다. 사이조에게는 신설회사 주식의 10%가 배정되었고, 나머지는 현금으로 지불되었다.

애초의 목표일보다 약간 늦은 1937년 7월 10일 자본금 300만 원의 조선중공업주식회사가 설립되었다. 창립총회는 부산역 철도회관에서 열렸고, 회사설립의 산파역을 맡았던 조선우선 사장 모리 벤지로가 초대 사장에 선임되었다. 그러나 실질적 경영은 조선엔지니어로 미쓰비시 임원 출신인 아베 고이치가 전무이사로 선출되어 맡았다.[40]

37) 『茗荷谷文書』 E45a.
38) 『대한조선공사30년사』에는 사이조철공소를 69만 2,600원에 매수하였다고 기록하고 있다(p. 26).
39) 『茗荷谷文書』 E45a.
40) 每日申報(1937. 7. 12).

**표 3-7 조선중공업주식회사의 생산계획 및 수익률 예상** (단위: 圓)

| | 초년도 | 4년도(시설공사 완성연도) |
|---|---|---|
| 선박건조 | 300,000 | 700,000 |
| 선박수리 | 200,000 | 400,000 |
| 육상일반공사 | 500,000 | 1,000,000 |
| 불용품 매각 | 10,000 | 10,000 |
| 합계 | 1,010,000 | 2,110,000 |
| 당기이익 | 193,500 | 402,000 |
| 이익률(%) | 12.90 | 13.40 |
| 배당률(%) | 8 | 8 |

주: 이익률은 당기이익/불입자본금.
자료: 『茗荷谷文書』 E45b.

조선중공업의 전체적인 설립취지는 식민지 조선에 최초로 대형 강선을 건조 · 수리할 수 있는 조선소를 건설하는 것에 맞추어져 있었다. 그러나 실질적인 생산계획에서 조선의 비중은 〈표 3-7〉에서 보는 것과 같이 50% 정도로 그다지 높지 않았다. 대신 육상공사의 비중이 높게 설정되어 있는데, 이것은 설립주도자들이 신설되는 조선중공업의 실제 경영을 전문조선소가 아닌 육상에서의 각종 기계 및 설비제작을 겸영하는 '종합중공업회사'로 상정하고 있었음을 보여 준다.

조선 전업도를 낮게 잡은 것은 현실경영의 측면이 강하게 고려된 결과로 보인다. 원래 덩치 큰 주문생산품인 조선은 경영상 리스크가 큰 업종이다. 선박의 수주가 없을 경우는 바로 휴업을 의미하기 때문이다. 따라서 경영안정전략의 일환으로 조선 이외에도 육상공사, 플랜트, 기계제작 등을 병행하여 종합중공업회사의 형태를 띠는 경우가 많다. 특히, 후발주자로 영국을 중심으로 한 유럽 조선소들과 경쟁해야 하였던 일본 조선업계에 이런 경향이 강하였다. 비록 조선수요가 증가하고 있었고, 직접 경쟁상대인 일본 조선소들이 수주량을 감당하지 못하는 상태였다고 하더라도, '후후발주자'인 신생 식민지 조선소에 조선 주문이 들어올지 장담할 수 없는 상황이었다. 결국 국책이라는 이상과 경영이라는 현실이 결합하여 만들어 낸 결과가 종합중공업회사로서의 출발이었다고 할 수 있다. 조선과 육상공사의 겸영은 〈표 3-7〉의 13% 전후의 이익률과 8% 배당을 실현하기 위한 안전고리였던 셈이다.

실제 조선총독부는 조선중공업의 작업물량 확보를 우려하고 있었다. 조선총독부는 조선중공업의 초기 경영유지를 위한 대책으로 당시 조선총독부가 추진하고 있던 어선의 기관교체사업을 전담시키려고 계획하였다. 조선총독부는 연료절감을 목적으로 1937년부터 10개년 사업으로 어선의 기관교체사업을 추진하고 있었다. 사업의 내용은 크게 3가지로 대형 燒玉機關(야키다마엔진)[41]을 디젤기관으로 교체하는 사업(899척), 소형 발동기기관의 우량화사업(1,157척), 경유기관을 중유기관으로 교체하는 사업(403척)이었다. 이 사업에 조선총독부는 조선중공업 자본금을 넘는 약 320만 원의 보조금을 투입할 예정이었다.[42]

41) 야키다마엔진은 실린더 내에 연료를 분사하여 연소시켜 에너지를 얻는 내연기관으로, 디젤기관과 원리가 유사하다고 하여 '세미디젤'이라고도 불렸다. 그러나 실린더 내부의 공기압축이 디젤기관과 같이 연료분사에 의한 자연점화에 이를 정도로 높게 되지 않기 때문에 실린더 머리부문에 공모양의 공간(燒玉)을 별도로 만들어서 그것을 가열하여 분사된 연료를 점화시키는 원리를 이용하였다. 연비가 낮고 취급에 숙련이 필요하였지만, 구조가 간단하고 연료의 범용성 때문에 해방 전에 중소형 엔진으로 널리 이용되었다.

42) 『茗荷谷文書』 E45a.

## 1. 시국대책조사회와 조선시설의 확충

그러나 육상공사, 기계제작을 아우르는 종합중공업회사 형태로 출발한 조선중공업이 전문조선소로서 탈바꿈하는 데는 그렇게 오랜 시간이 걸리지 않았다. 조선중공업 설립 직후 중일전쟁이 발발하였고,[43] 이것이 단기전의 예상을 깨고 장기전화함으로써 일본제국 경제가 빠르게 군수생산 중심의 전시경제로 전환하였기 때문이다. 한국의 병참기지로서의 역할을 주장하는 군부의 주장이 힘을 얻게 되고 이것은 조선중공업의 대규모 조선시설 확충으로 이어졌다.

조선중공업의 조선시설 확충은 1938년 조선총독부가 개최한 시국대책조사회에서 결정되었다. 동 조사회는 일제가 전시체제 구축의 양대 축으로 삼은 생산력확충계획(이하 '생확계획'으로 줄임) 및 물자동원계획(이하 '물동계획'으로 줄임)에 대응하여 식민지 경제를 여기에 편입시키기 위해 방책을 마련하고자 열린 것이었다.

일제는 전쟁수행에 필요한 물자를 제국 내에서 최대한 동원한다는 목표 아래 1938년부터 필요물자의 효율적 공급을 목적으로 하는 물동계획을 시작하였고, 이듬해 필요물자의 증산을 위한 생확계획을 시작함으로써 급속하게 전시경제체제로 전환하였다.[44] 일제의 물동 및 생확계획이 식민지를 포함하여 입안됨에 따라 식민지에서는 본국 계획에 반영할 식민지의 물동 및 생확계획을 수립해야 하였다. 식민지의 물동 및 생확계획은 본국 계

43) 조선중공업 설립이 7월 10일이고, 중일전쟁의 직접 원인인 노구교사건(蘆溝橋事件)이 7월 7일, 일본 近衛(고노에)내각의 중국 출병결정이 7월 27일, 만주 일본군의 군사행동 개시가 7월 28일이다.
44) 일본의 물동계획 및 생확계획 수립과정에 대해서는 原朗(1997) 및 山崎志郎(1996) 참조.

**표 3-8** 시설확충을 통한 조선중공업주식회사의 연도별 생산능력 도달목표

| 구분 | 1938년(현재수준) | 1939년 | 1940년 | 1941년 |
|---|---|---|---|---|
| 선박건조(톤) | 5,500 | 8,300 | 12,300 | 23,600 |
| 기관(마력) | 2,000 | 4,000 | 11,000 | 18,400 |
| 鋼船 자급률(%) | 40 | 55 | 75 | 100 |
| 기관 자급률(%) | 14 | 26 | 65 | 100 |

자료: 朝鮮總督府(1938. 9), p. 86.

획 속에 포함되어 절충된 후 엔블록 전체 계획의 일부분으로 확정되었다. 생확계획의 절충은 본국 물동 및 생확계획의 입안을 담당한 기획원총재를 회장으로 하는 생산력확충위원회에서 이루어졌다.[45] 조선총독부는 1937년 9월 담당기구로 관방자원과를 설치하는 한편, 1938년 2월에는 시국대책준비위원회를 설치하여 조선의 생확계획을 준비하였다. 9월에는 시국대책조사회가 개최되어 총독부가 제출한 확충계획을 심의한 후 답신안을 총독부에 제출하였다.[46]

시국대책조사회에서 조선총독부는 조선중공업의 선박건조시설을 단계적으로 확충하여 1941년에 이르면 〈표 3-8〉과 같이 2만 3,000톤의 건조능력과 2만 마력의 기관제작능력을 보유하고, 조선에서 필요한 강선(鋼船) 건조의 자급을 달성하는 계획안을 제출하였다.

조선총독부의 조선공업에 대한 생확계획은 시국대책조사회를 통해 조정되어 최대확충목표 2만 3,000톤, 절대확충목표 2만 톤으로 최종 정리되었다.[47] 그리고 이 목표를 달성하기 위해 조선중공업은 〈표 3-9〉에서 보는 바와 같이 3,000톤급 선박을 건조할 수 있는 선대(船臺) 3기와 7,500톤급 도크의 신설, 2만 마력의 선박엔진 제작을 위한 시설확충계획이 결정되었다. 육상

45) 『生産力擴充計劃資料』 3-附錄(1996).
46) 김인호(2000), pp. 115~116.
47) 『日帝下支配政策資料集』 16(1993).

**표 3-9** 조선중공업주식회사 시설확충계획

| 확충시설 | 규모 | 수량 | 소요자금(圓) | 비고 |
|---|---|---|---|---|
| 船臺 | 3,000톤급 | 3기 | 2,700,000 | 부속설비 포함 |
| 도크 | 7,000톤급 | 1기 | 1,150,000 | 부속설비 포함 |
| 기관제조 | 20,000마력(年産) | | 1,400,000 | |
| 합계 | | | 5,250,000 | 필요자금은 장기연부상환의 저리자금 융통과 일부 국고보조를 통해 충당 |

자료: 朝鮮總督府(1938. 9), p. 85.

공사의 비중이 큰 중공업회사에서 3,000톤급 강선 3척의 동시건조가 가능한 근대식 조선소로의 전환이 결정된 것이었다.

시국대책조사회를 계기로 수립된 조선중공업의 시설확장안은 일본 기획원(企劃院)이 마련한 전체 생확계획에 그대로 반영되었다. 1939년 시작된 생확계획에서 조선중공업은 식민지 기업 중 유일하게 선박건조부문의 시설확충대상기업으로 선정되었고, 1940년 생확계획부터 연차적으로 반영되었다. 확충계획 결과를 보면 〈표 3-10〉과 같다.

표를 보면 기관제작과 관련한 시설확충은 극히 부진하였지만, 선대와 도크의 건설은 계획대로 이루어졌음을 알 수 있다. 3,000톤급 선대는 1940년에 1기, 1941년에 2기가 완공되었고, 새로운 7,500톤급 도크는 1941년에 완공되었다.

시설확충의 결과 태평양전쟁 직전인 1941년 조선중공업은 3,000톤급 선대 3기 및 500톤급 2기,[48] 7,500톤급 및 2,000톤급 도크 각 1기를 보유한 한국 유일의 대형선 건조 조선소가 되었다. 선대를 연간 2회전시킨다고 가정하면 2만 톤의 조선능력을 가지게 되므로 조선총독부의 계획대로 시설확충이 이루어진 것을 알 수 있다. 또 원래 계획에는 없었던 의장안벽(艤裝岸壁) 공사도 동시에 진행되어 1940년 하반기에 준공되면서 신속한 의장작업이 가

48) 500톤급 선대(船臺)는 생확계획의 반영이 아니라 조선중공업이 자체적으로 건설한 것으로 생각된다.

**표 3-10 생산력확충계획에 반영된 조선중공업주식회사 시설확충계획 및 실적**

| 구분 | 1939년 | | 1940년 | | 1941년 | |
|---|---|---|---|---|---|---|
| | 보유능력(최대) | 보유능력(평시) | 확충계획 | 실적 | 확충계획 | 실적 |
| 선박건조(톤) | 7,000 | 5,000 | 3,000 | 3,000 | 6,000 | 6,000 |
| 기관제작(馬力) | 4,500 | 3,300 | 2,000 | 0 | 500 | 0 |
| 선박수리(최대입거능력) | 2,000 | 2,000 | 7,500 | | | 7,500 |

주: 1) 1939년 수리능력은 朝鮮總督府(1938. 9), p. 83에 의함.
2) 신선거 완성시기는 조선중공업주식회사 제8기 영업보고서에 의함.
자료: 企劃院(1940, 1941, 1942)에서 작성.

능해졌다.[49)]

그러나 〈표 3-10〉에서 보듯이 기관제작을 중심으로 한 조기(造機)부문의 시설확충이 전혀 이루어지지 않아 조선(造船)과 조기(造機)를 아우르는 완전한 일관생산 개념의 조선소로 전환하는 데는 실패하였다. 엔진 등 선박에 들어가는 주요 기계제작 능력이 없는 선체조립전문 조선소가 태평양전쟁 직전까지의 조선중공업의 모습이었고, 따라서 대형선 자급을 목표로 한 조선총독부의 구상은 완전히 달성되지 못하였다. 엔진제작 능력이 없음은 외부에서의 조달을 의미하고 당연히 일본에 의존할 수밖에 없었다. 부산의 경우 당시 다른 지역에 비해 상대적으로 기계공업이 발전하였고, 일부 조선소는 소형 목선에 장착되는 엔진 및 관련부품의 생산이 시도되었지만 주로 100마력 이하의 범용성 소형 엔진생산에 국한되었기 때문에 대형선의 조기(造機)부문을 뒷받침하기에는 역부족이었다. 1940년 현재 전국적인 엔진생산 상황을 보아도 중유를 사용하는 원동기 수준의 소형 엔진이 주로 생산되었고, 그나마도 전체 수요의 4% 수준에 불과해서 대부분 일본에서 수입으로 충당하고 있는 상황이었다.[50)]

49) 조선중공업주식회사(1940下).
50) 조선식산은행(1943. 12), p. 20.

## 2. 확충의 배경

조선중공업의 조선시설 확충은 '중일전쟁 장기화 → 엔블록 전체를 아우르는 전시체제의 구축과 생확계획 및 물동계획 시작 → 조선경제를 여기에 대응시키기 위한 조선총독부의 시국대책조사회 개최 → 조선공업 확충을 위한 조선중공업 조선시설 확장계획 결정 → 생확계획에 포함 → 1941년까지 계획된 선대 및 도크시설 완공'이라는 프로세스로 진행되었다.

여기서 한 가지 주목할 점은 조선중공업의 건조시설 확충계획이 일본에서 최종 결정되는 엔블록 전체 생확계획에 반영된 것이 극히 이례적이라는 것이다. 당시 제국의 생확계획에서 조선공업은 정책의 역점이 설비확충보다 기존 시설 가동률을 최대화하는 것을 통해 증산을 달성하는 데 맞추어져 있었다. 조선공업의 군수적 중요성을 낮게 평가한 결과는 물론 아니었고 이 당시에 이미 일본제국 경제가 자재조달면의 한계를 드러내는 상황에서 부족한 자재를 효과적으로 사용하기 위한 고육책이었다.[51] 그 결과 일본 조선업계의 경우 1939년 계획에서는 단 1건의 시설확장계획도 없었고, 조선중공업의 3,000톤급 선대 및 7,500톤급 도크공사가 포함된 1940년 생확계획의 경우[52]도 尼崎船渠에 4,000톤급 선대 1기의 건설이 유일하였다.[53] 식민지 조선소로서 설립시기 및 과정이 조선중공업과 유사한 臺灣船渠의 경우 생산력확충 대상기업으로 선정되었지만, 함정(艦艇) 수리용 도크건설 확충만이 반영되었다.[54] 臺灣船渠의 경우 미쓰비시중공업이 경영권은 물론 자본에서도 64%의 절대지분을 소유하고 있었다.[55]

51) 原朗 編(1995), p. 52.
52) 조선중공업의 시설확충은 연차적으로 실시되었지만, 전체 계획은 1940년에 이미 확정되어 있었다(企劃院, 1940).
53) 企劃院(1939); 企劃院(1940).
54) 企劃院(1940); 企劃院(1941); 企劃院(1942).
55) 미쓰비시중공업은 臺灣船渠에 대해 설립 당시부터 최대주주(45%)였고, 1939년 500만 원으로 증자하면서 증자분의 대부분을 미쓰비시중공업이 출자하여 64%의 지분을 보유, 자본도 완전히 지배하였고 이 구조는 패전시까지 유지되었다(臺灣船渠株式會社, 『주주명부』 참조).

조선공업에 대한 생확계획의 전체적 정책기조와 달리 한국의 조선소에 대규모 조선시설 확충이 용인된 것은 조선중공업의 설립배경이기도 한 국책과 시장의 요인이 보다 강력한 영향력을 발휘하였기 때문이었다. 국책을 대변한 것은 물론 군부이다. 1937년 조선중공업 설립 당시에도 함정수리를 위한 조선시설 마련이라는 군수적 관점이 작용하였고, 설립을 주도한 조선총독부 역시 필요자금의 조달과 관련하여 군부, 특히 해군의 지원을 기대하였었다.[56] 그러나 1938년 9월 시국대책조사회가 열리기까지 군부의 조선중공업에 대한 지원은 최소한 공식적이지는 않았다. 하지만 중일전쟁 장기화와 전시체제의 본격적 구축이 시작되면서 군부는 한국에 조선공업 시설을 대규모로 확충하는 데 보다 적극적인 자세를 보였다. 그 대표적인 사례가 시국대책조사회 직전 관동군과 조선군이 합의한 조선시설 확충계획이다. 관동군과 조선군은 조선총독부가 계획한 조선중공업의 시설확충과 별도로 나진에 1만톤급, 인천에 5,000톤급 도크설치 구상을 협의하였다. 그리고 이 구상은 양 군부의 합의안으로 교통문제를 다루는 '시국대책조사회 제3분과회의'에 기밀을 전제로 제출되었다.

그러나 군부의 조선시설 확충제안은 일본 중앙관청 경제관료의 상당한 반발을 샀다. 특히, 조선을 포함해 제국 전체 해사업무를 총괄하는 일본 체신성을 대표해 조사회에 참석한 田倉八郎(다구라 하치로)은 자신이 이런 사실을 사전에 몰랐던 것에 대해 상당한 불쾌감을 표출하였다. 결론적으로 군부의 제안은 일본 중앙관청 경제관료의 반발, 기술부족 등 당시 한국경제의 현실적 조건, 한국의 협소한 조선시장을 감안한 경제성도 고려해야 한다는 한국 재계인물들의 반대로 채택되지 않았다. 특히, 조선중공업 사장 아베가

56) 1937년 5월 조선중공업 설립에 자본투자를 하게 된 동척이 그 승인을 얻기 위해 일본 척무성에 올린 「투자승인신청자료」에는 조선중공업 설립과 관련한 조선총독부의 구상이 나와 있다. 조선총독부의 구상은 크게 4가지로 나눌 수 있는데, ① 건설비에 대한 저리융자, ② 공장부지 확보를 위한 공유수면 매립허가, ③ 설립 후 경영과 관련해서는 조선총독부 관련 선박수리 및 정부 관련 사업(어선용 발동기, 철공제품 제작사업) 불하, ④ 국방상의 견지에서 해군 지정공장이 되어 해군으로부터 상당한 원조를 기대할 수 있다는 것이었다(『茗荷谷文書』 E45a).

가장 적극적으로 반대하였는데, 좁은 선박시장에서 출혈경쟁이 불가피하다는 것이 그의 반대 논리였다. 해프닝으로 끝났음에도 불구하고 이 사건은 한국의 조선공업은 군사적 관점에서 일본과 달리 시설을 확충해야 한다는 군부의 강력한 의지를 여실히 보여 주는 것이었다.[57] 따라서 조선중공업 시설확충이 조선공업에 대한 일본제국의 전체적 정책기조에 어긋남에도 불구하고 생확계획에 반영되는 데 군부가 결정적인 역할을 하였을 것이라는 것은 어렵지 않게 짐작할 수 있다.

다음으로 시장적 측면을 대변한 것은 조선총독부이다. 조선총독부는 이 시기에 오면 한국이 필요로 하는 대형 선박은 한국에서 자급한다는 생각을 구체화하였고 적극적으로 실행에 옮겼다. 조선중공업 설립 당시 전문조선소가 아닌 종합중공업회사로 출발하였다는 것에서 보듯이 최소한 설립 초기인 1937년 단계에서 조선총독부는 조선중공업을 대형 선박 전문조선소로 육성하기 위한 구체적인 확신을 가지고 있지 않았다. 따라서 초기 주요 조선시설 계획도 〈표 3-3〉에서 보듯이 군부의 요구인 기존 사이조철공소가 가지고 있던 수리용 도크를 3,000톤급으로 확장하는 것에 머물렀고 조선용 선대의 새로운 건설은 계획 속에 없었다. 그런 조선총독부가 시국대책조사회가 개최되는 1938년 9월의 시점에서 대대적인 선박건조시설 강화를 통해 필요선박의 자급을 계획하게 된 배경에는 이 시기에 오면 조선 내에서 대형 강선 수요가 늘어나는 것이 예상이 아닌 현실이 되었기 때문이었다. 1938~1939년의 시점은 엔블록 경제가 정점에 도달한 시기로 한국의 해운업체 조차도 앞다투어 대형선을 확보하려고 노력하고 있었다. 후술하는 조선중공업의 활발한 선박수주가 조선총독부의 이런 생각에 힘을 실었다. 조선총독부는 대형선의 수요증가가 대륙과의 긴밀한 경제적 연결로 인해 일시적인 것이 아닌 앞으로도 지속될 것이라고 판단하고 있었다.[58]

57) 한국 내 조선공업 시설확충과 관련한 시국대책조사회의 논의에 대해서는 朝鮮總督府(1938. 9), pp. 417~424 참조.

조선총독부가 대형선 자급정책을 구체화하는 데는 기존 한국에서 필요한 강선의 건조처였던 일본 조선업계의 상황도 주요 원인의 하나로 작용하였다. 일본 조선업계가 한국의 선박수요까지를 감당할 수 없었음은 앞서 언급하였지만, 이 시기에 오면 상황이 보다 심각하여 발주 자체가 불가능한 상황이었다. 시설확장이 필요하였지만, 당시 일본 조선정책의 중심은 앞서 언급한 대로 시설확장에 있지 않았다. 그 이유는 근본적으로 강재(鋼材) 부족 때문이었지만, 당시 일본이 보유한 선박의 전체 규모가 전쟁수행에 필요한 해상수송력의 관점에서 충분하다는 판단도 작용하였다. 따라서 전체적인 조선정책은 기존 시설에서 상선(商船)건조를 줄이는 대신 그 결과로 여력이 생긴 시설로 함정을 건조하는 방향으로 진행되었다.[59) 〈표 3-2〉를 보면 그 기점이 1938년임을 알 수 있다. 한국은 필요한 대형 상선을 자급할 수밖에 없는 상황에 직면해 있었던 것이다.

## Ⅳ. 최초의 좌절

### 1. 활발한 수주와 부진한 건조

해운업의 호황에 대응하여 해운회사들이 선박의 대규모 확충을 시도하

58) 이런 사실은 조선총독부가 시국대책조사회에 낸 조선공업 확충계획안의 확충이유에 관한 서술에 잘 반영되어 있다(朝鮮總督府, 1938. 9, pp. 83~84).

59) “전쟁수행을 위한 해상운송력이라는 관점에서 충분한 선복량(船腹量)을 보유하고 있다는 판단의 결과 일본의 조선정책은 보유 선박의 유지를 위한 수리시설 확충 이외에는 태평양전쟁 개전까지 상선건조를 억제하고, 그 여력을 함정건조로 돌리는 방향으로 진행되었다. 이것은 결과론적으로 심각한 오판이었고, 태평양전쟁에서 운송력 파괴에 의한 제국몰락의 근본원인으로 작용하였다”(寺谷武明, 1993, pp. 13~14).

였던 반면에 일본 조선업계가 이 수요를 전부 소화할 수 없는 구조는 신생 조선소인 조선중공업에게 절호의 기회를 제공하였다. 그 영향은 이미 설립 초기부터 나타났다. 설립 직후 부산에 본점을 둔 다테이시기선으로부터 400톤급 전후의 화물선 4척을 수주하였고, 이듬해인 1938년에는 조선우선으로부터 1,100톤급 화물선 수주에 성공하였다. 이것은 현실적 경영문제를 우려하여 종합중공업회사로 출발하고자 한 조선총독부의 생각이 기우였음을 보여 주었다. 조선중공업 경영진도 연이은 선박수주에 힘입어 경영의 중심을 조선에 두고 원래 계획에는 없던 선박건조용 간이선대(簡易船臺) 2기의 건설에 우선 착수하였다.[60] 간이선대 2기는 1938년 상반기에 완성되었고, 완성된 선대에서 다테이시기선으로부터 수주받은 화물선(370톤급 2척, 420톤급 2척)을 1939년 상반기까지 건조하였다.[61] 또 부지 2,820평을 1938년까지 매립하고 그 위에 추가로 선대 2기를 건설하였다.[62] 이 선대는 1,000톤급 대형 선박의 건조가 가능한 것으로 조선우선에서 주문받은 1,100톤급 화물선을 건조하여, 1939년 8월 진수, 1940년 2월 완성 · 인도하였다.[63] 태창호(泰昌號)라고 명명된 이 선박은 한국에서 건조한 최초의 1,000톤급 이상 강선으로 총톤수(G/T) 1,122톤, 1,100마력 레시프로(Recipro)엔진 장착, 최대속도 13.1노트, 항해속도 10.5노트의 근해용 화물선이었다.[64] 사이조철공소를 인수하여 회사를 설립한 지 3년이 안 된 시점에서 1,000톤급 이상의 강선 화물선을 건조하는 성과를 올린 것이다.

그러나 설립 초기 조선중공업의 순조로운 수주는 서막에 불과하였다. 1938년 9월 시국대책조사회에서 조선중공업의 대대적인 조선시설 확충이

60) 『대한조선공사30년사』, 1968, p. 27; 자료로서는 선대의 규모를 알 수 없으나, 건조한 선박의 규모로 보아서 500톤급 선대로 판단된다.
61) 조선중공업주식회사(1938上~1939下) 참조.
62) 조선중공업주식회사(1938下) 참조.
63) 조선우선주식회사(1938上~1939下) 참조.
64) 船舶部會 '横浜'(2000), p. 73; 이 선박은 이후 조선유조선주식회사(朝鮮油槽船株式會社)에 매각되었다가, 1945년 6월 5일 六連燈臺의 87度2.3浬沖에서 기뢰와 충돌하여 침몰하였다(船舶部會 '横浜', 2000, p. 74).

**표 3-11** 조선중공업주식회사 선박수주 현황(1939. 6~1940. 5)

| 영업기별 | 톤수(G/T) | 척수 | 선종 | 톤수합계 | 발주처 | 비고 |
|---|---|---|---|---|---|---|
| 5기(39. 6~11) | 1,100 | 1 | 화물선 | 1,100 | 立石汽船 | |
| | 490 | 2 | 화물선 | 980 | 立石汽船 | |
| | 490 | 2 | 화물선 | 980 | 朝鮮汽船 | |
| | 490 | 1 | 화물선 | 490 | 九州郵船 | |
| 6기(39. 12~40. 5) | 1,300 | 1 | 화객선 | 1,300 | 日本郵船 | |
| | 1,100 | 1 | 화물선 | 1,100 | 日本郵船 | |
| | 550 | 1 | 화물선 | 550 | 日本郵船 | |
| | 2,750 | 2 | 화물선 | 5,500 | 東亞海運 | |
| | 2,750 | 1 | 화물선 | 2,750 | 高千穗商船 | |
| | 2,750 | 2 | 화물선 | 5,500 | 朝鮮郵船 | |
| | 2,750 | 2 | 화물선 | 5,500 | 立石汽船 | |
| | 2,750 | 1 | 화물선 | 2,750 | 澤山兄第商會 | |
| | 550 | 1 | 화물선 | 550 | 朝鮮汽船 | |
| 합계 | | 18 | | 29,050 | | |
| 같은 기간 수주한 잡선 | 250 | 1 | 水船 | | 佐世保해군공창 | 적재중량(D/W)임 |
| | | 7 | 土運船 | | 北支新港임시건설사무국 | 120m$^3$ |
| | | 3 | 函船 | | 長項港수축사무소 | 길이 20.4m |
| | | 1 | 橋船 | | 진해要港部 | 길이 12m |

자료: 조선중공업주식회사(1938上~1944下).

결정되고, 이것이 일본 생확계획에 반영되어 시행되면서 선박발주는 폭발적으로 늘었다. 〈표 3-11〉에서 보듯이 1939년 다테이시기선의 추가로 발주한 1,100톤급 화물선을 시작으로 1940년 상반기까지 1년 동안 소형 잡선(雜船)을 제외하고도 총 18척, 2만 9,050톤의 대량 발주가 조선중공업에 들어왔다. 생확계획에 의해 확충되는 조선시설의 최대능력인 2만 톤을 100% 발휘한다고 하더라도 1년 반 이상의 작업량을 확보한 것이고, 기타 잡선 건조를 합칠 경우 거의 2년간 조선만으로 회사운영이 가능한 작업량이었다. 또 수주량을 금액으로 환산하면 대형 화물선 수주액이 1,515만 8,000원, 소형 잡선 118만 7,000원, 기타 78만 7,000원으로 합계 1,713만 2,000원이었다.[65] 이것은 당시 조선중공업 자본금의 6배에 해당하는 거대한 액수였다.

조선중공업에 선박을 발주한 대상을 보면 몇 가지 주목되는 점이 있다. 첫째, 상선 건조가 주력이라는 사실이다. 군부와의 거래는 진해요항부나 佐世保(사세보)해군공창의 주문이 있지만 함정이 아닌 소형 잡선에 불과하고 비중도 미미하다. 군수공업 확충의 관점에서 설립되었고, 군부의 지원하에 시설확충이 이루어진 회사이지만 그 경영은 당시 해운업 활황에 연동한 민간선박 건조에 중심이 있었음을 보여 준다. 둘째, 조선중공업의 대형 화물선 수주시장이 한국은 물론 일본까지 포함하고 있다는 점이다. 〈표 3-11〉의 조선중공업에 발주한 해운회사 중 한국 소재 해운회사는 조선우선, 조선기선, 다테이시기선, 澤山(사와야마)형제상회, 일본 소재 회사는 일본우선, 동아해운, 高千穗(다카치호)상선이었다. 수주량으로 보면 한국이 11척, 총 1만 7,360톤, 일본이 7척, 총 1만 1,690톤으로 일본 해운업계의 발주가 무시할 수 없는 비중이다. 대형선 건조시장에서 조선중공업의 위치가 일본 조선업계의 상황에 연동하여 한국 내 필요수요에 대한 대응과 함께, 일본 시장을 보조하는 것으로 위치지어지고 있음을 보여 주는 것이다. 셋째, 한국 내 대형선 시장의 확장이다. 조선우선은 그렇다 치더라도 기존 연안해운회사에 불과하던 다테이시기선과 조선기선이 대형 화물선을 연이어서 발주하고 있는 사실이 이를 뒷받침한다. 1930년대 말 공전의 해상운송량 증가에 힘입어 한국 내 연안해운회사들도 연안해운을 벗어나 일본 항로를 중심으로 근해항로로의 진출을 적극적으로 모색하고 있었음을 나타낸다.

이처럼 조선중공업은 대규모 수주에 성공하여, 일본 조선업계와 경쟁해야 하는 후발주자로서의 불리함을 극복하고 도약의 발판을 마련한 듯이 보였다. 그러나 도약은 실현되지 못하였다. 조선 실적이 1940년 이후 극도로

65) 『茗荷谷文書』 E75.

**표 3-12** 조선중공업주식회사의 선박건조 실적

| 연도(영업기) | 톤수(G/T) | 척수 | 종류 | 선주 | 주문시기 | 비고 |
|---|---|---|---|---|---|---|
| 37下(1) | | | | | | |
| 38上(2) | | | | | | |
| 38下(3) | 370 | 2 | 貨物船 | 立石汽船 | 1期 | |
| | | 1 | 橋船 | 鎭海要港部 | 3期 | 길이 15m, 폭 5m |
| 39上(4) | 420 | 2 | 貨物船 | 立石汽船 | 2期 | |
| | | 1 | 起重機船 | 釜山土木出張所 | 2期 | 揚荷能力 15톤 |
| 39下(5) | 1,100 | 1 | 貨物船 | 朝鮮郵船 | 3期 | |
| 40上(6) | | 1 | 起重機船 | 釜山土木出張所 | 3期 | 揚荷能力 60톤 |
| | 300 | 2 | 重油船 | 佐世保海軍工廠 | 4期 | 積載톤數 |
| 40下(7) | 500 | 1 | 油送船 | 立石汽船 | 4期 | |
| | 250 | 1 | 水船 | 佐世保海軍工廠 | 5期 | 積載톤數 |
| | | 1 | 橋船 | 鎭海要港部 | 6期 | 길이 12m |
| 41上(8) | 490 | 1 | 貨物船 | 九州郵船 | 5期 | |
| | | 3 | 特殊發動艇 | 陸軍運輸部 | 7期 | |
| | | 1 | 橋船 | 鎭海要港部 | 7期 | 길이 15m, 폭 5m |
| 41下(9) | 1,100 | 1 | 貨物船 | 立石汽船 | 5期 | 선박인도시는선주가西日本汽船(株) |
| | | 2 | 土運船 | 北支新港臨時建設事務局 | 6期 | 120m$^3$ |
| | | 1 | 泥受船 | 鎭海海軍工作部 | 8期 | |
| 42上(10~11) | | 5 | 土運船 | 北支新港臨時建設事務局 | 6期 | 120m$^3$ |
| | | 1 | 曳船 | 鎭海海軍工作部 | 8期 | 排水量 100톤 |
| | 690 | 3 | 鑛石運搬船 | 日本製鐵 | 8期 | 積載톤數 |
| | | 2 | 特種發動艇 | 陸軍運輸部 | 9期 | |
| 42下(12) | | 11 | 雜船 | | | |

주: 1) 10기까지는 12~5월, 6~11월 회기, 11기는 회기변경으로 인해 6~9월, 12기부터는 4~9월, 10~3월 회기이다.
2) 1942년 상반기(12기)의 11척은 추정치이고, 전부 500톤 미만의 소형선임.
자료: 조선중공업주식회사(1938上~1944下); 서일본기선주식회사(1941).

부진하였기 때문이다. 특히, 1939년 하반기부터 1940년 상반기에 걸쳐 수주한 대형 화물선의 대부분은 태평양전쟁 발발 전까지 착공조차 못하였다. 〈표

3-12〉는 조선중공업의 설립부터 태평양전쟁 직전까지의 건조실적을 정리한 것인데, 〈표 3-11〉과 비교하면, 1940년 전후로 수주한 2,750톤급 대형 화물선은 1942년 말까지 단 1척도 공사에 들어가지 못하였다. 유일한 건조실적은 1939년 하반기에 다테이시기선에서 수주받는 1,100톤급 立石號가 1940년 공사에 들어가 1941년 8월에 완공된 것이다.[66)]

## 2. 부진의 원인과 대책

시설확장만큼 선박건조 실적이 비례하지 못하였던 가장 큰 이유는 자재난이었다. 특히, 조선용 강재의 조달난이 건조부진의 결정적 요인이었다. 1938년 이후 일본제국 경제가 전시경제로 전환하면서 생산력 확충이 최우선과제로 사활을 걸고 강재증산을 시도하였지만 그 생산은 하락일로에 있었다. 1938년 이후 강재 중 가장 일반적이고 대부분의 비중을 차지하는 보통강강재(普通鋼鋼材)의 생산현황을 표시한 것이 〈표 3-13〉인데, 지속적인 감소경향이 확인된다.

한국의 경우 강재는 1942년까지도 日本製鐵 겸이포공장이 유일하게 생산하고 있었지만, 일본의 직접 통제 속에 전량 일본으로 이출되고 있었다. 조선중공업의 필요 강재는 전부를 일본으로부터 이입하였다.[67)] 따라서 일본제국의 강재생산 감소는 급속한 시설확장과 생산확장을 시도하였던 조선중공업에게 결정적인 제약조건이 되었다.[68)]

66) 대량수주 선박들은 태평양전쟁이 시작되면서 민간조선사업이 갑조선(甲造船)사업으로 해군에 이관되고, 해군 주도하에 전시표준선(戰時標準船) 대량건조로 전환되면서 대부분 건조되지 못하였다. 조선중공업이 수주받은 대형 화물선들도 앞서 언급한 立石號와 일본우선의 1,100톤급 화물선(1943년 진수)을 제외하고는 공사대기 내지 공사중에 취소되었다(조선중공업주식회사, 『제5~14기 영업보고서』 참조).

67) 겸이포공장의 생산강재는 운송문제와 역할분담 때문에 전부 長崎에서 소화되었고, 조선중공업은 上海江南造船과 함께 九州지역에서 필요한 강재를 공급받고 있었다(小野塚一郎, 1962, p. 215).

68) 堀和生(호리 가즈오)은 조선용 강재를 전문적으로 생산한 겸이포공장의 생산품이 전부 일본으로

**표 3-13** 戰時期 일본 普通鋼鋼材 생산량 (단위: 톤)

| 연도 | 일본 | 조선 | 만주 | 계 |
|---|---|---|---|---|
| 1938 | 4,803,090 | 87,847 | 5,333 | 4,896,270 |
| 1939 | 4,581,298 | 75,262 | 2,032 | 4,658,592 |
| 1940 | 4,483,332 | 76,318 | 76,804 | 4,636,454 |
| 1941 | 4,212,005 | 91,311 | 71,525 | 4,374,841 |
| 1942 | 4,030,727 | 104,060 | 71,667 | 4,206,454 |
| 1943 | 4,101,391 | 95,081 | 29,400 | 4,225,872 |
| 1944 | 2,613,288 | 68,049 | 8,970 | 2,690,307 |
| 1945 | 314,961 | 9,602 | | 324,563 |

주: 1) 1945년은 9월까지의 통계이고, 조선의 경우는 6월까지의 통계임.
2) 만주의 경우 자체소비량을 제외한 일본 이출량임.
자료: 國民經濟研究協會(1946).

강재부족이 조선중공업의 선박건조에 영향을 미치기 시작하는 것은 1939년 하반기부터이다. 〈표 3-14〉는 조선중공업 영업보고서에 나타나는 강재 조달관련 언급인데, 1939년 하반기부터 "극도의 자재입수난의 시대가 도래하였다"는 표현이 처음 나타나서 태평양전쟁이 시작될 때까지 전혀 개선되지 않았음을 알 수 있다. 자재난이 1942년 하반기에 이르러 처음 호전된 것은 조선중공업의 전시계획조선(戰時計劃造船) 참가에 의한 것이다.

조선중공업은 1939년 생산력확충계획 대상기업으로 선정되면서 일본 기획원의 물동계획 및 생확계획에 포함되어 시설확충을 위한 배정과는 별도로 〈표 3-15〉와 같이 해마다 선박건조 물량 및 건조에 필요한 강재를 배정받고 있었다.[69]

이출된 것을 조선(朝鮮)에 소비시장이 없었기 때문이라고 주장하고 있는데(호리 가즈오, 2003, p. 67), 이것은 최소한 전시체제기 이후에는 적용하기 어려운 주장이다.

69) 김인호는 1939년부터 시작된 생산력확충계획과 관련하여 조선총독부와 일본 기획원의 공업 업종별 생산계획안을 비교하면서 동 계획을 둘러싼 일본과 식민지 조선(朝鮮)의 관계를 분석하고 있다. 제시된 업종별 생산계획 속에는 양쪽의 선박생산 계획량도 포함되어 있다(김인호, 2000, pp. 117~119). 그러나 이 수치는 그대로 비교할 수 없다. 왜냐하면, 조선총독부의 계획은 앞서 보았듯이 선박생산계획이 아닌 시국대책조사회에 제시된 조선중공업의 시설확충계획이고, 일본

**표 3-14 조선중공업 각 기 영업보고서에 나타난 자재입수난 표현**

| 영업기 | 내용 |
|---|---|
| 5기(39下) | 극도의 자재입수난의 시대 |
| 6기(40上) | 점점 심각화하는 자재입수난 |
| 7기(40下) | 각 방면의 수주가 증가하고 또 상당량 강재할당을 받았지만 현품의 입수상황이 원활하지 않아 신조선 공정이 순조롭지 않다. |
| 8기(41上) | 신조선 공사는 계속 자재입수가 원활하지 않아 공정이 진척되지 않고 있지만 올해는 강재의 할당이 증가해서 호조를 보일 것으로 생각 |
| 9기(41下) | 신조선 공사는 계속 자재입수가 원활하지 않아 공정이 진척되지 않고 있는 것은 심히 유감 |
| 10기(42上) | 신조선 공사는 계속해서 소요자재의 입수가 원활하지 않아 공정이 진척되지 않고 있다. |
| 11기 (회기변경기) | 신조선 공사는 일부를 제외하고는 소요자재의 입수가 원활하지 않아 공정이 진척되지 않고 있다 |
| 12기(42下) | 신조선 공사는 소요자재의 수급이 계속 원활하지 않았으나 극력 그 획득에 노력한 결과 현저한 진척을 보였다. |

자료: 조선중공업주식회사(1938上~1944下).

1939년은 몇 톤급 선박인지 알 수 없지만 총 4,900톤의 선박건조와 이에 필요한 강재가 배정된 것을 시작으로 1942년까지 총 1만 3,520톤의 선박건조용 강재가 배정되었다. 그 속에는 1940년을 전후하여 조선중공업이 대량수주한 물량도 반영되었다. 수주받은 선박의 건조가 생확계획에 반영되어 필요한 강재를 배정받았지만, 문제는 배정받은 강재를 실제로 확보할 수 없었다는 점이다. 〈표 3-14〉의 제7기 영업보고서의 내용에서 보이는 '각 방면의 수주증가에 힘입어 상당량의 강재를 배정받았지만 현품의 입수상황이 원활

기획원의 수치는 1939년 조선중공업에 할당된 선박생산계획이기 때문이다. 생산력확충계획은 시설확충계획과 생산계획으로 나누어지고, 따라서 필요자재도 시설확충용과 생산용으로 구분되어 할당이 이루어지는 구조였다. 조선중공업의 시설확충계획은 앞서 보았듯이 선박생산계획과는 별도로 1940년부터 생산력확충계획에 반영되어서 선박건조시설의 경우 1941년까지 대부분 반영되어 완공되었다.

**표 3-15 조선중공업에 대한 선박건조량 및 필요鋼材 배정**

| 연도 | 선형 | 척수 | 톤수 | 톤수합계 | 강재할당량(보통강) |
|---|---|---|---|---|---|
| 1939 | | ? | ? | 4,900 | 3,500 |
| 1940 | 일반형<br>일반형 | 1<br>1 | 1,100<br>2,750 | 3,850 | 4,500 |
| 1941 | 일반형<br>F형 | 2<br>2 | 1,100<br>490 | 3,180 | 7,036 |
| 1942 | 일반형<br>F형 | 1<br>1 | 1,100<br>490 | 1,590 | 2,866 |
| 합계 | | 8 | | 13,520 | 17,902 |

자료: 企劃院(1939, 1940, 1941, 1942).

하지 않아 선박건조가 차질을 빚는' 상황이 지속된 것이다.

비록 제국 내 강재생산의 절대량이 감소하고 있었으나 조선공업은 생확계획상 초중점 생산력확충공업이었고, 조선에 필요한 강재는 민수물자 중에는 공급에 최우선권이 있었다는 사실[70]을 상기하면 조선중공업의 심각한 자재수급난은 이례적인 것이었다. 여기에는 앞서 언급한 함정건조우선주의(艦艇建造優先主義)라는 또 다른 변수가 있었다. 조선용 강재가 함정건조에 집중된 것이다.[71] 앞의 〈표 3-2〉를 보면 1939년을 기점으로 상선건조량이 감소하는 반면 함정건조량이 급증하는 것을 확인할 수 있다. 1939년은 조선중공업의 자재난이 시작되는 시기와 일치한다는 점에서 함정건조우선주의가 조선중공업 자재난을 발생시킨 원인 중 하나였음을 보여 준다. 강재

70) 1938년 물동계획이 시작되면서 필요물자를 크게 군수(육군-A, 해군-B)와 민수(C)로 나누고, 민수는 다시 우선공급순위에 따라 크게 5등급으로 구분하였다. C1은 충족군수(充足軍需), C2는 생산력확충용, C3는 관수(官需), C4는 만주 및 중국 방면 수출, C5는 일반민수였다. 이 중 조선용 자재는 C2에 속하였다. C1은 사실상 군수이므로 C2가 민수 중에는 최우선적 공급순위였다(原朗, 1997 참조).

71) 1941년의 경우 함정의 신조, 수리공사가 극히 빈번해서 상선건조가 타격을 받을 수밖에 없었다. 1941년도 물자동원계획에서 상선건조에 할당된 강재는 불과 수만 톤에 불과하였다(小野塚一郎, 1962, p. 131).

의 생산이 줄어드는 상황에서 함정건조 증가로 인해 상선건조에 돌아오는 강재의 몫은 크게 줄 수밖에 없고, 이 줄어든 물량을 가지고 일본 조선업계와 확보경쟁을 해야 하였다. 절대적으로 조선용 강재가 부족한 상황에서 식민지의 신생조선소인 조선중공업이 일본 유수의 조선소들과 그것도 일본에서 강재쟁탈전을 벌여야 하는 상당히 불리한 입장에 놓이게 된 것이었다.

대규모 시설확장과 선박수주에 성공함으로써 근대적 조선소로서 자본축적을 본격화할 수 있는 시점에서 발생한 강재입수난이라는 결정적 축적 제약조건에 대응하여 조선중공업은 필요강재의 자급을 추진하였다. 1939년 9월 조선중공업은 제철사업 진출을 공식화하였다. 애초에는 자력으로 제강공장 건설을 계획하였고 총독부로부터 제철사업 설립인가를 얻었지만, 이후 일본고무주식회사의 旭製鋼所(아사히제강소)와 자본합자 및 기술제휴를 통해 자회사 조선전기제강주식회사(朝鮮電氣製鋼株式會社) 설립으로 전환하였다.[72]

설립계획을 보면 부산 가야리(伽倻里)의 조선중공업 소유부지 2만 평에 공장을 설립하고, 3톤 및 1.5톤의 전기로(電氣爐)를 설치, 우선적으로 조선중공업이 필요한 강재를 공급하고 장기적으로는 사업을 확대하여 각종 기계, 공작물 건조를 목표로 하였다.[73] 따라서 우선 1차년도에는 주강(鑄鋼)공장을 건설하고, 이듬해 기계공장 및 모형공장 등을 건설하는 것으로 계획되었다. 공장건설에 필요한 자본금은 200만 원으로 계획하고 총 4만 주(액면가 50원)의 주식을 발행할 계획이었다. 최대주주는 조선중공업(1만 3,100주), 그 외 일본고무(1만 3,000주), 동척광업(東拓鑛業)(1만 주)이 주요 자본참여자였다.[74] 자본금의 75%는 공장건설 등 설비자금에, 25%가 원료 및 자재구입비 등 운전자금에 충당될 계획이었다.

72) 『茗荷谷文書』 E53b.
73) 『茗荷谷文書』 E53a.
74) 동척광업의 참가는 1940년 2월 결정되어 동년 7월 동척의 감독기관인 척무성의 승인을 받았다 (『茗荷谷文書』 E53a).

**표 3-16 조선전기제강주식회사 생산계획 및 생산실적** (단위: 톤)

| 연도 | | 鑄鋼 | 특수강 | 합계 |
|---|---|---|---|---|
| 1941년 | 계획 | 1,010 | 540 | 1,550 |
| | 생산 | 1,232 | 407 | 1,639 |
| 1942년 | 계획 | 1,200 | 760 | 1,960 |
| | 생산 | 1,242 | 421 | 1,663 |
| 1943년 | 계획 | 2,600 | 1,450 | 4,050 |
| | 생산 | 1,100 | 500 | 1,600 |

주: 1943년은 생산력확충계획하의 할당계획임.
자료: 『茗荷谷文書』 E53a; 企劃院(1941, 1942, 1943).

1939년 12월 조선중공업 사장 아베의 명의로 조선총독부에 회사설립인가 신청서가 제출되었고,[75] 1940년 7월 조선총독부는 조선중공업의 제철사업권을 조선전기제강에 양도하는 것과 조선전기제강의 설립을 인가하였다.[76] 이듬해인 1940년 8월 창립총회가 개최되어 조선전기제강이 설립되었다. 창립총회를 통해 조선중공업 인물로는 아베가 사장에, 伊藤達三(이토 다츠조)이 이사에 선임되었다.[77]

조선전기제강의 생산품은 강재 중에서도 주강(鑄鋼)을 중심으로 1차년도에 총 1,500톤 정도를 시작으로 설립 3차년도에는 4,000톤 정도까지 확대한다는 계획이었다. 〈표 3-16〉을 보면 실제 생산은 계획을 크게 밑돌았지만, 1941년도부터 주강 1,200톤을 포함 총 1,600톤의 강재가 생산되었다.

조선전기제강의 설립으로 선박건조에 필요한 강재 중 주강 및 특수강 강재는 1941년부터 자급이 가능해졌다. 식민지 조선회사가 자재수급난에 대한 적극적인 대응을 모색한 결과로 제강회사를 일본 자본과 합작하여 설립, 강재확보를 시도하였다는 것은 주목되는 사실이다. 그러나 필요강재의

75) 『茗荷谷文書』 E53c.
76) 『茗荷谷文書』 E53d.
77) 조선중공업주식회사(1940下) 참조.

80%를 차지하는 보통강강재는 여전히 일본에 의존해야 하였기에 주강의 자체공급만으로 소요강재의 자급에 큰 전기를 마련하였다고 보기는 어렵고 근본적인 한계를 갖는 것이었다.[78)]

## Ⅴ. 태평양전쟁과 새로운 기회

### 1. 전시계획조선(戰時計劃造船)과 2차 시설확충

일제가 태평양전쟁을 일으키면서 전쟁승리를 위해 사활을 걸었던 것이 운송력 확충이었다. 특히, 해상운송력 확충문제는 최우선적인 과제로 개전과 동시에 대대적인 선박 양산계획을 수립해서 강력하게 추진하였다. 이것을 통상 '전시계획조선(戰時計劃造船)'이라고 불렀다. 그 내용은 국가가 1년 단위로 필요한 선복량(船腹量)을 예측 · 결정하여 각 조선소에 건조명령을 내리고, 이렇게 건조된 선박은 역시 국가가 인수할 대상자를 선정 · 인도하여 국가통제하에 운항하게 하는 것이었다. 단기간에 적은 자재로 대량의 선박을 건조하는 것이 최대의 목표였으므로 '전시표준선(戰時標準船)'이라는 구조를 간략화한 선박을 반복생산하는 방식을 취하였다. 계획조선과정에서 소요되는 자금은 대부분 국가의 보조 내지 저리융자로 지출되었다. 계획조선의 시작으로 조선공업은 국가통제 안에 들어갔고, 조선소가 자유롭게 선박을 건조하는 것은 사실상 금지되었다.

전시계획조선은 강선건조를 중심으로 하는 '갑조선계획(甲造船計劃)'과

78) 1942년 생확계획에서 조선중공업에 할당된 자재는 보통강강재 2,866톤, 단강 211톤, 주강 98톤, 강괴 20톤, 보통선 374톤, 특수강강재 16톤이었다(企劃院, 1942).

목선건조가 중심인 '을조선계획(乙造船計劃)'으로 나뉜다. 통상 갑조선, 을조선으로 불렸는데, 전자는 해군성이, 후자는 체신성이 담당하였다. 제국 전체의 관점에서 보면 전시계획조선의 중심은 해군이 담당한 갑조선이었고, 을조선은 부차적인 위치에 있었다. 일제는 갑조선에 속하는 식민지의 강선 조선소들은 본국의 조선공업 통제기관인 '조선통제회(造船統制會)'에 가입시켜 직접 통제하에 둔 반면, 을조선의 목선건조 조선소들은 해당 식민지 통치기관이 자체적으로 통제하도록 하였다. 일본 갑조선계획에 편입된 식민지 조선소로는 한국의 조선중공업, 만주의 大連船渠, 대만의 臺灣船渠가 있었고, 일본군 점령지의 적산(敵産)시설인 上海 江南造船, 香港船渠는 각각 미쓰비시와 三井(미쓰이)이 위탁경영하면서 전시계획조선에 참가하였다.[79)]

조선중공업은 1942년 4월 조선통제회에 가입함으로써 전시계획조선에 편입되었다. 시설이 급속하게 확장된 데 비해 선박건조가 부진했던 조선중공업은 전시계획조선에 편입됨으로써 새로운 전기를 맞게 되었다. 조선중공업의 경영진도 "내지(內地) 회원(일본의 조선소-필자 주)과 같은 대우 및 편의제공으로 금후 실적향상이 기대된다"[80)]고 하여 큰 기대감을 나타내었다. 그리고 이에 따라 종래 6월/12월 영업회기를 4월/10월 회기로 변경하여 계획조선의 회기에 맞추고, 도쿄에 사무실을 개설하여 일본관련 업무를 담당하도록 하였다.[81)]

전시계획조선 수행을 위한 조선중공업의 시설확장은 일본 해군성 산하 부서로 갑조선계획을 담당한 해군함정본부가 주도하였다.[82)] 시설확장의 주요 내역은 매립한 부지에 조선 및 조기관련 기계설비공장의 건설과 시설확

79) 전시계획조선과 관련해서는 小野塚一郎(1962) 참조.

80) 조선중공업주식회사(1942上).

81) 조선중공업주식회사(1942 이월기); 1944년 10월 31일 개최된 제15기 주주총회는 일본지사 사무실에서 열렸다(조선중공업주식회사, 1944下).

82) "鎭海工作部는 정비수준에 불과하였지만, 부산의 조선중공업은 D型船의 新造設備를 정비함과 함께 朝鮮海峽地區의 수리공사에 확충의 중점을 두고 '艦'의 응원을 얻어 '商'에서 시행하였다" (小野塚一郎, 1962, p. 279). 여기서 '艦'과 '商'은 해군함정본부의 함정반(艦艇班)과 상선반(商船班)을 의미한다.

**표 3-17** 태평양전쟁기 조선중공업주식회사 시설확충계획 내역

| 확충시설내역 | 규모 | 구입가격(圓) | 구입처 | 완료예정일 | 비고 |
|---|---|---|---|---|---|
| 1. 토지 | | | | | |
| 공장용지 | 18,923坪 | 450,000 | | | 매축한 국유지 불하, 西條八枝·金丸原一 소유지 매입 |
| 후생시설용지 | 11,897坪 | 430,231 | | | 山中芳太郎·和田周太郎·釜山商船組 소유지 구입 외 |
| 整地費 | | 70,158 | | | |
| 합계 | 30,820坪 | 950,389 | | | |
| 2. 공장건물 신축 | | | | | |
| 造機製機공장 | 1棟 | 204,000 | 자체건설 | 1944. 3 | |
| 造船機械공장 | | 20,000 | 자체건설 | 1943. 8 | 天井走行 起重機 柱 증축 2間 |
| 造船공장 | 1棟 | 36,000 | 자체건설 | 1943. 10 | |
| 자재창고 | 1棟 | 4,500 | 자체건설 | 1944. 3 | 造機製機공장 필요자재 보관용 |
| 합계 | 3棟 | 264,500 | | | |
| 3. 후생시설비 | | | | | |
| 공원 기숙사 | 62棟 | 908,140 | 자체건설 | 1944. 3 | 수용인원: 732명 |
| 직원 기숙사 | 30棟 | 348,560 | 자체건설 | 1944. 3 | 수용인원: 52명, 役員社宅 등 일부 현존건물구입 |
| 선원 숙박소 | 1棟 | 80,000 | 자체건설 | 1943. 8 | |
| 양성공 교실 | 1棟 | 52,800 | 자체건설 | 1944. 3 | 교실수: 10개 |
| 醫局 | 1棟 | 110,000 | 자체건설 | 1944. 3 | |
| 직원집회소 겸 식당 | 1棟 | 80,000 | 자체건설 | 1944. 9 | |
| 직원 합숙소 | 4棟 | 60,000 | 현존건물구입 | 1943. 8 | 수용인원: 408명 |
| 건물 부대설비 | | 63,500 | | | |
| 합계 | 100棟 | 1,703,000 | | | |
| 4. 공장기계설비 | | | | | |
| 전동기 | 16대 | 10,460 | 日立 | 1944. 3 | 성능은 2마력에서 25마력까지 |
| 工作機械 | 14대 | 199,700 | 三菱商社 | 1944. 6 | |
| 海軍示達工作機械 | 42대 | 312,630 | 三菱商社 | 1944. 6 | |
| 기타설비 | | 1,921,220 | 日立, 三菱商社 | 1944. 6 | 구입선은 그 외에도 住友, 大阪프레스, 大洋鑄機, 자체제작 |
| 海軍示達 기타설비 | | 666,420 | 日立, 三菱商社 | 1944. 3 | 구입선은 그 외에도 平野 제작소, 자체제작 |
| 공구 | | 40,300 | 和田상점, 山中상점 | 1944. 6 | 구입선은 그 외에도 服部洋行, 자체제작 |
| 해군시달 공구 | | 70,000 | 和田상점, 田中상점 | 1944. 9 | 구입선은 그 외에도 日立, 占部상점, 山中상점, 三菱商社 등 |
| 치료용 기기 | 1식 | 80,000 | 神崎藥店 | 1944. 6 | |
| 합계 | | 3,300,730 | | | |
| 총합계 | | 6,218,619 | | | |

자료: 『茗荷谷文書』 E78b.

**표 3-18** 태평양전쟁기 조선중공업주식회사의 주요 시설

| 영업기별 | 주요 시설 내역 | | | |
|---|---|---|---|---|
| | 토지(坪) | 주요 조선관련 시설 | 건물(棟) | 선박(隻) |
| 10기(42년上) | 15,865 | 船渠2, 船臺5, 艤裝岸壁 | 65 | 3 |
| 11기(회기변경) | 15,865 | 船渠2, 船臺5, 艤裝岸壁 | 69 | 3 |
| 12기(42년下) | 16,869 | 船渠2, 船臺5, 艤裝岸壁 | 69 | 3 |
| 13기(43년上) | 16,869 | 船渠2, 船臺5, 艤裝岸壁 | 73 | 3 |
| 14기(43년下) | 41,883 | 船渠2, 船臺5, 艤裝岸壁 | 89 | 3 |
| 15기(44년上) | 54,834 | 船渠2, 船臺5, 艤裝岸壁 | 124 | 3 |
| 16기(44년下) | 53,766 | 船渠2, 船臺5, 艤裝岸壁 | 123 | 3 |

자료: 조선중공업주식회사(1938上~1944下).

장에 따라 증가할 노동자를 수용할 기숙사 및 후생부대시설의 건설이었다. 그 구체적인 내역을 정리한 것이 〈표 3-17〉인데, 전체 필요자금의 절반 이상은 기계설비의 확충에 집중되었음을 알 수 있다. 조선중공업 설립 이후 선박건조시설인 선대 및 도크건설이 빠르게 건설된 데 비해 확충이 늦었던 조기부문의 시설확충을 도모한 것이었다. 확장시설 중에는 해군이 직접 확충명령을 시달한 공사가 포함되었다. 확장공사는 1943년에 시작하여 늦어도 조선중공업의 1944년 상반기 회기가 끝나는 9월까지 완료할 계획이었다.

조선중공업의 시설확장이 해방이 될 때까지 어느 정도 완성되었는지에 관해서는 직접적인 관련 자료가 없어서 명확하지 않다. 그러나 영업보고서상의 재산목록 추이를 통해 개략적인 확인은 가능하다.

〈표 3-18〉에서 보듯이 태평양전쟁기 조선중공업의 시설확장은 이전까지 확충된 선대 및 도크시설에는 변화가 없는 반면, 토지 및 공장건물이 급증하였음을 알 수 있다. 시기적으로도 1943년 하반기부터 1944년 상반기에 걸쳐 급증하고 있는데, 이것은 〈표 3-17〉의 계획기간과 대체로 일치한다. 따라서 계획한 모든 시설의 확충이 이루어졌는지는 의문이지만, 조기부문 시설을 중심으로 일정한 정도의 확충은 달성되었다고 보아도 무방할 것이

다. 실제로 조선중공업은 1943년에는 F형 전시표준선의 주기관인 600마력 디젤기관의 보조기관을 자체제작하였고,[83] 1944년에는 2,000톤급 전후 D형 전시표준선의 주기관인 1,200마력 엔진의 제작을 전시계획조선에 의해 배정받았다.[84] 또 1944년 12월에는 해군함정본부로부터 전시표준선 E형의 엔진생산업체로 지정되어 1945년 2월 말까지 조선통제회를 통해 배당된 물량을 공급하도록 명령을 받고 있었다.[85]

시설확충에 수반하여 기술인력의 확충도 이루어졌다. 1937년 회사설립 시 노동자를 포함한 전체 인원이 100명이 되지 않았다. 또 1939년 결정된 시설확충계획 속에서 필요한 기술인력은 상급기술자 11명, 하급기술자 19명 총 30명으로 계획되었다.[86] 그러나 1945년 패전 직전 조선중공업의 기술자 수는 총 179명으로, 그 중 상급기술자 39명, 하급기술자 140명에 달하였다.[87] 주목되는 점은 상급기술자의 대부분은 일본인이었지만(한국인 5명), 하급기술자에는 일본인 60명, 한국인 80명으로 한국인의 수가 많았다.[88] 하급기술자의 경우 한국인에 의한 일본인의 대체가 일정하게 이루어지고 있었다고 볼 수 있다.

83) 1943년 상반기에 건조된 전시표준선 F형 인왕(仁王)과 구덕산(九德山)의 경우 주기관인 디젤엔진은 각각 일본 浪速船渠株式會社 神戶造機部, ㈜阪神鐵工所에서 제작하였고, 보조기관은 조선중공업이 제작하였다(『戰時海運資料』 no. 28).

84) 小野塚一郎(1962), p. 53.

85) 『戰時海運資料』 no. 38.

86) 「昭和14年度生産力擴充ニ要スル技術員, 職工及鑛夫ノ所要人員總括表」.

87) 조선중공업의 기술인력 양성은 조선총독부가 1939년 9월 시행한 「工場事業場技能者養成令」에 의해 총독부의 보조금을 받아 공장 내에 기술자양성소를 운영한 5개 공장 중 하나였던 점이 크게 역할을 한 것으로 보인다. 최초 5개 공장, 2개 광산이 지정된 후 지정공장은 지속적으로 늘어났는데, 1941년 13개 공장과 21개 광산, 1943년 18개 공장이었다(安秉直 · 中村哲, 1993, pp. 260~261). 조선중공업 양성소의 정식명칭은 '조선중공업 기능공양성소'로 예과 1년, 본과 3년으로 총 4년의 교육과정이었다(국제신문, 1990. 11. 17).

88) 朝鮮總督府(1945), pp. 5~17; 1969년 1월 조선중공업에서 직장(職長)을 지낸 사람들이 친목단체 '朝友會'를 만들었는데, 당시 회원이 50명이었다(국제신문, 1990. 11. 17). 이런 사실은 패전 당시 조선중공업 내의 조선인 기술자의 숫자가 과장된 것은 아니라는 점을 뒷받침한다.

## 2. 전시표준선의 건조

태평양전쟁기 일본의 갑조선계획에 편입된 조선중공업은 해군함정본부가 연간계획으로 작성하는 조선계획서(造船計劃書)('線表'라고 함)에 의하여 선박을 배정받았다. 배정된 선박에 대하여 일본 산업설비영단(産業設備營團)[89]과 건조계약을 맺고 조선을 시행하여 건조가 완료되면 역시 국가에 의해 결정된 선주에게 인도하였다. 조선중공업이 어느 정도의 계획조선량을 배정받았으며, 배정받은 선박 중 실제로 건조된 선박은 어떠하였는가에 대해서 정리한 것이 〈표 3-19〉이다.

전시계획조선이 시작되는 1942년부터 1945년 패전까지 조선중공업에 배정된 선박은 1,100톤급 일반형 1척, 전시표준선 1D형 2척, 2D형 5척, 그리고 F형 4척으로 합계 12척 1만 8,450톤이었다.[90] 1942년 배정된 1,100톤급 일반형 선박은 속행선(續行船)으로, 1940년 상반기 일본우선이 발주한 화물선이 자재부족으로 공사가 지연되다가 착공에 들어간 것이었다.[91]

배정받은 선박에 대해 실제 건조한 선박은 일반형 1척, 전시표준선 1D형 2척, 2D형 3척, F형 4척으로 총 10척 1만 3,700톤이었다. 2D형의 경우 1943

89) 산업설비영단은 1941년 11월 제77회 제국의회에서 「산업설비영단법」이 제정되어 12월 시행됨으로써 설립된 국가기관이다. 설립목적은 군수공업, 생산력확충계획공업 등 국가긴요산업의 설비 중 민간자본이 건설하기 힘든 시설 내지 미완성시설을 인수하여 건설을 완료하거나, 유휴설비를 인수하여 대여하는 사업을 통해 전쟁수행을 위한 관련공업의 진흥과 최대한 활용을 목표로 한 것이었다. 사업에 필요한 자금은 2억 원의 정부출자금과 그 5배에 해당하는 10억 원의 산업설비채권 발행으로 총 12억 원이었다. 산업설비영단은 1942년 계획조선 실무담당자로 지정되었는데, 이것은 1942년 5월 제국의회에서 「산업설비영단법」을 개정, 사업내용으로 계획조선을 명시하도록 함으로써 법적으로 뒷받침되었다. 산업설비영단에 관해서는 重要産業協議會 編(1943) 참조.

90) 전시표준선 D형은 2,000톤 전후의 근해용 화물선이었다. 1D형과 2D형의 2종류가 있었는데, 전자가 1,920톤급, 후자가 2,200톤급이었다. 석탄을 연료로 하는 1,100~1,200마력 레시프로엔진이 장착되고, 10노트 전후의 속력을 낼 수 있었다(小野塚一郎, 1962 참조).

91) 계획조선의 시작연도인 1942년의 경우 각 조선소가 계획조선 이전에 수주받은 선박(續行船)의 건조가 주를 이루었다. 조선공업의 특성상 갑작스런 작업전환이 어렵고, 해군함정본부도 갑작스런 전환이 가져올 혼란과 조선소의 손실을 감안해서 일정 정도의 유예기간을 상정하고 있었기 때문이다. 그러나 속행선의 건조가 예상보다 지연되고, 전황이 악화되면서 결국 해군함정본부는 속행선의 건조를 금지하는 명령을 통해 계획조선 실행을 앞당기는 조치를 취하였다. 속행선 정리에 대해서는 寺谷武明(1993), pp. 36~41 참조.

**표 3-19 태평양전쟁기 조선중공업주식회사에 건조할당된 선박 및 건조실적**

| 연도 | 할당 | | | | 건조 | | | |
|---|---|---|---|---|---|---|---|---|
| | 선형 | 척수 | 톤수 | 합계(톤) | 선형 | 척수 | 톤수 | 합계(톤) |
| 1942 | 일반형<br>F형 | 1<br>1 | 1,100<br>490 | 1,590 | F형 | 1 | 490 | 490 |
| 1943 | 1D형<br>2D형<br>F형 | 2<br>1<br>3 | 3,840<br>2,350<br>1,470 | 7,660 | 일반형<br>F형 | 1<br>3 | 1,100<br>1,470 | 2,570 |
| 1944 | 2D형 | 4 | 9,200 | 9,200 | 1D형<br>2D형 | 2<br>2 | 3,840<br>4,600 | 8,440 |
| 1945 | | | | | 2D형 | 1 | 2,200 | 2,200 |
| 합계 | | 12 | 18,450 | 18,450 | | 10 | 13,700 | 13,700 |

주: 2D형의 경우 1척당 톤수가 자료에 따라 2,200톤, 2,300톤, 2,350톤으로 약간씩 차이가 있다. 2D형의 톤수 합계가 다른 것은 여기에 기인한 것이다.
자료: 『戰時海運資料』 no. 44; 「第86回帝國議會說明資料–交通局關係」(1944. 12); 海運局(1955); 尹鍾根(1985).

년 1척, 1944년 4척, 총 5척을 배정받았으나, 1944년에 2척이 건조되고 나머지 3척은 1944년 말 현재 건조공사가 30% 정도 진행되고 있었다.[92] 이 중 1척은 1945년 건조되어 해방 당시 진수된 상황이었고,[93] 나머지 2척은 결국 진수에 이르지 못하였다. 자재난과 더불어 1945년 일제가 남방제해권을 상실하고 '본토결전'을 준비함에 따라 가장 먼저 식민지 조선소의 계획조선을 중지시켰기 때문이다. 식민지 조선소에 대해서는 1944년까지 배정된 선박조차도 필요자재가 준비된 선박의 건조까지만 허락되었다. 1945년도 계획조선이 해군함정본부에 의해서 수립되었지만, 식민지 조선소에는 선박건조가 배정되지 않았다.[94]

선형(船型)별 건조상황을 보면 전시표준선 중 가장 소규모인 F형의 경우

92) 「第86回帝國議會說明資料–交通局關係(1944. 12)」, p. 398.
93) 尹鍾根(1985), pp. 16~17.
94) 식민지(점령지 포함) 조선소에 대한 신규 전시표준선의 할당을 중지하는 조치는 1944년 11월부터 적용된 '개10선표(改10線表)'에 의해서였다.

배정된 해에 건조 · 완성되었지만, 2,000톤급 전후의 중형화물선인 D형은 대체로 배정된 해에 완성되지 못하고 이듬해로 이월되었다. 1943년의 경우 배정된 F형 3척은 전부 그 해에 건조되었으나, D형선 3척은 모두 1944년으로 이월되어 완성되었다. F형의 평균건조일수가 270일, D형은 300일로 큰 차이가 없는 반면, 필요강재는 F형이 400톤, D형이 1,200톤으로 D형이 3배 정도 더 필요하였다는 점[95]을 상기하면 자재조달의 어려움이 생산을 지연시키는 가장 큰 요인이었음을 알 수 있다.

조선중공업의 연도별 선박건조 추이를 보면 1944년에 건조실적이 최대였다. 2,000톤급 전후의 D형 전시표준선만도 4척 8,440톤을 건조하였고, 그 외에 확실한 규모는 알 수 없지만 소형 잡선의 건조실적까지 합하면 최소 1만 톤의 건조실적을 올린 것으로 보인다.

조선중공업이 건조한 전시표준선을 인수한 선주회사는 주로 한국의 연안 및 근해 해운에 종사한 해운회사였는데, 그 현황 및 인수된 선박의 이후 행적을 정리한 것이 〈표 3-20〉이다.

D형 전시표준선 중 1D형 2척은 식민지기 한국의 최대 해운사였던 조선우선에 인도되었고, 모두 전쟁 중 침몰하였다. 2D형의 경우 일제가 1930년대 말에 설립한 대중국항로 독점해운회사 동아해운과 조선우선에 각각 1척씩 인도되었고, 나머지 1척은 선주회사가 확인되지 않는다. 완공된 2D형 3척 중 동아해운에 인도된 선박을 제외하고는 모두 한국이 해방된 후 1950년 1월 조선우선의 후신으로 설립된 국영기업 대한해운공사 소속선이 되었다. 전시표준선 중 가장 소형선인 F형 4척은 모두 서일본기선[96]에 인도되었다.

조선중공업이 건조한 선박은 동아해운이 인수한 1척을 제외하면 전부

95) 전시표준선의 평균건조일수 및 필요강재량과 관련해서는 배석만(2005b) 참조.

96) 서일본기선주식회사는 태평양전쟁이 임박한 1941년 8월 조선총독부가 연안해운업 통합의 일환으로 부산에 본거지를 둔 다테이시기선과 조선기선, 그리고 여수의 황양기선(晃陽汽船)을 합병하여 설립한 회사이다. 합병의 형태는 규모가 비슷한 다테이시기선과 조선기선을 통합하고, 여기에 규모가 작은 황양기선을 흡수한 형태로 이루어졌다. 합병과정의 구체적인 상황에 대해서는 배석만(2005a) 참조.

**표 3-20 조선중공업 건조 전시표준선의 진수현황**

| 전시표준선 종류 | 선명 | 톤수 (G/T) | 進水年月 | 선주회사 | 이후 행적 |
|---|---|---|---|---|---|
| F | 九德山 | 490 | 1943. 2 | 西日本汽船 | |
| F | 仁王 | 490 | 1943. 7 | 西日本汽船 | |
| F | 日光山 | 490 | 1943. 10 | 西日本汽船 | |
| F | 龍頭山 | 490 | 1943. 11 | 西日本汽船 | |
| 1D | 八光 | 1,948 | 1944. 1. 10 | 朝鮮郵船 | 1944. 11. 8 鹿兒島 근해에서 雷擊으로 침몰 |
| 1D | 七洋 | 1,948 | 1944. 5. 23 | 朝鮮郵船 | 1945. 7. 14 北海島에서 空爆으로 침몰 |
| 2D | 宣城 | 2,220 | 1944. 10 | 東亞海運 | |
| 2D | 天光 | 2,221 | 1945. 1. 21 | 朝鮮郵船 | 해방 후 대한해운공사 소속선으로 운항 |
| 2D | 大冶 | 2,220 | 1945 | | 해방 후 漢陽號로 개명, 대한해운공사 소속선으로 운항 |

자료: 『柏原兵太郎文書』 R33; 船舶部會 橫浜(2000), pp. 76~79; 『戰時海運資料』 no. 28; 日本舶用機關學會 編(1976), pp. 212~213; 尹鍾根(1985), pp. 16~17; 孫兌鉉(1982), p. 391.

한국 소재 해운회사가 인수자였다. 중일전쟁기 아직 조선시장이 자유롭게 움직였을 시기에 조선중공업이 수주한 선박 중 대략 절반을 일본 소재 해운회사들이 발주한 것과 비교하면 차이가 있다. 그러나 이 시기의 시장이라는 것이 전쟁수행을 근간으로 하는 전체적인 계획 속에서 국가에 의해 인위적으로 창출된 것이고, 〈표 3-20〉의 1D형 2척의 행적에서 보듯이 이들 선박은 인도와 동시에 전쟁에 징발되었을 것으로 추정되기 때문에 시장적 관점에서 특별한 의미를 부여하기는 힘들다.

조선중공업이 전시계획조선을 수행하는 데 필요한 자재는 전쟁 전과 변동 없이 일본 기획원이 1년 단위로 작성하는 생산력확충계획에 의해 각 품목별 배정이 이루어졌다. 다만 전시계획조선 중 강선건조가 중심인 갑조선용 자재는 태평양전쟁 전까지는 생산력확충 자재로 배정되었지만, 1942년 전시계획조선이 시작되고 갑조선이 해군에 이관되면서 필요자재도 생산력확충용(C2)에서 해군군수용 자재(B)와 동등하게 취급되면서 자재충당의 우선권이 강화되었다.[97]

기획원이 배정한 자재를 조선중공업이 어떤 경로로 입수하였는지에 대해서는 1943년 5월 동 회사가 조선총독부에 800만 원 증자를 허가받기 위해 제출한 '자본증자 인가신청서'를 통해 확인할 수 있다. 조선중공업은 인가신청서를 낸 시점인 1943년 5월을 기준으로 지난 1년간의 자재조달 경로를 보고하였는데, 그 현황은 〈표 3-21〉과 같다.

조선중공업의 필요자재 중 가장 중요한 강재는 일본 조선통제회(造船統制會)의 감독 아래, 조선통제회의 위탁업체를 통해 간접 구입하거나 해당 자재의 생산업체로부터 직접 구입하였다. 철강은 전시경제체제가 구축되면서 가장 신속하게 엔블록 차원의 일원적 통제가 이루어졌다. 따라서 철강재의 유통을 담당하는 기존 민간상사(民間商社)나 問屋(돈야)이라고 불리던 도매상들은 태평양전쟁 전인 1941년부터 이미 민간기업의 기능을 상실하여 통제단체의 명령에 의한 배급만을 담당하는 위탁기관으로 전락하였다.[98]

조선중공업은 필요한 강재 중 절대비중을 차지하는 보통강강재를 三菱商事(미쓰비시상사)를 통해 구입하였다. 미쓰비시상사가 조선통제회의 위탁업체였기 때문이었다.[99] 조선중공업은 배정된 강재를 규슈지역에서 확보하

97) 갑조선이 해군에 이관되면서 갑조선에 필요한 자재는 물자동원계획에서 C2에서 분리되어 'Bx'라고 불렸는데 'B'는 앞서 언급하였듯이 해군군수를 의미하고 'x'는 갑조선을 의미하는 것이었다. Bx로 조선중공업에 할당된 자재는 주요 자재인 강재를 비롯한 총 26종류였다. 이것은 다시 시설관련 자재(보수용), 선박건조관련 자재(운전용), 예비자재(보충용)로 구분되었다. 선박건조관련 자재는 공사종류에 따라 선박건조용(신조용)과 수리용 자재로 나누어지고 수리용은 다시 일반수리용과 전쟁피해선박 수리용으로 나누어 할당하였다. 관련해서는 企劃院(1942) 참조.

98) 1937년 8월 「제철사업법」의 공포에 의해 철강의 판매가 국가통제하의 공판제(共販制)로 전환되자, 三菱商事(미쓰비시상사)는 三井物産(미쓰이물산), 岩井(이와이), 일본 강재와 함께 지정판매자가 되어 독점판매권을 행사하였다. 하지만 1941년 4월 '철강통제회'가 설립되어 철강업의 생산에서 판매에 이르는 국가의 일원적 통제가 시작되면서 통제기관의 대행업무를 수행하는 하부기관으로 전락하였다(『三菱商事社史』, 1986, pp. 506~512, 571 참조).

**표 3-21** 조선중공업주식회사의 필요자재 조달경로

| 자재명 | 수량 | 가격(圓) | 비율(%) | 주요 입수처 | 통제단체명 |
|---|---|---|---|---|---|
| 보통강강재 | 7,000 | 2,100,000 | 36.4 | 三菱商社 | 造船統制會 |
| 보통銑 | 700 | 105,000 | 1.8 | 三菱商社 | 造船統制會 |
| 鍛鋼鋼材 | 300 | 135,000 | 2.3 | 神戶製鋼 | 造船統制會 |
| 鑄鋼 | 60 | 72,000 | 1.2 | 朝鮮電氣製鋼 | 造船統制會 |
| 특수강 | 30 | 30,000 | 0.5 | 占浦鋼商店 | |
| 銅 | 25 | 75,000 | 1.3 | 三井物産 | 朝鮮造船工業組合聯合會 |
| 비철금속 | 30 | 60,000 | 1.0 | 天野商店 | 朝鮮造船工業組合聯合會 |
| 목재 | 4,440 | 1,332,000 | 23.1 | 慶南造船用木材共販組合 | 朝鮮木材株式會社 |
| 산소 | 60,000 | 30,000 | 0.5 | 帝國酸素 | 慶南鑄物工業組合 |
| 카바이트 | 150 | 37,500 | 0.7 | 東松商社 | 慶南鑄物工業組合 |
| 鎔接棒, 塗料 등 艤裝品류, 기타 | | 1,568,000 | 27.2 | | 慶南鑄物工業組合 |
| 석탄(유연탄), 코크스 | 4,000 | 160,000 | 2.8 | 佐治商會 | |
| 전력 | | 62,000 | 1.1 | 南鮮合同電氣 | |
| 계 | | 5,766,500 | 100.0 | | |

주: 1) 목재와 산소의 단위는 $m^3$, 나머지는 톤임.
2) 비율은 가격비율임.
3) 목재는 사료에는 언급되어 있지 않으나 「조선목재통제령」에 의해 각 지역 목재배급조합을 조선목재주식회사가 통제하는 구조였으므로 그에 의하여 필자가 기입한 것임.

자료: 『茗荷谷文書』 E78b.

였고, 당시 규슈지역 강재 공급을 日本製鐵 八幡工場(야와타공장)이 맡고 있었다는 점을 감안하면, 야와타공장의 생산 강재가 미쓰비시상사를 통해 부산의 조선중공업에 공급되었음을 알 수 있다. 즉, 해군함정본부로부터 강재를 배정받고, 이를 토대로 배급쿠폰을 발급받는 과정까지는 조선중공업 도쿄사무소가 처리하고, 쿠폰에 의거하여 강재를 확보하여 조선중공업에 공

99) 미쓰비시상사는 조선통제회 외에도 해군함정본부, 해무원(海務院), 철강통제회, 선철협의회(銑鐵協議會), 주철협의회(鑄鐵協議會), 선박용 주물회사 등 일본의 철강과 조선관련 주요 수요통제기관의 담당 위탁점이었다(商工省, 1943. 6. 15).

급하는 작업은 조선통제회의 감독 아래 미쓰비시상사가 대행하는 구조였다. 선철 역시 미쓰비시상사를 통해 구입하였으나, 특수강은 占浦鋼商店을 통해 구입하였다. 강재 중 단강과 주강은 철강생산업체에서 직접 구입하였다. 단강은 일본 神戸製鋼(고베제강)으로부터, 그리고 주강은 1940년 8월 자회사로 설립한 조선전기제강를 통해 한국 내에서 자체 조달하였음이 확인된다.

전체적으로 건조선박의 배정뿐만 아니라 필요한 주요 자재의 공급에 대해서도 일본 철강통제회의 직접 통제 아래 일본 현지에서 구입하고 있었음을 알 수 있다. 이것은 조선중공업의 재생산구조가 태평양전쟁기 전시계획조선을 계기로 한층 식민지 모국의 직접 통제하에 놓이게 되었음을 보여준다. 강재를 제외한 필요자재는 〈표 3-21〉에서 보듯이 조선총독부가 구축한 해당품목 통제단체를 통해서 구입하고 있음이 확인된다. 강재 이외에 가장 큰 비중을 차지하였던 목재를 보면 1942년 6월 조선총독부가 공포한 「조선목재통제령」에 의해 설립된 공판조합을 통해 구입하였다. 정리하면 가장 중요한 자재인 강재는 일본의 직접통제 속에서, 나머지는 일본에서 작성되는 전체 물동계획에서 조선중공업에 대한 자재배정을 확정하면, 이것을 기초로 하여 조선총독부가 구축한 통제조직을 통해서 조달하고 있었다는 것이다.

## Ⅵ. 성장의 그늘

### 1. 허약한 재무구조

1930년대 후반 시장과 국책의 결합으로 탄생한 조선중공업은 엔블록 전체를 아우르는 전시체제 구축의 파도를 타고 빠르게 성장하였고, 태평양전쟁기 그 절정에 이르렀다. 설립당시 자본금 300만 원에 100명 남짓한 종업원, 그리고 선박수주에 대한 확신이 없어서 종합중공업회사로 출발하였지만, 패전 당시에는 자본금 1,500만 원(1,100만 원 불입), 종업원 3,500명,[100] 연간 최대 2만 톤의 건조능력을 가진 전문조선소로 성장하였다. 1944년에는 2,000톤급 4척, 총 8,000여 톤을 건조하였는데, 이 기록은 1960년대 초까지 한국의 연간 전체 건조량보다 많은 것이었다.

설립 후 패전까지의 기간이 불과 8년 정도였으므로 조선중공업의 이와 같은 성장은 분명 두드러진 것이었다고 할 수 있다. 그러나 급속한 성장은 외형에 국한된 것이었다. 이것은 조선중공업의 재무구조를 통해 확인할 수 있다. 이를 보기 위해 대차대조표를 가공하여 〈표 3-22〉와 같이 사업 · 금융수지표[101]를 만들었는데, 재무구조의 허약함을 잘 보여 준다.

우선 회기별 자금수요를 표현하는 사업수지를 보자. 특징적인 것은 설립 후 태평양전쟁 전까지를 보면 매 회기 고정자산 증가가 확인되는데, 이것은 지속적으로 시설확장이 이루어지고 있음을 의미한다. 고정자산은 1939년 하반기부터 급증하여 1941년 상반기에 정점을 이루었다. 이것은 앞서 본 대규모 시설확장공사의 시작과 그 중 조기시설(造機施設)을 제외한 선대, 도크, 의장안벽(艤裝岸壁) 공사가 완공된 시기와 일치한다. 또 조선공업의 성격상 발생하는 자재 및 저장품, 반성공사[102]등의 운전자금 수요를 반영한 유동자산의 지속적인 증가도 확인된다. 고정자산과 유동자산의 동반 증가는 거액의 사업수지 적자를 낳았는데, 〈표 3-22〉의 사업수지를 보면 조

100) 『대한조선공사삼십년사』, 1968, p. 323.

101) 사업 · 금융수지표는 기업의 자금운용표로 경영사 연구에서 기업의 '실질적 자금흐름'을 포착하는 유력한 분석방법으로 사용되고 있다. 1983년 麻島昭一이 住友財閥(스미토모재벌)의 경영분석을 위해 '제수지표(諸收支表)'라는 이름으로 고안하였다(麻島昭一, 1983). 이후 大塩武(1989), 정안기(2001) 등이 동 방법을 이용하여 연구대상 기업의 자금흐름 분석을 시도하였다. 구체적 작성방법에 대해서는 麻島昭一(1983), pp. 12~13 참조.

102) 건조 중인 선박, 제작 중인 기계나 플랜트 등을 의미한다.

**표 3-22 조선중공업주식회사의 사업·금융收支 현황**

(단위: 千圓)

| 구분 | | 3기 (38 下) | 4기 (39 上) | 5기 (39 下) | 6기 (40 上) | 7기 (40 下) | 8기 (41 上) | 9기 (41 下) | 10기 (42 上) | 11기 (*) | 12기 (42 下) | 13기 (43 上) | 14기 (43 下) | 15기 (44 上) | 16기 (44 下) |
|---|---|---|---|---|---|---|---|---|---|---|---|---|---|---|---|
| 사업수지 | 수입 | 452 | 1,018 | 89 | 1,339 | 162 | 1,785 | 192 | 185 | 185 | 316 | 2,630 | 2,357 | 1,029 | 2,117 |
| | 순이익 | 42 | 43 | 89 | 97 | 114 | 11 | 192 | 185 | 185 | 316 | 317 | 233 | 127 | 88 |
| | 보조금 | | | | | | 500 | | | | | | 145 | 363 | |
| | 고정자산(감) | | | | | | | | | | | | | | |
| | 유동자산(감) | | | | | | | | | | | | | | |
| | 부채(증) | 410 | 975 | | 1,242 | 48 | 1,274 | | | | | 2,313 | 1,891 | 539 | 2,029 |
| | 투자(감) | | | | | | | | | | | | 88 | | |
| | 지출 | 983 | 823 | 1,355 | 1,053 | 1,686 | 1,730 | 2,778 | 1,665 | 2,331 | 1,311 | 1,797 | 3,996 | 3,646 | 3,263 |
| | 고정자산(증) | 370 | 342 | 640 | 751 | 565 | 897 | 697 | 357 | 374 | 225 | 461 | 1,016 | 1,514 | 611 |
| | 유동자산(증) | 580 | 447 | 337 | 219 | 643 | 750 | 1,561 | 379 | 1,253 | 152 | 1,106 | 2,714 | 1,842 | 2,055 |
| | 부채(감) | | | 344 | | | | 83 | 777 | 555 | 730 | | | | |
| | 투자(증) | | | | | 395 | | 331 | 2 | 1 | 27 | 7 | | 3 | 245 |
| | 적립금(감) | | | | | | | | 20 | 4 | 71 | 38 | 79 | 66 | 96 |
| | 배당·상여 | 33 | 34 | 34 | 83 | 83 | 83 | 107 | 130 | 144 | 106 | 185 | 187 | 221 | 256 |
| | 수지차액 | -531 | 195 | -1,266 | 286 | -1,524 | 55 | -2,587 | -1,480 | -2,146 | -995 | 833 | -1,639 | -2,617 | -1,146 |
| 금융수지 | 특별예금 인출(△예입) | | | △1 | △1 | △1 | △1 | △2 | △61 | △10 | △14 | △23 | △26 | △128 | △197 |
| | 현금·예금 인출(△예입) | 418 | △557 | 375 | △271 | △730 | △298 | 565 | 414 | △185 | △367 | △578 | △444 | 701 | 57 |
| | 장기차입금 (△변제) | 260 | 334 | △594 | | 1,252 | 248 | 670 | 150 | 2,320 | 500 | | 110 | △750 | △100 |
| | 단기차입금 (△변제) | △147 | 28 | △13 | △14 | 3 | △3 | 354 | △23 | 23 | △123 | △231 | | 795 | 1,388 |
| | 株金불입 | | | 1,500 | | 1,000 | | 1,000 | 1,000 | | 1,000 | | 2,000 | 2,000 | |
| 금융잔고 | 특별예금 | | | 1 | 2 | 3 | 4 | 6 | 67 | 77 | 91 | 114 | 140 | 268 | 465 |
| | 현금·예금 | 10 | 567 | 192 | 463 | 1,194 | 1,492 | 927 | 513 | 698 | 1,065 | 1,643 | 2,087 | 1,386 | 1,329 |
| | 장기차입금 | 260 | 594 | 0 | 0 | 1,252 | 1,500 | 2,170 | 2,320 | 4,640 | 5,140 | 5,140 | 5,250 | 4,500 | 4,400 |
| | 단기차입금 | 0 | 28 | 14 | 0 | 3 | 0 | 354 | 331 | 354 | 231 | 0 | 0 | 795 | 2,183 |
| | 불입자본금 | 1,500 | 1,500 | 3,000 | 3,000 | 4,000 | 4,000 | 5,000 | 6,000 | 6,000 | 7,000 | 7,000 | 9,000 | 11,000 | 11,000 |

주: 조선중공업 각기 영업보고서의 재무제표를 기초로 계산하여 작성. 사업수지와 금융수지의 수지차액의 오차는 1,000원 미만을 절사한 데서 발생한 것임.

자료: 조선중공업주식회사(1938上~1944下)에서 작성.

선중공업은 4, 6, 8, 13기를 제외하고 모든 영업회기에서 수지차액이 마이너스를 기록하였다. 사업수지의 지속적인 마이너스는 조선중공업에 막대한 자금수요가 발생하고 있음을 의미한다.

거대한 시설과 자본회전이 느린 조선공업에서 사업수지의 적자, 다시 말해 대규모 자금수요를 충족시키는 가장 건전한 방법은 지속적인 생산활동, 즉 선박건조활동을 통해 자금을 공급하는 것이다. 제수지표에서 이것은 부채증가 항목에 반영된다. 건조대금은 계약, 진수, 완공 등 생산공정의 진행에 따라 분할해서 지급받고, 선박을 완성하고 선주에게 인도하여 상황이 종결될 때까지는 가수금 및 공사수입미결산의 항목으로 대차대조표의 부채 항목에 계상되기 때문이다. 결국 유동자산과 부채가 함께 증가하고, 특히 부채증가가 현격해서 전체 사업수지가 흑자일 경우 활발한 선박건조가 이루어지고 있는 것을 의미한다.[103] 그러나 조선중공업은 대형 화물선 공사가 반영된 4, 6, 8기를 제외하고는 전혀 그렇지 못하였다.[104] 특히, 시설확장이 1차적으로 완료된 1941년을 정점으로 다음 해에는 시설투자비용이 현격히 둔화되었음에도 불구하고 선박건조 부진으로 거액의 사업수지 적자가 발생하고 있음이 확인된다.

생산활동을 통한 자금조달이 어려웠으므로 남은 방법은 증자나 차입금을 통한 조달이었고, 그 현황은 〈표 3-22〉의 금융수지를 통해 알 수 있다. 대규모 시설확장이 시작되는 1940년을 기점으로 그 이전에는 필요자금을 대체로 증자라는 자기금융적 방식으로 공급하였다. 그러나 400만 원을 증자하여 불입자본금을 700만 원으로 늘렸음에도 불구하고 1940년부터는 대규모 차입금 조달이 불가피하였다. 대규모 시설확장이 차입금 경영의 1차적 원인이고, 시설확장 후의 선박건조 부진이 차입금 경영을 가속화하였다. 차입금

103) 麻島昭一(1986), pp. 107~108.

104) 4, 6, 8기는 각각 조선우선, 다테이시기선, 일본우선에서 수주받은 1,100톤급 화물선 건조공사가 반영된 것이었다.

도입은 회기마다 계속되어 1942년에는 이미 증자금 400만 원을 상회하는 수준이었다. 차입금 경영으로 인해 경영부담이 있었겠지만 그것이 유동성위기 내지 경영위기로 전개되지는 않았다. 차입금의 대부분이 장기차입금이었고, 지속적인 증자의 결과 대규모 차입금 도입에도 불구하고 부채가 자기자본을 밑도는 수준이 유지되었기 때문이다.[105]

생산활동이 부진한 가운데서도 증자금의 불입이 신속히 이루어지고, 막대한 장기성 차입금의 도입을 통해서 자금유동성이 지속적으로 확보되었던 것은 군수공업 강화를 배경으로 한 조선총독부의 금융특혜에 가까운 자금지원이 충실하게 이루어졌기 때문이었다. 우선 1940년의 700만 원으로의 증자는 설립 때와 같은 형식으로 국책 3사의 출자로 이루어졌다. 또 장기차입금의 경우 조선총독부 군수공업 지원자금의 융자창구인 조선식산은행의 저리융자에 의해서 이루어졌는데, 1942년 하반기까지 누적된 514만 원은 조선중공업이 전액 조선식산은행으로부터 운전자금 및 시설투자자금으로 차입한 것이었다.[106] 조선식산은행을 통한 대규모 저리융자 외에도 1941년 상반기에는 7,500톤급 도크건설에 대해 50만 원의 보조금이 지급되었다. 장기저리융자 및 국고보조는 시국대책조사회에서 제시한 조선총독부의 조선중공업 시설확장에 필요한 자금공급계획이 실현된 것이었다.

1943년 상반기부터 나타난 부채증가는 선박건조대금의 유입에 의한 것으로 자금수요를 완화시켰지만 완전히 충족시킬 수 없었다. 1943년 하반기부터 전시계획조선에 편입됨에 따라 신규 시설확장 및 전시계획조선에 의한 선박건조가 활발해진 것이 반영되어 고정자산 및 유동자산이 동반상승

105) 동 기간 조선중공업의 자기자본에 대한 부채비율은 평균 84%였다.

106) 『茗荷谷文書』 E78b; 조선식산은행은 1939년 말부터 군수적 관점에서 중요 공업으로 분류되는 업종에 대해 집중적으로 금융지원을 전담하고 있었다. 즉, 조선총독부 부령 17호 및 고시 제1009호에 의거 이른바 생산력확충이 필요한 공업분야에 대해 2억 원 한도 내에서 특별융자를 실시하고, 관련업무는 조선식산은행에 전담시키는 구조가 만들어졌던 것이다. 융자대상인 생산력확충 공업분야는 철강, 석탄, 경금속, 비철금속, 석유 및 그 대용품, 소다 및 공업염, 유산암모니아, 금, 펄프, 공작기계, 철도차량, 선박, 자동차, 양모, 전력의 생산에 관한 사업 및 이에 필요한 기초공업분야였다(野田經濟硏究所, 1940, p. 286; 吳斗煥, 1993, pp. 200~201).

하였고, 이로 인해 막대한 자금수요가 발생하였기 때문이다. 여기에 대해 조선중공업은 필요한 자금조달을 위해 800만 원을 증자하여 자본금을 1,500만 원으로 늘렸고, 1943년 하반기부터 1944년 상반기까지 50%인 400만 원이 불입되었다.

임시자금조정법에 의거하여 1943년 5월 조선총독부에 제출한 '자본증자 인가신청서'에서 조선중공업은 회사설립 후 인가신청서 제출 당시까지 투자된 투자비가 1,040만 원으로, 이 중 600만 원은 자본금 불입과 조선총독부 보조금을 통해서, 나머지는 440만 원은 식산은행의 차입금을 통해서 충당하였다고 보고하였다. 그리고 차입금 440만 원과 앞으로의 시설투자를 위한 새로운 자금수요 620만 원을 합친 총 1,060만 원에 대해서 1차적으로 800만 원의 증자를 통해 해결한다는 방침을 제시하였다. 구체적으로는 800만 원을 증자하여 기존 차입금 440만 원을 변제하고, 나머지 360만 원은 시설확충자금으로 사용할 계획이었다. 계획대로 자본을 공급하여도 시설확충자금 260만 원이 부족한데, 이것은 다시 차입하여 충당할 계획이었다.[107)]

그러나 대규모 증자를 통해 신규 시설의 확장자금을 조달함과 동시에 기존 차입금의 규모를 줄여 재무구조를 개선한다는 계획은 뜻대로 진행되지 못하였다. 〈표 3-22〉의 금융잔고에서 보듯이, 증자금 중 400만 원이 패전시까지 불입되었으나, 차입금은 오히려 늘어났다. 더욱이 이전과 달리 이 시기는 주로 단기차입금에 의존하였다는 점에서 자금유동성은 오히려 나빠지고 있었다. 결국 시설이 확장되고 조선이 전시계획조선 덕분에 활발해졌지만 동시에 발생한 막대한 자금수요는 증자라는 자기자본에 의한 공급수준을 넘어서는 것이었다. 증자를 통한 차입금 경감과 이를 통한 자금구조 개선의 목적은 달성할 수 없었고, 재무구조는 오히려 악화되고 있었다.

107) 『茗荷谷文書』 E78b.

## 2. 식민지 조선소의 한계

태평양전쟁기 전시계획조선에 참여한 것에 힘입어 그간 부진하였던 조선이 활발해졌음에도 불구하고 재무구조가 개선되기는커녕 악화되었다는 사실은 조선을 통해 이익을 내지 못하였음을 의미한다. 조선중공업의 내실을 파악하는 측면에서 그 상황을 좀더 자세히 살펴볼 필요가 있다. 조선중공업은 일본 전시계획조선에 편입되면서 시설확충과 배정된 선박의 건조가 계획대로 이루어진다면 연간 매출 2,400만 원, 170만 원의 순이익 –이익률 11.3%[108]– 을 올릴 것으로 기대하였다. 그리고 이에 힘입어 기존 5%의 배당률을 6%로 인상하는 것도 가능할 것으로 예측하였다.[109] 〈표 3-23〉은 이러한 전망하에 작성된 영업계획서이다.

수입의 대부분은 갑조선계획에 의해 산업설비영단으로부터 건조배정을 받을 D형 전시표준선 10척의 건조수입을 기초로 한 것이었다. 여기에 대해 앞서 확인하였듯이 실제 조선중공업에 배정된 전시표준선은 D형이 총 7척이었고, 그 외 소형인 F형이 4척 배정되었다. 그 중 D형은 패전까지 5척만 건조되었고, F형은 4척 전부 완성되었다. 그런데 조선중공업이 〈표 3-23〉의 계획서를 작성한 시점에서 1D형 2척은 이미 산업설비영단으로부터 배정받아 건조 중이었으므로 계획서의 10척에는 포함되지 않았다. 따라서 실제 계획 대비 실적은 10척의 계획에 대해 5척을 배정받아 3척을 건조한 셈이 된다. 한편, 조선중공업이 계획조선 외에 기대하고 있던 군과 조선총독부의 선박건조 수요는 주로 소형 함정 및 잡선이었고, 영업보고서에 의하면 상당수의 건조실적이 있었던 것으로 추측되지만, 군부의 정보통제로 인해 구체적인 기록이 확인되지 않는다.[110] 당시의 심각한 재생산조건의 제약을 감안

108) 자본금 1,500만 원의 전액 불입을 전제로 계산한 불입자본이익률이다.
109) 『茗荷谷文書』 E78b.
110) 1942년 하반기 일거에 42척의 잡선을 수주하였고, 1943년 상반기에 1척의 잡선을 수주하였다는 기록을 끝으로 이후 영업보고서에는 더 이상 구체적인 기록이 없다(조선중공업주식회사, 1942

**표 3-23 조선중공업 사업계획서(1944. 10~1945. 9)**

| 수입지부 | | | 지출지부 | | |
|---|---|---|---|---|---|
| 항목 | 금액(圓) | 비고 | 항목 | 금액(圓) | 비고 |
| 선박건조 | 19,100,000 | D형 전표선 10척 | 자재비 | 12,320,000 | |
| | | 군과 조선총독부 선박건조 | 동력비 | 400,000 | |
| 선박수리 | 4,000,000 | 함정, 官船, 상선 수리 | 설비유지비 | 960,000 | |
| 제기계제작 | 700,000 | 선박부분품, 기타 제작 | 임금 | 4,380,000 | 1시간 40원 |
| 투자수입 및 이자수입 | 80,000 | | 공원후생비 | 600,000 | |
| | | | 역원, 직원급여 | 765,000 | |
| 잡수입 | 100,000 | | 영업비 | 600,000 | |
| | | | 보험료 | 300,000 | |
| | | | 잡세, 공과금 | 100,000 | |
| | | | 잡비 | 120,000 | |
| | | | 지불이자 | 450,000 | |
| | | | 소계 | 20,995,000 | |
| | | | 상각금 | 1,300,000 | 법정한도 |
| | | | 계 | 22,295,000 | |
| | | | 이익금 | 1,685,000 | |
| 합계 | 23,980,000 | | 합계 | 23,980,000 | |

자료: 『茗荷谷文書』 E78b.

하면 이 정도로도 놀라운 건조실적이지만 〈표 3-23〉과 같은 조선중공업의 원래 기대에는 미치지 못하였고, 이익률은 〈표 3-24〉와 같이 훨씬 낮았다.

〈표 3-24〉를 보면 1942년 상반기에 비해 1944년 하반기의 매출액은 2배 이상 늘었다. 전시계획조선에 의해 산업설비영단으로부터 수주받은 전시표준선 건조가 영업성적으로 반영된 때문이다. 전시계획조선이 시작된 1943년부터 매출액에서 선박건조가 선박수리를 능가하기 시작하였다. 1943년 하반기부터는 『영업보고서』상으로 선박건조와 수리의 매출액 구분이 없어

下~1944下 참조).

**표 3-24 조선중공업의 매출액 및 이익률 현황** (단위: 圓)

| 회기 | 10기 (42上) | 11기 | 12기 (42下) | 13기 (43上) | 14기 (43下) | 15기 (44上) | 16기 (44下) |
|---|---|---|---|---|---|---|---|
| 공사수입 | 2,029,491 | 1,466,337 | 2,258,977 | 2,618,455 | 2,933,269 | 4,126,831 | 5,750,549 |
| 선박건조 | 931,598 | 10,230 | 654,300 | 1,281,794 | | | |
| 선박수리 | 794,348 | 1,425,176 | 1,576,246 | 1,279,699 | | | |
| 기타 | 303,544 | 30,931 | 28,431 | 56,961 | | | |
| 보조금 | | | | | 145,000 | 363,075 | |
| 당기이익 | 185,844 | 185,774 | 316,311 | 317,660 | 378,921 | 490,370 | 88,294 |
| 이익률(%) | 6.20 | 6.20 | 9.04 | 9.07 | 8.42 | 8.92 | 1.60 |
| 배당률(%) | 5 | 5 | 5 | 5 | 5 | 5 | 0 |

주: 이익률은 당기이익금/불입자본금.
자료: 조선중공업주식회사(1938上~1944下).

져서 확인되지 않지만, 1944년 조선중공업의 선박건조실적이 정점에 이른 것을 감안하면 매출액 향상을 선박건조가 주도하였던 것은 확실하다.[111] 그러나 전체 공사수입은 1944년 1년간 1,000만 원 미만으로 원래 기대하였던 액수의 절반에도 못 미치는 수준이었다.[112] 더욱이 이익률은 매출액의 급속한 증가에도 불구하고 오히려 하락하였다. 기존 9%대의 이익률은 1943년 하반기부터 8%로 떨어졌다. 이것도 선박건조보조금을 제외하면 1943년 하반기 5.2%, 1944년 하반기 2.3%에 불과하고, 최대의 매출액을 올린 1944년 하반기에는 보조금이 없어지면서 일거에 1%대로 추락하였다. 이익배당 역시 6%로 인상되지 못한 채 1944년 하반기에는 이윤을 내지 못함으로써 배당이 이루어지지 못하였다. 이것은 당시 일본의 조선회사와는 정반대의 양상으로, 예를 들어 미쓰비시중공업은 1944년 하반기 18%의 이익률에 7%의 배당,[113]

111) 다른 자료에 의하면 1944년 조선중공업은 총 767만 원의 매출액을 기록하였고, 이 중 선박건조가 450만 원, 선박수리가 307만 원, 기타 10만 원이었다(『閉鎖機關清算關係資料』).

112) 〈표 3-8〉의 계획은 1944년 하반기부터 1945년 상반기에 걸친 계획이고, 〈표 3-9〉는 1944년 상반기와 하반기의 실적이므로 시기적으로 일치하지 않는다. 그러나 계획대로라면 1944년 하반기에만 1,000만 원 이상의 공사수입을 내야 하지만 1944년 하반기 수입은 575만 원에 그쳤다.

113) 『三菱社誌-1943, 1944년』, pp. 2346, 2360; 미쓰비시중공업의 상승세는 1945년에도 꺾이지 않

播磨造船所(하리마조선소)는 55%의 이익률에 8%의 배당[114]을 실현하였다.

산업설비영단이 발주한 전시표준선을 건조하면서 활발한 생산활동을 전개하였으며, 그 반영으로 원래 목표치에 도달하지는 못하였지만 매출액이 급증하였음에도 불구하고 영업성적이 호전되지 못하고 오히려 이윤율이 급속히 하락한 원인은 무엇일까? 이윤율이 1%대로 떨어진 1944년 하반기의 제16기 영업보고서에는 그 원인에 대해 "신조선 및 수리, 잡공사의 실적이 전기(前期)보다 증가하였음에도 불구하고 당사(當社)의 지역적 특수성에 기인한 선가(船價) 증액요구가 미해결되었기 때문에 좌기(左記)와 같은 성적(이윤감소 및 설립 후 최초의 무배당－필자 주)에 그친 것은 심히 유감"이라고 서술하고 있다. 여기서 조선중공업이 당국에 선가 인상을 요구한 근거였던 '지역적 특수성'이란 식민지의 인플레이션 및 운송난이 심화되면서 일본에서의 자재공급이 원활하지 않아서 건조기간이 길어진 데 따른 추가비용을 의미한다. 이에 대해 해군함정본부는 최초의 '기준 건조 선가'를 결정할 때 한국, 대만, 만주의 조선소와 上海 등 점령지의 조선소에 대해서는 일본 조선소보다 선가를 10% 높게 책정하였다. 그러나 이것만으로는 태평양전쟁 말기로 갈수록 심해지는 인플레이션과 운송난으로 인한 채산성 악화를 감당할 수 없었고 결국 조선중공업은 건조 선가의 인상을 요구한 것이었다. 당시 선가 인상요구의 정황에 대해 해군함정본부 상선반 반장(商船班 班長)이었던 小野塚一郎(오노즈카 이치로)은 다음과 같이 기술하고 있다.

"선가(船價)에 대해 기준 선가의 변경을 희망하는 요구가 있었는데, 여기에는 물가고(物價高)의 외지(外地), 점령지조선소(占領地造船所)와 초기의 2E형 양산(量産)공장 외에 …… 몇몇 공장이 있었다. (그러나) 이들

---

았다. 1945년 2월 三菱工作機械株式會社(미쓰비시공작기계주식회사)를 합병한 것을 계기로 자본금을 10억 원으로 증자할 것을 결정하였고, 1945년 상반기 이익률은 15%, 7%의 배당이 실현되었다(三菱重工業주식회사, 『제56기 영업보고서』).

114) 『播磨造船所50年史』, 1960, p. 398.

모두 양산체제(量産體制)가 확립된 후로는 자연스럽게 문제가 해결되었다. 각 선형(船型) 모두 선가는 물가고의 추세에 연동되어 후기로 갈수록 높아졌지만 그것은 보기(補機) 등의 정도만큼 심하지는 않았다. 이것은 양산체제의 가장 좋은 영향이 나타난 것이라고 생각한다."[115)]

위의 사실에서 우선 조선중공업의 선가(船價) 인상요구가 일제 패전시까지도 받아들여지지 않았음을 알 수 있다. 그 이유는 오노즈카의 언급대로라면 해군함정본부가 인플레이션에 의한 건조비의 증가요인이 전시표준선의 양산체제 확립을 통해 건조비용을 절감함으로써 '자연스럽게' 상쇄된 것으로 판단하였기 때문이다. 그러나 이것은 일본 내 조선소의 상황으로서 일본 이외의 조선소의 현실과는 거리가 멀었다.[116)] 식민지의 인플레이션은 태평양전쟁 말기로 가면서 보다 심각해져 식민지 본국과 격차가 점차 커졌고,[117)] 운송난 역시 갈수록 심해졌다. 더구나 양산체제 확립을 통한 건조비용의 절감 역시 일본 이외의 조선소와는 거리가 있는 이야기였다. 일본 이외의 조선소에 주로 배정되었던 C, D형 전시표준선은 다른 전시표준선형에 비해 양산이 상대적으로 힘든 선형이었고 건조기간도 길었다.[118)] 더욱이 주자재인 강재를 일본으로부터 수입하였기 때문에 심화되는 운송난에 비례하여 공사기간은 더 길어질 수밖에 없었다. 조선중공업의 경우 300일이 걸리는 1D형 건조를 370일 만에 완성하였다.[119)] 인플레이션에 의한 선박건조비

115) 小野塚一郎(1962), pp. 229~230.

116) 실제로 일본에서는 블록건조방식 도입과 용접기술의 보급 등 건조기간 단축을 통한 대량생산체제 구축을 위해 특별한 방법이 도입되고 있었지만 식민지 조선소에까지 파급되지 않았다. 한국조선공업에 블록건조방식이 도입된 것은 1960년대였고, 용접기술은 한국전쟁기 보급되었다(韓國船舶研究所, 1978, pp. 50, 151).

117) 태평양전쟁기 일본 식민지 및 점령지역의 인플레이션은 본국에 비해 월등히 높았고, 전쟁 말기로 가면서 그 상황이 보다 심각해졌음을 지적하고 이것이 식민성의 대표적인 사례였음을 밝힌 주요 연구는 조선(朝鮮)의 경우 山邊健太郎(1971), 식민지 및 점령지 전체에 대해서는 小林英夫(1993)가 있다.

118) 식민지 조선소에 C, D형 전시표준선이 주로 할당되었음은 小野塚一郎(1962), pp. 139~146 참조. 전시표준선의 선형별 건조기간은 배석만(2005b) 참조.

용의 상승을 양산체제의 확립을 통한 건조비용 절감으로 상쇄한다는 해군 함정본부의 계획이 관철되기 힘든 구조였던 것이다. 또 대규모 시설확충이 지속되면서 필요한 자금의 상당부문을 차입금을 통해 충당하고 있던 것도 채산성 악화를 가중시켰다.

조선중공업은 제16기 영업보고서에서 다음 회기에는 선가 인상문제를 해결하고 선박수리공사도 급증하여 영업성적이 호전될 것으로 전망하였지만 그것은 희망사항에 불과하였다. 선가 인상은 이루어지지 못하였고, 1945년부터 늘어난 선박수리도 기대한 만큼 성과를 내지 못하였기 때문이다.[120]

오노즈카는 당시 일제가 식민지와 만주 및 점령지 조선소의 조선사업을 수행하는 데 최우선적으로 고려한 것은 전쟁수행을 위한 전략적 관점이었다고 증언하고 있다.[121] 조선중공업이 계획조선을 수행하면서 기업경영의 관점에서 선가 인상을 요구한 것이 수용되기는커녕 일제의 군사작전상의 변화에 의해 일방적으로 계획조선이 중단되면서 이미 배정받은 선박조차 모두 완공할 수 없었던 상황은 오노즈카의 언급이 사실임을 보여 준다.

조선중공업은 외형적으로 급속한 성장을 보였지만, 내실 있는 자본축적과는 거리가 멀었다. 후발 조선소로서 당연히 예상되는 저생산성과 한국의 산업적 토대의 미약함으로 인해서 재생산구조를 크게 일본에 의존해야 하는 식민지 조선소의 상대적 불리함은 조선의 채산성을 악화시켰다. 그리고 전황이 불리해지고 이에 비례하여 조달면을 중심으로 생산환경이 나빠지면서 채산성 악화는 보다 가속화되었다. 〈표 3-24〉에서 보듯이 생산이 최고조에 이르렀던 1944년 하반기에 이윤율이 1%대로 급락하고 이로 인해 설립 후 최초로 배당을 할 수 없었던 모순적 상황은 이를 잘 뒷받침한다. 이런 상황에서도 극단적 경영위기에 직면하지 않은 것은 국가적 특혜금융에 지

119) 憲兵司令部(1944. 9. 5).
120) 일제 패전 직전인 1945년의 선박수리 강화계획에 대해서는 배석만(2005b) 참조.
121) 小野塚一郎(1962), p. 277.

지된 덕분이었다. 이것은 바꿔 말하면 국가 차원의 지지가 없어질 경우 바로 경영위기에 봉착할 수 있는 허약한 내실을 가지고 있었음을 의미하는 것이다.

## Ⅶ. 맺음말

한국의 전시경제체제 구축을 이론적으로 뒷받침한 경성제대 교수 鈴木武雄(스즈키 다케오)은 패전 직후 한반도 남부에서 발전하였던 중화학공업을 언급하면서 경인지역의 금속기계공업, 삼척의 화학공업과 함께 부산의 조선공업을 지적하였다.[122] 일제 말 조선총독 小磯國昭(고이소 구니아키) 역시 훗날의 회고록에서 부산을 조선공업으로 대표되는 지역으로 기억하고 있다.[123] 부산지역 공업에 대한 일본인들의 이와 같은 인식과 기억은 중일전쟁과 함께 설립되어 급성장한 조선중공업의 존재에 크게 지배되었던 것임이 확실하다.

그러나 일제시기 일본인들의 기억과 달리 해방 후 한국인들은 부산의 공업을 중공업과 연계시키지도 않았고, 부산을 대표하는 공업 중 하나로 조선공업을 떠올리지도 않았다. 박정희정권기에 들어 조선공업에 새롭게 서광이 비쳤을 때 이 정권이 주목한 곳은 부산이 아니라 울산과 거제도였다.

인식의 이러한 변화는 조선중공업의 설립과 경영의 전개과정을 그대로 반영한 것으로 보아도 무방하다. 전시체제기 '민수'와 '군수' 양쪽 모두의 필요성에 힘입어 조선중공업은 설립과 함께 급속히 성장하였다. 그러나 자재, 기술, 시장 등 재생산조건을 일본에 의존하는 상황에서 일본으로부터의 공

122) 鈴木武雄(1947), p. 168.
123) 小磯國昭(1963), p. 764.

급력 약화가 조선중공업의 성장을 불완전한 것으로 만들었다. 이 상황을 전체적으로 정리해 보자.

1930년대 후반 함정수리를 위한 도크시설의 확보라는 군수적 요구와 한국에 필요한 대형선 건조 및 넘쳐나는 일본 내 조선수요라는 시장적 요구가 결합하여 산업적 기반이 없는 한국에 대형 조선소 건설이 현실화될 수 있었다. 즉, 군수시장, 한국 시장, 일본 시장이 결합하여 조선중공업이 설립된 것이다. 기술과 경영은 미쓰비시중공업에 전적으로 의존하였고, 필요자본은 미쓰비시와 동척이 주로 출자하였다.

태평양전쟁 전까지 조선중공업의 경영은 주로 해운업 호황에 연동한 대형 상선 건조를 중심으로 전개되었다. 따라서 이 시기 조선중공업은 군수회사라기보다는 시장에 연동된 보통의 민간조선소의 성격에 보다 가까웠다. 물론 함정을 수리할 대형 도크가 건설되어 유사시에는 언제든지 군수회사로 변모할 능력을 갖추었지만, 그것은 태평양전쟁 발발 이전에는 예상수요였을 뿐이었다. 비록 일본 해군의 진해 및 사세보 기지로부터 주문이 있었지만, 선박건조는 아니었고 조선중공업의 전체 생산에서도 큰 비중을 차지하지 못하였다.

태평양전쟁 발발 후 전시계획조선에 참여한 것은 조선중공업의 입장에서 새로운 기회였지만, 한편으로 해군의 직접통제를 받으면서 경영의 자율성이 제한되고 군수회사로서 성격이 강해졌다. 전쟁 전과 마찬가지로 화물선을 건조하였지만 해군의 이른바 '전시계획조선' 수행 조선소로 지정되어 전쟁동원을 위해 특별히 설계된 '전시표준선'을 생산하였다. 1945년에는 현역 해군중장이 사장에 취임하면서 군수회사의 성격은 보다 강해졌다고 할 수 있다.

그러나 한편으로 전시계획조선 참여는 해운업 호황에 힘입어 막대한 신조선 수주를 받고도 자재조달난으로 조선에 어려움을 겪고 있던 조선중공업에게는 중요한 전기가 되었다. 선체 조립에 국한되었던 조선소 시설을 확충하여 엔진제작에 이르는 일관생산이 가능한 완전한 조선소로서의 성장과 기존 기자재 조달난을 극복하고 조선실적의 뚜렷한 향상을 기대할 수 있었기 때문이다. 그리고 그 기대는 상당 부문 실현되었다. 그럼에도 불구하고 조선중공업의 성장은 불완전한 것이었다. 왜냐하면, 짧은 기간 동안의 급속한 성장은 일본에 대한 종속과 국가 의존에 힘입은 것이었기 때문이다. 앞서 살펴본 것과 같이 조선중공업의 성장은 일본에 대한 원료, 자재, 기술(인력), 시장의 보다 큰 의존을 전제로 하였다. 즉, 조선총독부의 통제범위를 벗어나 일본 기획원이 구축한 생산력확충계획, 해군함정본부의 전시계획조선의 직접적 통제시스템 속에서 성장이 가능하였다. 그러나 전황이 불리해지면서 일본과의 경제적 연결이 약화되자, 여기에 비례하여 조선중공업의 경영도 악화되었다. 해방 후 조선중공업은 장기간 경영부진을 벗어나지 못하였다. 국가의 지원은 있었으나 일본에 의존하지 못하게 되면서 원료, 자재, 기술(인력), 자본, 시장을 충분히 제공받을 수 없었기 때문이다. 동 회사의 부흥이 본격화되는 것은 한일 국교정상화와 미쓰비시중공업에 의한 시설확충이 시작되는 1960년대 후반부터였다.

요약하면 조선중공업은 군수의 슬로건과 민수의 요구가 결합하여 설립되었으나, 태평양전쟁이 발발하기 전에는 민수가 조선의 중심이었다. 그리고 태평양전쟁 중에는 전시계획조선에 참여하면서 군수의 비중이 커졌다. 조선중공업은 일제 말 중공업의 급격한 성장을 보여 주는 것이지만, 일본에 대한 재생산조건의 의존 및 국가의 지원을 전제로 한다는 점은 약점이자 성장의 미완성을 초래하였다. 해방으로 인한 일본경제와의 단절은 조선중공업이 장기간 회복되지 못하는 주요한 요인이었다. 이것은 일제시기 조선공업의 메카로 기억되던 부산이 해방 이후 그 명성을 이어가지 못한 이유이기도 하다. 조선중공업의 사례는 1930년대 후반부터 본격화된 부산지역 공업화, 나아가 식민지 공업화, 특히 전시체제기 중화학공업화의 한 단면을 보여 준다고 할 것이다.

## 참고문헌


國民經濟研究協會, 「生産力擴充計劃ト其ノ實績(1946)」, 『生産力擴充計劃資料』 9, 現代資料出版, 1996.

국제신문.

金在瑾, 「日政時代의 造船業」, 大韓民國學術院, 1987.

企劃院, 「昭和14年度生産力擴充實施計劃-船舶(1939)」, 『生産力擴充計劃資料』 3, 現代史料出版, 1996.

______, 「昭和15年度生産力擴充實施計劃-船舶(1940)」, 『生産力擴充計劃資料』 4, 現代史料出版, 1996.

______, 「昭和16年度生産擴充實施計劃-船舶(1941)」, 『生産力擴充計劃資料』 5, 現代史料出版, 1996.

______, 「昭和17年度生産擴充實施計劃-船舶(1942)」, 『生産力擴充計劃資料』 7, 現代史料出版, 1996.

______, 「昭和18年度生産擴充實施計劃-船舶(1943)」,『生産力擴充計劃資料』 8, 現代史料出版, 1996.

김인호, 『식민지 조선경제의 종말』, 신서원, 2000.

臺灣船渠株式會社, 『주주명부』.

大塩武, 『日窒コンツエルンの研究』, 日本經濟評論社, 1989.

『大韓造船公社30年史』, 1968.

東洋拓殖株式會社, 『帝國議會說明資料―業務概要』, 1938. 12.

「東拓鑛業株式會社ノ朝鮮電氣製鋼株式會社株式引受ノ件(1940. 7. 24)」, 『茗荷谷文書』 E53a.

「東拓鑛業會社關係朝鮮電氣製鋼株式會社株式引受ノ件(1940. 2. 22)」, 『茗荷谷文書』 E53c.

「東拓ノ朝鮮重工業株式會社株式引受ノ件(1937. 6. 21)」, 『茗荷谷文書』 E45b.

「東拓ノ朝鮮重工業株式會社增資新株引受ノ件(1940. 10. 21)」, 『茗荷谷文書』 E75.

鈴木武雄, 「獨立朝鮮經濟の將來」, 大臧省管理局, 『日本人の海外活動に關する歷史的調査』 第11册, 朝鮮編 第10分册, 1947.

麻島昭一, 『戰間期住友財閥經營史』, 東京大學出版會, 1983.

_______, 『三菱財閥の金融構造』, 御茶の水書房, 1986.

『每日申報』.

박영구, 『근대 부산의 제조업 1900-1944: 통계와 발전』, 부산발전연구원, 2005.

_______, 「전시기(戰時期) 부산 제조업회사의 성격 변화, 1937-1945」, 『지역사회연구』 제16권 제2호, 한국지역사회학회, 2008.

배석만, 「朝鮮汽船株式會社의 경영자료 분석」, 『항도부산』 21, 부산광역시사편찬위원회, 2005a.

_______, 「태평양전쟁기 計劃造船과 식민지 造船工業」, 『국사관논총』 107집, 국사편찬위원회, 2005b.

부산경남역사연구소, 『시민을 위한 부산의 역사』, 늘함께, 1999.

釜山日本人商業會議所, 『釜山日本人商業會議所年報』, 1907.

寺谷武明, 『造船業の復興と發展』, 日本經濟評論社, 1993.

山崎志郎, 「生産力擴充計劃資料の解說」, 『生産力擴充計劃資料』 1, 現代史料出版, 1996.

山邊健太郎, 『日本統治下の朝鮮』, 岩波新書, 1971.

森健吉, 『玉泉錄―森辨治郎追憶記』, 1941.

『三菱社誌』.

『三菱商事社史』, 1986.

三菱重工業주식회사, 『제56기 영업보고서』.

商工省, 「鐵鋼配給機構整備刷新ニ關スル件(1943. 6. 15)」, 『柏原兵太郎文書』 R18.

「生産力擴充委員會規程」, 『生産力擴充計劃資料』 3, 現代史料出版, 1996.

「生産力擴充委員會調査審議要領」, 『生産力擴充計劃資料』 3, 現代史料出版, 1996.

서일본기선주식회사, 『제1기 영업보고서』, 1941.

船舶部會 横浜, 『船舶史稿』 第19卷, 2000.

小磯國昭, 『葛山鴻爪』, 中央公論事業出版, 1963.

小林英夫, 『日本軍政下のアジアー大東亞共榮圈と軍票』, 岩波新書, 1993.

小野塚一郎, 『戰時造船史 · 太平洋戰爭と計劃造船』, 日本海事振興會, 1962.

「昭和14年度生産力擴充ニ要スル技術員, 職工及鑛夫ノ所要人員總括表」, 『生産力擴充計劃資料』 3, 現代史料出版, 1996.

孫兌鉉, 『韓國海運史』, 亞成出版社, 1982.

안병직 편, 『韓國經濟成長史-예비적 고찰』, 서울대학교 출판부, 2001.

安秉直 · 中村哲, 『近代朝鮮工業化의 硏究-1930~1945年』, 一潮閣, 1993.

野田經濟硏究所, 『戰時下の國策會社』, 1940.

吳斗煥, 「戰時工業化와 金融」, 『近代朝鮮工業化의 硏究-1930~1945년』, 일조각, 1993.

原朗, 「初期物資動員計劃資料解說」, 『初期物資動員計劃資料』 1, 現代史料出版, 1997.

原朗 編, 『日本の戰時經濟-計劃と市場』, 東京大學出版會, 1995.

尹鍾根, 『造船老技師의 메모』, 부산일보출판국, 1985.

「一般船舶造修狀況 17, 18호(1943. 11; 1943. 12)」, 『柏原兵太郎文書』 R33.

日本舶用機關學會 編, 『本邦建造船要目表(1868~1945)』, 海文堂, 1976.

日本造船學會 編, 『昭和造船史』 제1권(戰前 · 戰時編), 原書房, 1977.

日本海事振興會, 「戰時建造船成績調査(第1回報告其ノ一, 1944. 2)」, 『戰時海運資料』 no. 28.

「戰時金融金庫 · 朝鮮重工業(株)」, 『閉鎖機關淸算關係資料』.

정안기, 「戰間期 朝鮮紡織의 事業經營과 金融構造－'資金運用表' 작성에 의한 收支構造分析을 중심으로」, 『경제사학』 제30호, 2001.

帝國秘密探偵社, 『第14版大衆人事錄－外地, 滿洲, 海外篇』 제4권, 1943.

「第86回帝國議會說明資料－交通局關係(1944. 12)」, 『日帝下支配政策資料集』 4, 고려서림, 1993.

『朝鮮功勞者銘鑑』, 1935.

朝鮮工業協會, 『朝鮮工場名簿－昭和11年版』.

조선식산은행, 『식은조사월보』 제67호, 1943. 12.

朝鮮郵船株式會社, 『朝鮮郵船二十五年史』, 1937.

_______, 『영업보고서』, 1930下~1941下.

「朝鮮電氣製鋼株式會社設立趣旨書(1939. 9)」, 『茗荷谷文書』 E53b.

「朝鮮電氣製鋼株式會社二關スル件(1940. 7. 9)」, 『茗荷谷文書』 E53d.

「朝鮮重工業 3期 株主名簿」, 『茗荷谷文書』 E51a.

「朝鮮重工業 13期 株主名簿」, 『茗荷谷文書』 E78a.

「朝鮮重工業株式會社(本社釜山)」, 『茗荷谷文書』 E38.

조선중공업주식회사, 『영업보고서』, 1938上~1944下.

「朝鮮重工業株式會社株式引受ノ件(1937. 5. 24)」, 『茗荷谷文書』 E45a.

「朝鮮重工業株式會社株式買收ノ件(1939. 5. 24)」, 『茗荷谷文書』 E51b.

「朝鮮重工業會社增資ニ關する件(1943. 11. 12)」, 『茗荷谷文書』 E78b.

朝鮮總督府, 「朝鮮産業經濟調査會諮問答申書(1936. 10a)」.

_______, 「朝鮮産業經濟調査會諮問答申案試案參考書(1936. 10b)」.

_______, 「朝鮮重工業株式會社資本增加」, 『事業資金調整關係書類(乙)』, 1940.

______, 「朝鮮總督府時局對策調査會諮問答申書－第十四軍需工業ノ擴充二關スル件(1938. 9)」, 『日帝下支配政策資料集』 16, 高麗書林, 1993.

______, 「朝鮮總督府時局對策調査會諮問案參考書－軍需工業ノ擴充二關スル件(1938. 9)」.

______, 「朝鮮に於ける日本人企業概要調書」 no. 5, 1945.

朝鮮總督府交通局, 「極秘第57號, 朝鮮交通關係資料(1944. 4)」, 『戰時海運資料』 no. 44.

重要産業協議會 編, 『産業設備營團解說』, 東邦社, 1943.

中村資郞, 『朝鮮銀行會社要錄』 1923년판.

『播磨造船所50年史』, 1960.

韓國船舶研究所, 『우리나라 造船工業發達史』, 1978.

海軍艦政本部, 「E型船(內火)主機補機陸上豫備品製造配布ノ件通知」, 『戰時海運資料』 no. 38.

海運局, 『海運十年略史』, 1955.

憲兵司令部, 「甲造船及船舶修理ノ狀況(1944. 9. 5)」, 『戰時海運資料』 no. 32.

호리 가즈오, 『한국 근대의 공업화－일본 자본주의와의 관계－』, 전통과현대, 2003.

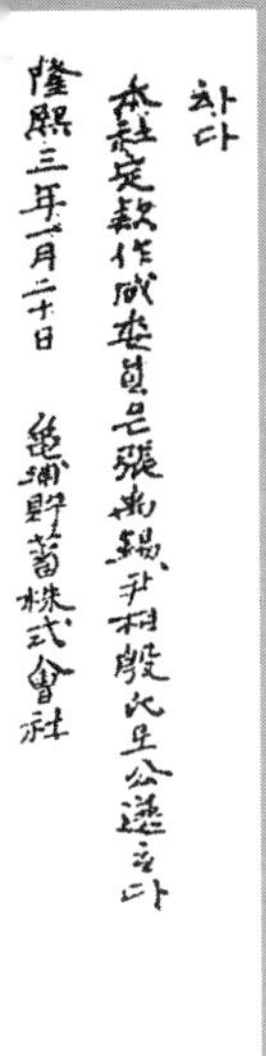

# 제2부 기업환경과 기업가단체

4

# 은행가와 금융

구포저축주식회사 창립총회 결의록(1909. 1. 20)

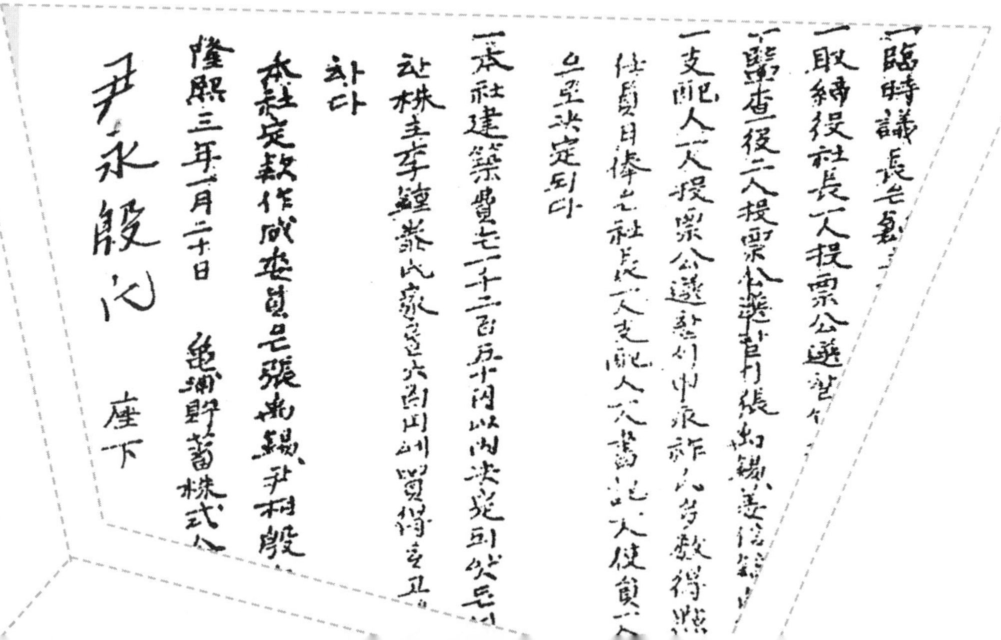

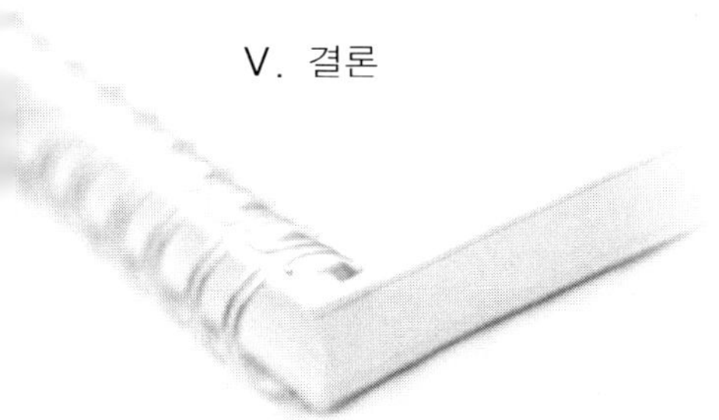

# 은행가와 금융

## Ⅰ. 서론

우리나라에서 근대적인 은행이 최초로 들어선 곳은 1878년의 부산이다. 일제는 강화도조약이 겨우 2년 지난 시점에 부산에 제일은행(第一銀行)의 출장소를 설치하였다. 아직 산업혁명 단계를 거치지 않은 일본이 한국에서의 상권 확장을 위해서는 진출의 전초기지인 부산에 자금을 원활하게 융통하는 금융기관의 설치가 절실하였던 것이다.

제일은행은 그 후 원산(1880), 인천(1883), 서울(1885: 1905년 한국총지점으로 승격), 목포(1898), 진남포(1903), 군산(1903) 등에 지점 또는 출장소를 설치하였고, 국고금 취급과 화폐발행을 계기로 화폐정리사업(貨幣整理事業, 1905) 이후에는 중앙은행으로서의 역할까지도 도맡았다. 이 밖에도 일본 長崎의 十八銀行과 長崎貯蓄銀行, 大阪의 五十八銀行 등도 개항장에 지점을 설치하였다. 일본의 은행들이 진출하자 한국인도 최초의 은행인 조선은행(朝鮮銀行, 1896)을 비롯하여 한흥은행(韓興銀行), 대한은행(大韓銀行), 제국은행(帝國銀行) 등을 설립하였다. 하지만 이들 은행은 단명에 그쳤다.[1] 경영의 지속성면에서 의미 있는 최초의 한국인 은행은 1897년 설립된 한성은행(漢城銀行)

1) 이들 은행에 대한 보다 자세한 내용은 趙璣濬(1973), pp. 109~113을 참조.

이었고, 1899년에 설립된 대한제일은행(大韓天一銀行)과 1906년의 한일은행(韓一銀行)이 그 뒤를 이었다.[2)]

한편, 강제병탄 이후 제일은행(第一銀行)은 식민지 중앙은행의 자리를 조선은행에 내어 주고 지점은행으로서 명맥을 유지하였는데, 화폐정리사업 이후의 금융경색을 완화하기 위해 설립된 경상농공은행(慶尙農工銀行), 지방금융조합(地方金融組合) 등을 제외하면 부산에서는 아직 민간은행의 설립이 가시화되지 않고 있었다. 한국에서 일반은행의 설립이 본격화된 것은 1912년「銀行令」이후의 일이다. 은행령 공포 이후 전국에서 은행설립 붐이 일기 시작한 것과 때맞추어 부산에서도 민간인에 의해 오늘날의 일반은행에 해당하는 보통은행들이 창립되었다. 그렇지만 부산에 근거를 둔 은행들은 1920년대 들어서 불황의 직격탄을 맞아 재무구조가 악화되거나 총독부의 은행합병정책에 의해 타지역의 은행에 합병되기 시작하여 1935년을 끝으로 부산에서 자취를 감추었다. 부산에서 본점은행 시대가 다시 열린 것은 그로부터 32년이 지난 1967년의 일이었다.

식민지기 부산에서도 특수은행인 조선은행이나 조선식산은행(朝鮮殖産銀行), 금융조합 등이 일반은행의 업무를 영위하였기 때문에 적지 않은 비중을 차지하고 있었다. 어떤 측면에서는 일제하에서 특수금융기관의 비중이 비대하였다는 점이 식민지 금융의 특징적 현상이라고 할 수 있다. 그러나 부산의 기업인 및 금융계 인사들의 경제활동과 밀접한 관계를 맺으면서, 당시의 부산지역 경제와 금융의 특징을 단적으로 보여 준 것은 역시 보통은행

2) 한성은행은 2006년 4월에 신한은행(新韓銀行)과 통합한 조흥은행(朝興銀行)의 전신이고, 대한천일은행은 1999년 1월 한일은행(韓一銀行)과 합병하여 한빛은행으로 되기 직전까지 존재하였던 한국상업은행(韓國商業銀行)의 전신이다. 한빛은행은 2001년 우리금융지주에 편입되었는데, 이로써 우리나라 기업의 창업기에 설립된 은행들은 아쉽게도 명칭까지 완전히 바뀌어 그 흔적을 찾아보기 힘들게 되었다. 일제하에 설립되었던 한일은행은 1931년에 호서은행(湖西銀行)을 흡수하여 동일은행(東一銀行)이 되었고 1943년에는 한성은행(漢城銀行)과 함께 조흥은행으로 신설되었다. 그러므로 1932년 설립된 (주)조선신탁((株)朝鮮信託)을 모체로 해방 후 복잡한 합병과정을 거쳐서 1999년까지 존립한 한일은행과는 다르다. 뒤의 한일은행은 1998년 금융위기 때 한국상업은행과 대등한 합병을 거쳐 1999년 한빛은행이 되었다가 현재는 우리은행이란 상호를 달고 있다.

과 관련되어 나타나는 모습이라고 할 수 있다. 조선은행이나 조선식산은행 등의 특수은행과 일본에서 진출한 지점은행들의 비중이 지역금융에서 적지 않은 비중을 차지하고 있었지만, 이 기관들의 지점장이나 출장소장들은 관리인에 지나지 않았다. 이러한 관점에서 본고에서는 부산에서 본점은행 시대가 열리는 시기부터 부산상업은행(釜山商業銀行)이 매수 · 합병되어 본점은행 시대가 마감되는 1935년경까지 은행설립과 경영, 합병과정에 나타난 특징 및 은행설립과 경영에 관여한 인물들을 중심으로 본점은행의 실태를 살펴보고자 한다.[3] 둘째, 해방되는 시기까지 부산지역의 금융이 전국에서 어떠한 위치를 차지하고 다른 대도시에 비해 어떠한 특징을 띠고 있었는지 통계를 통하여 구체적으로 이해하고자 한다.

## Ⅱ. 은행령과 본점은행 시대의 개막

### 1. 본점은행 설립의 특징

일제로부터 해방될 때까지 부산에 있었던 금융기관에 대해서 먼저 정리해 보자. 우리나라에서 근대적 금융기구를 창출하기 위한 노력이 시작된 것은 19세기 말부터이지만,[4] 정화의 준비부족과 일본의 압력으로 그다지

3) 은행가의 사전적 의미는 은행을 경영하는 사람이다. 그런 의미에서 은행설립의 발기인이다. 주주가 모두 은행가라고 할 수 없겠지만, 본고에서는 한국 기업의 창업기에 이들이 차지한 중요성에 비추어 편의상 은행가로 정의하고 논의를 진행하기로 한다.

4) 1890년대부터 근대적 화폐제도를 수립하기 위한 움직임이 시작되었는데, 1891년에는 최초로 은본위제도를 근간으로 하는 新式貨幣條例가 공포되었고, 1894년에는 신식화폐발행장정이 발포되었다. 그러나 정화준비가 부족하고, 근대적 금융기관의 설립이 동반되지 않았으며, 수구파의 반발, 외국의 압력 등으로 좌절되었다. 1901년에는 금본위제를 근간으로 하는 화폐조례, 1902년 중앙은행조례, 태환은행권조례가 발포되었지만 소기의 목적을 달성하지 못하였다.

큰 성과를 거두지 못하였다. 우리나라에서 근대적 화폐 · 금융제도의 실질적인 도입과 근대금융기관들의 기본 체계가 갖추어지기 시작한 것은 백동화(白銅貨)인플레이션 해소와 재정개혁의 일환으로 1905년에 실시된 화폐정리사업을 계기로 한다.[5)]

〈표 4-1〉은 강제병탄 이전에 형성된 금융기구를 요약 · 정리한 것이다. 표를 보면, 화폐정리사업으로 인해 피해를 입은 한국인의 금융경색(전황)을 완화하는 과정에서 여러 형태의 금융기관들이 도입되고 있음을 알 수 있다. 〈표 4-1〉에 한성공동창고주식회사(漢城共同倉庫株式會社)를 포함한 것은 "지방금융의 경색을 우려하여 동산 및 부동산담보를 행하거나 혹은 신용으로 상민에게 원료품 구입 자금을 공급"하여 "금융의 편리를 도모"하는 등 금융기관의 기능을 일시적이나마 수행하였기 때문이다.[6)] 창고회사는 1905년 10월 평양을 필두로 전주, 충주, 대구, 광주, 진남포, 수원에 설치되었는데 농공은행이 창립되면서 대출이 중단되었다.[7)] 동양척식주식회사는 이민기관이었지만 1909년 5월 대부규칙이 허가[8)]되어 예대출을 하였기 때문에 금융기관에 포함시켜 두었다.

개항 이후 강제병탄에 이르는 시기에는 부산에도 여러 종류의 금융기관의 지점 및 출장소가 존재하였다. 우리나라에서 최초의 은행은 1878년에 부산에 설치된 제일은행 지점이었다. 하지만 한 언급에 따르면, 개항과 함께 곧바로 부산에 은행이 들어선 것으로 보인다. 즉, 개항연도인 1876년에 일본인 大倉喜八郎과 제일은행 두취 澁澤榮一이 합자하여 자본금 5만 원으

5) 일본에서 진출한 사립은행인 제일은행은 1902년 부산지점에서부터 제일은행권을 발행하기 시작하였고(柳子厚, 1910, p. 468), 1905년 1월에는 국고금 취급과 화폐정리사업에 관한 일체의 사무를 맡게 되었는데(大藏省, 1939, pp. 89~90, 106), 1905년 3월에는 칙령 제73호에 의하여 중앙은행의 역할이 부여되었다(澁澤榮一, 1908, pp. 341~345).

6) 조선은행(1919), p. 26; 山口精(1910), p. 179.

7) 조선은행(1919), p. 26. 한성공동창고주식회사는 1912년 4월 1일에 조선상업은행(대한천일은행에서 1911년 2월 11일자로 주식회사 조선상업은행 개칭)에 합병되었다(한국상업은행, 1957, pp. 6~8).

8) 山口精(1919), pp. 94~95.

**표 4-1** 강제병탄 이전의 금융기구

| 관계법령 시점 | 금융기관 | 적용법령 | 비고 |
|---|---|---|---|
| 1905. 3 | 제일은행 한국지점 | 칙령 제73호(株式會社第一銀行ノ韓國ニ於ケル業務ニ關スル件) | 1878년 진출, 중앙은행, 일본 국내법 |
| 1905. 9 | 한성공동창고주식회사 | 度支部令 제14호(공동창고회사조례) | |
| 1905. 9 | 어음조합 | 탁지부령 제16호(어음조합조례) | |
| 1906. 3 | 한국인의 보통은행(대한천일은행, 한성은행, 한일은행) | 勅令 제12호(은행조례) | |
| 1906. 3 | 農工銀行 | 칙령 제13호(농공은행조례) | |
| 1907. 5 | 일본인의 보통은행(제일은행, 십팔은행(1890 진출), 백삼십은행(1892 진출), 오십은행(1892 진출), 周防銀行(1908년 진출), 밀양은행(1907년 설립)) | 통감부령 제20호(韓國ニ於ケル銀行業ニ關スル規則) | 五十銀行은 1909년 百三十銀行에 합병됨. 密陽銀行은 본점은행임. |
| 1907. 5 | 지방금융조합 | 칙령 제33호(지방금융조합규칙) | |
| 1908. 8 | 동양척식주식회사 | 법률 제63호(동양척식주식회사법) | 일본 국내법 적용 |

자료: 山口精(1910), pp. 94~95; 鈴木武雄(1940), p. 106; 朝鮮銀行(1919), pp. 25~28.

로 부산의 일본인 거류지에 사립은행 형식의 기관을 창립하였는데, 이 은행이 2년 후 제일은행 부산지점으로 발족하였다고 한다.[9] 일본의 기업인들은 한국 시장에 진출하기 위하여 무엇보다도 부산에 은행 설치의 필요성을 절감하였던 것이다.

9) 박원표(1969), p. 18.

**표 4-2** 일본계 은행 지점 자본금 및 지점 원금(1919년 12월) (단위: 만 원)

| 구분 | 第一銀行 | 十八銀行 | 百三十銀行 | 周防銀行 | 慶商農工銀行 |
|---|---|---|---|---|---|
| 본점 | 東京 | 長崎 | 大阪 | 山口縣 | 大邱 |
| 자본금 | 1,000 | 300 | 500 | 125 | 20 |
| 한국 지점 원금 | 300 | 115 | 70 | – | – |

자료: 朝鮮總督府(1912a), pp. 778~779, 817.

그 외에도 1910년까지 부산에는 일본의 百三十銀行(1893년 9월), 十八銀行(1896년 7월), 周防銀行(1908년 7월)이 지점을 설치하였다. 또한 산업금융을 담당하는 경상농공은행은 十八銀行과 같은 시기에 초량출장소를 열었으며, 1910년 5월에는 조선은행 부산출장소가 문을 열었다.[10] 따라서 일제에 의한 병탄 지전까지 부산에는 제일은행을 비롯하여 당시로서는 적지 않은 6개 은행이 개점하였다. 그러나 모두 지점 및 출장소였기 때문에 본점은행 시대는 1910년대를 기다리지 않으면 안 되었다. 〈표 4-2〉는 부산에 진출한 은행 및 경상농공은행의 자본금과 원금을 표시한 것인데, 일본계 은행들이 한국 시장에 진출하기 위해서 적지 않은 자금을 한국에 투입하고 있음을 볼 수 있다.

우리나라에서 근대금융체제의 틀이 형성되기 시작한 것은 1905년 이후이지만 금융기관이 본격적으로 양적 · 질적 발전을 이루어 간 것은 일제하였다. 〈그림 4-1〉은 일제시기에 우리나라에 있었던 금융기관을 당시의 분류에 따라서 정리한 것이다. 오늘날 우리나라 금융기관의 분류에 비하면 비교적 간단하지만 아래의 틀은 해방 이후에도 기본적으로 유지되어 온 것이다. 〈그림 4-1〉에 보이는 금융기관들 중 부산에 존재하였던 본점 및 지점에

10) 박원표(1969), p. 19. 1906년 1월부터 서울에서 한성어음조합이 업무를 개시하고 평양(1906년 3월), 대구(1906년 11월), 진주(1906년 11월), 광주(1907년 5월), 전주(1907년 1월) 등지에 어음조합이 조직되었지만 부산에는 없었다. 부산에 어음조합이 없었던 것은 大倉喜八郞이 이미 1876년에 은행을 창립하고 1877년에는 오늘날의 동광동 자리에 어음거래소를 설치하였기 때문이라고 한다(朴元杓, 1969, p. 20).

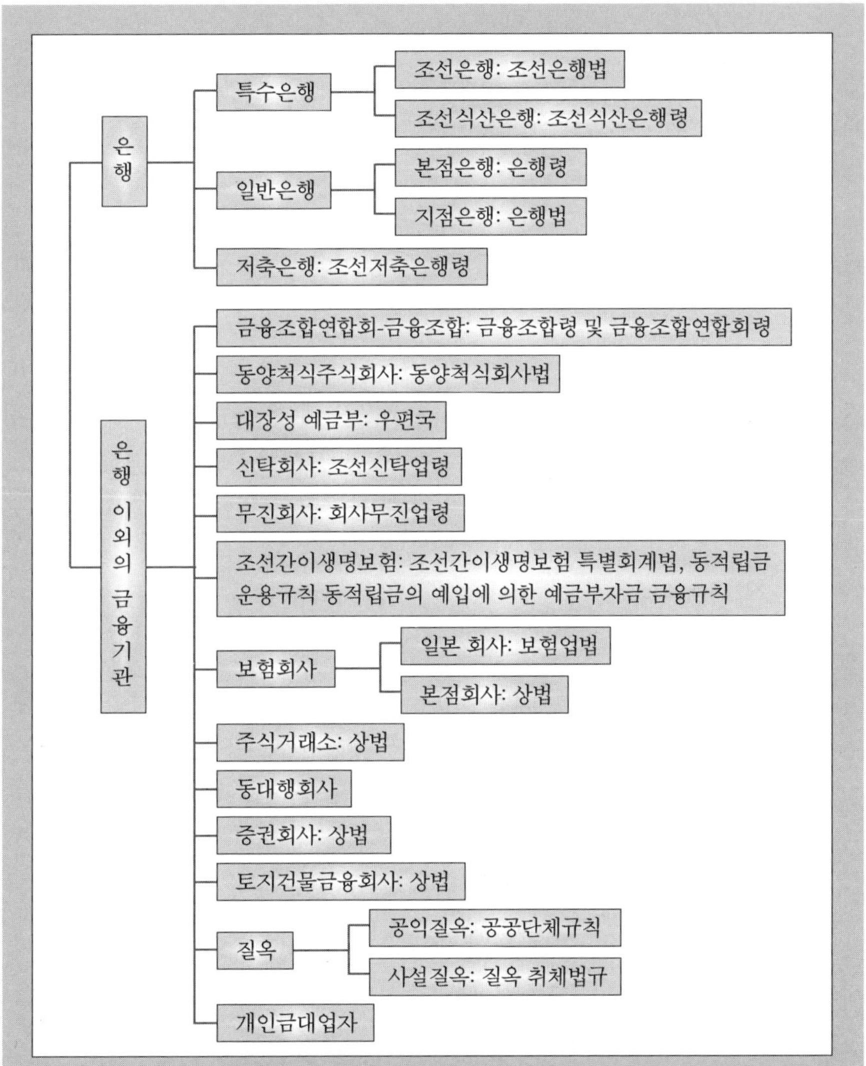


**그림 4-1** 일제하의 금융기관

자료: 鈴木武雄(1940), pp. 68~69; 姫野實 編(1940), p. 363.

관한 추이를 정리하면 다음과 같다.

일제시대에 현재의 국내에 본점이 있는 일반은행에 해당하는 것이 본점은행이다. 본점은행이 본격적으로 설립된 것은 1910년대 이후인데, 특히 1912년의 은행령이 은행설립을 촉진하는 계기로 작용하였다. 조선총독부가 1912년에 은행령을 만든 이유는 〈표 4-1〉에서 보았듯이, 한국인이 설립한 보통은행은 「銀行條例」, 일본인이 설립한 은행은 「한국에서의 은행업에 관한 규칙」(韓國ニ於ケル銀行業ニ關スル規則)으로 각기 다른 법령의 규제를 받고 있어서 한국인과 일본인의 "합동경영은행의 설립"을 위해 준거를 통일할 필요가 제기되었기 때문이었다고 한다.[11] 이에 총독부는 1912년 10월 제령 제5호로 은행령 및 부령(府令) 제26호 동령 시행규칙을 제정 · 공포하였다.[12] 두 법령을 통일한 은행령은 일반은행 업무를 규정하여 일정한 기준을 채우지 못하면 금융기관을 운영할 수 없게 하였기에 은행설립을 촉진하였다. 즉, 은행령은 "제1조 점포를 공개하여 영업하면서 증권의 할인, 환사업, 또는 예금 및 대부를 하는 자를 은행이라고 한다"고 규정하고, "제2조 은행업은 조선총독의 허가를 받지 않은 경우 영업을 할 수 없다"고 하였다. 은행조례에서는 어음할인에 대한 규정이 없었고,[13] 일본인 은행에 적용되는 한국에서의 은행업에 관한 규칙에는 은행업에 대한 명확한 정의가 없었다.[14] 그런데 은행령은 은행의 주요 업무를 증권할인, 환, 예금 및 대부로 정의하고 총독부의 허가를 받도록 하였기 때문에, 기존의 대부업체나 유사은행들은 예금이나 어음(手形)할인에 의한 자금조달이 어려워져 은행으로 전환하지 않을 수 없었다. 또한 은행령은 대금회사뿐만 아니라 그 고객의 자금난을 야기함으로써 은행설립을 촉진하는 효과를 가져왔다.[15]

11) 朝鮮總督府(1912b), pp. 155~156.
12) 朝鮮總督府(1912b), p. 165; 朝鮮殖産銀行(1942), p. 20.
13) 은행조례는 총 15조로서 은행의 업무, 설립, 영업시간, 휴업, 정관변경, 대리점 설치 및 폐지와 위치변경, 채권발행, 영업보고서 작성 등 거의 모든 사항에 대해 탁지부대신의 허가를 받도록 되어 있었다(大藏省, 1939, pp. 128~129; 山口精, 1910, pp. 128~130).
14) 전문 20조의 이 규칙의 내용에 대해서는 山口精(1910), pp. 118~124 참조.

이리하여 1912년 이후 많은 은행들이 설립되기 시작하였는데, 1921년 상반기에는 식민지기에 가장 많은 21행에 달하였고, 지점 및 출장소수도 45군데에 이르렀다.[16] 은행설립은 은행령이 공포된 1912년과 1913년 및 제1차 세계대전으로 인해 호황이었던 1916년 이후에 집중된다. 1912년과 1913년에는 전국에 7행이 설립되었지만 1914년과 1915년에는 불황으로 은행설립 신청이 불허되거나 설립신청이 거의 없다가 1918년 이후 1920년대 초의 기간 동안에 무려 10행이 설립되었다.[17] 1910년대의 은행설립은 회사령과 마찬가지로 허가제였지만 총독부는 은행설립에 대해서는 대체로 유화적 태도를 갖고 있었는데, 그 이유에 대해서 文定昌은 ① 식민지의 화폐경제를 촉진시켜 일본 상품시장으로 발전시키고, ② 한국인들이 은행설립을 위해 일본계 은행에서 토지를 담보로 자금을 차입하도록 하여 일본의 토지수탈과 일본 금융자본의 발전에 도움이 되도록 하기 위한 것, ③ 한국인의 은행설립을 인가하여 친일세력을 양성하고 자산을 노출시켜 비경제부문, 특히 독립운동 자금화를 막기 위한 것이라고 하였다.[18] 이 중에서 맨 마지막의 정치적 요인도 은행설립 허가의 한 원인이었겠지만,[19] 주된 원인은 역시 경제적인데 있었다. 1913년 조선상업회의소연합회와 인천상업회의소가 원활한 자금공급기관의 설립을 총독부에 요청하거나,[20] 1920년대 초까지 각지에 20여

15) 이영훈 · 배영목 등(2004), pp. 161~162.

16) 朝鮮總督府(1939년조), p. 34. 1921년 상반기에 조선은행과 조선식산은행의 특수은행을 합하면 23행, 지점 및 출장소 107군데였다. 그러나 조선은행과 조선식산은행의 지점 및 출장소 각각 10개, 52개 총 62군데를 제외하면, 보통은행의 지점 · 출장소는 45군데에 지나지 않았다(조선총독부, 1939년조, pp. 30~32, 34). 이들 특수은행이 일반은행의 업무도 겸하고 있었기 때문에 그만큼 일제 치하에서는 금융기관의 정상적 발전이 어려웠다고 할 수 있다.

17) 김호범(1991), pp. 94~98.

18) 文定昌(1966), pp. 164~165.

19) 예를 들면, 3 · 1운동 이후 경남은행의 윤상은과 문상우 등 임원들이 상해임시정부에 거액의 독립운동자금을 조달한 예가 이에 해당한다. 부산경남의 자산가들은 경남은행의 협조를 얻어서 약속어음으로 대출하여 상해임시정부에 송금하였는데, 이를 눈치챈 일경들의 조사가 심해지자 윤상은은 은행을 사직하고 일본 유학을 결심하였다고 한다(윤상은, 1979; 조흥은행, 1997, pp. 156~157).

20) 波形昭一(1985), pp. 446~447; 배영목(1990), pp. 177~178에서 재인용.

개의 본점은행이 설립된 것으로 볼 때 식민지 사회의 화폐경제화의 진전과 경제규모의 양적 팽창이 주요한 배경으로 작용하였던 것임을 이해할 수 있다. 뒤의 분석에서 보겠지만, 자금의 안정적 조달기구가 필요하였다는 점에서 한국인 기업가들도 은행설립에 매우 적극적이었던 것이다.

1920년대 초까지 설립된 은행들의 특징을 살펴보면, 첫째 은행령의 의도대로 한국인과 일본인의 합자가 이루어지고 있고, 한국인이 설립을 주도한 은행에 일본인이 지배인으로서 고용되는 경우도 있다. 그렇지만 발기인에 포함된 주요 인물들을 살펴보면, 경영면에서 한국계와 일본계로 명확하게 나누어지는 것을 알 수 있다.

둘째, 은행설립에 관여한 주요 인물들을 분석하여 보면, 한국인들은 대부분 지주이거나 미곡상 등 상업활동을 통해서 부를 집적한 자들이고, 일본인은 한국에 진출한 이후 상공업을 통해서 재산을 축적한 후 은행경영에 투신한 것으로 파악된다.

한국계 은행의 설립자들을 살펴보면, 강제병탄 이전에 설립된 한성은행, 대한천일은행 등은 대체로 구한국 조정의 고급관료 및 귀족세력과 연결되어 있었지만, 1910년대에 설립된 은행의 발기인 및 대주주 · 경영인들은 앞 시기의 설립자들보다 서민적 색채가 강하였다. 물론 이들 중에서 대구은행(大邱銀行)의 정재학을 비롯한 7인, 경일은행(慶一銀行)의 대주주였던 장길상 · 장직상과 같은 인물들은 양반지주로서 은행경영에 참여하였다. 그러나 이들은 기본적으로 지방의 대지주로서 지방관리를 지낸 것에 지나지 않아서 상대적으로 귀족적 성격이 희박하였다. 또한 삼남은행(三南銀行)의 박기순과 같이 미곡상을 비롯한 상업활동을 통해 재산을 축적한 후 지주로 변신한 사람, 호서은행(湖西銀行)의 김진섭처럼 상공업을 경영하면서 곧바로 은행설립에 참여한 사람도 적지 않았다.[21] 따라서 당시에 은행설립과 경영에

21) 이상의 예들은 고승제(1970), pp. 197~202, 210~213, 241~244, 268; 서광운(1972), p. 666 등을 재해석한 것임.

관여한 지주들은 대체로 개항기 이후에 급속히 성장한 신흥지주들로서 상공업자와 함께 식민지 경제의 화폐경제화의 진전에 적극적으로 대응해 간 세력이었다고 평가할 수 있다. 이러한 점에서 당시에 설립된 은행들은 인적이나 자금적인 면에서 식민지 정부와는 관계가 없는 거의 완전한 민간은행이었다.[22)]

이상에서 요약한 바와 같이 일제시기에 창립된 은행과 은행설립 및 경영에 관여한 인물들의 특징은 부산지역의 경우에도 예외가 아니었던 것으로 나타난다.

### 2. 부산지역 은행의 창립

부산에 본점을 둔 보통은행으로서는 구포은행(龜浦銀行: 후의 慶南銀行), 동래은행(東萊銀行), 주일은행(主一銀行), 부산상업은행(釜山商業銀行)의 총 4개 은행이 설립되었다. 일제시기에 부산에서 은행이 4개나 설립된 것은 개항 이후 일본과의 교역으로 부산이 급성장하면서 경남지역 지주자본의 집결지가 되었기 때문이다. 1920년 당시 경남에서 10만 원 이상 소유한 한국인 자본가는 총 247명으로 경기, 전남 다음으로 많았는데, 이들 중 무려 130명이 부산부에 가까운 마산부, 동래군, 양산군, 김해군, 울산, 밀양, 함안, 창원, 의령에 근거지를 두고 있었다.[23)] 한편, 이 네 은행 중에서 구포은행과 동래은행에 관한 금융자료는 연구자들에 의해 발굴되어 두 은행의 설립과정과 영업내용, 그리고 합병과정 등이 이미 상세하게 밝혀진 바 있다.[24)] 그러므로 여기에서는 기존의 연구성과를 간략히 요약하면서 나머지 두 은행, 즉 부산상업은행과 주일은행을 포함하여 4개 은행의 설립에 나타난 특징에 대해서

22) 堀和生(1985), p. 30.
23) 오미일(1995), p. 15.
24) 차철욱(2001), pp. 5~43; 김동철(2001), pp. 45~80; 김동철 · 차철욱(2002), pp. 3~62.

종합적으로 살펴보기로 한다.

첫째, 〈표 4-3〉을 보면, 부산의 은행들도 은행령을 전후한 시기와 제1차 세계대전 말기에 설립된 것으로 나타난다. 즉, 구포은행과 부산상업은행은 은행령 공포를 계기로, 동래은행과 주일은행은 전쟁특수로 인한 호황기에 설립되었다.

부산에 설립된 4행 중에서 부산의 본점은행 시대를 연 최초의 은행은 한국계 구포은행이었다. 구포은행은 은행령 이후 신설된 한국인 최초의 (지방)은행이기도 하였다. 구포에 은행이 들어선 것은 경남의 마산이나 진주 등 주변의 도시에 비하여 규모가 작았음에도 불구하고 교통의 요지이자 물화의 집산지였기 때문이다. 구포는 경북의 낙동강 상류까지 연결되어 영남의 다양한 생산물이 교환되는 상품거래의 중심지였기 때문에 객주업을 비롯한 상업이 발달한 지역이었다. 구포은행의 설립을 주도한 사람은 尹相殷과 張禹錫이었던 것으로 보인다. 윤상은은 장우석과 함께 1909년 2월 11일에 자본금 25만 원의 구포저축주식회사(龜浦貯蓄株式會社)를 설립하고 예금과 대출 등 은행업과 유사한 업무를 영위하다가 은행령이 공포됨에 따라서 1912년 6월 23일에 (주)구포은행으로 전환하고 같은 해 9월 21일부터 영업을 개시하였다.[25] 그 후 구포은행은 1910년대 중반 이후 제1차 세계대전에 따른 호황에 힘입어 영업을 확장하기 위해 경남은행으로 상호를 변경하고 초량지점을 본점으로 전환하였다.

부산상업은행은 萩野彌左衛門 등의 일본인이 중심이 되고 이규직 등 한국인 실업가도 약간 명 가세하여 1913년 3월 6일에 창립되었는데, 일본인들의 중심지인 琴平町(현재의 광복동 일부)에 본점을 두었다. 창립시 공칭자본금과 불입자본금은 구포은행과 마찬가지로 각각 50만 원(1주당 50원, 총 1만 주), 12만 5,000원이었다.[26] 부산상업은행은 창립한 지 얼마 되지 않은 동

25) 조흥은행(1957), p. 302.
26) 한국상업은행(1998), p. 238.

**표 4-3 부산지역 본점은행**

| 구분 | 구포(경남)은행 | 부산상업은행 | 동래은행 | 주일은행 |
|---|---|---|---|---|
| 설립신청<br>(설립인가일) | (1912. 4. 19) | 1912. 7. 29 | 1918. 4. 27<br>(1918. 8. 3) | 1917. 6. 8<br>(1918. 4. 11) |
| 영업개시일<br>(창립일) | 1912. 9. 21<br>(1912. 6. 23) | 1913. 4. 21<br>(1913. 3. 6) | 1918. 8. 14<br>(1918. 8. 3) | 1918. 6. 25<br>(1918. 6. 25) |
| 공칭자본금 | 50만 원 | 50만 원 | 50만 원 | 50만 원 |
| 불입자본금 | 12만 5,000원 | 12만 5,000원 | 12만 5,000원 | 2만 5,000원 |
| 발기인 | 장우석, 강신호, 전석준, 윤상은, 신영조 등 | 萩野彌左衛門, 이규직, 주로 일본인 수십명 | 윤병준, 추종엽, 박인표, 오태환, 김형찬 외 16인 | 김홍조, 최연국, 손영돈, 김석준 |
| 주요 임원 | 두취(이규직)/ 전무취체역(장우석)/ 취체역(이규직, 장우석, 윤병준, 김복태, 大池忠助)/ 상담 역(迫間房太郎)/ 감사역(윤상은, 吳道甚吉) | 대표취체역(萩野彌左衛門)/ 취체역(竹下佳隆, 山本純一, 小倉胖三郎, 張吉相, 萩野竹之助, 楫山助市)/감사역(松前才助, 豊泉德次郎, 吉岡卯一郎, 松尾重信, 이규직) | 두취(윤병준)/ 전무취체역(추종엽)/ 취체역(윤병준, 추종엽, 박인표, 오태환)/ 감사역(박치영, 김형찬, 김용조) | 취체역(김홍조, 최연국, 손영돈, 전석준)/ 감사역(김상헌, 엄주원) |
| 본점 주소 | 부산부 좌이면 구포리 362번지→부산부 초량동 619번지(경남은행) | 釜山府 琴平町 17番地 | 경남 동래군 동래면 복천동 232번지 | 부산부 초량동 553번지 |
| 합병 은행 | 대구은행<br>(1928. 8) | 조선상업은행<br>(1935. 6. 22) | 호남은행<br>(1933. 7. 20) | 경남(구포)은행<br>(1919. 12. 26) |
| 비고 | 한국계<br>1915년 1월 24일 경남은행으로 개칭 | 일본계 | 한국계 | 한국계 |

자료: 金浩範(1991), pp. 94~97; 韓國商業銀行(1957), pp. 23~24; 徐光云(1972), pp. 664~667, 710~711; 朝興銀行(1957), pp. 303~304; 韓國商業銀行(1969), p. 58; 朝鮮總督府(1913. 4. 25), 관보; 朝興銀行(1997), pp. 154~155, 160~161, 208~209, 331~335; 東亞經濟時報史(1921년판), pp. 11~13, 17.

년 6월 7일에 진해에 지점을 설치한 이후 계속적으로 지점 및 출장소가 늘어나 7군데나 될 정도로 부산지역 은행 중에서 가장 활발하게 영업망을 확장해 나갔다.

동래은행은 제1차 세계대전 중 전쟁특수의 호황기에 윤병준, 추종엽, 박인표 등 동래지역의 유력자들이 설립을 주도하였다. 동행은 공칭자본금 50만 원으로 조선총독부에 설립을 신청하여 1918년 8월 3일에 인가를 받았고, 8월 9일에는 제1회 주금 12만 5,000원의 불입을 마치고 창립총회를 개최하여 두취, 취체역, 감사역 등 임원을 선임하고, 8월 14일에 본점영업을 개시하였다.[27]

주일은행은 김홍조, 최연국 등 경남의 유력자 9명이 발기하여 1918년 6월 25에 창립되었으나, 설립동기일(창립일)에 임시주주총회를 개최하여 경남은행에 합병할 것을 결의하고 6개월 후인 12월 26일에 경남은행에 흡수되어 해산하였다.[28] 그러므로 부산에서 창립된 은행은 4행이었지만 실질적으로 영업활동을 한 것은 3행이었다. 한편, 1912년의 은행령 이후 1920년까지 설립허가를 받지 못한 은행도 적지 않았는데, 설립신청이 반려된 17건 중에서 부산지역은 3건이나 되었다.[29] 이러한 사실은 개항과 더불어 팽창을 거듭하는 부산의 자금수요를 반영한 것이라 할 수 있다.

우리나라 근대금융기관의 형성기에 나타난 또 다른 특징 중의 하나는 은행설립 이전에 대금회사나 유사은행 또는 금융기능을 수행하는 모임과 밀접한 관련을 맺고 있었다는 점이다. 이러한 특징은 한국계 은행의 설립에서 두드러지게 나타난다. 앞에서 약간 언급한 바와 같이, 구포은행은 은행령이 제정 · 공포됨에 따라 구포저축주식회사를 은행으로 전환한 것이다. 구포저축주식회사는 구포은행 설립의 주역이었던 장우석, 윤상은이 주동

27) 조흥은행(1957), pp. 333~334.
28) 조흥은행(1957), pp. 331~332.
29) 堀和生(1985); 배영목(1990), p. 177.

이 되어 설립한 대부회사로서 예대출과 같은 은행업무를 수행하였다. 윤상은과 장우석은 박운오와 함께 1908년 현재 지점은행인 周防銀行에 소액주주로 참가하고 있고, 앞의 두 사람은 1912년에는 1906년에 설립된 초량일기계(草梁一紀契)의 임시총회에서 의원으로 선출되기도 하였기 때문에[30) ] 이미 이전부터 금융업과 밀접한 관련을 쌓고 있었다고 할 수 있다. 이들의 주도하에 구포저축주식회사 창립총회는 1909년 1월 15일 구포시장 내 본점 사무실에서 개최되었는데, 자본금은 2만 5,000원, 총주식주 500주, 총주주수 67명이었고, 취체역 사장에 윤상은, 감사역에 장우석과 강신호, 지배인 신영조 등이 선출되었다고 한다.[31)] 회사령 발포 후 구포저축주식회사 내에서는 단순한 대부업으로부터 은행으로 영업범위를 확대하고자 한 논의가 이미 제기된 바 있었는데, 은행령 공포로 대부회사 경영이 어렵게 되자 윤상은이 기존 정관에 은행업을 더하여 설립을 신청하였다.[32)] 그러나 은행령에서 유사은행이 대부업과 은행업을 겸영할 수 없도록 하였기 때문에 이 신청은 반려되었다. 이에 구포저축주식회사는 1912년에 자본금 50만 원, 총주식수 1만 주로 허가조건을 갖추어 재차 서류를 제출하여 허가받았다.

동래은행의 설립에 관계한 사람들은 저축계의 일종인 봉래일기계(蓬萊一紀契)와 관계가 깊었다. 김동철은 동래은행 설립의 모체가 된 봉래일기계에 대해서 계의 형성 및 영업내용 등을 상세히 분석하고 있다.[33)] 봉래일기계는 1911년 5월 25일 박이식, 김원노, 이명호, 김봉기, 추종엽 등 주로 동래지역 출신의 유지들의 발기로 설립되었고 전당업이 주요 영업이었다. 대부업을 주로 하는 봉래일기계 발기인 30명 중에서 동래은행의 창립임원이나 주주가 된 이는 11명이고, 구포은행과 관계를 맺었던 인물은 6명이었다. 이와

30) 차철욱(2001), p. 8.
31) 차철욱(2001), p. 8; 조흥은행(1997), p. 154. 그 밖의 주주의 지역별 분포, 시기별 경영진의 변화 등에 관한 상세한 내용에 대해서는 차철욱(2001), pp. 8~12에 잘 정리되어 있다.
32) 윤상은(1979), pp. 13~14.
33) 김동철(2001), pp. 50~55.

같이 1910년대 부산의 경제 및 금융계 인사들은 곧바로 은행을 설립한 것이 아니라 저축계 또는 대부회사 등 과도적 형태의 금융회사나 유사은행의 영업경험을 쌓은 후에 은행설립을 추진하였던 것이다.

셋째, 은행설립에 참여한 자산가들은 한국인이든 일본인이든 주로 지주이거나 상업활동을 통해서 부를 축적한 사람들이었다. 특히, 한국인들은 대체로 어떤 형태로든 토지경영과 관련을 맺거나 또는 지주로서 부를 집적한 후 은행의 주주가 되거나 경영에 관여하였고, 일본인들은 개항 이후 한국에 건너와 부를 이룩하여 토지를 매집하였기 때문에 지주보다는 상공업 경영과 관계가 깊었다. 한국인들이 지주가 많았던 것은 근대로의 이행기에 부의 주요 형태가 토지일 뿐만 아니라 토지자산이 근대화의 물적 토대였기 때문이다.

구포은행 설립의 주역인 윤상은은 구포의 대지주였고, 장우석은 물산객주 출신으로 미곡의 대일수출로 거상이 되었다. 후에 최대주주로 등장하여 두취가 된 이규직은 초량객주 출신이고, 취체역의 김복태와 윤병준도 상인이었다. 본점을 부산으로 옮긴 후 윤상은은 지방의 지주를 주주로 유치하여 구포세력을 강화시키고자 하였다. 그러나 경남은행 이후에는 주주와 경영진에서 상인적 색채가 더욱 짙어진 것으로 보인다. 또한 주주 구성의 변화를 보면, 1910년대 전반기에는 주로 부산의 상인들이 많았고, 1910년대 후반부터 경남 일대의 지주, 사업가들이 많았던 것으로 파악된다.[34] 이 같은 변화는 부산을 중심으로 하는 상품화폐경제가 부근 지역의 상층부르조아를 포섭해 간 것으로도 해석할 수 있다.

동래은행 1기 주주 200명에는 구포, 초량, 기장, 의령, 울산, 창원 출신도 있지만 대다수는 동래 출신인 것으로 보이는데, 동래는 순전한 상업지역도 아니고 지주제가 발달한 농업지역도 아니었다. 그렇지만 동래은행의 설립

34) 차철욱(2001), pp. 15~17; 조흥은행(1997), p. 155.

과 경영을 주관한 인물들의 대다수가 지주로서 부를 집적한 사람들이었다. 〈표 4-3〉의 동래은행 발기인 및 주요 임원 중에서 박인표, 김형찬, 김용조, 오태환은 이들 지역의 (대)지주이면서 금융업, 상업 등에 종사하였다.[35] 창립 6개월 후 경남은행에 합병된 주일은행의 김홍조, 최연국 등 주요 주주 및 임원들에 대해서 윤상은은 사천, 하동, 양산 등 각지의 지주들이었다고 회고하였다.

부산상업은행의 설립과 경영에 관여한 자들은 일본에서 건너와 주로 상공업에 종사하여 부를 집적하였다. 1913년 창립시의 대표취체역은 萩野彌左衛門이었지만, 1919년 7월에 부산경남의 거대지주 迫間房太郎이 두취에 취임하였다. 그리고 1921년에는 조선은행에서 泉末次가 두취로 취임하였지만, 부산의 3대 거부인 迫間房太郎(4,295주)과 大池忠助(3,100주), 香椎源太郎(3,020주)이 대주주로서 취체역을 역임하였다. 迫間房太郎의 주식주가 5,000주 이상으로 증가한 것 말고는 나머지 두 사람의 주수는 커다란 변화가 없었기 때문에 불입자본금 75만 원에 대한 3인의 영향력은 절대적이었다.[36]

迫間房太郎은 일본 和歌山縣 출신으로서 1880년 오사카 소재 五百井商店의 부산지점을 맡기 위해 한국에 건너온 후 1905년 독립하여 무역 및 부동산 경영에 종사하면서 1,000만 원에 달하는 막대한 부를 쌓았다. 부산공동창고회사 사장, 부산토지 사장과 각종 은행 및 회사의 중역을 지냈고, 부산수산주식회사, 부산창고주식회사, 부산곡물수출회사, 미곡상조합 등을 설립하였다.[37] 大池忠助는 對馬島 출신으로서 1875년에 부산에 건너와서 해산물무역에 종사하였다. 1907년에 부산수산주식회사를 창설하여 거액을 벌고 이를 밑천으로 원산과 삼천포에도 수산회사를 설립하였다. 미곡의 대일수출에 손대었고 부산전등주식회사를 조직하여 1899년에 사장이 되었으며,

35) 김동철(2001), pp. 55~56, 62~63 참조.
36) 東亞經濟時報社(1921년판~1925년판, 1927년판~1935년판).
37) 서광운(1972), p. 665; 한국역사정보시스템–迫間房太郎–인물.

부산궤도주식회사, 부산기선주식회사를 창립하고 사장과 중역에 취임하였으며, 부산미곡증권신탁도 만들었다.[38] 香椎源太郎은 일본 福岡縣 출신으로서 1900년대 초 어장과 수산업을 통해서 자본을 축적하였는데, 부산수산주식회사의 취체역을 역임한 바 있고, 1910년대 후반부터는 朝鮮瓦斯電氣株式會社, 日本硬質陶器株式會社 등을 경영하였다. 그는 다른 전기관련 회사에도 적극적으로 참여하여 1934년에 西鮮合同電氣 회장, 1937년 南鮮合同電氣 회장으로서 전기업계 최고의 실력자가 되기도 하였다.[39]

부산지역의 은행설립 및 경영에 관여한 인물들을 볼 때, 이들은 대체로 지주이면서 상공업을 통해서 부를 축적한 자들이었다. 다만, 일제하에서 상공업이 발달하면서 은행과 관련되는 인사들의 성격이 지주에서 상공업자로 옮겨 가는 현상을 보였다. 구포는 삼랑진을 거쳐 왜관과 상주까지 물길이 이어지고 경북 일대의 미두가 집중하는 물산의 집산지였다. 부산지역도 개항과 더불어 상업중심지로 성장해 가고 있었고, 동래 역시 일본과 교역하였던 동래상인이 거주하였던 지역이었다. 따라서 이 시기에 은행설립에 관여한 인물들이 대체로 지주였던 데 비해 부산지역의 은행설립자 · 경영자들은 다른 지역보다 상업적 성격이 강하였던 것으로 여겨진다. 일본인 역시 대지주였지만 이들은 주로 상공을 통해 부를 집적한 후 지주로 변신한 것이 한국인과 다른 점이었다.

마지막으로 지적할 것은, 은행령 이후에 부산에 설립된 은행에도 한국계 은행에 일본인 자산가가 참여하고 있고, 일본인이 설립한 은행에도 부산경남의 유력자들이 주주로 참가하면서 임원을 맡았다. 예를 들면, 구포은행 설립 당시 迫間房太郎(400주), 大池忠助(400조), 上田勝藏(200주), 五島勝輔(200주)를 비롯하여 16명의 일본인이 주주로 참여하였고, 상담역에 迫間房太郎, 감사역 吳道甚吉, 취체역에 大池忠助가 취임하였다.[40] 부산상업은행의

38) 서광운(1972), p. 665; 조선공로자명감, 한국역사정보시스템－大池忠助－인물.
39) 김동철(2006), pp. 59~86.

감사역에는 이규직이 취임하였다. 동래은행에는 國司道太郎과 曾我春太郎이 일본인 중에서 가장 많은 주식을 보유하였고 그 외에도 大池忠助, 迫間房太郎 등도 약간의 주식을 가지고 있었다. 그러나 일본인 주주 가운데 1~13기 영업까지 상담역을 맡은 사람은 岩永米吉이 유일하였다. 동래은행의 경영에 일본인은 상대적으로 덜 관여하였던 것이다. 구포은행은 설립시에 총 6,541주 중 일본인 6명이 1,600주를 가졌는데,[41] 迫間房太郎은 迫間商店의 점원 출신으로서 취체역에 임명된 문상우를 통해 자기 의사를 반영하였다고 한다.[42] 그렇지만 경남은행은 기본적으로 한국인 경영자들에 의해 중요한 의사결정이 이루어졌다. 이와 같이 부산지역 은행의 설립 및 경영자들은 상호간에 주식을 매입해 주고 취체역 등 임원직을 수락하였지만, 경영의 주도권 면에서는 한국계와 일본계 은행으로 뚜렷하게 구분되고 있었다.

## Ⅲ. 합병과 본점은행 시대의 종언

### 1. 영업의 특징

〈표 4-4〉는 부산지역 본점은행들의 불입자본금과 예대출을 정리한 것이다. 일제하의 은행들은 자금수요가 있는 물화집산지나 교통요지에 설립하였는데, 본점을 합하여 한두 개의 지점 또는 출장소로서 영업을 전개하는 것이 일반적 양상이었다. 부산의 은행들도 설립 초기에 다른 지역의 은행과

40) 조기준(1973), p. 147; 서광운(1972), p. 665.
41) 차철욱(2001), p. 14의 〈표 4〉 참조.
42) 서광운(1972), p. 665.

**표 4-4 부산지역 본점은행의 자본금과 예대출**

(단위: 천 원)

| 연도 | 구포(경남)은행 | | | | 부산상업은행 | | | | 동래은행 | | | |
|---|---|---|---|---|---|---|---|---|---|---|---|---|
| | 지점출장소 | 불입자본금 | 예금 | 대출 | 지점출장소 | 불입자본금 | 예금 | 대출 | 지점출장소 | 불입자본금 | 예금 | 대출 |
| 1912 | – | 125 | 9 | 128 | | | | | | | | |
| 1913 | – | 125 | 69 | 190 | 1 | 125 | 없음 | 없음 | | | | |
| 1914 | 1 | 125 | 47 | 189 | 2 | 125 | 131 | 225 | | | | |
| 1915 | 1 | 125 | 68 | 310 | 2 | 125 | 151 | 212 | | | | |
| 1916 | 1 | 125 | 85 | 255 | 2 | 125 | 212 | 230 | | | | |
| 1917 | 1 | 250 | 162 | 419 | 3 | 200 | 459 | 623 | | | | |
| 1918 | 3 | 375 | 253 | 804 | 3 | 200 | 737 | 1,404 | – | 125 | 101 | 262 |
| 1919 | 3 | 500 | 745 | 1,666 | 3 | 500 | 1,218 | 2,808 | – | 250 | 86 | 404 |
| 1920 | 3 | 750 | 470 | 1,453 | 4 | 750 | 787 | 1,740 | 1 | 250 | 113 | 373 |
| 1921 | 2 | 750 | 499 | 1,449 | 4 | 750 | 1,364 | 3,113 | 1 | 250 | 204 | 484 |
| 1922 | 3 | 750 | 543 | 1,653 | 4 | 750 | 1,564 | 2,377 | 1 | 250 | 153 | 445 |
| 1923 | 3 | 750 | 498 | 1,490 | 5 | 750 | 2,001 | 2,832 | 1 | 250 | 156 | 465 |
| 1924 | 3 | 750 | 673 | 1,317 | 5 | 750 | 2,968 | 3,474 | 1 | 250 | 212 | 449 |
| 1925 | 3 | 750 | 704 | 1,551 | 5 | 750 | 2,801 | 3,669 | 1 | 250 | 234 | 523 |
| 1926 | 3 | 750 | 610 | 1,573 | 5 | 750 | 3,759 | 3,953 | 1 | 250 | 214 | 571 |
| 1927 | 3 | 750 | 549 | 1,457 | 5 | 750 | 3,547 | 3,882 | 1 | 250 | 236 | 596 |
| 1928 | | | | | 5 | 750 | 3,555 | 3,639 | 1 | 250 | 310 | 650 |
| 1929 | | | | | 7 | 750 | 3,943 | 3,956 | 1 | 250 | 314 | 631 |
| 1930 | | | | | 7 | 750 | 3,677 | 3,864 | 1 | 250 | 305 | 571 |
| 1931 | | | | | 7 | 750 | 3,642 | 3,659 | 1 | 250 | 300 | 567 |
| 1932 | | | | | 7 | 750 | 3,698 | 4,018 | 1 | 250 | 335 | 549 |
| 1933 | | | | | 7 | 750 | 3,834 | 3,287 | | | | |
| 1934 | | | | | 7 | 750 | 4,353 | 3,339 | | | | |

주: 지점 · 출장소: 경남은행–초량(1913. 3. 1, 1915. 1. 24 본점으로 귀속, 구포 본점이 지점이 됨), 마산(1918. 8. 7, 1920. 6. 19 폐지), 하동(1918. 11. 9), 부산진(출)(1922. 12. 1). 동래은행–거창(1920. 3. 15).

자료: 朝鮮總督府(1939년조), pp. 35~49; 朝興銀行(1997), pp. 158, 210.

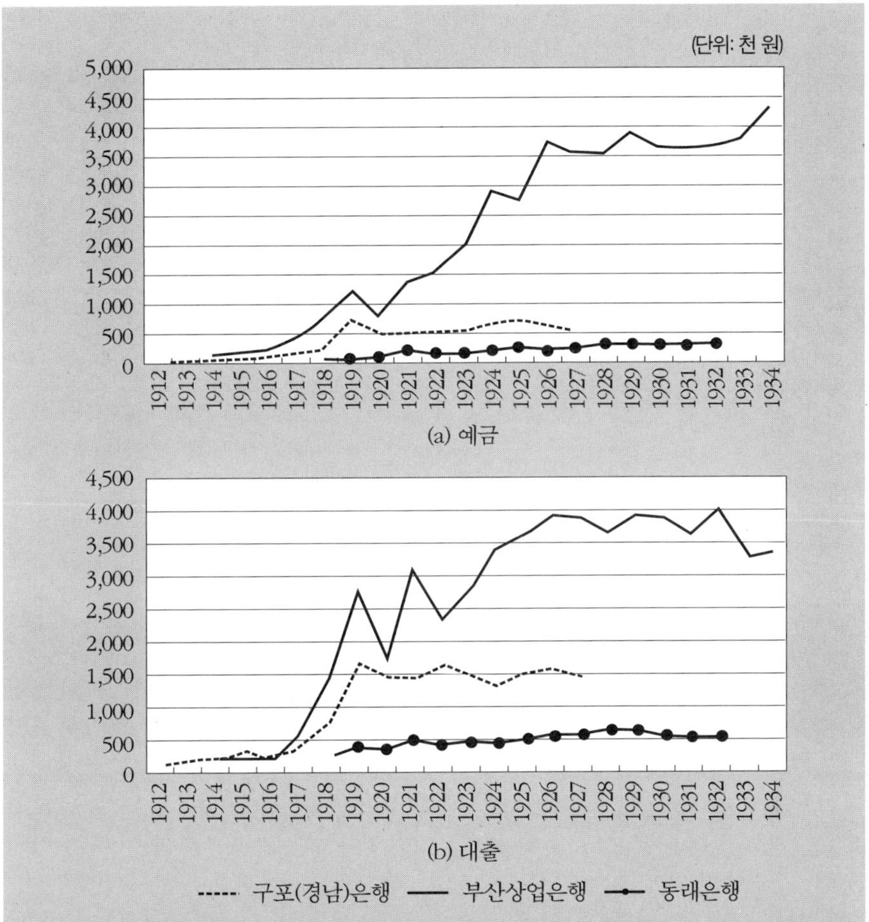


**그림 4-2** 부산 3행의 예금과 대출

마찬가지로 지점이 많지 않았다. 그러나 부산상업은행은 1923년경에는 지점 및 출장소가 5곳, 1929년에는 7곳에 이를 정도로 영업망이 넓었던 것이 특징적이다.

세 은행은 모두 시작단계에서는 공칭자본금 50만 원(1주당 50원, 1만 주),

불입자본금이 12만 5,000원이었지만, 1920년부터 경남은행과 부산상업은행의 불입자본금이 75만 원으로 증자하였던 데 비해 동래은행은 설립 다음 연도인 1919년부터 합병당할 때까지 줄곧 25만 원에 지나지 않았다.

세 은행 중 경남은행과 부산상업은행은 제1차 세계대전의 호황기에 전쟁특수에 힘입어 배당률이 10%에 이를 정도로 영업상황이 좋았다. 그러나 제1차 세계대전 이후 반동공황이 내습하기 시작하면서 재계가 불황에 빠지자 영업이 급격히 악화되기 시작한 것으로 보인다. 이에 대해 두 은행은 불입자본금의 증가로 대응하였다.

일제 말기를 제외하면 은행의 자금동원과 운용은 증권시장의 미비로 인하여 여수신업무에 집중될 수밖에 없었다. 불입자본금이 가장 적은 동래은행은 예대출 규모 역시 가장 작다. 설립 이후 경남은행과 동래은행은 예금증가세가 완만하거나 정체경향을 보이고 있다. 경남은행과 부산상업은행은 1920년 이후 불입자본금이 같았지만 예대출 면에서는 격차가 벌어지는 추세에 있다. 경남은행과 부산상업은행은 1920년에 다같이 예금이 크게 감소하였는데, 경남은행은 이후 거의 정체인 데 반해 부산상업은행은 급속한 증가를 거듭하고 있다.

대출면에서는 1919년까지 경남은행과 부산상업은행이 급격하게 증가하였지만, 두 은행은 1920년에 감소를 경험하였다. 경남은행이 이후 정체이거나 미감 추세인 반면, 부산상업은행은 증감을 반복하면서도 증가 추세로서 전자와 격차를 벌리고 있다. 특히, 부산상업은행의 대출 추이가 등락을 거듭하고 있는 것은 일본계 은행으로서 1920년대에 내습하는 공황의 영향을 상대적으로 크게 받았기 때문일 것이다. 경남 및 동래은행과 비교하여 부산상업은행의 예대출이 경기에 민감한 반응을 보이면서 빠른 증가세를 보인 것은 은행을 이용하는 주요 고객층의 차이에 기인한 것이다. 즉, 동래은행은 동래지역을 중심으로 운영되고 경남은행 역시 부산으로 이전하였지만 주 고객은 여전히 자금이 영세한 한국인이었다. 반면, 부산의 3대 거부가 모두 대주주로 참여한 부산상업은행은 자본규모가 큰 일본계 기업이나 소득수준이 상대적으로 높은 일본인을 상대로 영업을 하였기 때문에 여수신 규모의 차이는 불가피한 현상이었던 것이다. 앞에서 언급한 한국계 은행과 일본계 은행의 차이는 여수신 업무의 격차에서 오히려 극명하게 나타났다고 할 수 있다. 〈표 4-5〉는 경남은행과 부산상업은행을 비롯한 국내 본점은행의 영업대상에 관한 자료인데, 설립주도 세력이 어느 쪽이었는지에 따라 여수신의 주 고객도 달랐음을 잘 보여 주고 있다.

우리나라의 일반은행들은 대체로 해방 이후에는 1960년대 전반기까지 만성적인 오버 론이 지속되었다. 그렇지만 일제시대의 보통은행들은 1927년 이후 해방될 때까지 예금초과였다. 1927년 이후에 예금이 초과된 것은 불황의 여파 때문이고, 식민지 전시경제체제기 특히 1938년 이후에는 전비조달과 인플레이션 억제를 위해서 저축증대운동이 전개되었기 때문이다. 일제하 보통은행 중에서 본점은행들의 예금과 대출을 비교하면, 본점은행의 예대출 총액이 집계된 1914년부터 1938년까지 항상 대출초과였다.[43] 이것은 1927년 이후 보통은행 전체의 예금초과가 순전히 지점은행(일본에 본점을 둔

**표 4-5** 본점은행의 영업대상 내용(1925년 말 현재) (단위: 천 원)

| 은행 | 예금 | | | | 대출 | | | |
|---|---|---|---|---|---|---|---|---|
| | 한국인 | 일본인 | 외국인 | 계 | 한국인 | 일본인 | 외국인 | 계 |
| 경남은행(한국) | 568 | 118 | 16 | 704 | 1,364 | 139 | 47 | 1,551 |
| 부산상업(일본) | 203 | 2,136 | 5 | 2,345 | 219 | 3,447 | 1 | 3,668 |
| 선남은행(일본) | 37 | 815 | | 853 | 66 | 1,048 | | 1,115 |
| 한일은행(한국) | 5,153 | 370 | 239 | 5,763 | 6,374 | 218 | 280 | 6,873 |
| 호남은행(한국) | 1,167 | 382 | 43 | 1,594 | 2,103 | 376 | 84 | 2,564 |
| 호서은행(한국) | 505 | 352 | 17 | 877 | 1,635 | 205 | 5 | 1,846 |

자료: 朝鮮總督府, 『秘 朝鮮金融經濟調査資料』(基1)(1927), pp. 87~109; 堀和生(1985), p. 44에서 재인용.

43) 조선총독부(1939년조), pp. 37~49에서 계산.

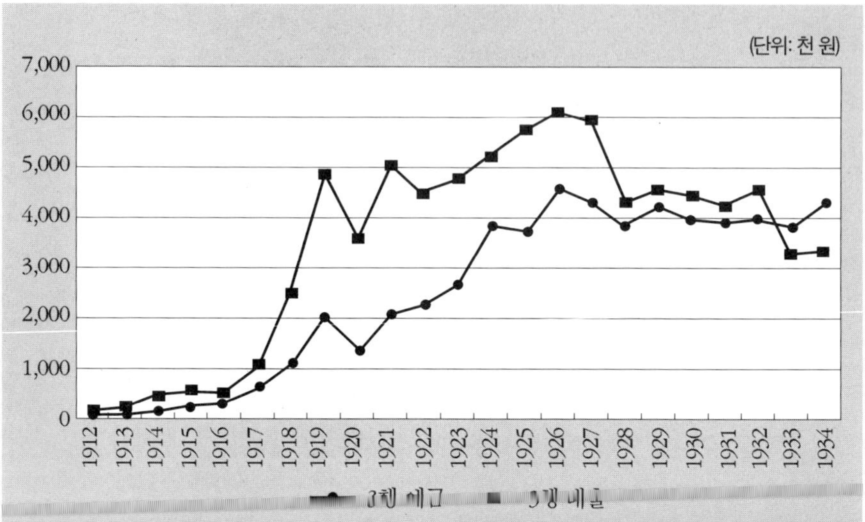


**그림 4-3** 부산 3행의 예금 및 대출 합계액

보통은행)들의 예금초과에 기인하고 있었기 때문이다.

부산의 경우는 어떠하였을까? 〈그림 4-3〉은 부산 본점은행의 예대출 총액을 비교한 것이다. 단, 설립시점이 다르고 합병되어 사라진 시기도 다르기 때문에 하나 또는 두 행의 합계액만 나와 있는 연도도 있다. 부산에서는 제1차 세계대전의 호황기인 1918년부터 자금수요가 급증하면서 대출초과액이 급상승 추세에 있다. 이러한 추세는 1927년부터 꺾이기 시작하는데, 지점은행을 포함한 보통은행 전체의 예금초과와 밀접한 관계가 있다. 그리고 1938년까지 본점은행 전체적으로 여전히 대출초과였던 것과는 대조적으로 부산(부산상업은행분임)은 이미 1933년과 1934년에 예금초과에 접어들었다.

그러면 이러한 자금의 조달과 운용은 어떤 의미를 지닌 것이었을까? 일제시대에 나타나는 금융기관 간의 역할분담, 즉 분업구조를 보면, 식민지 중앙은행인 조선은행과 그 산하기관인 본점은행들은 상업금융을 담당하였고, 조선식산은행과 금융조합은 산업자금을 공급하였다. 조선은행사연구회의 연구결과[44]나 대장성 은행국의 소화재정자료(제1호 99책) 등에 따르면 조선은행은 鈴木商店과 같은 일본의 2류급 재벌을 비롯하여 규모가 큰 기업과 거래하였고, 한국 내 물화집산지 각지에 설립된 본점은행은 지역적 금융을 담당하였다. 이러한 지역금융을 이용한 계층에 대해서 살펴보자. 〈표 4-6〉은 세 은행에 관계된 금융계 인사들과 밀접한 사업체의 윤곽을 정리한 것이다.

일제시기에도 증권회사나 증권거래소가 있기는 하였지만 증권시장은 미발달하였다. 그러므로 각 지역의 유력자들이 대주주 또는 경영자가 된 것은 투자를 통해서 주식거래상의 단기차익을 실현하거나 배당이익을 기대하기보다는 은행 자금을 이용하여 자신들이 경영하는 대금업 등의 금융업이나 각종 사업체를 지원하기 위한 것이었던 것으로 보인다. 즉, 금융계 인사들은 은행이라는 한 업종에만 종사한 것이 아니라 금융기관과 관계를 맺고 다양한 업종에 종사하면서 자본을 축적하고자 하였다. 백산상회를 경영한 안희제는 경남은행에서 손을 뗀 후에도 대금업을 운영하였다고 하는데, 이러한 언급은 금융업이 자본축적을 위한 중요한 수단이었음을 시사한다. 은행설립에 대주주 또는 경영진으로 참여하여 은행 자금을 자기가 경영하는 회사의 자금으로 이용하는 것은 일본인 기업가도 예외가 아니었다. 뒤에서 보듯이, 부산의 3대 부호였던 迫間房太郎, 大池忠助, 香椎源太郎이 설립한 부산수산주식회사에 거액을 대출해 준 것이 잘못되어 부산상업은행이 조선상업은행에 매수합병되는 계기가 되었다는 기사는 이를 보여 주는 하나의 사례라고 할 수 있다.

44) 조선은행사연구회(1987).

**표 4-6 부산 금융계 인사들의 관련 사업체**

| 성명 | 사업체명 |
|---|---|
| 송태관 | 부산신탄(주)/ 송태정미소/ 조선주조(주)/ 三山자동차주식회사〈취체역: 1920〉 |
| 윤현태 | 경남인쇄(주)(1916)〈주주〉/ 일금상회〈경영〉/ 경상합동은행 |
| 전석준 | 경남인쇄(주)〈취체역〉/ 일금상회〈경영〉 |
| 이규직 | 경남인쇄(주)〈상담역〉/ 석탄상 |
| 안희제 | 백산무역(주)/ 금전대부업(1928) |
| 윤병준 | 윤병준상점(합자)〈점주〉/ 부산곡물신탁(주)(1920)〈취체역〉 |
| 김홍조 | 경부선 목재공급/ 경남일보 초대 사장/ 부산피혁공장(1914)/ 조선요업(주)(1914)/ 부산해조(주)/ 삼산자동차회사/ 조선해조주식회사(1919)〈설립〉 |
| 박인표 | 고려상회(1917)〈경영주〉 |
| 김형찬 | 태복상회(1910년도 후반)〈설립, 지배인〉 |
| 김용조 | 경남인쇄(주)〈감사〉 |
| 최사가 | 조선해조(주)(1920)〈취체역〉 |
| 박치영 | 우전정미소(1932)〈대표〉 |
| 迫間房太郎 | 부산토지주식회사〈대표〉/ 부산수산주식회사〈취체역〉/ 부산잔교주식회사〈취체역사장〉/ 부산미곡증권신탁주식회사〈취체역〉/ 부산와사전기주식회사〈취체역〉/ 무역 및 토지가옥 경영/ 부산공동창고주식회사〈사장〉/ 남선합동전기주식회사〈취체역〉/ 광산업/ 남선신탁 등 다수기업의 중역 역임 |
| 大池忠助 | 부산전등주식회사 설립(1899)〈사장〉/대지여관 경영/ 일본우선회사 기선을 취급/ 부산미곡증권신탁주식회사〈대표취체역〉/ 부산수산주식회사 창설〈사장〉/ 곡물수출상조합, 부산곡물상조합, 부산해산물조합 등을 조직〈조합장〉/ 부산궤도주식회사 창립〈사장〉/ 부산기선주식회사 창립〈사장〉/ 부산공동창고〈취체역〉/ 동양축산흥업〈취체역〉/ 경성주식 현물시장〈감사역〉/ 부산잔교주식회사〈취체역〉/ 토지매점, 가옥 등 |
| 香椎源太郎 | 부산수산주식회사〈취체역: 1907, 사장: 1930〉/ 경성일환수산주식회사〈취체역〉/ 조선와사전기주식회사〈사장 겸 상무: 1915〉/ 조선수산수출주식회사〈사장: 1918〉/ 일본경질도기주식회사〈사장: 1925〉/ 경성수산주식회사〈사장: 1927〉/ 조선송전주식회사〈사장, 대주주: 1928〉/ 조선전기홍업주식회사〈대주주: 1928〉/ 서선합동전기주식회사〈회장, 대주주: 1934〉/ 조선전력주식회사〈이사: 1935〉/ 서선합동전기주식회사〈회장: 1937〉 |
| 정재학 | 조선미곡주식회사〈소유〉 |
| 최연국 | 임자신탁주식회사〈경영〉/ 토지회사〈경영〉 |
| 문상우 | 백산무역주식회사〈취체역〉 |

자료: 김동철(2001), p. 62; 김호범(1991), pp. 96, 237; 홍순권 편(2005), pp. 162~163, 260~261, 711~713; 오미일(1995), p. 92; 차철욱(2001), pp. 38~39; 고승제(1970), pp. 197~244; 조기준(1973), pp. 140~148; 서광운(1972), pp. 664~667, 710~711.

## 2. 합병과 본점은행 시대의 종언

### (1) 영업성적

1910년대 후반의 호황기에 번성한 은행들은 제1차 세계대전이 끝난 다음 해인 1919년부터 닥치는 반동공황과 1920년대의 공황으로 점차 합병되어 행수가 줄어들어 갔다. 그런데 기존 연구저작의 대부분은 1920, 1921년에 21개였던 은행이 합병된 배경을 경제불황과 이를 예상치 못한 무리한 영업확장에 따른 불량대출과 고정대의 급증, 수익률의 급감과 재무구조의 악화 등이라고 지적하고 있다. 이러한 지적이 부산지역의 경우에 얼마나 타당한지 검토하는 것으로 시작해 보자.

경남은행은 1912년 창립시 제1회 불입금 12만 5,000원으로 영업을 시작하여 1913년 3월 1일에는 초량지점을 신설하였다. 본점을 부산으로 옮긴 후 경남은행은 호황을 배경으로 1917년부터 1919년까지 3회에 걸쳐 매년 불입자본금을 12만 5,000원씩 증자하고 마산과 하동에 지점도 설치하여 영업망과 경영을 순조로이 신장시키고 있었다. 또한 1918년에는 설립된 지 6개월 되는 주일은행도 12월 26일자로 흡수 · 합병하였다.

그러나 경남은행은 1920년 3월부터 불어닥친 공황으로 경영상의 어려움을 겪기 시작하였다. 예금이 급감하고 대출도 감소하는 가운데 부실대출이 증가하였다. 이에 대해 경남은행은 1920년 5월 5일 신구주 2만 주의 제3회 주금 25만 원을 넣어 불입자본금 75만 원으로 난관을 타개하고자 하였다.[45] 경남은행은 1921년 6월 19일에는 실적이 부진한 마산지점을 폐쇄하고 부산진출장소를 설치하였으며 두취를 비롯한 중역진도 여러 차례에 교체하는 등 구조조정을 단행하였지만[46] 결국 영업부진에서 벗어나지 못하였다. 〈표 4-4〉와 〈그림 4-2〉를 보면, 은행영업의 핵심이 되는 예대출 실적이 좋

45) 조흥은행(1957), p. 302; 조흥은행(1997), pp. 156~157.
46) 상세한 내용에 대해서는 조흥은행(1997), pp. 157~157; 차철욱(2001); 서광운(1972) 등.

지 않다. 예금은 1920년 이후 정체상태에 있고, 대출은 1920년을 정점으로 감소세를 면치 못하였다.

공칭자본금 50만 원, 납입자본금 12만 5,000원으로 출범하였던 부산상업은행은 설립 초에는 萩野彌左衛門이 발기인이자 대표취체역으로서 활약하였지만, 1910년대 말 또는 1920년대 초에는 부산 3대 부호의 수중에 완전히 들어갔다. 즉, 1919년 7월에는 迫間房太郎이 두취에 취임하였고, 1920년 상반기에는 공칭자본금을 150만 원, 불입자본금 75만 원으로 자금력이 대폭 강화되었다. 은행에 대한 지배력도 압도적이어서 『조선은행회사요록』 1921년판에 따르면 迫間房太郎, 大池忠助, 香椎源太郎이 이사이면서 각각 4,295주, 3,100주, 3,020주의 주식을 소유하였다(공칭자본금 150만 원, 불입자본금 75만 원, 1주당 50원, 주주수 417명). 『조선은행회사조합요록』 1927년판에는 이들 3인은 주주수 359명 중에서 각각 5,449주, 2,780주, 3,020주를 소유하였던 것으로 나온다. 또한 지점 및 출장소도 진해, 통영, 울산, 방어진, 부산서부, 부산목도, 마산의 7군데로서 동부 경남과 서부 경남까지 영업망을 펼치고 있었다. 그러나 1930년대에 거액을 대출해 준 부산수산회사의 부도로 회복불능의 상태에 빠져 조선은행에 매수되는 계기를 제공하였다고 한다.[47)]

1918년에 출범한 동래은행은 다음 해에 제2회 주금 12만 5,000원을 더하여 도합 50만 원의 불입자본금으로서 가장 규모가 작았지만 규모에 비해 실적이 나쁘지 않았고, 1920년 3월 15일에는 거창지점을 설치하여 영업망을 확장하였다. 여수신업무를 〈표 4-4〉와 〈그림 4-2〉에서 다시 확인하면, 앞의 두 은행과 달리 큰 변동 없이 예금은 세계대공황이 시작되는 1929년의 정점까지 미증하고 있고, 대출도 역시 세계대공황의 여파가 밀려오기 전까지 약간의 증가 추세를 보여 주었다. 그런데 조흥은행의 사사(社史)들은 모두 동래은행의 영업성적이 부진을 면치 못하였다고 하고, 이것이 불황기에 동래

47) 조흥은행(1997), p. 220.

은행이 호남은행에 합병된 이유라고 기록하고 있다. 예를 들면, 『조흥은행백년사』는 1920년 윤병준의 뒤를 이은 박인표의 사망 등 네 차례에 걸친 두취의 교체를 언급한 후, "1920년대 만성적인 불황과 계속되는 공황하에서" 업적이 부진하였다고 기록하고 있다.[48] 일제하의 본점은행은 1943년 10월 1일을 마지막으로 모두 조흥은행과 조선상업은행의 단 2행에 합병되어 버리고 마는데, 합병이유로서 한결같이 불황과 심각한 실적부진을 언급하고 있는 것이다.[49] 그러나 동래은행의 실적부진을 언급한 『조흥은행백년사』에는 곧 이어진 동래은행의 합병과정에 대해서 재무구조의 악화나 구체적인 실적부진 내용에 대해서 아무런 언급이 없다. 『조흥은행백년사』는 동래은행 합병의 직접적 이유로서 1928년 12월에 공포된 「개정은행령」을 지적하고 있다. 개정은행령은 제3조에 은행 자본금의 최저한도를 200만 원으로 하였기 때문에 이를 충족하지 못한 은행은 당연히 합병대상이었다고 한다. 이 조항에 따르면 불입자본금 25만 원의 동래은행은 합병대상이 되었다.

〈표 4-7〉과 〈그림 4-4〉는 부산 3행의 경영수지를 나타낸 것이다. 경남은행은 1918년부터 순익금이 급증하여 1920년 말과 1921년 상반기에 가장 높은 수준이었다. 순이익률도 개점 이후 1921년 6월의 기간에 연평균 약 6.4%이며, 배당률은 3행 중에서 가장 높은 10%였다. 그러나 1921년부터 영업성적이 급속하게 악화되기 시작하여 순이익률이 1%대로 곤두박질하여 1921년 12월 이후에는 전국의 본점은행 평균이익률에 크게 미달하고 있다. 이에 따라 1926년 상반기 이후에는 무배당이 계속되고 있다.

부산상업은행도 1917년 하반기부터 경영성적이 크게 좋아져 1920년 상반기까지 부산상업은행 역사상 가장 양호한 순이익률과 배당률을 기록하

48) 조흥은행(1997), p. 209.
49) 동래은행은 호남은행에, 호남은행은 다시 조흥은행에 합병되었다. 『한국상업은행칠십년사』와 『한국상업은행백년사』도 마찬가지로 합병의 원인을 대부분 불황에 따른 영업부진에 돌리고 있다. 두 은행은 각각의 社史에서 자기 은행에 합병된 은행 계열의 역사를 대체로 영업부진의 역사로 다루고 있다.

**표 4-7** 부산 3행의 경영수지

(단위: 천 원, %)

| 연월 | 경남은행 | | | | 부산상업은행 | | | 동래은행 | | | 전국 | |
|---|---|---|---|---|---|---|---|---|---|---|---|---|
| | 총 이익금 | 순익금 | 순 이익률 | 배당률 | 순익금 | 순 이익률 | 배당률 | 순익금 | 순 이익률 | 배당률 | 순익금 | 순 이익률 |
| 1912. 12 | 11 | 6 | 4.8 | 10.0 | | | | | | | 112 | 4.8 |
| 1913. 6 | 16 | 8 | 6.4 | 10.0 | – | – | – | | | | 148 | 5.7 |
| 1913. 12 | 19 | 8 | 6.4 | 10.0 | 3 | 2.4 | 4.0 | | | | 117 | 5.6 |
| 1914. 6 | | 9 | 7.2 | 10.0 | 4 | 3.2 | 4.0 | | | | 178 | 5.4 |
| 1914. 12 | 24 | 9 | 7.2 | 10.0 | 4 | 3.2 | 4.0 | | | | 175 | 5.3 |
| 1915. 6 | 25 | 9 | 7.2 | 10.0 | 4 | 3.2 | 5.1 | | | | 162 | 4.9 |
| 1915. 12 | | 9 | 7.2 | 10.0 | 5 | 4.0 | 6.1 | | | | 142 | 4.3 |
| 1916. 6 | 31 | 9 | 7.2 | 10.0 | 5 | 4.0 | 6.0 | | | | 155 | 4.7 |
| 1916. 12 | 29 | 9 | 7.2 | 10.0 | 6 | 4.8 | 7.0 | | | | 164 | 4.9 |
| 1917. 6 | 33 | 9 | 7.2 | 10.0 | 8 | 4.0 | 8.0 | | | | 181 | 4.9 |
| 1917. 12 | 41 | 9 | 3.6 | 10.0 | 12 | 6.0 | 10.0 | | | | 211 | 5.2 |
| 1918. 6 | 57 | 18 | 7.2 | 10.0 | 15 | 7.5 | 8.0 | | | | 256 | 5.9 |
| 1918. 12 | 80 | 21 | 5.6 | 10.0 | 19 | 9.5 | 10.0 | 3 | 2.4 | 5.0 | 337 | 5.0 |
| 1919. 6 | 100 | 29 | 5.8 | 10.0 | 25 | 7.1 | 10.0 | 9 | 7.2 | 8.0 | 418 | 6.2 |
| 1919. 12 | 138 | 45 | 6.0 | 10.0 | 37 | 7.4 | 10.0 | 11 | 4.4 | 10.0 | 573 | 6.4 |
| 1920. 6 | 163 | 43 | 5.7 | 10.0 | 56 | 7.5 | 8.0 | 15 | 6.0 | 8.0 | 778 | 6.2 |
| 1920. 12 | 91 | 47 | 6.3 | 10.0 | 35 | 4.7 | 7.0 | 17 | 6.8 | 8.0 | 828 | 5.5 |
| 1921. 6 | 136 | 46 | 6.1 | 8.0 | 12 | 1.6 | – | 17 | 6.8 | 8.0 | 878 | 5.8 |
| 1921. 12 | 116 | 19 | 2.5 | 4.0 | 35 | 4.7 | 7.0 | 18 | 7.2 | 10.0 | 958 | 6.3 |
| 1922. 6 | 115 | 30 | 4.0 | 5.0 | 35 | 4.7 | 7.0 | 13 | 5.2 | 8.0 | 1,007 | 6.1 |
| 1922. 12 | 114 | 28 | 3.7 | 5.0 | 37 | 4.9 | 7.0 | 14 | 5.6 | 8.0 | 938 | 5.7 |
| 1923. 6 | 126 | 32 | 4.3 | 5.0 | 37 | 4.9 | 7.0 | 7 | 2.8 | 6.0 | 904 | 5.6 |
| 1923. 12 | 108 | 25 | 3.3 | 4.0 | 40 | 5.3 | 7.0 | 10 | 4.0 | 6.0 | 849 | 5.1 |
| 1924. 6 | 76 | 12 | 1.6 | 3.0 | 41 | 5.5 | 7.0 | 9 | 3.6 | 6.0 | 904 | 5.4 |
| 1924. 12 | 75 | 3 | 0.4 | 0.0 | 43 | 5.7 | 7.0 | 14 | 5.6 | 6.0 | 1,017 | 6.1 |
| 1925. 6 | 81 | 19 | 2.5 | 4.0 | 46 | 6.1 | 7.0 | 11 | 4.4 | 6.0 | 747 | 4.5 |
| 1925. 12 | 91 | 20 | 2.7 | 4.0 | 45 | 6.0 | 7.0 | 12 | 4.8 | 7.0 | 734 | 4.5 |
| 1926. 6 | 93 | 22 | 2.9 | 0.0 | 42 | 5.6 | 8.0 | 16 | 6.4 | 7.0 | 721 | 4.4 |
| 1926. 12 | 92 | 16 | 2.1 | 0.0 | 31 | 4.1 | 7.0 | 14 | 5.6 | 7.0 | 688 | 4.2 |
| 1927. 6 | 88 | 13 | 1.7 | 0.0 | 40 | 5.3 | 6.0 | 14 | 5.6 | 6.0 | 722 | 4.3 |
| 1927. 12 | 84 | 13 | 1.7 | 0.0 | 40 | 5.3 | 6.0 | 19 | 7.6 | 6.0 | 681 | 4.0 |
| 1928. 6 | | 12 | 1.6 | | 40 | 5.3 | 6.0 | 17 | 6.8 | 7.0 | 603 | 4.0 |
| 1928. 12 | | | | | 38 | 5.1 | 6.0 | 14 | 5.6 | 7.0 | 608 | 4.0 |
| 1929. 6 | | | | | 39 | 5.2 | 6.0 | 18 | 7.2 | 7.0 | 647 | 4.3 |
| 1929. 12 | | | | | 39 | 5.2 | 6.0 | 15 | 6.0 | 7.0 | 625 | 4.1 |
| 1930. 6 | | | | | 30 | 4.0 | 6.0 | 16 | 6.4 | 7.0 | 618 | 4.1 |
| 1930. 12 | | | | | 37 | 4.9 | 6.0 | 13 | 5.2 | 6.0 | 550 | 3.7 |
| 1931. 6 | | | | | 37 | 4.9 | 5.5 | 13 | 5.2 | 5.5 | 472 | 3.2 |
| 1931. 12 | | | | | 32 | 4.3 | 5.0 | 12 | 4.8 | 5.5 | 490 | 3.3 |
| 1932. 6 | | | | | 31 | 4.1 | 5.5 | 10 | 4.0 | 5.0 | 464 | 3.2 |
| 1932. 12 | | | | | 33 | 4.4 | 5.5 | 8 | 3.2 | 5.0 | 497 | 3.4 |
| 1933. 6 | | | | | 30 | 4.0 | 5.0 | 1 | – | – | 379 | 2.6 |
| 1933. 12 | | | | | 29 | 3.9 | 5.0 | | | | 473 | 3.3 |
| 1934. 6 | | | | | 37 | 4.9 | 5.0 | | | | 490 | 3.4 |
| 1934. 12 | | | | | 35 | 4.7 | 5.0 | | | | 490 | 3.4 |

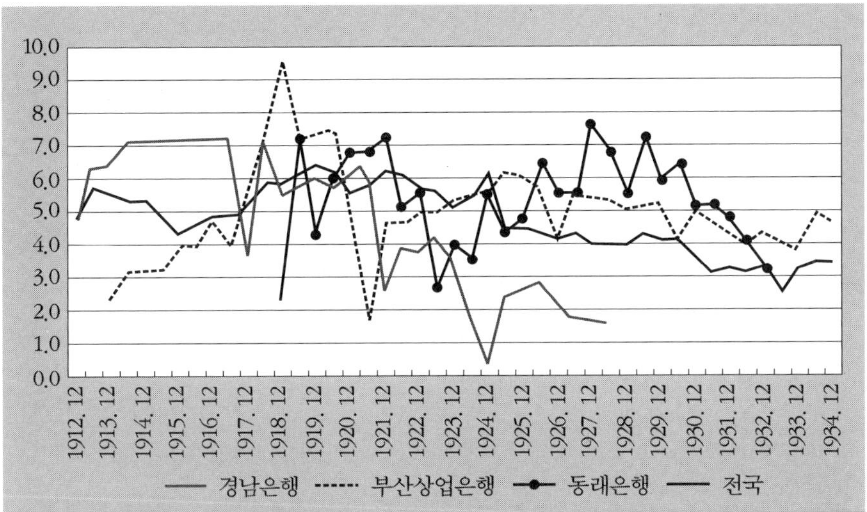


**그림 4-4** 부산 3행의 순이익률 비교

였다. 이후 순이익률이 감소하는 추세에 있는데, 그래도 1920년대의 순이익률은 1910년 수준에 비하여 그다지 낮은 편이 아니었다. 이에 따라 동행의 배당률은 1925년 말까지 7.0%, 1930년 말까지 6.0%, 그 이후 5%대를 유지하였다.

동래은행은 1921년 말에 가장 높은 순이익률을 기록한 후 약간씩 하락하는 추세이지만 〈그림 4-4〉에서 볼 수 있듯이, 1920년대 후반 1930년대 초에 부산상업은행의 그것보다 상당히 높은 수준이고 배당률도 높다. 전국 본점은행의 평균순이익률과 비교하면 경남은행은 1921년 이후 전국보다 항상 크게 낮았지만, 부산상업과 동래은행은 높은 수준을 유지하였다. 즉, 경남은행은 1920년 이후 같은 부산상업은행과 불입자본금이 같았음에도 불구하고 영업성적이 가장 나빴고, 오히려 가장 규모가 작은 동래은행이 경영수지면에서 가장 우수하였던 것이다. 경남은행의 경영성적이 나쁜 것은 개점 이후 10%의 가장 높은 배당률을 지속한 것에서 보여 주는 바와 같이, 특히 1910년대 호황기의 방만한 경영이 가장 주요한 원인이었다. 반면 동래은행의 경영성과가 나쁘지 않았던 것은 제1차 세계대전이 끝나는 해에 설립되어 얼마 지나지 않아 불황이 닥쳤기 때문에 영업확장의 기회가 없었던 것, 방어적인 경영으로 불량대출, 고정대출의 증가를 피할 수 있었던 점 등이 크게 작용하였을 것이다.

### (2) 합병과정

불경기가 진행됨에 따라 3행은 예대출의 증감이 불안하게 반복되거나 경영수지가 악화되는 추세가 나타나기는 하였지만, 3행 모두 순손실이 난 것은 아니었다. 그러나 경남은행의 영업성적이 가장 나빴기 때문에 제일 먼저 합병이 검토되기 시작하였다. 은행 합병은 불경기가 지속됨에 따라 적지 않은 은행들이 경영상 어려움을 겪었기 때문에 조선총독부가 강력하게 추진한 것이기도 하지만 은행 내부에서도 제기되고 있었다.

경남은행은 대구은행과 합병논의를 시작하였다. 경남은행은 일본계 부산상업은행과 경쟁관계에 있었고, 대구은행은 한국계 경일은행 및 일본계 선남은행 · 경상공립은행과 경쟁관계에 있었기 때문에 상호간의 필요성에 따른 합병문제가 빠른 속도로 진척되어 갔다. 경남은행과 대구은행은 영업악화로 인하여 조선은행에 대한 차입금 의존이 심화되었는데, 총독부는 대은행주의를 내세워 일본인 중역을 영입시켜 영향력을 확보하려 하였다. 더욱이 경남은행은 독립자금의 공급처란 혐의를 받고 있었고, 대구은행도 일본계 은행과 격심한 경쟁관계에 있었다.[50] 드디어 1928년 7월 31일 대구은행 회의실에서 의장 정해봉 등 6인 설립위원의 발기로 (주)경상합동은행의 창립총회가 개최되었는데, 신문기자의 출입이 금지되고 경찰이 지켜보는 살

50) 조흥은행(1997), pp. 165~168.

벌한 분위기 속에서 진행되었다. 조선은행은 총독부가 내정한 인선안이 거부되고 총독부가 가장 기피하던 정재학이 압도적 지지로 대표취체역 겸 취체역 회장에 피선되었다.[51)]

경상합동은행은 두 은행의 자본금을 각각 1/4씩 감자하여 공칭자본금 225만 원, 불입자본금 133만 1,250원으로 새출발하였다. 새 은행의 본점은 대구은행의 본점이 차지하고 경남은행 본점은 부산지점이 되었으며, 구포, 하동, 안동, 왜관, 경주, 포항의 7개 지점과 부산진출장소의 9개 영업소로서 1928년 8월 1일부터 영업을 시작하였다.

두 번째로 타지역 은행에 합병당한 것은 동래은행이었다. 동래은행은 세 은행 중에서 실적이 나쁘지 않았지만 합병의 구실이 된 것은 규모가 작다는 것이었다. 일본에서는 1927년에 또 한 차례 금융공황이 발생하여 혼란이 심화되었는데, 이에 대해서 일본은 1928년에 '금융제도조사회'를 구성하여 각국의 금융제도를 조사연구하고 금융제도의 재조정을 시도하였다. 그 결과 1928년 말에 「금융조합령」과 「저축조합령」이 공포되고 1929년에는 「은행령」이 개정되어 합병정책이 본격화되는 법적 근거가 마련되었다. 1929년 1월 1일부로 시행된 개정된 은행령의 핵심적 내용은 "제3조 은행업은 자본금 200만 원 이상의 주식회사가 아니면 영업할 수 없"다는 것이었다.[52)] 1933년 현재 동래은행의 공칭자본금은 50만 원, 불입자본금은 25만 원이었다. 때문에 동래은행은 합병대상을 물색하지 않을 수 없었다.

동래은행은 지리상의 근접성 때문에 밀양은행과의 합병을 거론하기도 하였으나 밀양은행도 자본금이 5만 원이 지나지 않았기 때문에 거론대상에서 제외되었고 취체역회의에서 합병대상으로 湖南銀行을 선택하였다. 1933년 4월 4일 동래은행의 추종화, 김병규와 호남은행의 현준호, 김신석은 두 은행의 합병계약을 맺었다.[53)] 1933년 5월 30일에 임시주주총회가 열려 합병

51) 조흥은행(1997), p. 169.
52) 이석륜(1990), p. 273.

을 승인하였으며, 7월 5일에는 당국에서 합병인가를 받았다. 동래은행은 1933년 7월 20일 해산하였다.

그런데 1930년대 조선총독부는 자본금이 200만 원 이상이어야 한다는 은행령 제3조를 법적 근거로 본점은행의 합병을 밀어부쳤지만, 식민지 경제와 비교할 수 없을 정도로 규모가 큰 일본에서는 새로운 은행법에서 자본금 100만 원 이상의 주식회사만 영위할 수 있도록 되어 있었다. 다만, 칙령이 예외적으로 지정하는 지역인 도쿄와 오사카에 본점 또는 지점이 있는 은행은 자본금 200만 원 이하로 될 수 없도록 규정되어 있었다.[54] 이러한 사실은 독립된 정부를 갖지 못한 경제주체들이 겪었던 금융정책의 식민성을 보여 주는 중요한 하나의 사례라고 할 수 있다. 일제하의 기업인들에게 자기 이해를 관철하기 위한 기구가 전혀 없었던 것은 아니지만 적어도 금융면에서는 효과적으로 대응하지 못하였던 것이다.[55]

부산상업은행은 1935년에 조선상업은행에 합병매수되었다. 1930년대에도 영업성과를 그런대로 지속하던 부산상업은행이 합병매수된 직접적인 계기는 앞에서 언급하였듯이, 부산수산회사에 대출한 거액의 자금이 부도처리되었기 때문이었다. 기존의 연구나 『한국상업은행칠십년사』에서 언급되어 있지 않은 이 사실은 『한국상업은행백년사』에 실려 있다. 이에 따르면, 1935년 5월 조선은행 총재가 부산상업은행의 합병매수에 대해서 "부산수산회사에 대출해 준 것이 화근이 되어 경영부진에 빠졌다"고 한다.[56)]

53) 인수조건은 조흥은행(1997), p. 211.
54) 이석륜(1990), pp. 274~275.
55) 이에 대해서 고승제는 "조선총독부와 조선은행은 민족자본은행들에 대한 통제와 간섭을 간편한 방법으로 시행하기 위하여 민족은행끼리의 합병을 끈덕지게 강요하여 왔다"(고승제, 1970, p. 217)고 지적한다. 물론 은행의 경영부실이 합병의 구실을 제공한 경우가 적지 않았다.
56) 부산수산주식회사는 원래 1889년 부산수산회사란 명칭으로 설립되었으나, 1907년 5월에 자본금 50만 원으로 조직이 변경되어 설립되었다. 1915년 10월에 慶南水産株式會社와 합병하고 자본금을 70만 원으로 증자하였는데, 1921년 11월에는 자본금을 반으로 줄이고 전액 불입제로 하였으며, 1922년 5월에는 자본금 200만 원으로 증자하였다. 주요 사업내용은 수산물의 매매 및 위탁판매, 수산물 운송, 제빙 판매 및 냉장냉동 및 위탁에 의한 물품보관, 어업자금의 대부 및 부동산의 대부, 유가증권 소유 등이었다(홍순권, 2005, pp. 99, 156~160).

1935년 5월 24일 부산상업은행과 조선상업은행 사이에 맺어진 계약에 대해서 『한국상업은행칠십년사』는 매수라는 용어를 사용하고, 『한국상업은행백년사』는 합병매수라고 부르고 있는데, 갑작스런 악성부실 때문에 대등한 합병이 아니라 "부산상업은행의 중역은 조선상업은행에 중용치 아니"[57]하는 등 다른 은행의 합병조건에서 보기 힘든 열악한 조건의 매수가 이루어진 것으로 보인다. 조선상업은행은 1935년 6월 11일 임시주주총회에서 부산상업은행을 75만 원에 매수하기로 승인을 구하였고, 6월 22일에 부산상업은행을 매수하였다. 이로써 조선상업은행은 부산에 종래 1개 점포만 있었지만, 부산상업은행을 매수함으로써 부산을 비롯한 경남 일대에 영업망을 크게 확충하게 되는 기반을 구축하였다. 조선상업은행은 이미 1919년 말에는 일본인의 주식비율이 절반을 넘고 있었고, 이를 바탕으로 1920년대 초부터는 일본인 사장과 중역이 경영을 장악한 상태였다.[58]

이와 같이 은행 합병은 한국인 은행에 대해서만 추진된 것이 아닌데, 한국인 은행은 조흥은행에, 일본계 은행은 조선상업은행에 합병되었다.[59] 그런데 민족계 은행을 최종적으로 합병한 조흥은행 역시 전신인 한성은행의 창립에 관여하였던 한상룡이 완전 배제되고 조선총독부가 결정적인 영향력을 행사하였다. 조선총독부는 은행 합병을 통해서 식민지 경제에 대한 통제력을 높이려 하였던 것으로 보인다.

이렇게 하여 1935년 부산상업은행의 매각을 기점으로 부산지역에서는 본점은행 시대가 막을 내렸다. 부산에서 본점을 둔 은행이 다시 생긴 것은 1967년이었다.

57) 한국상업은행(1998), p. 220.
58) 최상오(2006), pp. 184~188.
59) 김호범(1991), pp. 355~357.

# Ⅳ. 통계에 나타난 부산 금융의 특징

## 1. 예금의 동향

여기에서는 일제시대 부산에 소재한 전 은행(보통은행, 조선은행, 조선식산은행, 저축은행)의 여수신에 나타난 금융의 특질을 살펴보기로 한다.

먼저 식민지기의 예금을 정리한 뒤의 〈부표 1〉을 보자. 〈부표 1〉에는 전국과 서울, 부산, 대구, 인천, 평양 등 일제하 5대 도시의 예금을 정리해 두었다. 『조선금융사항참고서』(1939년조)에는 1938년까지의 도시별 통계가 나와 있고, 『조선통계연감』(1948년판, 1949)은 1937년까지 서울, 부산, 평양만의 것을 소급하여 수록하고 있다. 후자의 통계값들은 조선은행이 발간한 『통계월보』의 통계값과 연결되기 때문에 1924년까지 소급하여 정리하였다. 대구와 인천의 1942년, 1945년 6월의 예금액은 찾을 수 없었다. 앞의 두 책과 『통계월보』의 중복되는 연도의 전국값이 대부분 일치하기 때문에 전체적인 추세를 살피는 데 아무런 문제가 없을 것이다. 부표에서 보듯이, 1906년 이후 1945년 6월 말까지 예금액은 명목가격으로 전국적으로 290배 이상으로 불어났다. 그러나 특히 1937년이 중일전쟁 이후에 급격한 통화증발, 생산통제, 소비억제로 인하여 물가가 급상승하였기 때문에 명목가격으로 표시된 예금액이 실질적 증가를 잘 보여 주지 않는다. 그래서 불변가격으로 표시된 예금액의 실질적 추이를 파악하기 위하여 통계청에서 제시하고 있는 1910~1964년의 생산자물가지수를 사용하여 불변예금액으로 전환한 것이 〈그림 4-5〉이다. 일제가 발표한 공정물가가 있었지만, 조선총독부 재무국장이었던 水田直昌은 암시장에서는 이보다 6~10배 정도 물가가 높았다고 한다. 그러나 현재까지 공식적으로 나온 자료는 통계청의 생산자물가지수가 유일하므로 이것을 이용하기로 한다.

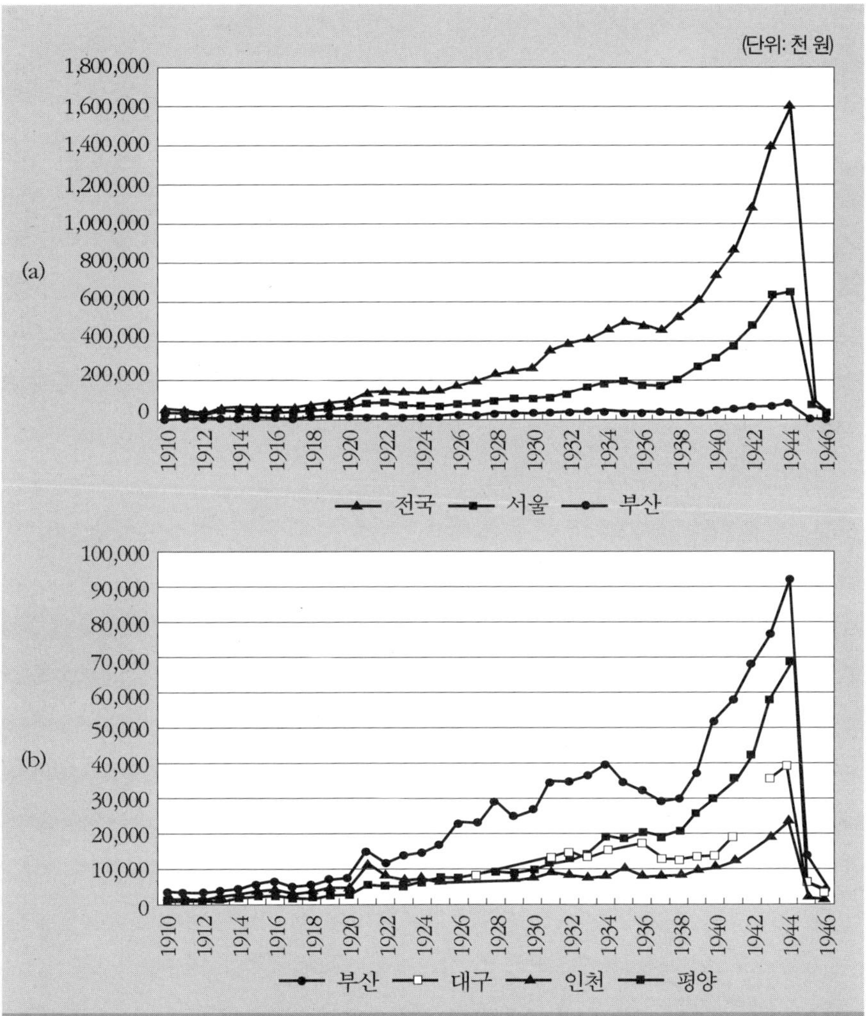


**그림 4-5** 전국 및 5대 도시의 불변예금

〈그림 4-5〉에서는 불변가격 기준으로 1910년 이후 해방 직후인 1946년까지의 추이를 대강 파악할 수 있다. 불변가격 기준으로 중일전쟁 이후 저

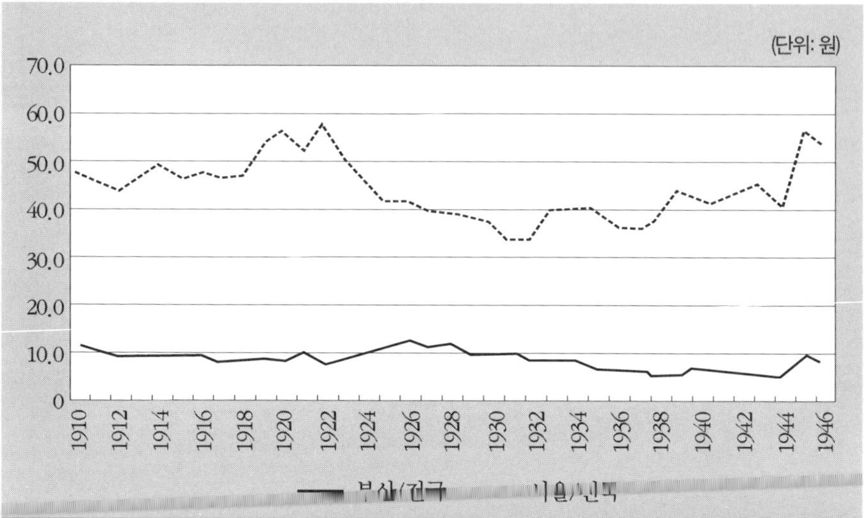


그림 4-6 부산과 서울의 예금비중

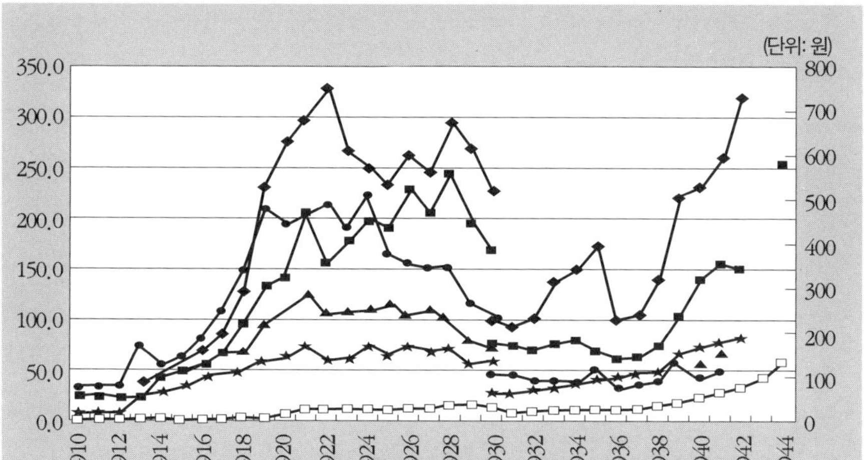


그림 4-7 1인당 예금액

주: 1960년까지 왼편 축, 1930년 이후 오른편 축을 읽음.

축운동이 강행된 뒤에 전국과 각 도시의 예금액이 급상승곡선을 그리고 있다. 부산과 서울의 차이는 1910년 이후 지속적으로 벌어지고 있는데, 절대액면에서 특히 1930년대 이후에 크게 차이가 나고 있다. 부산을 나머지 세 도시와 비교하면, 1912년에 인천에게 추월당한 것을 빼고 항상 두 번째로 높은 비중을 차지할 정도로 금융면에서 중요한 도시였다. 한편, 식민지 초기에 인천에 미치지 못하던 평양이 1930년 초가 지나면서 인천을 제치고 부산 다음으로 3위를 차지한 것이 주의를 끈다.

〈그림 4-6〉은 전국의 예금에서 서울과 부산이 차지하는 비중을 각각 나타낸 것인데, 서울이 차지하는 부분이 경기변동에 매우 예민하게 반응하고 있음을 알 수 있다. 즉, 서울은 제1차 세계대전 이후 1920년대 초까지 상승추세를 보여 1922년 57.8%로서 정점에 이르렀다가 이후 계속되는 경기불황에 1931년 33.5%의 바닥까지 하락하였다. 서울은 이후 점차 상승국면으로 돌아섰는데, 전시경제의 영향을 받아 30%대의 점유비중으로부터, 특히 1939년 이후 1944년 말까지 40%를 넘는 수준으로 회복되었다. 이에 비해 제2위를 차지하였던 부산의 비중은 제1차 세계대전기에 약간 감소하였고, 1926년 12.6%를 정점으로 계속 하락하여 1944년에는 5.7%에 지나지 않았던 것으로 나타난다.

1인당 예금액은 〈그림 4-7〉에 나타나 있는데, 전국의 1인당 예금액은 농촌부의 인구까지 포함하고 있기 때문에 맨 밑바닥에서 매우 낮은 수준을 보여 주고 있다. 부산의 1인당 예금은 1910년대 후반과 전쟁수행을 위해 저축증강운동이 추진되었던 1930년대 후반에 빠른 속도로 증가하였다. 그림에서 다른 도시와의 비교는 대체로 1920년대 후반부터 가능한데, 서울이 가장 높고 다음이 부산인데, 1930년대 후반에는 서울과 나머지 도시들의 격차가 더욱 벌어지고 있음을 알 수 있다.

## 2. 대출의 동향

〈그림 4-8〉은 전국과 일제하 5대 도시의 대출금 동향을 생산자물가지수를 이용하여 불변가격으로 나타낸 것이다. 예금과 마찬가지로 서울 다음으로 부산이 거의 전 기간에 걸쳐서 대출순위에서 2위를 고수하고 있음을 알 수 있다. 그리고 전국과 서울, 평양은 1939년부터, 부산을 비롯한 나머지 도시들은 1940년 이후에 대출이 급증하고 있다.

전국 대출에서 서울이 차지하는 비율은 1910년대 초에는 무려 80%였지만, 1924년에는 저점인 17.5%까지 하락하였다. 그리고 1920년대 후반 및 1930년대 전반의 정체기를 지나서 1938년에는 30%대를, 1940년부터 40%를 넘어서 회복세를 그리고 있다. 부산의 예금이 전국에서 차지하는 비율은 1915년 15.7%를 정점으로 예금에 비해 더 빠른 속도로 감소하여 식민지 경제가 본격적으로 전개되는 1920년대에는 10% 이하를 크게 밑돌아 서울이 증가세로 반전한 1939년까지 오히려 2.9%까지 하락하였다. 이후 약간 증가하였지만 서울처럼 명백한 회복세를 보이지 않았다.

우리나라에서는 몇 번의 단기간을 제외하고 1960년대 전반까지 만성적인 오버 론이 지속되었다. 일제시기에는 어떠하였는지 살펴보자. 예금과 대출액이 집계된 1906년 이후 1945년 6월 말까지 단 3개년(1906, 1909, 1945. 6)만이 예금초과였고, 매년 평균예대율은 175.5%(매년도 예대율의 합/39.5(개년))였다. 같은 기간 중 5대 도시 중에서 평양과 대구가 전국의 예대율보다 높았는데, 평양이 186.5%로서 가장 높았다. 〈그림 4-11〉에서 대체적으로 서울은 1917년까지 전국보다 높았고, 1939년까지는 낮았으며, 1940년부터는 다시 전국보다 높아졌다. 부산의 예대율은 1920년까지 전국보다 높았지만 그 이후에는 한 번도 전국 수준을 상회하지 못하였는데, 연평균 143.5%로서 5대 도시 중에서 가장 낮았다. 서울과 부산을 비교하면 대체로 3개 구간으로 나누어지는데, 1914년까지는 서울이, 1929년까지는 부산, 그리고 1930년 이후

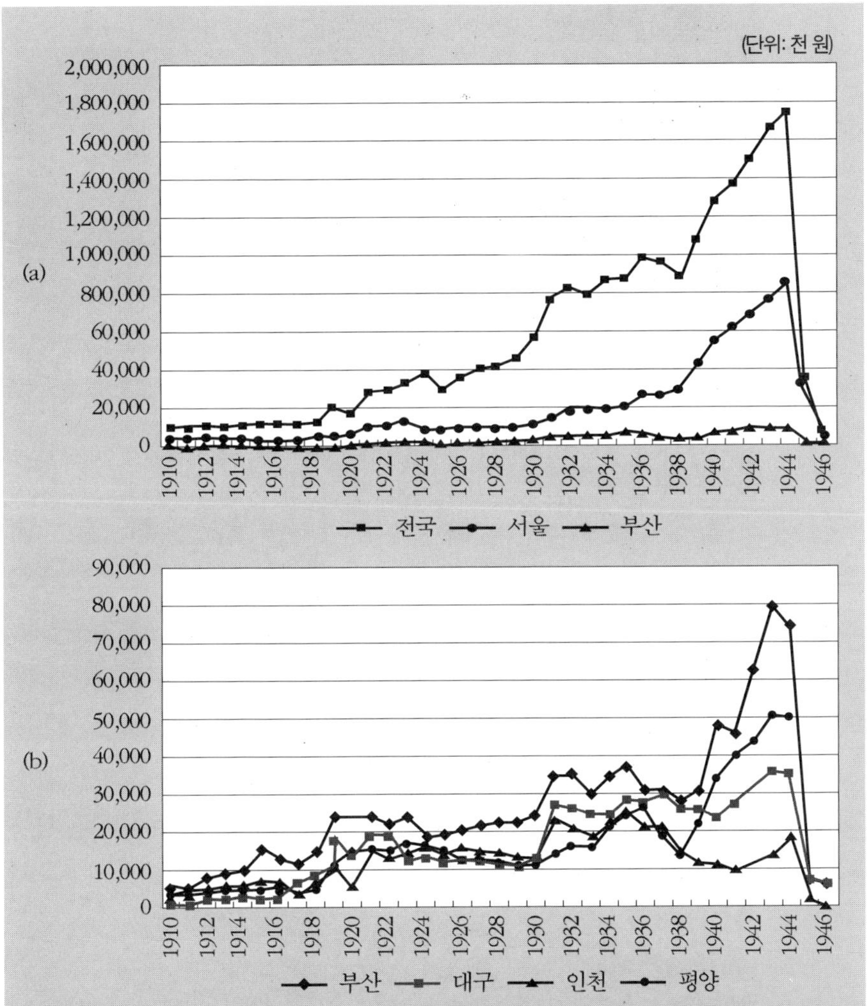


**그림 4-8** 전국 및 5대 도시의 불변대출금

에는 대체로 서울이 높았다고 할 수 있었다.

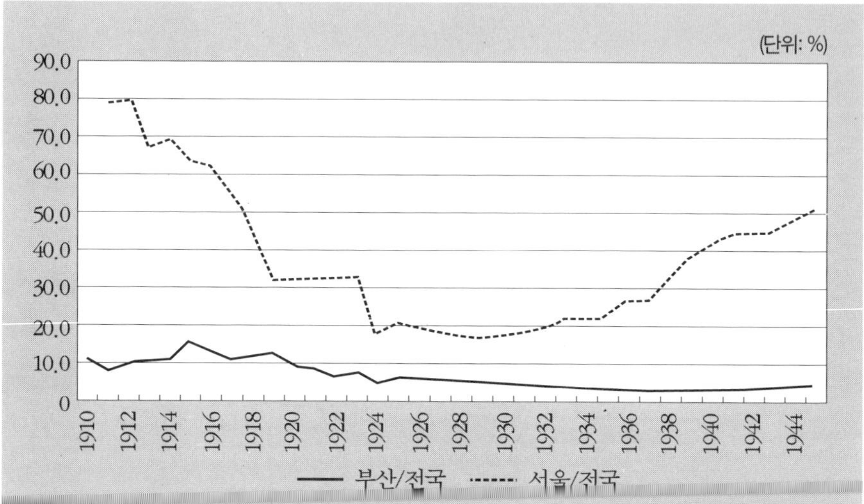


**그림 4-9** 부산과 서울의 대출금 비중

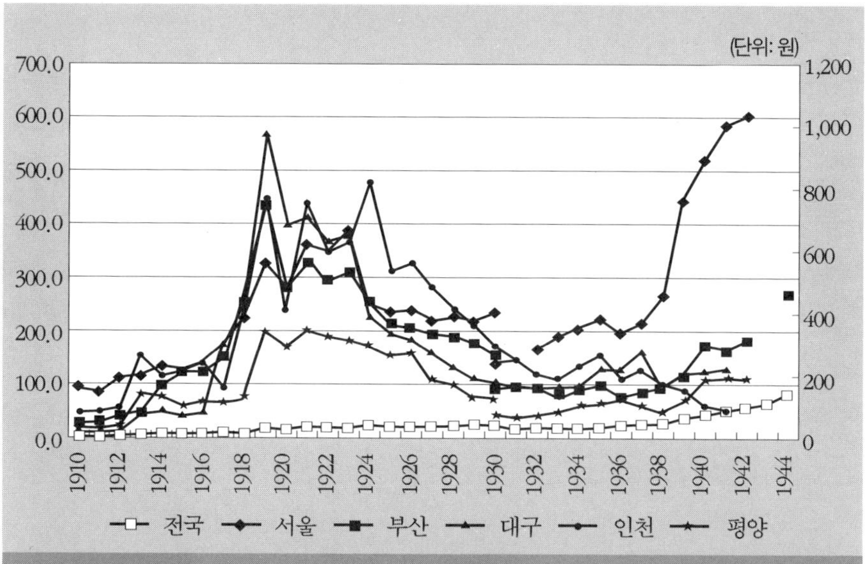


**그림 4-10** 1인당 대출액

주: 1960년까지 왼편 축, 1930년 이후 오른편 축을 읽음.

**표 4-8** 전국 및 5대 도시의 예대율

| 연도 | 전국 | 서울 | 부산 | 대구 | 인천 | 평양 |
|---|---|---|---|---|---|---|
| 1906 | 83.2 | 184.4 | 194.0 | 110.7 | 42.9 | 250.0 |
| 1907 | 106.0 | 177.4 | 152.7 | 96.8 | 64.5 | 245.8 |
| 1908 | 114.3 | 165.7 | 181.7 | 104.4 | 157.5 | 166.8 |
| 1909 | 94.9 | 223.2 | 116.4 | 93.4 | 164.7 | 163.9 |
| 1910 | 128.8 | 305.6 | 126.5 | 104.2 | 155.9 | 274.5 |
| 1911 | 165.0 | 291.0 | 139.6 | 150.6 | 174.9 | 297.6 |
| 1912 | 202.9 | 372.0 | 218.3 | 184.1 | 171.9 | 321.5 |
| 1913 | 218.9 | 315.3 | 225.8 | 212.6 | 206.9 | 337.8 |
| 1914 | 205.0 | 287.9 | 229.0 | 192.0 | 210.2 | 299.2 |
| 1915 | 167.8 | 230.3 | 264.0 | 107.3 | 197.8 | 194.8 |
| 1916 | 154.5 | 202.4 | 207.2 | 95.3 | 173.9 | 168.2 |
| 1917 | 173.6 | 204.7 | 229.1 | 254.1 | 85.1 | 158.4 |
| 1918 | 190.0 | 179.1 | 270.3 | 311.2 | 173.2 | 165.4 |
| 1919 | 235.8 | 141.4 | 328.2 | 600.4 | 215.3 | 334.4 |
| 1920 | 176.5 | 100.5 | 199.5 | 297.3 | 122.7 | 269.4 |
| 1921 | 189.3 | 119.9 | 160.5 | 331.9 | 145.4 | 273.2 |
| 1922 | 191.7 | 106.2 | 186.5 | 351.9 | 163.6 | 320.9 |
| 1923 | 219.0 | 144.6 | 174.0 | 356.8 | 193.7 | 316.5 |
| 1924 | 253.7 | 96.0 | 128.7 | 213.6 | 217.3 | 241.9 |
| 1925 | 203.8 | 100.3 | 114.1 | 170.8 | 190.3 | 250.0 |
| 1926 | 192.8 | 90.2 | 89.8 | 176.9 | 211.5 | 217.5 |
| 1927 | 192.7 | 88.4 | 94.6 | 151.8 | 187.8 | 166.8 |
| 1928 | 172.0 | 77.6 | 77.6 | 135.0 | 159.3 | 138.2 |
| 1929 | 177.7 | 80.5 | 89.9 | 141.4 | 180.1 | 140.7 |
| 1930 | 210.3 | 102.4 | 91.3 | 156.1 | 166.7 | 124.7 |
| 1931 | 211.4 | 115.6 | 98.9 | 204.9 | 241.7 | 115.4 |
| 1932 | 208.0 | 123.1 | 101.5 | 174.3 | 237.4 | 116.2 |
| 1933 | 189.4 | 104.3 | 82.2 | 180.0 | 247.1 | 108.1 |
| 1934 | 185.9 | 101.6 | 88.0 | 160.2 | 266.8 | 117.4 |
| 1935 | 173.7 | 96.7 | 108.3 | 157.9 | 248.9 | 127.6 |
| 1936 | 205.9 | 150.5 | 96.5 | 154.1 | 253.2 | 133.9 |
| 1937 | 209.1 | 158.0 | 103.8 | 231.3 | 262.8 | 103.2 |
| 1938 | 168.7 | 141.8 | 94.0 | 203.4 | 183.6 | 75.4 |
| 1939 | 173.6 | 154.2 | 83.5 | 183.6 | 123.7 | 82.5 |
| 1940 | 170.8 | 171.0 | 92.2 | 166.2 | 104.6 | 111.4 |
| 1941 | 156.2 | 167.6 | 78.8 | 139.8 | 80.7 | 109.9 |
| 1942 | 136.7 | 140.8 | 92.2 | | | 102.7 |
| 1943 | 119.5 | 118.8 | 103.2 | 100.6 | 71.4 | 87.3 |
| 1944 | 107.5 | 129.1 | 80.8 | 87.8 | 77.0 | 71.2 |
| 1945. 6 | 96.6 | 126.6 | 75.2 | | | 65.9 |
| 1945 | 251.6 | 392.3 | 53.9 | 75.8 | 102.9 | |
| 1946 | 126.8 | 114.7 | 135.3 | 253.4 | 78.1 | |

자료: 〈부표 1〉과 〈부표 2〉.

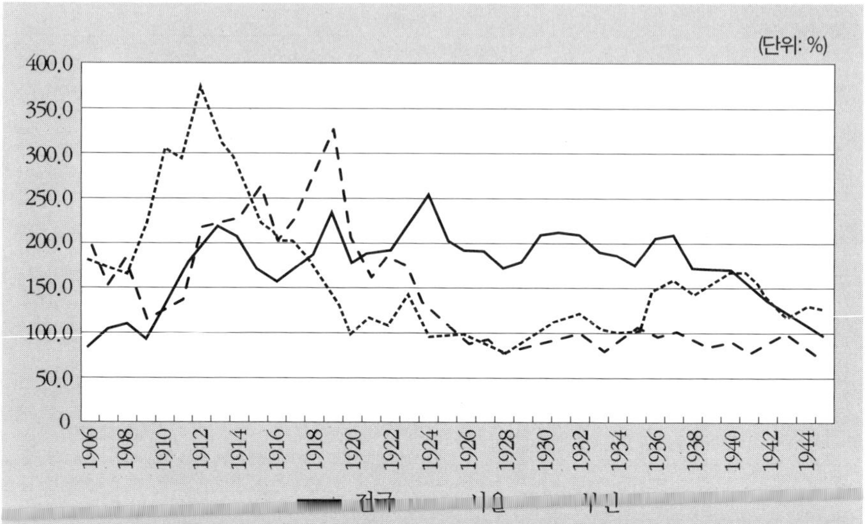


**그림 4-11** 전국, 서울, 부산의 예대율

주: 맨 마지막 연도는 1945년 6월.

## Ⅴ. 결론

이 글에서는 첫째, 부산에서 본점은행이 설립되기 시작하는 1910년대 초부터 부산에 존재하였던 경남(구포)은행, 동래은행, 부산상업은행이 매수 합병된 1935년경까지 은행의 설립과 경영상의 특징, 영업성과, 합병과정 등을 살펴보았다. 둘째, 해방되는 시기까지 부산지역의 금융이 전국에서 어떠한 위치를 차지하고 다른 대도시에 비해 어떠한 특징을 띠고 있었는지 본점은행뿐만 아니라 지점은행과 특수은행을 합한 전 은행의 예금 및 대출에 대한 통계적 추이를 통하여 구체적으로 이해하고자 하였다.

우리나라에서 역사적으로 의미 있는 보통은행이 창립된 것은 19세기 말로서 한성은행(1897년), 대한천일은행(1899년) 등이 초기 설립기의 은행들이었다. 그러나 국내에 본점을 둔 보통은행이 대거 창립된 것은 1912년 일제가 제정 · 공포한 은행령 이후의 일로서, 1920년과 1921년에는 무려 21개 은행에 이르러 현재와 비교해서도 오히려 적지 않았다.

부산에서 가장 먼저 설립된 은행은 1912년에 영업을 개시한 구포은행이었는데, 구포은행은 은행령 이후에 설립된 최초의 은행이었다. 1913년에는 일본인들이 주동이 된 부산상업은행이, 1918년에는 동래 및 기장지역의 유지들이 중심이 된 동래은행이 설립되었다. 이 세 은행의 설립에는 일본인과 한국인들이 교차하여 주식을 매입하거나 경영진에 참여하고 있지만, 경영의 주도권은 민족별로 명확하게 구분되어 있었다. 한편, 한국인 은행가들은 계 혹은 대부회사와 같은 과도적 형태의 금융회사 또는 유사은행 등에 관한 영업경험을 쌓은 후에 은행설립에 참여한 경우가 많았다.

부산에 설립된 세 은행 중에서 가장 활발하게 영업망을 확장해 나간 것은 일본계의 부산상업은행이었는데, 예금 및 대출계층의 분석에 따르면 한국계 은행은 한국인이, 일본계 은행은 일본인이 주로 이용하였던 것으로 나타난다. 그리고 금융계 인사들의 관련사업체를 분석한 결과에 따르면, 이들이 은행의 대주주나 경영자가 된 것은 은행에 대한 투자를 통해서 주식거래상의 단기차익을 실현하거나 배당이익을 기대하기보다는 자신들의 기업체에 은행 자금을 이용하려 하였던 것으로 파악되었다.

1920년대 초에 서울, 부산을 비롯하여 전국 각 지역 요지에 21군데에 이르던 은행들은 제1차 세계대전 이후 일본경제에 여러 차례 불어닥친 공황으로 폐쇄되거나 점차 합병과 매수의 길을 걸었다. 은행수의 감소는 공황의 여파에 따른 영업실적 부진이 기본적 원인이었지만, 모든 은행이 일방적으로 합병 또는 매수의 대상이 되어야 할 정도는 아니었다. 조선총독부의 산업 및 금융정책도 본점은행의 영업을 압박하는 커다란 원인으로 작용하였다. 특히, 조선총독부는 사실상의 특수은행이나 다를 바 없는 금융조합이 도시에 금융망을 확장할 수 있도록 하였을 뿐만 아니라(이른바 도시조합의 설치) 정부대하금을 공급하거나 금융채권을 발행하도록 하는 등 전격적 지원을 아끼지 않았다. 불경기에 도시조합과 치열한 경쟁을 벌이게 된 보통은행들은 조선총독부에 끊임없이 불만을 토로하였지만, 보통은행의 요구는 대체로 묵살되고 합병정책이 진행되었다. 총독부의 금융조합 위주의 정책은 보통은행의 어려움을 가중한 주요한 요인 중의 하나였고 보통은행의 발전을 저해하여 파행적 금융구조를 야기하는 원인이기도 하였다.

조선총독부는 1920년대부터 은행 합병을 추진하였다. 1920년대 초부터 영업상의 난관에 처한 경남은행은 1928년에 대구은행과 합병하여 대구상공은행으로 출범하면서 본점이 지점으로 격하되었다. 조선총독부는 1929년 개정된 은행령을 법적 근거로 1930년대에는 은행 간 합병매수를 강력하게 추진하였다. 이 점은 일제하에서 총독부가 생산업체 등 일반기업에 대한 합병정책을 추진하지 않았던 것과는 대조적이다. 개정된 은행령 이후 1930년부터 11건의 합병매수가 성사되어 일제 패전 말기에는 본점은행들 간에도 독점체제가 확립되었다. 대륙침략전쟁이 노골화되고 장기전의 색깔이 짙어져 가던 시기에 식민지에서의 극단적인 은행 통합은 식민지 권력에게는 전시자금 동원과 초인플레이션을 효과적으로 통제할 수 있는 편리함을 제공하는 것이었다. 동래은행은 영업실적이 그다지 어려웠던 것도 아니고 대출금이 부도처리되어 갑작스럽게 영업이 위험에 빠진 것도 아니었다. 기본 원인은 1928년에 개정된 은행령의 자본금 200만 원을 채우지 못하였기 때문이었다. 부산의 세 은행 중에서 영업실적이 가장 좋던 부산상업은행은 부산수산주식회사에 대출한 자금의 부도로 인해 조선상업은행에 합병매수되었다.

한편, 영업이 어렵기는 하였지만 이 세 은행들은 영업상 손실이 난 것은 아니었다. 즉, 조선총독부의 강력한 합병지향적 정책이 부산에 근거를 둔 본점은행의 소멸을 가져온 배경이었음을 부정할 수 없는 것이다. 전 은행에서 보통은행이, 보통은행 중에서도 본점은행이 차지하는 예대출의 비중이 압도적인 것은 아니었지만, 부산지역의 본점은행들은 나름대로 자금을 동원하고 운용하면서 지역적 금융을 담당하고 순이익을 내었다. 당시 금융인들(임원진과 대주주)의 대부분은 단순히 금융업에만 관계하였던 것이 아니라 자신이 자금을 투하한 상공업에 종사하는 기업가이기도 하였다. 그들은 은행 경영을 통해서 자금을 스스로 공급받고 성장해 가던 기업가였다. 그러나 부산의 은행들 역시 불황의 그늘에서 벗어나기 쉽지 않았다. 그렇지만 불황 속에서 영업성적이 비록 개선되기 어려웠다 하더라도 동래은행과 같은 경우는 조선총독부의 일방적 금융정책에 의해 희생된 대표적인 예라고 할 수 있다. 이러한 사실은 일제하에서 지역의 금융계가 경기변동에 효과적으로 대처하지 못하거나 자기들의 이해를 충실히 대변해 줄 기구를 제대로 갖지 못하고 있었음을 시사한다. 이것은 또한 조선총독부가 경제와 기업경영에서 중추적인 위치를 차지하고 있는 금융 및 금융기구의 장악을 통해서 식민지 경제를 지배 · 통제하려고 하였던 의도를 반영하는 것이다.

한편, 일제하에서 본점은행, 지점은행, 특수은행을 합한 전 은행의 예금 및 대출에서 부산은 서울 다음의 2위를 유지하였다. 예금에서 부산은 인천에 추월당하였던 1912년을 제외하고 2위였고, 대출에서도 1910년 이전의 2년간을 제외하고 2위를 고수하였다. 서울이 전국의 예금에서 차지하는 비중은 1922년 57.8%를 정점으로 점차 감소하다가 1931년 33.5%를 바닥으로 상승하여 1944년에는 44%를 차지하였다. 부산이 전국 예금에서 차지하는 비율은 1930년경까지는 대체로 10% 전후였는데, 1926년 12.6%를 정점으로 감소하여 1944년에는 5.7%까지 떨어졌다. 대출에서 서울은 1924년에 전국의 17.5%를 차지하여 최저수준을 기록한 후 1940년에는 40%를 상회하였다. 부산은 1915년 15.7%를 정점으로 1939년에는 겨우 2.9%의 최저점에 도달하였고, 이후 미증하였지만 하락 추세를 완전히 반전시키지는 못하였다. 이렇게 볼 때 식민지기에 부산은 전국에서 두 번째의 위치를 차지하였지만 서울집중현상과 더불어 전쟁시기에 점차 그 지위가 약화되어 갔다고 할 수 있다.

## 참고문헌


高承濟,『韓國金融史研究』, 一潮閣, 1970.

堀和生,「朝鮮における普通銀行の成立と展開」,『社會經濟史學』 제49권 제1호, 1985.

김동철,「동래은행의 설립과 경영」,『지역과 역사』 제9호, 2001, pp. 45~80.

______,「부산의 유력자본가 香椎源太郎의 자본축적과정과 사회활동」,『역사학보』 제186집, 2005. 6, pp. 59~86.

김동철 · 차철욱,「근대부산지역 금융관련 자료와 그 성격」,『港都釜山』 제18호, 부산광역시 편찬위원회, 2002. 7, pp. 3~62.

김인태,「日帝强占期 釜山의 經濟構造」,『港都釜山』 제15호, 1998. 12, pp. 101~268.

金浩範,「日帝下 植民地金融의 構造와 性格에 關한 研究」, 부산대학교 대학원, 1991.

大藏省,『明治大正財政史(朝鮮編)』, 東京: 財政經濟學會, 昭和14年(1939).

東亞經濟時報史,『朝鮮銀行會社要錄』(1921~1925년판).

______,『朝鮮銀行會社組合要錄』(1927~1941년판).

柳子厚,『朝鮮貨幣考』, 1910.

文定昌,『軍國日本朝鮮强占三十六年史』(中), 1966.

朴元杓,「釜山金融史」,『港都釜山』 제7호, 1969, pp. 17~57.

裵永穆,「植民地 朝鮮의 通貨 金融에 관한 研究」, 서울대학교 대학원, 1990.

山口精,『朝鮮産業誌(下)』, 1910.

澁澤榮一,『韓國ニ於ケル第一銀行』, 1908.

徐光云,『韓國金融百年』, 1972.

鈴木武雄,『朝鮮金融論十講』, 帝國地方行政學會 朝鮮支部, 1940.

오미일,「1910~1920년대 부산지역 조선인 자본가층의 존재양상과 민족주의 운동의 전개」,『港都釜山』 제12호, 1995. 12, pp. 47~117.

尹相殷,『나의 回顧錄』, 1979.

李碩崙,『우리나라금융사(1910~1945)』, 박영사, 1990.

이영훈 · 배영목 등,『한국의 은행 100년사』, 도서출판 산하, 2004.

趙璣濬,『韓國企業家史』, 박영사, 1973.

朝鮮殖産銀行,『朝鮮の金融』, 1932.

朝鮮銀行,『鮮滿經濟十年史』, 1919.

______,『朝鮮金融事項參考書』, 1939년조.

______,『朝鮮銀行統計年鑑』(1949).

______,『朝鮮銀行統計年報』(1948년판).

______,『統計月報』, 각 연월호.

朝鮮銀行史研究會,『朝鮮銀行史』, 1987.

朝鮮總督府,『官報』, 1913. 4. 25.

______,『第4次朝鮮總督府統計年報』, 1912a.

______,『朝鮮總督府施政年報』, 1912b.

______,『朝鮮金融事項參考書』, 1939년조(昭和十四年調).

朝興銀行,『朝興銀行六十年誌』, 1957.

______,『朝興銀行百年史』, 1997.

차철욱,「구포[경남]은행의 설립과 경영」,『지역과 역사』 제9호, 부산경남역사연구소, 2001. 12, pp. 5~43.

최상오,「일제하 조선의 일반은행에 관한 연구」,『한일경상논집』 35, 2006, pp. 175~207.

波形昭一,『日本植民地金融政策史の研究』, 早稻田大學出版會, 1985.

韓國商業銀行,『韓國商業銀行沿革史』, 1957.

______,『韓國商業銀行七十年史』, 1969.

______, 『韓國商業銀行百年史』, 1998.

한국역사정보통합시스템, www.koreanhistory.or.kr(최종열람일: 2009년 9월 20일)

홍순권 편, 『일제시기재부산일본인사회사회단체단체조사보고』, 선인, 2005.

______, 『일제시기재부산일본인사회주요인물조사보고』, 선인, 2006.

姬野實 編, 『朝鮮經濟圖表』, 朝鮮統計協會, 1940.

**부표 1** 전국 및 5대 도시의 예금(경상가격) (단위: 천 원)

| 연도 | 전국 | 서울 | 부산 | 대구 | 인천 | 평양 |
|---|---|---|---|---|---|---|
| 1906 | 13,855 | 5,260 | 1,307 | 150 | 5,935 | 320 |
| 1907 | 16,537 | 7,009 | 1,852 | 247 | 4,842 | 415 |
| 1908 | 14,196 | 8,582 | 1,404 | 315 | 1,638 | 422 |
| 1909 | 18,508 | 10,873 | 2,143 | 473 | 1,511 | 573 |
| 1910 | 17,855 | 8,499 | 2,001 | 643 | 1,690 | 658 |
| 1911 | 18,599 | 8,393 | 1,967 | 718 | 1,696 | 748 |
| 1912 | 20,233 | 8,867 | 1,919 | 781 | 2,035 | 1,033 |
| 1913 | 22,142 | 10,390 | 2,163 | 844 | 1,947 | 1,078 |
| 1914 | 23,174 | 11,520 | 2,254 | 865 | 1,670 | 1,129 |
| 1915 | 28,206 | 13,190 | 2,812 | 1,296 | 1,911 | 1,361 |
| 1916 | 36,296 | 17,352 | 3,531 | 1,719 | 2,538 | 1,829 |
| 1917 | 46,097 | 21,562 | 4,045 | 1,977 | 3,397 | 2,430 |
| 1918 | 66,834 | 31,758 | 5,925 | 2,676 | 4,376 | 2,957 |
| 1919 | 107,450 | 57,618 | 9,827 | 3,947 | 6,664 | 3,923 |
| 1920 | 121,542 | 68,835 | 10,374 | 5,985 | 7,059 | 4,422 |
| 1921 | 151,778 | 79,379 | 15,570 | 5,741 | 12,114 | 5,763 |
| 1922 | 154,757 | 89,473 | 12,264 | 5,781 | 8,869 | 5,122 |
| 1923 | 152,257 | 77,243 | 14,116 | 6,672 | 7,772 | 5,445 |
| 1924 | 161,335 | 74,555 | 16,227 | 7,117 | 9,393 | 7,322 |
| 1925 | 171,222 | 70,839 | 19,662 | 8,253 | 8,799 | 6,691 |
| 1926 | 193,092 | 80,932 | 24,304 | 8,027 | 8,316 | 8,304 |
| 1927 | 200,466 | 79,595 | 23,092 | 8,722 | 8,102 | 7,831 |
| 1928 | 232,653 | 93,149 | 28,313 | 8,673 | 8,696 | 8,995 |
| 1929 | 237,519 | 92,164 | 23,390 | 7,339 | 6,870 | 8,257 |
| 1930 | 217,277 | 81,385 | 21,960 | 6,861 | 6,419 | 7,866 |
| 1931 | 231,399 | 77,514 | 22,797 | 8,672 | 6,469 | 7,928 |
| 1932 | 255,494 | 86,017 | 22,762 | 9,750 | 5,719 | 8,836 |
| 1933 | 294,754 | 120,015 | 26,338 | 9,749 | 5,551 | 10,550 |
| 1934 | 335,598 | 136,204 | 28,908 | 11,450 | 6,365 | 14,112 |
| 1935 | 399,993 | 159,679 | 27,816 | 14,662 | 8,469 | 15,270 |
| 1936 | 410,810 | 151,091 | 27,878 | 15,201 | 7,353 | 17,789 |
| 1937 | 458,169 | 165,358 | 29,719 | 13,135 | 8,265 | 18,700 |
| 1938 | 624,317 | 237,655 | 35,866 | 15,216 | 9,846 | 24,961 |
| 1939 | 867,883 | 383,833 | 51,820 | 19,537 | 14,208 | 36,154 |
| 1940 | 1,149,333 | 489,200 | 80,200 | 21,831 | 17,371 | 46,698 |
| 1941 | 1,395,812 | 587,328 | 92,856 | 31,043 | 20,676 | 57,275 |
| 1942 | 1,831,342 | 817,994 | 113,934 |  |  | 71,152 |
| 1943 | 2,562,293 | 1,168,533 | 140,952 | 65,333 | 36,024 | 106,722 |
| 1944 | 3,345,361 | 1,358,766 | 189,624 | 82,027 | 50,327 | 143,868 |
| 1945. 6 | 4,031,532 | 1,586,108 | 250,250 |  |  | 166,820 |
| 1945 | 2,815,635 | 1,595,061 | 274,609 | 118,302 | 54,761 |  |
| 1946 | 10,342,303 | 5,551,844 | 884,610 | 581,336 | 177,898 |  |

자료: 朝鮮銀行(1939년조); 朝鮮銀行(각 연월호); 朝鮮銀行(1948년판); 朝鮮銀行(1949).

**부표 2** 전국 및 5대 도시의 대출금(경상가격)

(단위: 천 원)

| 연도 | 전국 | 서울 | 부산 | 대구 | 인천 | 평양 |
|---|---|---|---|---|---|---|
| 1906 | 11,530 | 9,697 | 2,535 | 166 | 2,546 | 800 |
| 1907 | 17,524 | 12,434 | 2,828 | 239 | 3,122 | 1,020 |
| 1908 | 16,221 | 14,221 | 2,551 | 329 | 2,580 | 704 |
| 1909 | 17,564 | 24,270 | 2,494 | 442 | 2,489 | 939 |
| 1910 | 22,990 | 25,973 | 2,531 | 670 | 2,634 | 1,806 |
| 1911 | 30,690 | 24,421 | 2,745 | 1,081 | 2,967 | 2,226 |
| 1912 | 41,051 | 32,987 | 4,190 | 1,438 | 3,498 | 3,321 |
| 1913 | 48,474 | 32,757 | 4,884 | 1,794 | 4,028 | 3,641 |
| 1914 | 47,513 | 33,162 | 5,161 | 1,661 | 3,511 | 3,378 |
| 1915 | 47,340 | 30,370 | 7,425 | 1,390 | 3,780 | 2,651 |
| 1916 | 56,065 | 35,124 | 7,317 | 1,639 | 4,413 | 3,077 |
| 1917 | 80,033 | 44,139 | 9,267 | 5,024 | 2,892 | 3,850 |
| 1918 | 126,971 | 56,883 | 16,017 | 8,328 | 7,578 | 4,892 |
| 1919 | 253,363 | 81,479 | 32,252 | 23,699 | 14,347 | 13,120 |
| 1920 | 214,522 | 69,159 | 20,693 | 17,792 | 8,661 | 11,914 |
| 1921 | 287,316 | 95,197 | 24,991 | 19,036 | 17,613 | 15,745 |
| 1922 | 296,729 | 95,027 | 22,869 | 20,342 | 14,514 | 16,438 |
| 1923 | 333,518 | 111,718 | 24,555 | 23,808 | 15,058 | 17,233 |
| 1924 | 409,303 | 71,574 | 20,888 | 15,202 | 20,408 | 17,713 |
| 1925 | 348,995 | 71,050 | 22,439 | 14,098 | 16,742 | 16,730 |
| 1926 | 372,195 | 73,009 | 21,818 | 14,196 | 17,592 | 18,061 |
| 1927 | 386,339 | 70,400 | 21,836 | 13,241 | 15,217 | 13,060 |
| 1928 | 400,051 | 72,257 | 21,971 | 11,707 | 13,853 | 12,432 |
| 1929 | 422,189 | 74,199 | 21,022 | 10,381 | 12,376 | 11,615 |
| 1930 | 456,970 | 83,376 | 20,049 | 10,712 | 10,701 | 9,812 |
| 1931 | 489,259 | 89,634 | 22,556 | 17,768 | 15,637 | 9,145 |
| 1932 | 531,484 | 105,904 | 23,109 | 16,993 | 13,575 | 10,266 |
| 1933 | 558,138 | 125,159 | 21,641 | 17,546 | 13,719 | 11,406 |
| 1934 | 624,037 | 138,335 | 25,441 | 18,348 | 16,983 | 16,572 |
| 1935 | 694,833 | 154,369 | 30,135 | 23,154 | 21,083 | 19,486 |
| 1936 | 845,839 | 227,344 | 26,911 | 23,424 | 18,615 | 23,819 |
| 1937 | 957,914 | 261,340 | 30,857 | 30,384 | 21,720 | 19,294 |
| 1938 | 1,053,349 | 337,033 | 33,714 | 30,944 | 18,081 | 18,818 |
| 1939 | 1,506,451 | 591,915 | 43,260 | 35,878 | 17,573 | 29,841 |
| 1940 | 1,963,165 | 836,416 | 73,926 | 36,294 | 18,173 | 52,038 |
| 1941 | 2,180,956 | 984,086 | 73,132 | 43,392 | 16,692 | 62,943 |
| 1942 | 2,503,723 | 1,151,594 | 105,020 | | | 73,067 |
| 1943 | 3,061,503 | 1,387,996 | 145,517 | 65,750 | 25,723 | 93,170 |
| 1944 | 3,595,272 | 1,754,008 | 153,171 | 72,018 | 38,754 | 102,433 |
| 1945. 6 | 3,894,733 | 2,007,829 | 188,091 | | | 109,904 |
| 1945 | 7,085,141 | 6,257,294 | 148,108 | 89,694 | 56,376 | |
| 1946 | 13,109,072 | 6,366,248 | 1,196,744 | 1,473,038 | 139,010 | |

자료: 〈부표 1〉과 같음.

# 통합 상업회의소 출범 이전의 경제단체
## -상업회의소를 중심으로-

부산상업회의소, 1910년대

# 통합 상업회의소 출범 이전의 경제단체 -상업회의소를 중심으로-

## Ⅰ. 서론

이 장은 한국인과 일본인을 망라한 통합 상업회의소가 출범하는 1916년까지 부산의 경제단체[1]에 관한 연구이다. 일반적으로 경제단체는 상공업자들이 자신들의 이익도모를 위해 결성하며, 구체적인 형태는 시대적 상황에 따라 많은 편차를 갖는다. 이러한 경제단체의 활동은 기본적으로 당시의 시대적 배경에 의해 규정되는 것이지만, 역으로 경제적 변화를 추동하는 원천이기도 하다.

대한상공회의소가 간행한 자료에 따르면 해방 이전 한국상업회의소의 발전과정은 4단계로 구분할 수 있다. 상인조합의 태동기(1880년대 초~1890년대 중반), 상업회의소 설립기(1895~1905년), 재편기(1905~1915년), 그리고 수난기(1915~1945년)이다.[2] 본고가 대상으로 하고 있는 시기는 이 구분에 따를 경우 태동기, 설립기 그리고 재편기에 해당한다.

주지하다시피 부산은 일본의 강압에 의해 개항하였고, 그때부터 근대도시의 역정을 시작하였다. 한국의 첫 개항장으로서 또 일본과 가장 가까이

1) 경제단체에 대한 경제학에서의 관심은 이것이 경제변화에 어떠한 역할을 하였으며, 그 귀결은 무엇이었는가에 있다고 할 것이다. 박섭(2007. 3) 참조. 본 장에서의 문제의식도 기본적으로 그러한 관점에 두려고 한다.
2) 대한상공회의소(1976), pp. 23~24.

있는 개항지로서 부산은 한국의 그 어느 도시보다 일본의 침투가 깊고 빠르게 전개되었다. 부산은 외국무역 및 내륙지역과의 교역의 중심지로서 급속히 변모하였는데, 그 곳에서 개항장 객주라는 새로운 상인집단이 출현하였다. 이들은 이 시기 부산경제계의 중심에 있었으며, 또 일본인의 경제적 침탈에 대응하였던 가장 강력한 존재였다.

사실 개항에서 식민지로 전락하는 시기는 경제적 독립을 유지하려는 한국 정부 및 국민과 이러한 움직임을 말살하려는 일본 자본가 및 일본 정부의 기나긴 충돌의 역사이기도 하였다. 따라서 본 장이 대상으로 하는 개항에서 1916년에 이르는 시기의 경제단체에 관한 연구는 경제적 이익을 추구하는 경제단체 본래의 역할만이 아니라 민족 간 경제쟁탈도 분석의 중심에 놓지 않을 수 없다.

실제로 분석기간 동안 부산에는 한국민과 일본인 각각의 경제단체가 존재하였으며 이 경제단체를 기반으로 각국의 경제인, 특히 상인들의 이익추구와 대립이 있었다. 1913년 말 현재 한인 상업회의소는 전국 18곳에 설치되어 있었는데,[3] 개항장뿐만 아니라 내륙의 중요한 상업지에도 골고루 조직되어 있었다. 반면 일본인 상업회의소는 서울, 대구를 제외하고는 모두 개항장에 조직되어 있었다. 이러한 분립은 합방 이후 부제(府制)의 실시를 거쳐 통합 상업회의소로 통합됨으로써 해소되었다.

본 장에서는 통합 이전에 각각 존재하였던 한국인 경제단체와 일본인 상업회의소를 별도로 살펴볼 것이며, 이들이 어떻게 생겨나고 변모하여 갔으며 또 서로 어떤 긴장을 보였는가를 살펴볼 것이다. 그리고 독립적으로 존재하였던 두 상업회의소는 1916년 통합조직으로 출범하게 되는데, 이것의 의미를 기존 두 상업회의소 체제의 해소가 갖는 역사적 배경과 전망이라

3) 구체적으로는 경성, 인천, 군산, 목포, 대구, 부산, 마산, 진남포, 원산, 청진, 개성, 수원, 강화, 김천, 평양, 의주, 함흥, 북청에 설치되어 있었다. 한편, 일인 상업회의소는 경성, 인천, 군산, 목포, 대구, 부산, 마산, 진남포(삼화상업회의소), 원산, 청진의 10곳이었다. 매일신보(1915. 10. 16).

는 차원에서 찾아볼 것이다.

## Ⅱ. 한국인 경제단체의 성장과 위축

### 1. 개항장 객주와 객주단체의 변모

경제단체와 관련하여 이 시기에 중점적으로 살펴보아야 할 존재는 상인(객주)조직이다. 그 중에서도 개항 이후 성장한 개항장 객주는 이 시기 무역 및 국내 지역 간 교역의 발달과 함께 가장 중요한 존재로 부상하였다. 주지하다시피 개항은 기존의 한국 시장에 심대한 영향을 미쳤는데, 특히 개항장은 해외는 물론 국내 시장권을 연결하는 교역중심지로 등장하였다.[4)]

첫 개항장이었던 부산항에서 활동하기 시작하였던 부산항 객주들의 출신에 대해서는 알려진 바가 별로 없다. 초기에 어느 정도의 객주가 있었던가에 대해서도 명확하지 않다. 객주들의 영업행위는 기본적으로 중개와 위탁매매였는데, 초기 객주영업은 진입장벽이 없었고 또 정부와의 관계도 훗날에 비해 밀접하지 않았다.

그렇지만 객주들은 자신의 영업 필요성에서 일찍부터 그들의 단체를 만들려는 움직임을 보였다. 단체결성은 스스로의 이익을 지키기 위한 움직임이었다. 우선 개항장의 객주상인들은 일본 정부의 비호를 받은 일본 상인들의 유통질서 교란과 상권침해에 대한 반발과 배척의 기운이 고조되는 가운데 자주 일본인들과 충돌하였다.[5)] 또한 상업활동의 편의를 제공하고, 구

4) 이헌창(1985. 12), pp. 119~294.
5) "상계(商界)의 질서 역시 아직 정돈을 보지 못하고 있는 시대였기 때문에 상사(商事)의 지도 ……,

문취득의 폐단을 시정하고, 도량형의 부정을 바로잡을 필요성이 있었다.

개항장 객주상인들이 상회사라는 조직을 결성하게 되는 더 직접적인 계기는 1883년에 있었던 내지통상의 확대조치였다. 개항 초 조계(租界)로부터 사방 10리로 한정되었던 외국상인들의 활동범위는 1885년 이후 내지행상의 허용으로까지 확대되었는데, 이것으로 가장 타격을 입은 것은 개항장에서 한상(韓商)과 일상(日商)을 중개하던 개항장 객주들이었다. 외국상인들이 이들을 거치지 않고 직접 내지의 객주를 통하였으므로 구문율은 현저하게 떨어졌고 이러한 사태에 대응하기 위해 상회사[6]를 조직하였던 것이다.[7]

부산항 객주들이 결성한 첫 경제단체가 출현한 것은 1883년이었다.[8] 1889년에 설립된 부산객주상법회사에 가려 잘 언급되지 않고 있지만, "부산항 객주들은 1883년 10월 상무회의국(商務會議局)을 개설하여 일본인 상법회의소와 조약을 체결하여 외국상인 간의 매매에서 발생하는 분쟁을 서로 중재하기로 하였다"[9]는 데에서 알 수 있듯이, 부산항 객주들은 1883년 원산과 같은 시기에 객주조합 성격의 단체를 만들었으며, 설립의 목적은 일상들과의 분쟁을 조정하여 스스로 이익을 지키고자 함이었다.

이 시기에 설립된 객주조합의 구체적인 역할과 관련하여 알려진 것은 없지만 한국 정부의 파악대상이었던 것만은 분명하다. 1883년 한국 정부는

---

폐해의 감독 교정에 만족하지 않고 당시 거래 기타에 관하여 한인과의 사건 분출(紛出)하여 거류지 상업을 위해 이권의 옹호를 할 수 없는 것도 적지 않아 그간 회의소의 본항상업을 위해 노력하고 시설한 것은 실로 많다"는 기사에서 알 수 있듯이 한국인과 일본인 사이의 상사분쟁은 적지 않았다. 부산상업회의소(1912), p. 262.

6) 명칭은 회사였지만 실질적으로는 조합에 가까운 존재였다.

7) 인천항에서도 1884년 인천항의 객주가 인천객주상회라는 객주조합을 결성하여 외국상인에 대항하였다. 정부도 이들 객주에게 수출입무역품의 독점적인 매매알선을 부여 또는 묵인하는 대신 일정의 구문을 징수하였다.

8) 우리나라 최초의 객주상회소는 1883년에 설립된 원산상회소로 알려져 있다. 이 상회소는 일종의 계조직으로서 조선 상인의 이익을 지키는 방법을 강구하고 아편, 홍삼과 같은 무역금지품의 밀무역을 단속하여 잠상(潛商)의 폐단을 시정하는 것이 목적이었다. 이 원산상회소의 경우 1889년의 방곡령사건 때 일본인에 의해 철폐의 요구대상이 되기도 하였다. 그러나 원산은 1892년까지 여전히 상회소를 유지하였다. 김영신(1998), p. 49.

9) 通商彙編(1883년 부산항지부), p. 157.

부산항의 객주 가운데 별검(別檢)을 선정할 것을 지시하고 있는데, 이로 보아 정부의 파악대상이었음을 알 수 있다.[10] 이후 자료에서 확인되는 부산항 객주들의 단체는 1887년 자료에서 발견된다. 그러나 실제 설립연대는 명확하지 않다. 당시의 단체는 부산상회소라 칭하였는데, 일명 상무회사로도 불렸다.[11]

이후 객주상인들이 중심이 된 단체는 〈표 5-1〉과 같은 변화를 겪었다. 1889년 객주조합인 부산객주상법회사가 설립되어 1895년까지 유지되었는데, 부산상공회의소는 이 객주상법회사를 오늘날 부산상공회의소의 전신으로 보고 있다.[12] 한편, 1893년 동래의 하단과 엄궁 양 포구의 객주들이 하단엄궁상회사를 조직하였는데,[13] 균흥(均興)상회사라고도 하였다. 이는 부산객주상법회사와는 별도로 조직된 것으로 이해된다. 객주의 조직으로는 계사(稧社)조직도 있었는데 부산에는 부산항의 윤영욱(尹永旭)계사가 있었다. 계사조직은 수세를 관장하는 조직으로서, 그러한 수세의 임무는 객주가 유통체계를 독점하는 바탕이 되었다.[14]

개항장에서 객주들의 자발적인 상인단체가 결성되자 당시의 개화파 정부는 1895년 상무회의소 설립의 규칙[15]을 발표하여 차후 상인들의 단체결성은 이 규칙에 따르게 하였다. 〈표 5-1〉에서 1895년에서 1899년까지 상무회

10) 「草記與三港設事目」(1892).
11) 홍순권(1994. 11), p. 109.
12) 2009년 부산상공회의소는 120주년 기념행사를 가졌는데, 이것은 부산객주상법회사의 설립에서 그 출발점을 찾기 때문이다.
13) 홍순권(1994. 11), p. 131.
14) 류승렬(1996), p. 41. 1893년에 존재가 확인되는데 그 이전에 설립되었을 수도 있다.
15) 한국 정부는 1895년 상무회의소 규례를 공포하여 본격적으로 상인의 조직화를 뒷받침하였는데, 이 규례는 최초의 근대적인 상업회의소 관련 법령이었다. 이 규례는 일 · 청 상인에 대항하여 각 개항장에서 조직된 민족상인 집단체를 정부가 통할하는 데 목적이 있었다. 그런데 정부가 민간단체인 상무회의소의 예산집행을 감사하는 등 엄격한 규제를 할 수 있도록 한 법규였다. 이것은 정부의 황실재정 확보의 필요성과 곤경에 처한 상인과의 이해관계가 맞아떨어진 산물이었다. 이제 상회사의 조직과 함께 개항장 객주는 정부의 본격적인 파악대상이 되었다. 정부의 통제하에 들어가면서 개항장 객주들은 일정한 구문을 납부하고 대신 수출입무역품 중개의 독점권을 갖게 되었다. 상무회의소 규칙을 비롯하여 이하 한국 정부에서 만든 규칙 및 장정의 상세한 내용은 부산상공회의소(1982)를 참조.

**표 5-1** 1916년 이전 부산의 조선인 상업회의소의 변천

| 연도 | 명칭 및 존속기간 | 비고 |
|---|---|---|
| 1889 | 부산객주상법회사(객주조합) (1889~1895년까지) | 동래부보 乙丑 6월 22일 (양력 7월 19일) |
| 1895 | 상무소(商務所) 또는 상무회의소 설립(1895~1899년까지) | 상무회의소 규례 |
| 1899 | 상무사(商務社) 또는 상무회사 | 상무회의소 규례 개정, 상무사 장정 |
| 1901 | 부산항 총무회소 또는 부산항객주회의소 | 상무소, 상무회사, 총무회소, 부산항객주회의소, 부산항상무회의소 혼용 |
| 1904 | 상무회의소 규칙 개정의 건 폐지로 법적 근거 소멸 | |
| 1907 | 부산항상무회의소 또는 동래상무회의소 | |
| 1908 | 동래상업회의소(1908~1914년까지) | 동래부윤 허가 |
| 1914 | 부산조선인상업회의소(1914~1916년까지) | 경남도장관 지시 |
| 1916 | 부산조선인상업회의소 해산 | |

자료: 부산상공회의소(1982), pp. 12~13.

의소라는 명칭이 사용된 것은 이 때문이다.

1899년에는 다시 상무사로 불리게 되는데 이는 대한제국이 외국상인에 대항하기 위해 한국 상인의 유통체계를 조직화하고 상인조직을 정비하는 과정에서 나온 것이었다. 상인조직화를 위해 대한제국은 상무사를 전국에 걸쳐 설립하였는데, 1899년 5월 12일 칙령 제19호로 발포된 「상무회의소규례개정건」이 근거가 되었다.[16)]

이후 규칙 또는 규례의 개정에 따라 몇 차례 명칭이 변경되었는데, 1901년 2월에는 부산항객주회의소라 칭하였으나 다른 이름도 혼용되었다. 다른 지역에서 많이 보이는 이름인 신상회사가 부산에서도 1904년 부산항 신상

16) 류승렬(1996), p. 82. 상무회의소를 상무사로 개칭하고 전국의 상무를 통할토록 하였다. 상무사는 전국의 상민(商民)을 하나로 포괄하는 조직이었다. 이 같은 상인의 조직화는 외상의 상권침탈을 저지하고 수세를 효율적으로 실행한다는 대한제국의 정책에 부응하는 것이었다.

회사로 존재하였다는 기록이 보이는데, 기능과 부산항객주회의소와의 관계는 분명하지 않다.[17] 이 시기 명칭이 여러 개 존재하는 것은 정부에서 상인들을 통할하기 위해 장정이나 규칙을 자주 바꾸었지만 지방에서는 잘 시행이 안 되었던 것과도 관련이 있었다. 이처럼 여러 가지 명칭으로 불렸지만 상인단체 구성의 주축을 이룬 것은 초량의 객주(객주조합)들이었는데, 이들은 상무사에도 가입하였고 조선인상업회의소에도 참가하였다.[18]

명칭의 변경에도 불구하고 이 시기 경제단체는 정부의 통제 아래에서 영업세 납부의 의무를 지는 한편, 독점이라는 수단에 의존하면서 일본인 상업회의소에 대항하는 역할을 하는 공통점을 가지고 있었다. 광무개혁을 거치면서 상당한 변동을 겪기는 하지만 개항장 객주들은 줄곧 한국 정부의 수세담당자로서 또 일본 상권침탈의 저지자로서 그리고 상품중개 및 위탁상인으로서의 복합적인 성격을 지녔다.[19]

## 2. 동래상업회의소

### (1) 동래상업회의소의 출범

객주 상인이 중심이 된 개항장 상인들은 일본이 한반도에 대해 배타적인 권리를 갖게 되는 러일전쟁 이후 큰 타격을 받게 된다. 일본은 한국의 내정에 대한 간섭권을 획득하자마자 객주의 기반을 와해시키려 하였다. 러일전쟁 이후 실시한 재정 및 화폐정리사업, 유통체계의 재편, 항행권 독점, 철

17) 류승렬(1996), p. 126. 사실 이 시기 객주상인들의 조직이름으로 나타난 상회사와 함께 상인들이 근대적 기업 또는 회사로 설립한 상회사가 혼용되어 쓰여 혼란을 준다. 근대적 기업형태인 상회사도 정부에 수세부담을 지면서 독점을 구하는 경우가 많았다. 근대적 기업형태의 상회사는 해운, 창고업에서 많았다.

18) 부산상공회의소(1982), p. 85.

19) 개항장에 존재하였던 상인단체는 외세와 국내 영세상인의 반발에도 불구하고 정부로부터 받은 독점권을 향유하였다. 그리하여 국내적으로는 소상공인으로부터 독점에 대한 공격의 표적이 되기도 하였지만, 다른 측면에서는 개항장에서 외상과 싸우는 민족자본의 역할을 수행하였던 복합적인 성격의 존재였다.

도의 부설 등으로 일본 상인들의 내지 침투가 가속되었는데, 이 와중에서 객주는 결정적 타격을 입었다. 일본 상인들이 개항장을 거치지 않고 직접 내륙으로 침투하여 상업활동을 할 수 있게 됨에 따라 객주의 역할이 위축되었기 때문이다. 이러한 타격은 일본 상인들의 진출이 강하였던 부산에서 더 컸다.[20]

상인단체와 관련하여 1904년 일제는 대한제국 정부에게 개정상무회의소 규칙을 폐지하도록 하였고, 도고상업체제도 철폐하게 하였다. 이제까지 한국인 경제단체의 근거가 되어 왔던 상무회의소의 법적 근거를 박탈한 것이다.

객주영업기반의 타격과 정부의 독점권 부여에 기초하였던 객주상회사가 존립하기 위해서는 체질개선이 불가피하였다. 개항장에서 영업독점권이 소멸되어 가는 것에 더하여, 철도의 개통은 상권의 중심을 포구에서 역전으로 변화시킴으로써 객주상인들의 영업에 더욱 타격을 주었다.

이러한 상황에서 부산의 객주상회사도 변화를 모색하면서 특권에 의존하지 않는 방법을 모색하였다. 전국적으로도 러일전쟁 이후 상업회의소가 본격적으로 설립되는데, 그것은 바로 이러한 연유에서다.[21] 1906년에 설립된 부산상회사 장정[22]을 보면 다음과 같다.

1. 상업의 발달을 도모하며 쇠퇴를 방어하기 위하여 필요한 방책을 강구하는 것.
2. 상업에 관한 법률 기타 제반 조례의 개정시행방법에 대하여 의견을 개진하며 또 상업상 이해에 관한 의견 및 기타를 발표하는 것.
3. 상업의 실황(實況) 및 통계를 조사하여 발표하는 것.

20) 류승렬(1996), p. 164. 강점을 전후한 시기에 부산에는 객주가 현저히 줄어들어 하단에 미곡을 취급하는 객주 10인, 동래에 2인이 있을 정도였다.
21) 류승렬(1996), p. 187.
22) 황성신문(1907. 11. 28).

4. 화물출입 및 매매시 가격을 간심(看審)하며 거간인의 자격원수 및 구전(口錢)을 심사하는 일.
5. 관계인의 청구가 있을 때 상업에 관한 분의(紛議)를 중재하는 일.
6. 상업자의 위탁이 있을 때 상업에 관한 사항을 조사하며 또는 상품산지와 가격을 증명하는 일.

6개 항에서 정부의 특권이나 영업세 납부 등의 말은 나오지 않는다. 대신 상업의 발달을 위한 방안 강구, 의견개진, 자료조사, 분쟁중재, 상품 증명 등 상인단체들이 일반적으로 하는 업무들로 옮겨 가고 있음을 알 수 있다.

〈표 5-1〉에서 보면 이 시기 부산의 한국인 경제단체는 부산항상무회의소 또는 동래상무회의소로 불리고 있었는데, 처음으로 '동래'가 단체이름에 들어가고 있다. 그러다 1908년 8월 18일 동래부윤의 허가를 받은 동래상업회의소가 발족되었는데, 이것은 법적 근거를 갖기 위한 조치였다고 생각된다. 동래상업회의소가 발족하기 1년 전에 이미 동래상무회소라는 명칭을 사용한 것으로 보아 동래상업회의소가 이전의 한국인 경제단체를 이어받았음을 알 수 있다.

한편, 1909년 1월 순종(純宗)이 대구, 마산, 부산을 순행하였을 때 민족상인을 격려하는 뜻에서 동래상업회의소에 500원을 하사하였는데, 이를 운영기금으로 하여 일본인 상업회의소에 대항해 나갔다.

이후 1914년 부제가 실시되던 해에 조선총독부의 방침에 따라 동래상업회의소는 조선인상업회의소로 명칭을 변경하였다. 개칭 후 초대 회장에는 이규정이 취임하였다. 후술하듯이 1915년 7월 15일 조선총독부 조선상업회의소령에 의해 1916년 3월부터 기존 부산조선인상업회의소와 일본인상업회의소는 해산되고, 일정한 자격을 가진 한국인과 일본인 공동의 상업회의소가 새로이 발족하게 되었다.

### (2) 동래상업회의소의 활동

동래상업회의소는 부산지역에서 한국인 상공업자의 대표기관이었다. 이러한 사실은 당시 일본 상공인들도 인정하고 있었다. "이미 10년 전에 상무회소를 설립하였는데, 그 후 다시 상업회의소로 하여 회장, 부회장 및 위원 40명으로 조직하고 조선인 회원 200여 명을 확보하고 있다. 그 경영사업으로서는 매월 2회 중요 상품의 수량, 가격 등을 조사하여 각 회원에게 배포하고, 또 한국과 일본에 있어 각 조선인상업회의소와 시세표(商品相場表)의 교환을 하고, 또 상공업에 관한 중요 문제에 있어 각 당국에 청원건의를 하는 것으로 한국인 상공대표기관으로 상당의 임무를 다하고 있다"[23]고 보고하고 있다.

동래상업회의소는 한국 상공업자들의 이익을 위한 조사 및 청원업무를 하는 것에 나아가 한국인 상업자 간의 분쟁조정과 거래알선 등의 업무도 하였다. 또한 한일 상인 간의 분쟁조정도 담당하였다.[24] 구체적인 예를 부산항상무회의소에서 발견할 수 있다. 1907년 4월 5일 초량객주 일동이 휴업에 들어갔을 때 일상(日商)들은 일본인 상업회의소에 조정을 의뢰하였으며, 그 당시 篠原才吉을 부산항상무회의소에 파견하여 김영규[25]에게 초량객주의 휴

**표 5-2 연도별 동래상업회의소 현황**

(단위: 円, 건, 명)

| 연도 | 의원수 | 특별 의원수 | 회의 횟수 | 의사 건수 | 선거 권자 | 선거권, 피선거권 병유자 | 계 | 경비 예산 |
|---|---|---|---|---|---|---|---|---|
| 1911 | 30 | 8 | 2 | 10 | 98 | 33 | 131 | 1,200 |
| 1912 | 40 | 6 | 7 | 16 | 108 | 50 | 158 | 1,500 |
| 1913 | 20 | | 4 | 22 | 88 | 36 | 124 | 1,700 |
| 1914 | 20 | 5 | 11 | 34 | 114 | 56 | 170 | 1,569 |

자료: 『통감부통계연보』 및 『총독부통계연보』 각 연도.

23) 부산상업회의소(1912), pp. 333~334. 소재지는 초량이었다.
24) 부산시사편찬위원회(1990), p. 828.

**표 5-3** 1914년 현재 전국 조선인 상업회의소 현황

(단위: 円, 명, 건)

| | 의원수 | 특별 의원수 | 회의 횟수 | 의사 건수 | 선거 권자 | 선거권, 피선거권 병유자 | 경비 예산액 | 설립연월일 |
|---|---|---|---|---|---|---|---|---|
| 경성상업회의소 | 50 | 9 | 13 | 45 | 890 | 890 | 6,090 | 1905. 7. 17 |
| 인천조선인상업회의소 | 24 | 2 | 4 | 7 | 150 | 50 | 971 | 1905. 7. 2 |
| 개성상업회의소 | 40 | 6 | 3 | 14 | 100 | 60 | 900 | 1907. 10. 11 |
| 수원상업회의소 | 23 | 4 | 9 | 13 | 60 | 40 | 1,380 | 1908. 4 |
| 강화상업회의소 | 11 | | 8 | 11 | 224 | 224 | 210 | 1910. 5. 1 |
| 대구상무소 | 25 | 2 | 16 | 28 | 220 | 120 | 1,020 | 1907. 7. 16 |
| 김천상업회의소 | 20 | | 6 | 14 | 210 | 210 | 1,181 | 1906. 3. 6 |
| 부산조선인상업회의소 | 20 | 5 | 11 | 34 | 114 | 56 | 1,569 | 1908. 8. 18 |
| 평양상업회의소 | 18 | | 20 | 50 | 300 | 200 | 465 | 1908. 3. 9 |
| 삼화상업회의소 | 30 | 10 | 54 | 100 | 79 | 61 | 1,870 | 1908. 12. 1 |
| 의주상업회의소 | 150 | 22 | 24 | 58 | 80 | 80 | 450 | 1911. 3. 15 |
| 원산상업회의소 | 40 | | 4 | 23 | 110 | 70 | 986 | 1900. 8. 17 |
| 함흥상업회의소 | 30 | 10 | 32 | 56 | 100 | 50 | 542 | 1907. 3. 16 |
| 북청상업회의소 | 40 | 8 | 17 | 17 | 85 | 85 | 150 | 1905. 5 |
| | 521 | 78 | 221 | 470 | 2,722 | 2,198 | 17,784 | |

자료: 『통감부통계연보』 및 『총독부통계연보』 각 연도.

업철회를 간청한 바 있었다. 또 같은 해 6월 하순 한국인 인부조합인 영신사(永信社)와 새로 관허를 얻은 '노동회사' 사이에 분쟁이 발생하였을 때도 부산항상무회의소가 중재역할을 하였다. 부산항상무회의소는 '동래부국채보상 일심회(一心會)'를 조직하고 적극 참여하였다.[26)]

〈표 5-2〉에는 1911년 이래 동래상업회의소 현황이 나와 있는데, 1914년까지의 동향을 볼 때 활동이 비교적 활발하였음을 볼 수 있다. 회원은 1913년의 감소를 제외하면 증가추세에 있었고, 회의횟수와 의사건수도 늘어나

25) 초대회장은 안순극(安舜克), 총무는 김영규(金永圭)였다. 그 후 1912년 2월 2일 평의원 선거에 초량객주조합에서 금융부문을 맡았던 이규정(李圭正)이 당선되고 1913년 3월에 그는 회장에 취임하였다.

26) 대한매일신보(1907. 3. 10; 1916. 5. 29).

는 경향을 보여 주고 있다. 동래상업회의소는 1914년 부군(府郡) 관할구역 변경으로 부산조선인상업회의소로 개칭하였다.[27)]

한편, 〈표 5-3〉에서 전국의 한국인 상업회의소 현황을 보면 1914년 현재 회원수는 경성, 평양, 강화, 대구, 김천, 인천, 부산의 순위를 보이고 있고, 경비예산에서는 경성, 삼화, 부산의 순위를 보이고 있다. 개항장의 규모를 감안할 때 부산의 조선인상업회의소는 다른 지역에 비해 활발하지 못하였던 것 같다.

회원 1인당 회비납부액은 부산이 더 많았지만 참여인원은 부산이 저조하였다. 실제로 각 지역에 존재하였던 조선인상업회의소의 경우 회원자격과 관련하여 특별한 제한을 두지는 않았다. 부산조선인상업회의소의 경우도 상업의 상태에 의해 등급을 나누었다고 되어 있어 징수 등급을 나누고는 있었지만 회원자격을 제한한 것은 아니었다.[28)]

그리고 1914년 기준 부산조선인상업회의소 예산은 1,569원이었는데, 이것은 당시 부산일본인상업회의소 예산의 19%에 해당하는 것이었다. 무역을 비롯한 상업과 제조업 모두에서 열세를 면치 못한 한국인 소유 기업 및 사업체의 경제력을 감안할 때, 19%에 이르는 예산운용은 적은 편이 아니었다.[29)]

27) 매일신보(1914. 7. 9). 회장은 오인규(吳仁圭)였다.
28) 尾西要太郎(1913), p. 397.
29) 그런 점에서 합방을 전후한 시기 한국인의 경제활동 상황은 과소평가되고 있을 가능성이 없지 않다. 이러한 문제제기는 박영구(2005), p. 6 참조.

## Ⅲ. 일본인 경제단체의 성장과 활동

### 1. 일본인의 부산 이주와 일본인거류민단의 성장

부산은 개항 이후 한국 속의 일본 도시로서 출발하였다. 개항 이전부터 일본인들이 거주하였던 왜관을 거점으로 일본은 급속도로 세력을 확장하여 갔다. 임오군란을 계기로 청나라 상인이 세력을 회복하고 청일전쟁 직전에는 일본 상인을 위협할 정도로 성장하였던 시기에도 부산은 여전히 일본 상인의 독무대였다.[30)]

일본 전관거류지는 급속히 도시화되었고, 한국에 이식되는 근대적 기관도 부산에 처음으로 설치되는 것이 많았다. 부산의 급격한 변화를 배경으로 일본인들의 부산 이주가 급격히 늘었다. 부산 거주 일본인 인구[31)]는 정치적 상황에 주로 영향을 받으면서도 꾸준하고도 급격한 증가세를 이어 왔다. 임오군란과 갑신정변, 동학혁명에 이은 청일전쟁, 그리고 러일전쟁기에 감소세로 들어섰다가 이후 바로 급증하는 형식으로 일본인의 이주가 계속되었다.

개항 당시 부산에 살고 있던 일본인은 40여 호에 80여 명이었다고 기록되어 있다.[32)] 그러던 것이 개항된 지 5년이 지나지 않은 1880년에 2,000명을 넘어섰고, 1890년에는 4,000명을 넘어서기에 이르렀다. 1897년에 6,000명을 넘은 일본인 인구는 1903년 1만 명을 넘어섰고, 1908년에는 2만 명을 넘기에 이르렀다.

한편, 〈표 5-4〉에서 보듯이 청일전쟁 직후 4,953명의 일본인 거주자 가

30) 이병천(1985), p. 323. 경상도와 전라도에서의 청상의 위상은 매우 미약하였다.
31) 자세한 내용은 김대래 · 김호범 · 장지용 · 정이근(2005. 10) 참조.
32) 부산시사편찬위원회(1990), p. 826. 공관관리 및 잡직자 12명을 제외하고는 모두 상인이었다.

운데 직업이 파악된 1,248명의 업종분포를 보면 상인(잡상 제외)이 679명으로 절반을 넘고 있으며, 기술자수도 177명으로 나타나고 있다. 나아가 날품팔이와 짐꾼에서 창녀에 이르기까지 그 구성은 매우 다양하였다.

일본 인구의 대규모 이주와 함께 일본 거류민 자치기관의 발달은 다음과 같은 과정을 거치면서 성립되었다.[33] 1873년 일본 정부는 초대 외무주재관을 부산항에 파견하면서, 그 밑에 보장(保長) 1명을 두고 사무를 시작하였다. 1880년에 영사(領事)를 설치하였는데, 영사는 1881년에 거류지편제규칙을 발포하였다. 이에 따라 거류민에 거류지 공공의무의 일체를 부담시키고 거류지에 총대역소(總大役所) 및 총대 1인을 설치하여 호적, 토목, 위생, 교육, 신사, 기타 거류지 일반의 사무를 처리하게 하였다.

그 후 1887년에 이르러 다시 거류민규칙을 제정하였다. 이에 따라 거류민들은 공공의 영조물(營造物) 및 재산을 공유(共有)하는 권리 및 공비(公費)를 부담하는 의무를 갖게 되었다. 또 거류민회라는 의정기관의 조직과 권한 및 의원선거의 방법, 거류민장의 사무권한 등을 규정하여 체계적인 거류민 공공기관의 성립을 보게 되었다.

그러다 1905년 3월 법률 제41호로써 거류민단법이 발포되고, 또 1906년 7월 칙령 제21호로써 거류민단법 시행규칙과 통감부령 제15호로써 거류민단법 시행규칙실시심득이 잇달아 공포됨에 따라 1906년 8월 15일 통감부 고시 제76호로써 부산거류민단이 설립되었다. 이에 따라 종래의 거류민역소는 부산거류민단역소로, 그리고 거류민장은 부산거류민단민장으로 개칭되기에 이르렀다.[34]

부산일본거류민단은 각종 도시개발계획을 세우고, 학교와 병원을 설립하고, 수도시설을 확충하는 등 오늘날 지방정부가 하는 일을 거의 그대로

33) 부산상업회의소(1912), pp. 94~97.

34) 이와 함께 종래 공선(公選)이었던 민장은 관선으로 되고 한국통감이 임면하는 것으로 되었다. 그리고 자치기관인 민단사무소의 사무조직은 총무, 서무, 토목, 위생, 회계 및 수도의 6계로 조직되었는데, 거의 일본 시사무소의 조직과 다를 바 없는 것이었다.

**표 5-4** 부산 거주 일본인의 영업별 분포(1895년)

(단위: 명)

| 영업별 | 영업수 | 영업별 | 영업수 | 영업별 | 영업수 |
|---|---|---|---|---|---|
| 국립은행 | 3 | 선박객주 | 9 | 요리점 | 13 |
| 기선회사 | 3 | 기술직 | 177 | 창기, 예기 | 31 |
| 제조업 | 7 | 잡상, 잡업 | 50 | 유기업 | 4 |
| 무역상 | 83 | 날품팔이, 짐꾼 | 197 | 교사, 의사 | 6 |
| 중매상 | 154 | 전당포 | 14 | 어부 | 49 |
| 일용품상 | 442 | 여인숙 | 6 | 계 | 1,248 |

자료: 『일한통상협회보고』(1895), pp. 86~87.

담당하였다. 거류민단이 벌였던 주요 사업 가운데에는 영선산 착평매립공사, 수도공사와 같이 당시의 금액으로 100만 원이 넘는 것도 있었다.[35)]

## 2. 상업회의소의 구성과 활동

### (1) 일본인 상업회의소[36)]의 출범과 변모

부산에서 일본인 경제단체인 부산상업회의소가 설립된 것은 1879년 8월이었다. 이것은 한국에서 최초였음은 물론, 일본에서도 동경과 오사카 상법회의소만이 부산보다 1년 먼저 설립되었을 정도로 아주 이른 시기에 설립된 것이었다.[37)]

거류지 인구의 증가와 함께 밖으로는 한일무역, 안으로는 한인과의 거래가 증가함에 따라 상업단체의 결성 필요성을 느껴 상법회의소를 창립하게 되었다. 설립시 목적은 "양국 무역에 관한 일체의 이해득실을 상의(商議)하고 또 무역상 관청의 하문에 답하고 의견을 관청에 건의함과 함께 물품진

35) 부산상업회의소(1912), pp. 98~101.

36) 여기서 일본인 상업회의소라고 하는 것은 이하에서 검토할 1879년에 설립된 부산상법회의소를 포함하여 이후 개칭된 1893년의 부산항일본인상업회의소, 1908년의 부산상업회의소를 모두 포함하는 말이다. 이 일본인 상업회의소는 1916년 부산상업회의소로 한국인과 일본인을 포함한 단체로 통합되며 1931년 4월 부산상공회의소로 개칭된다.

37) 부산상업회의소(1912), p. 256.

열소를 관리한다"[38]라고 하는 것에서 알 수 있듯이 무역상들이 중심이 되어 만든 것이었다.

조직은 무역, 은행, 해운 및 도매(도매는 후에 추가)의 4영업자로 하고 의원 정수를 34명으로 하였다. 경비는 수출입물품에 대하여 1원당 2리를 징수하였다. 1885년 2월 회원자격 제한을 폐지하여 회원의 범위를 재항상고(在港商賈) 일반으로 하였으며, 1890년 6월에는 다시 소간물상을 회원으로 추가하였다. 그와 함께 경비도 회원들로부터 일정 금액을 받는 것으로 하였는데, 등급을 3개로 나누었다.

그러다 1893년 1월에 실시된 개정에서 회원의 조직을 상법 제4조 및 제5조에 게재된 상거래의 각부에 속하는 영업자로 하고 그 영업종목 30종을 지정하고 의원의 정수를 30명으로 하였다. 경비의 부과법을 개정하여 부과금을 일반 및 특별의 2종으로 하였는데, 일반부과금은 매월 20전으로 하고 특별부과금은 3등급으로 나누어 1등은 월 2원, 2등은 1원 50전, 3등은 50전으로 하고 회원의 임의에 따라 징수하는 것으로 하였다. 동시에 명칭을 부산항일본상업회의소로 개칭하였다.

1901년 7월 말 목포상업회의소의 주창에 의거 재조선일본인상업회의소연합회가 결성되었고, 동년 11월 16일 그 제1회 회의가 인천에서 열렸다. 1902년 회의소 내에 부속사업으로서 상품견본진열소를 설치하고 동 4월 개관하였다. 1903년 다시 西町一丁目에 연와 3층의 진열관을 신축하여 1905년 4월부터 개관하였다. 그리고 동년 10월 재조선일본인상업회의소연합회의 이름으로 일본상업회의소연합회에 가맹하였다.[39]

1908년 3월 다시 부산항일본상업회의소는 정관을 개정하였는데, 의원 선거권에 관한 납세자격을 높여 민단납세 연액 10원 이상(종래 5원 이상)으로

38) 부산상공회의소(1912), p. 257. 부산항상법회의소에 이어 1881년 원산, 1885년 인천, 1887년 경성, 1889년 목포, 1906년 대구, 1907년 군산, 평양, 진남포, 1908년 마산, 1909년 청진에 상법회의소가 설립되었다. 합방 이전까지 개항지 및 주요 도시에 설치된 일본인 상법회의소는 11곳이었다.
39) 田中麗水 편(1935), p. 865.

하였다. 그 후 1909년에는 경비의 징수성적에 비추어 선거유권자의 납세자격을 올려 회원의 도태를 도모하는 것이 회계상 오히려 득이라는 것을 감안하여 동년 3월 정관을 개정하여 납세자격을 25원 이상으로 바꾸고 동시에 부과징수시기도 연 6기(전에는 4기)로 개정하였다.

1879~1904년의 초창기에는 迫間房太郎, 大池忠助 등이 회장을 역임하였다. 그 후 生尾久治(1905~1907), 迫間房太郎(1908~1909), 野口弘毅(1909~1912), 五島甚吉(1912~1914), 大池忠助(1914~1915), 迫間房太郎(1915~1916), 大池忠助(1916~1920)가 회장을 역임하였다.[40] 이처럼 수차에 걸친 조직의 변경과 재정기반의 확충에도 불구하고 1916년 한 · 일 통합 상업회의소가 출범할 때까지 법인격을 갖는 단체로 인정받지는 못하였다.

### (2) 상업회의소 의원의 구성변화[41]

자료입수가 가능한 1905년 이전의 상업회의소 의원 45명 가운데 26명이 무역상이었다. 다음으로 지점회사들의 비중이 높았다. 長崎와 山口 출신이 많았다. 회의소 설립을 무역상이 주도하였음을 보여 준다. 초기 회원은 무역과 관련이 있는 무역, 은행, 해운 담당자들로만 구성되어 있었고, 뒤에 도매상이 추가되었다. 1885년 회원자격 제한 폐지로 중매상도 회원으로 참가하였으나 무역상의 주도권은 침해되지 않았다. 1905년 이전 부산상업회의소 의원들이 주로 수출무역에 종사하고 있었음은 부산이 1901년까지 수출액이 수입액보다 많았던 것과 정합적이다.[42]

러일전쟁에서 합방에 이르는 시기인 1905~1910년 사이 상업회의소 회

40) 부산시사편찬위원회(1990), p. 828 및 田中麗水 편(1935), p. 893. 서기장은 宮本罷(1893. 11~1901. 5), 隆田端正平, 久納重吉, 森田福太郎, 花輪熊太郎 등이 역임하였다.

41) 의원구성의 변화에 대한 정리는 차철욱(2004)을 토대로 작성하였다.

42) 부산상공회의소(1989), p. 378. 이러한 추세는 인천과 다소 차이를 보이는 부분이다. 1892년 인천 상업회의소 의원은 무역상이 많기는 하지만 은행 · 해운회사 지점장들의 세력도 뒤지지 않는다. 또 인천에서는 수입과 관련된 잡화상이나 도매상들의 성장도 빨랐다. 차철욱(2004), pp. 210~211.

원 가운데에는 여전히 무역상이 가장 많지만 그 비율은 낮아지고 있다. 그와 함께 주조, 목재, 제염 등 제조업자가 의원으로 들어오는 흐름이 나타나고 있다.[43] 일본인의 증가와 함께 그들을 대상으로 한 생산이 확산되고 있음을 보여 준다. 의원비율에서의 비중은 낮아졌지만 수출무역상은 영업망을 내륙으로 확장하고 가공에도 적극 참여하였으며, 또 토지투자에 나서기도 하였다.

한편, 경부선 개통 이후 부산을 경유하는 수입품이 증가하면서 수입무역상들도 성장하였다. 그러나 의원으로의 진입은 여의치 않아 여전히 부산 경제계에서 수입상의 위상은 높지 않았다. 상업회의소 초기에 중요한 역할을 하였던 지점회사는 이 시기 들어와 비중의 저하를 보였다. 부산의 경제인이 제대로 성장하지 못할 때 정부에 대한 요구와 이권획득을 위한 필요성에서 이들 지점장이 회장을 맡았지만, 1909년이 되면 3개 회사지점만 의원으로 참여하고 있다. 상대적으로 부산에서 성장해 온 무역상들의 사회 · 경제적 영향력이 커졌음을 의미한다.

1910~1916년에 상업회의소 의원은 직업별 구성에서 많은 변화를 보이고 있다. 이것은 무엇보다 이 시기 상업회의소 회원에서 상당한 변화가 있었기 때문이다. 1912년 현재 부산상업회의소 회원은 총 241명으로 나타나고 있다.[44] 그 가운데 수출무역상이 26명, 미잡곡판매상이 25명, 장유판매업이 23명, 주류판매상이 21명, 주류양조업이 20명으로 5개 업종에서 20명 이상의 회원을 보유하고 있다. 잡화상의 경우 한인, 서양, 기타 등으로 구분되어 있는데, 이들을 모두 합하면 28명으로 수출무역상의 수를 앞지르고 있다.

그리고 1명이라도 회원을 가지고 있는 업종이 52개에 이르고 있다. 업종 구분이 매우 자의적이어서 분류상의 업종을 그대로 두고 비중을 논하기는

43) 1907~1908년 일본인 중에서 영업세 10원 이상 납입자의 직종과 업자수를 보면 화양(和洋)잡화 26, 요리업 22, 미곡상 21, 직물상 18, 무역상 16, 양조업자 10, 과자상 10, 운송업자 10 등이었다. 부산시사편찬위원회(1990), p. 827.
44) 부산상업회의소(1912), pp. 417~455.

**표 5-5 부산상업회의소 경비부과율일람(1912년)**

| 등급 | 상업 | | 공업 | | 주류 · 장유 양조업 | |
|---|---|---|---|---|---|---|
| | 연액 | 월액 | 연액 | 월액 | 연액 | 월액 |
| 특등(갑) | 60.0 | 5.0 | | | | |
| 특등(을) | 48.0 | 4.0 | | | | |
| 1등 | 36.0 | 3.0 | 10.8 | 0.9 | 30.0 | 2.5 |
| 2등 | 24.0 | 2.0 | 6.0 | 0.5 | 24.0 | 2.0 |
| 3등 | 16.8 | 1.4 | | | 18.0 | 1.5 |
| 4등 | 10.8 | 0.9 | | | 12.0 | 1.0 |
| 5등 | 6.0 | 0.5 | | | 9.0 | 0.8 |
| 6등 | | | | | 6.0 | 0.5 |
| 7등 | | | | | 4.8 | 0.4 |

주: 1) 등급은 상업은 5등, 공업은 2등, 양조업은 7등으로 구별한다.
2) 1인이 2종 이상의 영업을 하는 경우는 그 주요한 영업에 대하여 부과금의 전액을 부과하고, 기타 분에 대해서는 반액을 부과한다.
3) 각 인의 부과등급은 대체로 민단과세등급에 의하고 회의소에 있어 각종 사정을 참작하여 사정한다.
자료: 부산상업회의소(1912), pp. 475~476.

어렵지만, 회원을 보유한 업종이 다양해지고 식품제조를 비롯한 제조업종과 각종 잡화상들의 진출이 두드러지고 있다.

이러한 회원에서의 변화를 바탕으로 평의원 구성에서도 상당한 변화가 있었다. 수출무역상 중심으로 구성되었던 평의원에서 잡화상의 약진이 두드러지게 나타나고 있다. 또한 수입무역상과 장유, 목재상 등 부산 내에서의 산업을 통해 성장하는 부류도 늘어나고 있다. 수입상들은 수출무역상들과 대립할 만큼 성장하였다. 반면, 지점회사들의 참여는 눈에 띄게 둔화되고 있다.

회원 및 평의원 구성에서의 변화에도 불구하고 대규모 수출무역상들의 지위는 상업회의소 회비납부에서부터 우월한 지위를 유지하고 있었다. 〈표 5-5〉에서 보듯이 공업과 주류 · 장유 제조업의 경우 수출무역상에 버금하는 회원을 보유하게 되었지만, 상업회의소 경비부담에서는 낮은 등급에 속하고 있었다.

### (3) 상업회의소의 활동

1) 회의와 재정

부산 일본인상업회의소는 비교적 활발한 활동을 하였다. 〈표 5-6〉에서 보듯이 1907년 이래 회의횟수는 연평균 25회, 의사건수는 연평균 89건에 이르고 있다. 매달 2회 이상 회의를 하였으며, 1회의당 3.6건의 안건을 다루고 있다. 경비예산 규모도 1907년 이래 거의 변동이 없이 8,000원선을 유지하고 있다.

부산상업회의소 수입을 보면 결산액은 예산액과 큰 차이가 나지 않고 있다. 결산액은 대체로 예산액을 약간 웃돌았다. 전체 수입에서 차지하는 비중은 1910년을 제외하면 회비가 가장 높고, 시간이 지날수록 회비의 비중이 높아졌다. 1912년에는 회비수입이 크게 증가하였는데, 회원들의 회비납입 상태가 개선되었다는 것을 알 수 있다.

한편, 4개년의 지출을 평균하면 인건비가 48%, 회의소 운영비가 12%, 그리고 공과금이 8%를 차지하였다. 항목별 구성비는 대체로 일정한 수준을 유

**표 5-6 연도별 부산상업회의소 현황** (단위: 円, 건, 명)

| 연도 | 의원수 | 특별 의원수 | 회의 횟수 | 의사 건수 | 선거 권자 | 선거권, 피선거권 병유자 | 계 | 경비 예산 |
|---|---|---|---|---|---|---|---|---|
| 1907 | 20 | 2 | 33 | 109 | 331 | 288 | 619 | 9,023 |
| 1908 | 20 | 4 | 27 | 88 | 228 | 211 | 439 | 8,808 |
| 1909 | 20 | 4 | 29 | 104 | 21 | 207 | 228 | 7,917 |
| 1910 | 20 | 4 | 23 | 77 | 58 | 191 | 249 | 8,299 |
| 1911 | 20 | 4 | 25 | 84 | 72 | 212 | 284 | 8,599 |
| 1912 | 20 | 4 | 17 | 70 | 282 | 226 | 508 | 8,511 |
| 1913 | 21 | 4 | 20 | 68 | 274 | 230 | 504 | 8,383 |
| 1914 | 22 | 3 | 25 | 109 | 224 | 185 | 409 | 8,213 |

자료: 『통감부통계연보』 및 『총독부통계연보』 각 연도.

**표 5-7** 부산상업회의소 수입 누년표 (단위: 円, %)

| 연도 | 회비 | 재산수입 | 차지료 | 임가료 | 잡수입 | 계 |
|---|---|---|---|---|---|---|
| 1909 | 4,070.3(46.0) | 3,392.06(38.3) | 2,474.06(27.9) | 918(10.4) | 1,394.2(15.7) | 8,856.56 |
| 1910 | 3,951.7(44.6) | 4,238.55(47.8) | 2,785.22(31.4) | 1,453.33(16.4) | 675.9(7.6) | 8,866.15 |
| 1911 | 4,116.9(49.1) | 3,714.23(44.3) | 2,224.23(26.5) | 1,490(17.8) | 558.21(6.7) | 8,389.34 |
| 1912 | 4,883.4(57.4) | 3,227.52(37.9) | 2,297.52(27.0) | 930(10.9) | 400(4.7) | 8,510.92 |

주: 1912년은 예산, 나머지 연도는 결산기준.
자료: 부산상업회의소(1912), p. 474.

**표 5-8** 부산상업회의소 지출 누년표 (단위: 엔, %)

| 구분 | 1909 | 1910 | 1911 | 1912 |
|---|---|---|---|---|
| 급여비 | 3,548.00(50.68) | 3,557.26(46.91) | 3,622.73(48.07) | 3,850.00(45.24) |
| 여비 | 300.00(4.29) | 333.83(4.40) | 400.00(5.31) | 400.00(4.70) |
| 선거비 | 19.88(0.28) | 16.64(0.22) | 0.00(0.00) | 20.00(0.23) |
| 회의비 | 22.86(0.33) | 30.00(0.40) | 69.14(0.92) | 100.00(1.17) |
| 사무비 | 696.75(9.95) | 973.96(12.84) | 831.41(11.03) | 1,140.00(13.39) |
| 징수비 | 120.00(1.71) | 220.53(2.91) | 247.03(3.28) | 250.00(2.94) |
| 가옥비 | 293.88(4.20) | 332.59(4.39) | 309.57(4.11) | 350.00(4.11) |
| 공과금 | 590.48(8.44) | 626.55(8.26) | 625.64(8.30) | 625.64(7.35) |
| 접대비 | 400.00(5.71) | 300.00(3.96) | 383.77(5.09) | 400.00(4.70) |
| 연합회비 | 200.00(2.86) | 199.15(2.63) | 294.15(3.90) | 200.00(2.35) |
| 퇴직급여 기금 | 100.00(1.43) | 24.00(0.32) | 100.00(1.33) | 100.00(1.17) |
| 잡비 | 388.01(5.54) | 394.66(5.20) | 423.61(5.62) | 429.90(5.05) |
| 예비비 | 320.26(4.58) | 573.27(7.56) | 228.92(3.04) | 645.38(7.58) |
| 계 | 7,000.12(100.00) | 7,582.44(100.00) | 7,535.97(100.00) | 8,510.92(100.00) |

주: 1912년은 예산, 나머지 연도는 결산기준.
자료: 부산상업회의소(1912), p. 474.

지하고 있어 이 시기 상업회의소의 운영은 정착단계에 접어들었다고 할 수 있다.

2) 주요 사업내용

부산일본인상업회의소가 추진하였던 구체적인 사업과 활동은 『부산요람』이 정리한 주요 사업목록[45]에서 살펴볼 수 있다.[46] 연도별로 정리되어 있는 것을 재분류하여 보면 다음과 같다.

① 무역관련

부산일본인상업회의소의 활동에서 가장 많은 비중을 차지하는 것은 역시 무역관계 건들이다. 개항 이후부터 부산은 수출항으로서 쌀과 대두를 일본으로 수출하는 주요 창구였으며, 쌀수출과 관계된 수출무역상들이 일찍부터 자리잡은 곳이었다. 이러한 상황을 반영하여 부산일본인상업회의소는 한국 쌀의 일본 수출과 관련한 일에 가장 많은 관심을 가지고 임하였다. 이를 위해 부산일본인상업회의소는 수출입품 가격의 검사, 거래폐해의 감시, 부정도량형의 추방, 방곡령에 대한 대응, 일본 화폐의 통용 등의 사업을 시행하였다. 또한 일본 상품의 한국 내에서의 판로확장, 한국 내 생산현황을 파악하기 위한 전라·경상도 해안 시찰, 그리고 한국 산업개발에 대한 의견 개진도 하였다.

아울러 부산일본인상업회의소는 무역환경의 변화와 관련하여 관세문제에 대응하였고, 중국의 상해 직수입계획을 수립하는 것에서 알 수 있는 바와 같이 국제무역환경의 변화에 대응하여 상해로부터 영국제 상품을 바로 수입하여 수익성을 확보하려는 대응도 하였다.[47]

② 교통 등 사회간접시설 관련

부산일본인상업회의소가 기울인 두 번째의 관심은 교통이나 항만시설

45) 부산일본인상업회의소의 활동목록은 田中麗水 편(1935), pp. 865~870에도 실려 있다. 『부산요람』과 내용이 완전히 같다. 몇 개 사업의 경우 시행연도를 제시하지 않고 있으나 시간순으로 나열한 것이기 때문에 바로 앞의 연도와 같은 연도의 사업으로 보았다.

46) 부산상업회의소(1912), pp. 263~272. 『부산요람』은 부산일본인상업회의소의 사업을 크게 두 가지로 구분하고 있다. 하나는 사업일반이고 특수사업으로서 상품진열관을 소개하고 있다. 한편, 차철욱은 미곡수출과 상품의 홍보와 박람회 그리고 사회사업으로 구분하고 있다.

47) 부산상공회의소 부산경제연구원(1989), pp. 326~327.

과 같은 사회간접시설의 확충이었다. 가장 많은 관심을 가졌던 것은 항만시설 및 항로문제였다. 항만시설의 확충과 부산과 연결되는 항로의 확보는 무역의 중요한 전제였기 때문이다. 부산일본인상업회의소는 또 육로의 확충과 육로를 통한 연락과 전신연락체계의 구축에도 관심을 가졌다. 부산-원산 간 및 부산-목포 간 전보통신시설 구축노력이 그것이다. 특히, 지속적인 관심을 가지고 추구하였던 경부철도 건설에서 부산일본인상업회의소는 큰 역할을 하였다.[48)]

한편, 일본인상업회의소는 상업학교와 소방기계 설비를 확보하여 거류민단(당시에는 거류지총대역소)에 기부하기도 하였다. 또한 외국과의 교역확장을 위해 부산-상해 간 항로개설 청원, 고베 항로 존속 등을 건의하기도 하였다.

③ 홍보와 박람회 개최

부산일본인상업회의소의 주요 활동 가운데 빼놓을 수 없는 것이 일본상품의 홍보와 박람회 개최이다. 이에 대해 당시 상업회의소 관계자들은 큰 자부심을 가지고 있었다. 부산 일본상품진열관은 1902년 개관되었는데, 개설목적은 일본 상품의 선전에 있었다. 관람인원은 연 4만~10만 명으로 적지 않았으며, 한국인 관람자의 수가 일본인보다 많았다.[49)] 그렇지만 1910년 이후 본래의 기능을 제대로 하지 못하다가 1914년부터 새로운 변화의 요구에 부딪히면서 한국 상품을 일본에 소개하는 것이 바람직하다는 여론에 의해 1915년 10월 조선물산공진회를 계기로 한국 상품 홍보관으로 완전히 전환하였다.

한편, 일본 공산품을 한국에 판매하기 위한 일환으로 일한박람회를 1906년에 개최하였다.[50)] 대부분 일본에서 출품을 하였는데, 관람자는 주로

48) 부산항상법회의소 시절에 특기할 것은 경부선 철도부설이다. 1898년 8월에 착공하여 1904년에 준공하였는데 이때 기점은 초량역이었다. 1907년 3월에 공사를 완료하여 새마당(구 부산역)까지 철도를 연장하였는데, 상법회의소의 역할이 컸다. 부산시사편찬위원회(1990), p. 828.

49) 차철욱(2004), p. 223.

부산과 동래에 거주하는 사람들이었다. 한국사람들에게 일본 상품을 구경시킨다는 것은 시장의 개척 못지않게 일본을 선전하는 역할을 하였다.

3) 활동의 평가

이처럼 부산일본인상업회의소는 상인이 중심이 된 단체답게 사업의 방향과 목적을 무역을 원활하게 하는 것에 주로 맞추고 있었다. 특히, 부산을 중심으로 한 도로, 교통, 부두 축조, 일본화폐 발행 · 통용, 두형용기 사용, 해외와의 교역을 촉진하는 것 등에 맞추어져 있었다. 아울러 일본 상품의 우수성을 알리는 홍보와 선전에도 한 축을 담당하고 있었다.

그러나 부산일본인상업회의소는 상공업 본연의 업무에만 매진한 것은 아니었다.[51] 사실 일본의 정치 · 외교를 측면에서 지원하는 일, 일본 국내 상업회의소와 긴밀한 연관을 갖고 상호 정보를 교환하는 일, 일본인에게 불리한 상거래가 있으면 일본의 무력을 이용하는 일도 서슴치 않았다.[52]

또한 부산일본인상업회의소는 독자적인 신문발행으로 여론조성에도 역할을 하였다. 재부산항상법회의소는 자신의 명의로 신문을 발행하였는데 이것이 조선신보였다. 1881년 11월부터 순간으로 발간된 '조선신보'는 회원과 상업회의소 간의 정보교환의 주요 창구였다. 大石德夫가 신문의 편집 및 인쇄인으로 되어 있었던 이 신문은 일본인이 한반도에서 발행한 최초의 신문이었고, 한국 최초의 신문인 '한성순보'보다 1년 10개월 앞선 것이었다.

50) 차철욱(2004), p. 225.
51) 일본인상업회의소와 함께 부산에서 만들어진 일본인 단체에 조선실업협회가 있다. 이 협회는 1904년 11월 부산에서 일본인 실업단체로 출발하였는데, 설립목적은 일본 국내에 한국의 경제정보를 제공해 주고 일본으로부터 자본과 인력을 유치하고 거류민의 한국 내 정착기반의 정비를 도모하는 것이었다. 러일전쟁 직후 한국에 대한 관심 고조를 배경으로 한국 내에서의 일본인 이익획득 기회확대와 식민통치기반의 강화를 도모하는 것이 목적이었다고 할 수 있다. 협회의 설립을 주도한 사람은 저널리스트였지만 실제로는 유력실업가들로 대표되는 재조 일본인의 주요 인사들이 참여하였다. 木村健二(1986. 6), pp. 185~213.
52) 1904년 한국 내 일본상업회의소연합회는 10항목에 걸친 한국에서의 이권획득 개발정책을 요청하는 결의를 하였다. 木村健二(1986. 6), p. 188.

목차는 영사관록사, 조선신보, 잡보, 부산상황, 원산통신, 기서(寄書), 물가표 등으로 되어 있었다. 조선신보는 구독대상자가 일본거류민에 국한되지 않고 한말의 고급관리나 개화파 인사를 포함한 사회지도층을 잠재적 구독자로 삼고 있었다. 내용면에서도 조선의 개화와 국정개혁의 필요성을 강조하였다. 따라서 조선신보는 일본의 한국 침략을 뒷받침해 주는 여론을 구축하는 기능을 하였다.[53)]

## Ⅳ. 상업회의소의 통합

합방 이후 조선총독부는 모든 자치기구들을 총독부 산하에 포섭하기 위한 작업에 착수하였다. 이 가운데 가장 큰 과제는 일본거류민단을 해체하는 것이었다. 한국인과 별도로 특별한 지위에 있다고 생각하고 있었던 일본거류민단의 해체는 일본인들로부터 격렬한 저항을 불러왔다. 부산에서도 거류민단의 해체와 관련하여 부제의 실시에 대한 반대가 만만치 않았다.[54)]

거류민단 해체 다음으로 큰 문제가 바로 상업회의소의 통합문제였다. 기존의 경제인 조직을 재편하여 일본인에 의한 주도권 확립과 총독부 방침에 순응할 수 있는 체제의 구축을 목적으로 1915년 「조선상업회의소령」이 공포되었다. 조선상업회의소령은 일본의 상업회의소법을 기초로 상인조직을 통제할 수 있는 법률을 정해 기존에 분리되어 존재하였던 상업회의소를

53) 이 조선신보는 일본 동경대 명치신문잡지문고에 5~12호까지가 보관되어 있다. 1984년 한국고서동우회에서 문헌자료 총서 1집으로 영인 간행하였다. 부산시사편찬위원회(1990), pp. 919~920.

54) 부제의 실시 이후에도 한동안 자치제 회복운동이 전개되었다. 김대래 · 김호범(2006), p. 199. 그러다 거류민단의 해체가 불가피해지자 일본인들은 거류민단이 소유하고 있던 재산 중에서 가치가 있을 만한 것들을 학교조합으로 넘기는 획책을 도모하였다. 손정목(1982), pp. 146~148.

통합하는 데 있었다. 기존의 회의소와는 달리 하나의 법인으로 하여 권리의 주체능력을 부여하고 회원제도도 정관에 정해진 자격을 갖춘 상업자는 당연히 의원으로 되어야 하는 의무가입 형태로 변경되었다.

이와 함께 회비를 강제징수할 수 있도록 하였다. 일제는 상업회의소 설립을 부(府)에만 가능하게 함으로써 이미 일본인의 도시처럼 일본 상인이 상권을 완전히 장악한 부를 중심으로 전국의 상권을 재조직하려 하였다. 한 · 일 상업회의소를 병합할 때 가장 문제가 된 것은 회원의 자격을 정하는 것이었다. 회원수에 따라 평의원수도 정해지는 것이기 때문이었다. 회원의 자격은 정관에 규정될 회비에 따라 결정되었는데, 영업세 납부액이 비교적 낮았던 한상에게는 불리한 것이었다.

그래서 각 지역에서는 회원자격의 기준이 되는 영업세액의 하한을 두고 줄다리기가 있었다. 평양에서는 회원자격을 둘러싸고 민족 간 대립이 격렬하게 표출되었다. 그러나 부산항의 경우 다른 지역보다 일상(日商)과의 갈등관계는 뚜렷이 표출되지 않았다.[55] 전국에서 많은 반대가 있었음에도 불구하고 총독부는 상업회의소 회원자격을 영업세액 최저 10원을 한도로 하고 특별한 사정이 있는 지방에 한해 최저액 7원으로 하도록 지시하였다.[56]

이러한 자격 때문에 1915년 12월에 통합설립된 곳은 경성뿐이었고, 인천이 1916년 1월, 그리고 군산, 목포, 대구, 부산, 평양, 진남포, 원산은 5~6월경에 설립되었다. 1918년 현재 인천, 대구, 진남포가 7원, 목포, 부산, 평양이 10원, 군산, 원산이 12원, 그리고 경성이 13원 이상의 영업세 납부액을 회원가입 기준으로 적용하고 있었다.[57] 과거 일본인 상업회의소도 납세의 다과를 기준으로 회원가입 여부를 구분하지는 않았다. 통합 상업회의소 출범에서 회원자격을 영업세 납세액에 둔 것은 한국 상인을 배제하기 위한 것이라

55) 류승렬(1996), p. 102.
56) 류승렬(1996), p. 240.
57) 류승렬(1996), p. 241.

**표 5-9** 조선상업회의소령 발포 전후 조선인 회원수 (단위: 명, %)

| 연도 | 경성 | 인천 | 대구 | 부산 | 평양 | 진남포 | 원산 | 계 |
|---|---|---|---|---|---|---|---|---|
| 1915 | 890 | 150 | 220 | 114 | 300 | 79 | 110 | 1,863 |
| 1917 | 221 | 90 | 20 | 30 | 119 | 45 | 36 | 561 |
| 1917/1915 | 25 | 60 | 9 | 26 | 40 | 57 | 33 | 30 |

자료: 전성현(2002), p. 94.

고 밖에 볼 수 없다.

〈표 5-9〉에서 보면 통합 상업회의소 출범으로 한국인 회원수는 각 지역에서 모두 큰 폭으로 감소하였다. 통합 직전에 비해 통합 직후의 한국인 회원수는 전국적으로 약 30%에 불과하였다. 부산은 26%로 전국 평균을 밑도는 수준에 머물러 있었다.[58]

통합 직후 구성된 집행부에서 한국인 상공인들은 부회장 1명과 총평의원 30명 가운데 5명을 할애받았다.

한편, 〈표 5-10〉에서 보듯이 통합 2년 후인 1918년 현재 부산의 회원수는 한국인 31명, 일본인 511명으로 총 542명이었다. 한국인 회원수는 겨우 6%로 통합 직후에 비해 비율은 큰 폭으로 떨어졌고, 전국에서 최저의 비율을 보였다. 그리고 1914년에 170명에 이르렀던 부산조선인상업회의소의 회원수와 비교하면 약 18%만이 1918년 현재 합류한 것이었다.

평의원수는 한국인 5명, 일본인 25명으로 한국인 비중이 17%에 이르도록 되어 회원비율보다 상당히 높게 할당이 되었음을 알 수 있다. 다른 지역에서는 대체로 평의원수에서의 한국인 비율이 회원수에서의 비율보다 낮았는데, 부산에서는 오히려 높게 배정되었다. 이미 한국인 상인에 비해 압도적인 숫적 우위를 차지한 상황에서 평의원에서의 배려는 큰 의미를 갖는 것

58) 부에서는 통합 상업회의소가 설치되었지만 기타 지역의 상업회의소는 강점 이후에도 일제에 의해 강제로 철폐될 때까지 각지에 널리 분포하면서 일본 상인의 침투에 대응하여 활발한 활동을 하였다.

**표 5-10** 상업회의소별 회원자격과 구성(1918년 5월 28일 현재) (단위: 명, %)

| 지역 | 설립일 | 회원자격 | 회원수 | | | 평의원수 | | |
|---|---|---|---|---|---|---|---|---|
| | | | 한인 | 일인 | 계 | 한인 | 일인 | 계 |
| 경성 | 1915. 12 | 13 | 292(36) | 529(64) | 821 | 8(27) | 22(73) | 30 |
| 인천 | 1916. 1 | 7 | 95(25) | 289(75) | 384 | 7(23) | 23(77) | 30 |
| 군산 | 1916. 6 | 12 | 18(14) | 107(86) | 125 | 2(11) | 16(89) | 18 |
| 목포 | 1916. 6 | 10 | 21(17) | 101(83) | 122 | 2(17) | 10(83) | 12 |
| 대구 | 1916. 5 | 7 | 69(26) | 199(74) | 268 | 4(20) | 16(80) | 20 |
| 부산 | 1916. 6 | 10 | 31(6) | 511(94) | 542 | 5(17) | 25(83) | 30 |
| 평양 | 1916. 5 | 10 | 133(35) | 244(65) | 377 | 8(33) | 16(67) | 24 |
| 진남포 | 1916. 6 | 7 | 47(35) | 88(65) | 135 | 4(25) | 12(75) | 16 |
| 원산 | 1916. 5 | 12 | 54(24) | 168(76) | 222 | 4(20) | 16(80) | 20 |
| 계 | | | 760(34) | 2,236(66) | 2,996 | 44(22) | 156(78) | 200 |

주: 1) 회원자격은 부 영업세 1년 납부액 기준. 인천의 경우는 국세인 시가지세 또는 가옥세 1년 30원 이상도 포함.
2) 평의원수는 1급과 2급을 합한 것이며, 특별의원은 제외.
3) 괄호 속의 수치는 비중.

자료: 류승렬(1996), p. 241.

이 아니기 때문일 것이다.

## V. 결론

이상에서 1916년 통합 상업회의소 출범 이전까지 부산에서 조직되었던 한국인 경제단체와 일본인 경제단체를 상업회의소에 초점을 맞추어 살펴보았다. 개항에서 합방에 이르는 시기에 해당하는 만큼 이 시기 경제단체는 경제인, 특히 상인들의 이익단체라는 성격을 가지면서도 민족 간 대립이라는 틀 속에서 분석되어야 하였다.

개항과 함께 개항장에는 개항장 객주가 출현하였는데, 이들이 이후 부산에서 활동한 상인의 근간을 이루었다. 내륙에서 오는 물산을 중개 또는 위탁매매하는 객주상인은 일본 상인들을 상대하면서 단순한 이익획득 차원을 넘어 민족상권을 보호하는 역할을 맡게 되었다. 이러한 사정 때문에 한국 정부는 개항장 객주들을 끊임없이 조직하고 그들에게 수세의 부담을 안기는 한편, 일정한 영업독점권을 부여하였다.

초기 일본 상인들의 상권침탈과 분쟁 그리고 일본 상인들의 내지 행상의 확대에 대응하여 부산의 객주상인들도 조합성격의 단체를 일찍부터 만들었는데 구체적인 모습은 자료의 제약 때문에 확인하기 어렵다. 1889년 부산객주상법회사 설립 이후 여러 명칭이 혼용되면서도 조직의 변화가 추적 가능한데, 상업회의소라는 명칭이 본격적으로 등장하는 것은 러일전쟁 이후였다. 부산에서는 1908년에 동래상업회의소가 설립되는데, 상인단체에 동래가 명기되는 것은 1907년부터이다. 동래상업회의소는 한국인 상공업자의 이익을 위한 경제단체 본연의 임무에서 나아가 외국상인과의 분쟁조정에도 적극 나섰고, 민족운동이었던 국채보상운동에도 참여하였다. 개항장의 규모에 비추어 볼 때 동래상업회의소 회원은 많은 편이 아니었는데, 일본의 침투가 가장 일찍 그리고 광범위하게 전개된 결과였다고 할 수 있다.

한편, 일본인의 경제단체인 부산상법회의소는 1879년에 설립되었다. 이것은 한국에서 만들어진 최초의 상업회의소였다. 초기 일본인 상업회의소는 무역상이 중심이 되어 설립하였고, 이후 다른 상인도 참가하였다. 부산일본인상업회의소 사업의 방향과 목적은 무역을 원활하게 하는 것에 주로 맞추어져 있었다. 특히, 부산을 중심으로 한 도로, 교통, 부두 축조, 일본화폐 통용, 두형용기 사용, 해외와의 교역을 촉진하는 것 등에 집중되어 있었다. 아울러 일본 상품의 우수성을 알리는 홍보와 선전에도 한 축을 담당하고 있었다.

그러나 부산일본인상업회의소는 상공업 본연의 업무에만 국한된 것은 아니었다. 사실 일본의 정치 · 외교를 측면에서 지원하는 일, 일본 국내 상업회의소와 긴밀한 연관을 갖고 상호 정보를 교환하는 일, 일본인에게 불리한 상거래가 있으면 일본의 무력을 이용하는 일도 서슴치 않았다. 한편, 상업회의소와 함께 부산에서 창립된 조선실업협회가 있었다. 이 협회는 1904년 11월 부산에서 일본인 실업단체로 출발하였는데, 설립목적은 일본 국내에 한국의 경제정보를 제공해 주고 일본으로부터 자본과 인력을 유치하며 거류민의 한국 내 정착기반의 정비를 도모하는 것이었다. 러일전쟁 직후 한국에 대한 관심 고조를 배경으로 한국 내에서의 일본인 이익획득 기회확대와 식민통치기반의 강화를 도모하는 것이 목적이었다.

합방과 함께 일제는 민족별로 나누어져 있는 상업회의소를 통합하기 위해 노력을 경주하였다. 1916년 부산에서도 조선인상업회의소와 일본인상업회의소가 통합되었다. 회원자격을 영업세 납부에 연결시킴으로써 많은 한국 상인들이 회원자격을 획득하지 못하였다. 1915년과 1917년을 비교할 때 부산에서는 26%의 상인만이 통합 상업회의소 회원이 되었고, 그 후 한국인 상인의 비율은 1918년에 겨우 6%에 불과할 정도로 낮아졌다. 일본인의 침투가 가장 빨랐고 더 광범위하였던 부산에서 통합 상업회의소는 완전히 일본인의 수중에 넘어갔다. 통합시 한국인 단체의 반발이 다른 지역에 비해 크지 않았던 것도 이와 관련이 있다 할 것이다.

## 참고문헌


김대래 · 김호범, 「부산일본거류민단 재정연구(1907~1914)」, 『지방정부연구』 10권 2호, 2006.

김대래 · 김호범 · 장지용 · 정이근, 「일제강점기 부산지역 인구통계의 정비와 분석」, 『한국민족문화』, 부산대학교 한국민족문화연구소, 2005. 10.

김영신, 「개항기 객주에 관한 일고찰-개항장 객주를 중심으로-」, 경희대 교육대학원, 1998.

김호범 · 김대래 · 김종한 · 박섭 · 박영구 · 장지용 · 정이근, 『20세기 부산지역 경제통계의 이해와 부산경제의 변동분석』, 부산광역시, 2004.

대한상공회의소, 『상공회의소90년사』, 1976.

류승렬, 「한말 일제초기 상업변동과 객주」, 서울대 박사학위논문, 1996.

매일신보, 1914. 7. 9; 1915. 10. 16(상업회의소의 개황).

木村健二, 「近代日朝「關係」下の在朝日本人-朝鮮實業協會の組織と活動中心に-」, 『조선사연구회논문집』 23호, 1986. 6.

박 섭, 『동아시아 근대경제의 형성과 발전』, 신서원, 2005.

______, 「한국과 대만 경제에서의 동업자단체의 역할, 1950~1980」, 『경제학연구』, 한국경제학회, 2007. 3.

박영구, 『부산의 제조업, 1900~2000(1) 근대부산의 제조업 1900~1944: 통계와 발전』, 부산발전연구원, 2005.

부산상공회의소, 『부산상의사』, 1982.

부산상공회의소 부산경제연구원, 『부산경제사』, 1989.

부산상업회의소, 『부산요람』, 1912.

부산시사편찬위원회, 『부산시사』 제1권, 1990.

손정목,『한국지방제도 자치사 연구』(상), 일지사, 1982.
이병천,「개항기 외국상인의 내지상권 침입-청상 일상을 중심으로-」,『경제사학』 제9호, 1985.
이해주 · 최성일,『한국근대사회경제사의 제문제』, 부산대학교 출판부, 1995.
이헌창,「한국 개항장의 상품유통과 시장권」,『경제사학』 제9호, 1985.
______,「개항기 시장구조의 변화」,『경기대논문집』 24, 1989.
______,「개항기 시장구조와 그 변화에 관한 연구」, 서울대 박사학위논문, 1990.
『일한통상협회보고』 제4호, 명치 28년 12월.
전성현,「일제초기 조선상업회의소령의 제정과 조선인상업회의소의 해산」,『한국사연구』 118, 2002.
田中麗水 편,『전선상공회의소발달사』, 부산일보사, 1935.
井上清磨,『釜山を擔ぐ者』, 1931.
조선총독부,『조선총독부통계연보』 각 연도.
차철욱,「개항기-1916년 부산 일본인 상업회의소의 구성원 변화와 활동」,『지역과 역사』 제14호, 2004.
______,「일제강점기 부산상업(공)회의소 구성원의 변화와 '부산상품견본시장'」,『지역과 역사』 제17호, 2005. 12.
「草記與三港設事目」, 奎18149, 壬辰(1892) 2월 2일.
통감부,『통감부통계연보』 1, 2, 3차.
『通商彙編』, 1883년 부산항지부.
표용수,「개항기 부산항을 중심으로 한 객주상인의 상업활동」,『경주사학』 15, 1996. 12.
한철원,「한말 개항장 객주의 성장과 객주상회사」, 군산대 교육대학원, 2007.

홍순권, 「근대 개항기 부산의 무역과 상업」, 『항도부산』 제11호, 1994.
황성신문, 광무 10년 11월 28일 잡보(商會章程).

6

# 부산상공회의소

부산상공회의소, 1930년대

Ⅰ. 머리말

Ⅱ. 부산상의의 구조

Ⅲ. 부산상의의 활동
   1. 물류 개선
   2. 공업정책
   3. 상공업을 넘어서

Ⅳ. 부산상의의 역량과 그 배경

Ⅴ. 해방 후의 부산상의

Ⅵ. 맺음말

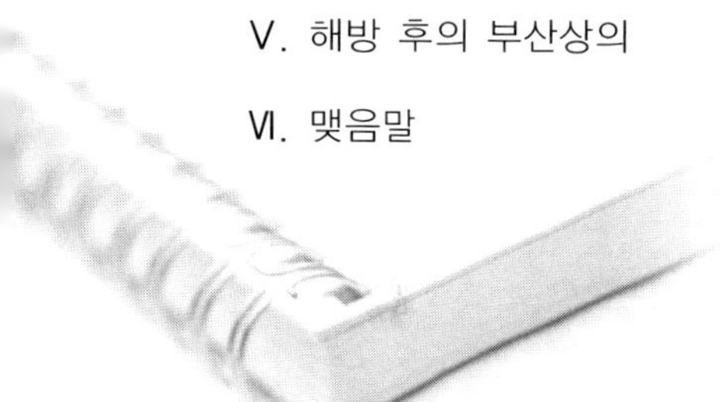

# 부산상공회의소

## Ⅰ. 머리말

1915년에 「조선상업회의소령」이 공포되었다. 조선인과 일본인이 별도로 설립하고 있던 상업회의소[1]가 하나로 통합되었고, 상의가 임의단체에서 법정단체로 바뀌었다. 상의의 사업은 상공업에 관한 조사, 정부의 자문에 대한 답변, 분쟁중재 등으로 규정되었다. 상의의 지위가 법률에 규정되었기 때문에 조사활동, 정부에 대한 의견개진, 분쟁중재 등에서 상의의 권위가 높아지게 되었다. 이런 장점이 있기는 했지만 정부의 통제를 더 많이 받게 되는 단점도 있었다. 상업회의소령이 발효된 이후에는 상의 설립과 해산, 예산수립과 집행, 결산, 회비징수를 위해서 조선총독부의 감독을 받아야 하였기 때문이다.

조선총독부가 상업회의소령을 준비하고 있었을 때, 부산의 일본인 상의는 상업회의소령 제정에 반대하였다. 법에 의해 주어지는 장점은 그다지 인식하지 못하였고, 조선인 상의를 흡수하여 평의원에 조선인을 참가시키면 상의 운영에 지장이 생긴다고 생각하였기 때문이다. 일본인 기업가들은, 영업세 25원 이상 내는 한국 기업은 명태어주식회사뿐이고, 10원 이상 내는

1) 상업회의소가 1930년에 상공회의소로 개편되었지만, 이 글에서는 양자를 구별하지 않고 모두 상의로 줄여서 표기한다.

기업에서도 한국 기업이 10개, 일본 기업이 500개 내외인데,[2] 통합하면 한국인에게 경제적 실력 이상의 평의원을 배정하게 될 것이므로 손해라고 주장하였다. 어느 정도의 평의원을 한국인에게 배정하고 한국인 상의를 흡수하면 부산상의의 세력이 커지지만 그 점을 인식하지는 못하였던 것이다.

1930년에는 상업회의소가 상공회의소로 재편되었는데 이때도 유사한 일이 있었다. 일본에서는 1927년에 상업회의소가 상공회의소로 바뀌었다. 공업이 발달하고 회원에 공업생산자가 많아지자 상업회의소의 규정이 회의소의 활동을 제약하였기 때문이다. 조선총독부는 1927년 이후 한국의 상업회의소를 상공회의소로 개편하려고 준비하였다. 그런데 한국은 당시에 공업이 그다지 발달하지 않았기 때문에 상업회의소의 규정으로도 곤란하지 않았다. 「조선상공회의소령」의 전문(前文)에는 1915년 이후 조선경제가 크게 변하여 상업회의소가 어울리지 않게 되었다고 하지만, 부산상의 회원의 직업을 빈도가 많은 순서로 10개를 나열하면, 해산물 판매업, 토목건축청부업, 백미소매상, 잡화상, 금전대부업, 전당포업, 운송업, 면사포 판매업, 생선판매업이었고, 제조업종은 하나도 없었다.[3] 전국의 다른 상의의 사정도 유사하였다. 총독부가 명칭과 규정을 바꾸면 공업이 더 발달할 수 있을 것으로 판단하였다고 보아야 할 것이다.

총독부의 계획에 대해 상업회의소는 호의적이지 않았다. 부산상의의 반응은 알 수 없으나, 경성상의는 상의가 지역 내 상공업자의 어려운 일을 망각하고 산미증식과 철도건설 같은 국책사업에 분주하여 본래의 방향을 그르쳤다고 비판하였다.[4] 아울러 경성만이 아니라 전국적으로 상의 회장과 평의원이 상공업 발달을 위해 노력하지 않고 사교적 지위에 머물렀다는 반대여론이 있었다.[5] 그런데 상업회의소가 상공회의소로 바뀐 이후 상의의

2) 부산상공회의소(1982), p. 239.
3) 釜山商工會議所 編(1928).
4) 부산상공회의소(1982), p. 235.

역량은 더 커졌다고 할 수 있다. 상업회의소는 회원이 경비를 체납해도 강제로 징수하거나 회원에게 불이익을 줄 수 없었지만, 상공회의소는 회원이 경비를 체납하면 부 · 면이 대리징수할 수 있었고, 그런 회원의 선거권과 피선거권을 최대 3년까지 제한할 수 있었다.

1943년에 상공회의소령이 폐지되었고 모든 상공회의소가 상공통제회에 흡수되었다. 그리하여 그 해에 부산상공회의소도 해산되었고 경남상공통제회에 흡수되었다. 이름에서 짐작할 수 있듯이 상공통제회는 상의보다 전쟁에 더 협력하였다.

이 글은 1915~1943년의 부산상의의 활동을 검토할 것인데, 저자의 조사에 의하면 부산상의는 법정단체로서의 권리를 다양하게 행사하였다. 그리하여 부산상의는 회원 기업과 단체 자체의 이익을 옹호하기도 하였고, 부산경제와 식민지 한국 전체 경제의 성장을 도모하기도 하였다. 부산상의의 구체적인 활동은 본론에서 살펴볼 것이다.

## Ⅱ. 부산상의의 구조

부산상의는 부회(部會)가 사안을 논의하고, 회장단이 의사결정하고, 부회가 사무국의 협조를 얻어 집행하는 방식으로 운영되었다. 정관에 따르면, 부산상의는 30명의 평의원을 선출하였는데, 그 중에 회장 1명과 부회장 2명은 부회에 소속할 수 없었고, 나머지 평의원이 각 부회에 분속되었다. 1928년에는 상업부 · 무역부 · 이재부에 각 5명의 평의원이, 공업부 · 교통부 ·

5) 부산상공회의소(1982), p. 236.

사회부에 각 4명의 평의원이 분속되었다.[6] 한편, 회장이 회장단의 임원회의에서 최종적으로 의사결정을 하였지만 부회에서 논의된 것을 수정하는 일은 거의 없었다. 따라서 부산상의는 회장과 부회장의 지도력보다는 그들을 포함하는 평의원 전체의 지도력에 의해 운영되었다고 할 수 있다. 그런 만큼 평의원은 중요하였고, 그 구성과 선거는 부산부민의 관심을 끌었다.

첫째는 평의원 정수의 민족 간 배정에 대해서이다. 민족 간 배정비율이 당시 부산상의의 운영에서는 중요하지 않았지만 식민지였다는 점에서 먼저 검토할 필요가 있다고 생각한다. 머리말에서 설명한 대로 1910년대 전반에 부산에는 일본인 기업의 경제적 실력이 한국인 기업보다 훨씬 높았다. 총독부의 지시에 따라 두 상의가 합동을 준비하는 회의를 여러 차례 하였는데, 한국인 대표는 정관이 한국인 기업에게 불리하게 되지 않도록 회의를 몇 차례 지연시키며 합동에 대응하였다. 그리하여 그때까지 일본인 상의는 영업세를 25원 이상 납부하는 자에게 회원자격을 주었으나 한국인 대표의 요청을 반영하여 영업세 10원 이상 납부로 회원자격을 바꾸었다.[7]

1916년에 제정된 부산상의 정관에 의하면 평의원수는 한국인과 일본인이 5명과 25명이었고, 그 중의 회장 1명은 일본인이, 부회장 2명은 한국인과 일본인이 각 1명씩 차지하였다. 선거는 한국인과 일본인이 별도로 행하며, 한국인은 투표용지에 10명을 연기명하여 5명의 한국인 평의원이 반드시 선출되게 하였다. 1916년에 부산상의 회원 총 520명 중 한국인이 33명, 일본인이 487명이었는데,[8] 경제적 실력을 고려하면 평의원의 민족별 비율은 한국인에게 불리하지 않았다고 할 수 있다.

둘째는 평의원의 직업이다. 평의원의 직업과 관련해서 흥미로운 것은 평의원 후보가 단체의 지지를 배경으로 해서 출마하였던 것이다. 차철욱의

6) 『月報』(1928. 4), pp. 2~3.
7) 부산상공회의소(1982), pp. 240~241.
8) 부산상공회의소(1982), p. 247.

조사에 의하면, '조선시보'에 19명의 평의원 후보와 어떤 단체가 어떤 후보를 지지하는지 소개되어 있는데, 한 명의 후보에게 1~5개의 지지단체가 있었다. 지지단체에는 거주지 주민회, 출신지 향우회와 같은 동향 단체도 있었지만 동업조합이 더 많았다.[9] 우리는 이 사실을 바탕으로 평의원은 어떤 업종, 어떤 지역, 또는 둘 모두를 대표하였다고 이해할 수 있다. 이러한 방식에는 일장일단이 있었을 것이다. 거의 모든 지역과 업종이 한 명 또는 그 이상의 평의원 후보를 지지하였으므로 평의원 회의에서 어떤 지역과 업종의 이익이 처음부터 무시되는 일은 없었을 것이다. 하지만 개별 평의원의 협상력이 동일하지는 않았을 것이므로 협상 이후에 채택된 안건은 투자효율이 가장 높은 안건이기보다 협상력이 가장 높은 평의원의 안건이었을 것이다. 즉, 교섭력이 높은 평의원을 지지하는 산업이 우대되었을 것이다. 그런데 장단점의 상대적 크기를 검증할 수는 없다.

부산상의의 정관에 의하면 상의는 설립 초기에는 상업부, 공업부, 무역부, 교통부, 금융부라는 다섯 개의 부회로 구성되었고, 여러 부회 가운데 교통부의 활동이 가장 활발하였다. 『부산상의사』에 1916~1927년의 상의 활동이 소개되어 있는데, 그에 따르면 총 26건 중 교통과 관련된 사업이 9건이었다.[10] 제3절에서 상술하지만 부산은 일본과 한반도를 연결하는 위치에 있었는데, 그 위치가 주는 이점을 최대한 살리기 위해서는 부산을 기점 또는 종점으로 하는 교통편이 많아야 하였고, 운임이 부산 기업에 유리하게 책정되어야 하였던 것이다. 1928년에는 금융부가 이재부로 명칭을 바꾸었고, 사회부가 신설되었다. 부산상의 『월보』에 의하면, 사회부는 상거래에 필요한 서류의 양식이나 결제일을 통일하는 등 상거래를 지원하는 일을 하기도 하였고, 불량주택 개량지구 설정이나 부랑청소년 교화를 부산부에 건의하기도 하였다.[11] 1928년 이후에는 공업부의 사업이 많이 증가하였는데, 공업과 관

9) 차철욱(2005), p. 295.
10) 부산상공회의소(1982), p. 260.

련한 상의의 활동은 제3절 제2항에서 자세히 설명할 것이다.

부산상의가 부회만으로는 부산의 중요한 일을 충분히 찾아 낼 수 없었고, 제기되는 문제를 충분히 검토할 수 없었다. 그리하여 상의는 몇 가지의 부설기구를 두었다. 1929년 1월에는 공업연구회를 설립하였다. 부산상의 『월보』에서 설치 직후의 상황을 알 수 있다. 공업연구회 출석자는 가능하면 각 조합을 대표하는 사람으로 하며, 조합이 없는 업종에서는 대표를 한 명 선출하여 참가하였다.[12] 제1회 공업연구회가 5월에 개최되었는데 전기요금, 공업용수, 공장능률 상승을 위한 전문 지도기사 초청, 한국인 종업원 능률향상방법, 공업지역 설정, 공장부지에 대한 표준지가 설정 등을 협의하였다.[13] 1931년 8월에는 부산공업구락부가 창립되었다. 부산공업구락부는 부산 공업의 현장을 조사하고, 공업지식을 회원에게 보급하는 것을 그 목적으로 하였다.[14] 회원자격은 공업종사자 또는 평의원회의 승낙을 받은 자였지만, 회원 40명 중에 한국인은 없었다.[15] 1931년에는 부산상의 및 부산도매상동맹회와 함께 부선(艀船) 운임인하를 요청하였고,[16] 부산상의와 부산공업구락부가 「공업도시로서의 부산의 장래」라는 팜플렛을 만들어 내지 상공회의소와 여러 기업가에게 발송하였는데, 이는 대공장을 유치하기 위해서였다.[17] 1938년에는 부산석탄연료효율연구회를 두었는데, 부산의 석탄수요량이 1932년부터 계속 증가하였으며, 석탄가격이 중일전쟁 발발 이후 급등한 것에 대처하기 위해서였다.[18]

---

11) 『月報』(1928. 4), p. 6; (1928. 11), pp. 6~7.
12) 『月報』(1929. 3), p. 1.
13) 『月報』(1929. 5), p. 5.
14) 『月報』(1931. 8), p. 18.
15) 부산상공회의소(1982), pp. 263~266.
16) 『月報』(1931. 11).
17) 釜山日報, 「工業釜山の建設に內地資本家に呼かく」(1937. 2. 24).
18) 부산상공회의소(1982), p. 265.

## Ⅲ. 부산상의의 활동

### 1. 물류 개선

부산은 한국과 일본을 연결하는 최대의 무역항이었고, 동시에 일본군이 중국으로 이동하는 통로였다. 부산상의는 이러한 지정학적 위치를 중시하였고, 부산의 상권을 넓히기 위해서 적극적으로 활용하였다. 하나의 방법은 교통망을 정비하는 것이었다. 이것을 지역별로 나누어 살펴보자.

#### (1) 동해안

부산상의는 부산의 상권에 속하는 동해안에 경성과 원산의 상권이 침투한 것은 동해선의 건설지연 때문이라고 판단하였다.[19] 저자는 조선총독부가 1914년에 경원선을 개통하여 경성과 원산을 철도로 연결하였던 것, 1928년에 경원선 도중의 안변에서 동해북부선을 부설하기 시작하였고, 1936년에는 간성까지 151km를 완공하여[20] 경성 상인이 원산과 거래하기 쉽게 되었던 것을 고려하면, 위의 인식이 타당하였다고 생각한다. 또 아래의 두 사태는 경원선 개통이 부산 상업에 미친 영향을 잘 나타낸다.

1900년대 초에 몇 초량객주가 함경도와의 무역을 위해 부산에 명태창고를 건설하였고, 회사이름을 북선(北鮮)창고라고 하였다. 북선창고라고 붙인 것은 함경도에서 해산물을 가지고 왔기 때문이었다. 그 후에 원산의 몇 객주가 명태무역을 위해서 부산에 거주하였는데, 경원선이 개통된 이후 원산으로 돌아갔다. 그 객주들이 원산에 북선창고를 설립하자, 부산의 객주들은 일부의 권리를 이양받는 대신에 부산 소재 북선창고를 남선창고로 개명하

19) 朝鮮日報(1939. 2. 26), 석간 p. 2.
20) 경인문화사 편집부(1991), p. 330.

였다.[21] 이 사건을 정리하면 다음과 같다. 첫째, 경원선 개통 이전에는 원산의 명태가 부산을 경유해서 경성으로 수송되었지만 경원선이 개통된 이후에는 경성에 직접 수송하게 되었다. 둘째, 경원선 개통 이전에는 원산과 경성 사이의 명태거래를 위해서 원산 객주가 부산에 거주하였지만 경원선이 개통되자 그럴 필요가 없어졌고 원산 객주가 귀향하였다. 셋째, 원산 객주가 귀향한 이후 종래의 거래를 유지하기 위해서 원산에 북선창고를 설립하였고, 부산의 창고회사가 이름을 바꾸지 않을 수 없었다. 또, 김동철의 연구에 의하면 1910년에 大池忠助, 迫間房太郎, 香椎源太郎이 부산수산주식회사를 설립하였고, 설립 직후에는 원산까지 판매하였으나 경원선이 개통되자 판매망이 위축되었다.[22]

또 해산물 상인 김재준이 1923년에 해산물거래업에 착수하였을 때 부산해산물상조합에는 80명이 가입해 있었다. 그때는 동해안의 해산물이 부산항에 집산되었고, 다시 전국 각지에 공급되었다. 그러나 경성과 동해안을 잇는 교통기관이 발달하자 부산에서 집산하지 않게 되었다. 부산상의가 적극적으로 추진하였던 동해남부선은 1935년에도 부산진에서 경주까지 112km만 완공되어 있었다. 경주-포항 구간에는 국철이 있었지만 협궤였기 때문에 열차가 바로 연결되지는 못하였다. 이러한 상황에서 동해안의 해산물 상인들이 예전에는 부산으로 수송하였지만, 1914년 이후에는 원산을 거쳐 경성으로 수송하게 되었던 것이다. 그리하여 1936년에는 조합원이 40명으로 감소하였다.[23]

부산상의는 부산의 상공업자가 강원도 영동지방에서 경성의 상공업자와 제대로 경쟁하기 위해서는 동해선이 조속히 건설되어야 한다고 판단하였다. 1910년대 후반부터 부산상의는 부산-울산선을 부설하도록 사설철도

21) 부산상공회의소(1982), p. 96.
22) 김동철(2005).
23) 朝鮮日報(1936. 12. 7), 석간 p. 3.

회사와 교섭하였고, 1920년에는 조선중앙철도로부터 부산가스회사 및 조선가스회사와 조속히 교섭하고 기공하겠다는 답을 얻었다.[24] 두 회사가 실행하지 않자, 1926년에는 울산, 경주, 포항을 경유하는 부산-원산선을 부설해 줄 것을 조선총독부에 요청하였다.[25] 그 후에 부산-원산선은 1927년에 입안된 조선철도 12년계획에 포함되었다. 부산상의는 1931년에 부산진-해운대 구간을 그 해 중에 완공하고, 다음 해에는 해운대-울산 구간을 완공할 것을 총독부와 경상남도에 요청하였다.[26] 그리하여 1935년에 부산-경주 구간이 개통되었다. 그런데 그 이후에도 공사가 여전히 지지부진하자 부산상의는 1938년 2월에 동해안의 번영회와 상공회 대표자 다수를 소집하여 3월 13, 14일에 포항 이북의 동해안선 촉성 기성대회를 개최할 계획을 세웠다.[27]

### (2) 영서지방

부산상의는 강원도 영동지방을 회복하는 것만이 아니라 상권을 영서지방까지 넓히려 하였다. 견본시장을 예로 들어 보자. 부산상의가 1925년 4월부터 1939년 6월에 총 8회의 견본시장을 열었는데, 제8회는 중앙선 연선과 강원도에서 열렸다.[28] 중앙선은 1939년 4월에 개통되었고, 첫 개통구간은 경성과 양평 사이였는데, 부산상의는 중앙선이 개통되자마자 중앙선 연선 및 강원도로 상권을 넓히려 하였던 것이다. 전국의 상의 중에 경성상의는 매년 봄에 정례적으로 순회견본시장을 열었지만[29] 경성 이외의 상의 중에 다른 지역에서 견본시장을 연 것은 부산상의뿐이었다. '동아일보'에 의하면 평양상의는 1933~1939년까지 총 7회의 견본시장을 열었고, 인천상의는

24) 東亞日報(1920. 5. 17), p. 2.
25) 경주-포항 구간은 1918년 10월에 협궤철도가 개통되어 있었고 광궤철도로의 개량공사가 필요하였다(경인문화사 편집부, 1991, p. 331).
26) 東亞日報(1931. 1. 31), p. 3.
27) 朝鮮日報(1939. 2. 26), 석간 p. 2.
28) 차철욱(2005).
29) 東亞日報(1939. 2. 8), p. 8.

1931~1939년에 총 9회의 견본시장을 열었지만, 두 상의는 각각 평양과 인천 이외의 지역에서 견본시장을 열지는 않았다.[30)]

### (3) 경상북도

대구상의가 경북선 연선의 화물도착 상황을 조사한 결과에 의하면, 1929년 11월의 1개월 간에 부산의 초량역에서 출발한 화물차량이 13대였고, 대구에서 출발한 화물차량은 73대였다. 그런데 1930년 4월의 1개월 간에는 부산에서 출발한 차량은 758대로 급증하였으나, 대구에서 출발한 차량은 173대로 미증하였다. 같은 조사에 의하면, 그 기간에 경북선 연선에 도착한 화물량이 많이 줄었지만 초량역에서 출발한 화물량만은 그다지 감소하지 않았다. 대구상의가 이 사태의 원인을 조사하여 그 이유의 하나가 부산에서 발송되는 화물과 대구에서 발송되는 화물 사이에 운임이 그다지 다르지 않기 때문임을 알았고, 총독부에 운임개정을 요청할 계획을 세웠다.[31)] 경북선은 1924년에 김천-상주-문경 구간이 개통되었고, 1928년에 문경-예천 구간이 개통되었는데 부산의 상공업자가 경북선 개통을 계기로 부산의 상권을 경북선 연선으로 확대하려 하였음을 잘 알 수 있다.

### (4) 전라도

개항 이전에 동래상인의 상권이 전라도에 미쳤던 것은 아니었다. 1876년에 부산이 개항되자, 전라도의 수출품이 부산항에 수집되었고, 일본의 수출품이 부산항을 거쳐서 전라도로 수송되었다. 1882년에 인천이 개항되었지만 그 사태는 바뀌지 않았다. 그러던 중에 목포가 1895년, 군산이 1899년에 개항되자 전라도의 상권이 점차 목포와 군산을 중심으로 재편성되기 시작하였다. 그리하여 부산의 상권은 1910년대에는 전라남도 서쪽까지 미쳤

30) 東亞日報(1939. 9. 13), p. 4.
31) 朝鮮民報(1930. 10. 4).

으나 조금씩 축소되었고, 1920년대 후반에는 전라남도 동부까지로 후퇴하였다. 부산상의의 1927년 8월 보고에 의하면 벌교, 고흥까지는 부산상권에 속하였고, 그 서쪽은 목포상권에 속하였는데, 부산에서 통조림, 세탁비누, 타올, 청주, 소주, 과자 등이 제조되어 벌교, 고흥까지의 부산상권에 공급되었다.[32]

전라도 상인의 세력이 점차 커지자, 부산상의는 전라도의 부산상권을 유지하고 또 더 넓혀야 한다고 판단하였으며, 1928년에는 구포에서 출발해서 거창, 합천, 전주를 거쳐 이리에 종착하는 부전선(釜全線)을 부설할 것을 총독부에 요청하였다.[33] 부산상의가 철도부설을 요청하면서 내건 이유는 거창, 합천, 전주 등의 내륙지방은 교통이 불편하기 때문에 그 지역에서 물가가 등귀할 우려가 있다는 것이었다.[34] 하지만 부산상의의 속내는 그 곳까지 부산의 상권을 넓히는 것이었다. 또 부산상의 교통부회는 부산-남원, 부산-목포의 철도교통만이 아니라 자동차교통도 발달시켜야 하므로 조사서를 만들어 경상남도 당국에 제출해야 한다고 결정하였다. 임원회의가 그 결정을 받아서 부산-남원, 부산-목포 자동차도로는 부산상권에 반드시 필요하므로 도지사에게 정식으로 청원서를 제출할 것을 결정하였다.[35] 1932년에 계획된 부산 배후지에서의 실업간담회는 창녕, 합천, 거창, 진주와 같은 경상도의 도시뿐 아니라, 남원, 순천과 같은 전라도의 도시에서도 개최되게 되어 있었다.[36]

### (5) 일본

일본과의 교통이 발달하면 한국의 수출입 화물이 부산을 경유하게 되

32) 『月報』(1927. 8), pp. 15~16.
33) 東亞日報(1928. 4. 15), p. 4.
34) 전성현(2006), pp. 156~199; 東亞日報(1928. 4. 15), p. 4.
35) 『月報』(1928. 8), pp. 1~2.
36) 『月報』(1932. 9), p. 27.

므로 부산의 상권이 넓어질 수 있었다. 1918년에 전선상업회의소연합회 회의에서 부산과 목포상의가 한국 서 · 남해안 개항지와 고베 · 오사카 사이, 門司 · 시모노세키 사이, 大連 · 芝罘 · 靑島 사이, 요코하마 사이, 상하이 사이의 명령항로 개설을 안건으로 다루어 줄 것을 요청하였다. 이 가운데 한국 서 · 남해안 개항지에서 부산을 경유하여 고베 · 오사카로 가는 항로를 명령항로로 개설하는 것이 안건으로 채택되었다.[37)]

1928년에 부산상의가 부산-시모노세키 연락선의 개선책을 제시하였고 경성상의에 협조를 요청하였다. 부산상의의 개선책은 야행선을 두고, 부산 여객터미널의 출구를 늘려 혼란을 막고, 부관연락선에 대형선이 취항하지 않았을 때는 선객 운임을 할인하고, 잔교(棧橋, 선창) 위에 여객과 화물을 위한 상옥(上屋)을 두어 불편을 줄이고, 세관 관리를 증원하여 검사시간을 줄이는 것이었다.[38)] 1939년에 부산, 대구, 마산을 단위로 하는 남조선상공회의소연합회가 설립되었는데, 창립총회에서 부산상의는 부산-시모노세키 사이에 화물과 여객이 급증하고 있으므로 총독부 철도국이 연락선을 취항하여 상황을 개선하기 바란다는 제안을 하였고 채택되었다.[39)] 부산상의는 그 이후에도 부산-시모노세키 사이의 배편이 항상 만원이므로 하루 2왕복을 3왕복으로 늘려야 한다고 주장하였고, 총독부 철도국도 일본 철도성과 마찬가지로 연락선을 취항해야 한다고 주장하였다.[40)] 1940년에는 남조선상공회의소연합회가 남선 중점 산업개발의 하나로 조선해협에 해저터널을 굴착할 것을 주장하였다.[41)]

이상에 의하면 처음에는 항로개설 또는 증설이, 이어서 부관연락선 운영상의 개선책과 연락선 증편이, 마지막에는 해저터널 굴착이 주장되었으

37) 京城日報(1918. 9. 22).
38) 朝鮮日報(1928. 5. 6), 석간 p. 4.
39) 朝鮮日報(1939. 11. 30), 석간 p. 1.
40) 朝鮮日報(1940. 3. 10), 석간 p. 2.
41) 東亞日報(1940. 3. 23), p. 4.

므로, 한일 교통과 관련한 부산상의의 활동이 점차 강화되었다고 할 수 있다.

### (6) 일본 이외의 동아시아

부산상의가 일본과의 교통만 중시한 것은 아니었다. 1923년 3월의 부산상의 임원회의에서 부산-상하이 항로를 개설하는 것이 논의되었고, 임원회의는 담당자를 선임하여 그 타당성과 실현방법을 조사할 계획을 세웠다.[42) 1924년에는 상하이 항로를 개설하기 위해 香椎源太郎 부산상의 회장이 총독, 정무총감, 총독부의 실무자 등과 면담하였고,[43) 1924년 5월에 부산-상하이 항로가 6월 상순부터 개설되도록 결정되었다. 이 항로와 관련해서 조선우선(郵船)회사는 부산상의에 4,000원, 경성상의에 약간의 보조금을 요청하였고, 부산상의는 보조금을 지불하였다.[44)

1925년에 부산상의가 대만 항로를 개척하기 시작하였다. 부산상의는 3,000톤급 선박으로 운항하며, 북한의 어떤 항구를 기점으로 하고, 부산과 상하이를 중간기항지로 하고, 타이페이를 종점으로 하는, 조선 · 대만 두 총독부에 의한 동시 명령항로를 희망하였다. 부산상의는 대만의 원료당, 소금, 쌀, 과일을 수입하고, 조선의 곡물, 콩깻묵, 수산물을 수출할 수 있으므로 항로의 장래가 유망할 것으로 판단하였고, 두 지역의 물자를 조사하기 시작하였다.[45) 그 직후에 대만 항로가 개통되었다.

1930년에 일본이 중국의 동북 3성을 점령하였고, 1932년에는 그 점령지에 만주국이 설립되었다. 그 무렵의 조사에 의하면 부산항은 중국과의 무역에서 서해안 항구에 비해 크게 열세였다. 1930년에 부산이 중국 무역총액의 3%를 차지하였는데, 신의주가 약 50%, 인천이 약 13%, 평양이 약 6%, 진남포와 청진이 각각 3%를 조금 초과하였다.[46) 한반도 서해안 도시는 요동반도와

42) 東亞日報(1923. 3. 3), p. 4.
43) 東亞日報(1924. 4. 28), p. 3.
44) 東亞日報(1924. 5. 15), p. 1.
45) 東亞日報(1925. 7. 12), p. 4; 時代日報(1925. 7. 13), p. 1.

일본을 연결하는 위치에 있었기 때문에 만주국 수립은 부산을 크게 불리하게 하는 것이었다. 그러자 부산상의 회장 立石良雄은 "부산이 일본제국과 만주 교류의 요충지가 되었으므로 항만을 수축하고 제2경부선을 건설하는 것이 필요하다"[47]고 주장하였다. 그는 항만을 수축하고 제2경부선을 건설하여 일본과의 교통을 촉진시키면 만주를 부산에 유리하게 활용할 수 있다고 판단하였던 것이다.

1937년 가을에 중일전쟁이 발발하였고 곧이어 화북이 일본에 의해 점령되었다. 그러자 조선우선이 인천을 기점, 진남포 · 丹東 · 大連 · 天津을 경유, 靑島를 종점으로 하는 항로와 인천을 기점, 진남포 · 大連을 경유, 天津을 종점으로 하는 항로를 열었다.[48] 조선우선이 두 항로를 개설하고 운항선박이 밀가루, 목탄 등으로 항상 만선을 기록하자, 그것에 자극되어 부산상의가 부산-天津 항로 개설을 촉진하려고 조선우선에 대해 절충을 개시할 계획을 세웠고, 오사카상선 天津 항로의 부산 기항을 실현하려고 오사카상선과도 교섭하였다.[49] 그리하여 요코하마-부산-天津 항로가 신설되었다.[50]

1937년에는 3개의 철도가 부산에서 출발하였으며, 부산에서 외국의 22개 도시에 국제항로가 연결되었으며, 16개 선박회사가 국제항로에 취항하고 있었다.[51]

부산상의는 항공교통에도 관심을 기울였다. 부산상의 『월보』에서 판단하면 부산 기업가가 공항에 처음 관심을 가진 것은 1930년이었다. 대구상의가 울산비행장을 대구로 옮기려 공작하자 울산과 부산이 협력해서 그것을 저지하였다. 이어서 부산상의는 1933년 사업계획에 부산 근교 비행장 설립을 넣었다. 마지막에는 비행장을 신설하기보다 울산과 부산의 교통을 빈번

46) 『月報』(1931. 7), p. 4.
47) 朝鮮日報(1936. 12. 7), 석간 p. 2.
48) 東亞日報, 「北支航路의 擴充 京城商議緊急要望」(1938. 1. 16), p. 4 .
49) 朝鮮日報(1937. 9. 25), 석간 p. 2; 釜山日報(1938. 2. 16).
50) 부산상공회의소(1937), p. 133.
51) 부산상공회의소(1937), pp. 133~135.

하고 신속하게 하는 것으로 계획을 바꾸었지만,[52] 교통망을 발달시키는 것을 중시하였음이 잘 나타난다.

부산이 한반도의 동남쪽 끝에 있기 때문에, 운임이 높으면 한반도에서 생산된 재화가 부산에 집산하는 과정에서 재화의 가격이 높아질 것이었고, 그 때문에 교통망이 잘 갖추어져도 재화가 부산에서 집산하지 않게 될 염려가 있었다. 그리하여 부산상의는 선박과 철도운임의 인하를 꾸준히 추진하였다. 부산상의가 특히 주의를 기울인 일은 장거리 운임의 인하였다. 부산이 만주와 일본의 재화를 중계하는 위치에 있었기 때문에 부산을 기점으로 하는 화물의 장거리 운임이 쌀수록 재화가 부산에 집산할 것이었기 때문이다. 흥미로운 것은 1919년 10월 10일 전선상업회의소연합회 회의에서 부산상의가 조선철도 장거리 특정 운임의 복구를 요망하였고, 의안으로 채택되었으나 10월 12일의 회의에서 폐안되었던 것이다.[53] 폐안된 이유는 우선순위가 낮았기 때문이었을 것인데, 장거리 특정 운임은 한반도의 동쪽 끝에 있는 부산에 특별히 유리하게 되므로 다른 상업회의소는 부산만큼의 관심을 보이지는 않았을 것이고, 그러한 이유로 우선순위가 낮아졌을 것으로 추측할 수 있다. 부산상의의 시도에 대해 다른 상의가 호의적이지 않았음에도 불구하고, 부산상의는 1920년 전선상업회의소 연합회 회의에서 만철과 조선우선회사의 운임개정을 안건으로 다루어 줄 것을 다시 제안하였다.[54]

1932년에는 부산상의가 경남 특산품의 만주와 몽고 수출을 위한 구체적인 방법을 강구하였는데, 그 방법의 하나로 같은 해 5월에 조선총독부 철도국 및 만철 당국에 대해 운임인하를 요청하는 건의서를 가결하였고, 조선의 다른 상공회의소에 동참을 호소하였다. 부산상의는 경남 특산품만이 아니라 한국의 상품은 모두 만주까지 장거리 운송되어야 하므로 장거리 체감운

52) 『月報』(1933. 1), p. 15.
53) 京城日報(1919. 10. 10).
54) 東亞日報(1920. 9. 20).

임을 얻어 내면 모두에게 유리하다는 것으로 다른 상의를 설득하였다.[55)]

만철, 총독부 철도국, 해운회사가 부산상의의 요청에 긍정적으로 응하는 것은 아니었다. 1923년에 부산상의가 만철에게 철도운임 인하를 요청하였는데, 그 이유는 만주보다 조선의 철도운임이 비싸며 철도운임이 인하되어야 경기가 부양된다는 것이었다.[56)] 여기에 대해 만철은 조선의 철도운임이 그다지 비싸지 않고, 특별운임은 전체적으로 폐지하는 중이며, 철도 수송비 때문에 조선의 경기가 나쁜 것이 아니라는 이유로 반대하였다. 이에 대해 부산상의 교통부는 1924년에 만선상업회의소연합회에 다음의 안건을 토의용으로 제출하였다. 총독부 철도국이 조선선(朝鮮線)의 승차운임을 조선 민도에 맞게 인하할 것, 부산에 이입된 화물에 대해 조선선 내에서는 직통 특정 운임을 적용할 것, 만철이 만주선(滿洲線)의 조, 대두, 콩깻묵, 잡곡, 석탄 등의 운임을 조선선과 같은 수준으로 인하할 것, 조선 어물수송을 위해 냉장차를 두며 운임은 인하할 것, 해상운송회사가 도쿄행 조선미 선박운임을 2할 할인할 것 등이었다.[57)] 1925년에는 부산상의 교통부회가 부산 전차의 화물운송 시내운임을 균일하게 하자는 요구를 조선가스회사에 제출하기로 의결하였다.[58)]

부산상의에 따르면 1927년에 철도국이 간장운반에 대해 일반적으로 14~20%를 할인한 특별운임을 제공하고 있었으며, 영등포 등의 8개 역에는 거리에 따라 24~26%의 특별운임을 제공하고 있었다. 부산상의는 부산은 간장 주산지의 하나이지만 특별운임이 제공되지 않고 있으므로, 부산역에서 출발하는 간장에도 특별운임을 적용해 달라고 요청하였다. 총독부는 부산역에 특별운임을 제공하면 일본에서 이입되는 간장이 늘어날 가능성이 있어서 지금까지 특별운임 혜택을 주지 않았으나, 부산상의가 정식으로 요청

55) 京城日報, 「對滿貿易運賃低減先づ釜山で運動の烽火を揚ぐ」(1932. 5. 22).
56) 東亞日報(1923. 2. 19), p. 2.
57) 東亞日報(1924. 12. 2), p. 3.
58) 東亞日報(1925. 10. 19), p. 4.

하였으므로 허용할 것이라고 답변하였다.[59)]

부산상의는 1930년에 조선총독부 철도국에 더 많은 공산품에 할인운임을 적용해 줄 것을 요청하였다.[60)] 이 노력은 이후에도 계속되었다. 부산상의에 의하면 부산의 과자생산량이 전 조선의 10%였고, 부산을 출발역으로 하는 과자수송에 15%의 할인운임이 적용되고 있었는데, 할인운임을 이후로도 적용해 줄 것을 철도국장에게 청원하였다.[61)]

1930년에 부산상의가 1919~1928년 사이의 철도국 화객수송 운임수입과 철도국 지출을 조사하였는데, 그에 따르면 평균수입 100엔에 대해 지출이 70엔이었다. 부산상의 교통부회는 운임인하의 여지가 있다고 판단하였고, 전국의 다른 상의에도 연락해서 운임인하를 요청하기로 하였다.[62)] 1931년에 부산상의가 부산의 부선(艀船)업자조합에게 부선운임을 2할 인하하도록 요청하였다. 이에 대해 11월 19일에 부선업자 대표는 부선업계가 불황이어서 운임인하가 경영에 미치는 타격이 심각하게 되므로 2할을 인하할 수는 없고 1할을 인하하는 안건으로 부산상의에 교섭하였다.[63)]

1930년대에 부산의 수출처가 다양하게 되었다. 그 중에 동남아시아에 대한 수출도 늘어났다. 경질도기, 법랑철기, 전구, 정어리 토마토소스 통조림의 동남아시아에 대한 수출액이 1934년에 69만 3,000원이었는데, 1935년에는 124만 9,000원으로 증가하였다. 해상운송에 대한 수요가 늘어나자 선박운임이 상승하였고, 부산상의에 의하면 자바와 인도차이나로의 화물수송비가 톤당 2원이나 높아졌다. 또, 부산항의 기항료가 일본의 항구보다 2원이나 비쌌고, 게다가 일본의 항구는 1원 30전을 환급하였기 때문에 부산이 3원 30전 비싸게 되었다. 부산상의가 여기에 대한 대책을 협의하였고, 이것은

59) 東亞日報(1927. 11. 3), p. 3.
60) 『月報』(1930. 9), p. 2.
61) 『月報』(1932. 3), p. 15.
62) 大阪每日新聞 朝鮮版, 「鮮鐵の貨客運賃引下げを迫る」(1930. 8. 3).
63) 每日申報(1931. 11. 23), p. 3.

한반도 전체에 걸치는 문제이므로 총독부를 움직여야 한다고 판단하였다.[64]

부산상의의 운임인하 노력이 어느 정도의 성과를 거두었는지 자세히 알 수는 없지만, 앞에서 소개한 경북선 연선의 화물도착 상황에 대한 대구상의의 조사결과를 참조하면 부산상의의 철도운임 인하노력이 성과를 거두고 있었던 듯하다.

부산상의가 상업을 발달시키려 하였을 때 역점을 두었던 것은 교통망을 만드는 것이었는데, 그러면서 부산상의는 점차 물류와 관련하는 다양한 산업에 관심을 가지게 되었다. 부산상의는 부산에 항구, 금융, 창고, 운수 등의 시설이 갖추어지면, 부산이 지방물산이 집산하는 장소가 되며 자연스럽게 번영하게 된다고 판단하였다.[65] 하지만 이 구상은 제대로 실현되지 못하였다. 제4장에 의하면 1928~1935년 사이에 부산에 본점을 둔 은행은 모두 폐업하였다.

## 2. 공업정책

〈그림 6-1〉에 의하면 부산의 공산액은 몇 번의 경기변동은 있었지만, 1915~1927년에 경향적으로 증가하였다. 1910년대 후반의 증가는 제1차 세계대전의 영향 때문이지만, 1923년의 증가는 현재로서는 설명하기 어렵다. 부산의 공산액은 1927년에 5,388만 원에 도달한 이후 점차 감소하여 1931년에는 4,211만 원까지 하락하였고, 그 이후 다시 증가하였지만 1935년까지 1927년 생산액보다 적었으며, 1936년에 이르러서야 6,040만 원으로 1927년 생산액을 능가하였다.

부산 공업의 움직임은 전국과는 크게 달랐다. 〈그림 6-1〉에 의하면,

64) 朝鮮新聞, 「突如運賃値上げで海外貿易絶望か」(1936. 12. 20).
65) 『月報』(1928. 5), p. 2.

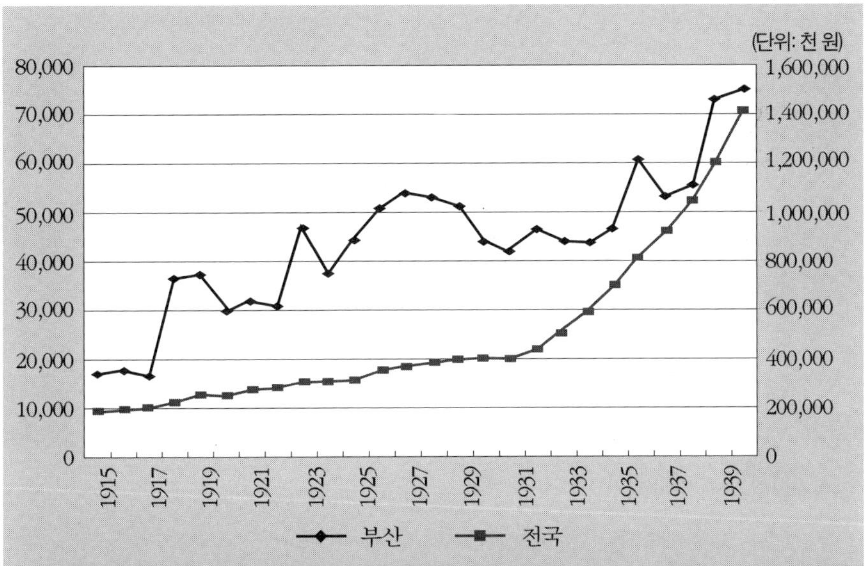


**그림 6-1** 부산과 전국의 공산액, 1935년 가격표시

주: 박영구(2005)에 공장생산액이 실려 있음. 『月報』(1931. 8), p. 18을 이용해서 공장생산액을 공산액으로 환산하였음. 왼쪽 세로축이 부산, 오른쪽 세로축이 전국을 가리킴.
자료: 명목생산액은 박영구(2005), p. 140과 김낙년(2006), pp. 423~426에 의함. 디플레이터는 김낙년(2006), pp. 424, 428에서 계산함.

1927년까지 부산의 성장률이 높았지만 1935년까지는 극히 낮았고 그 이후 다시 전국의 양상과 유사하게 되었다. 그리하여 〈그림 6-2〉에 의하면, 부산의 공산액이 전국에서 차지하는 비율이 1927년까지 높아졌으나 그 이후 점차 하락하였다.

1928년부터 부산 공업의 전국적 지위가 하락하였지만 그것이 당시에 인식되었는지는 분명하지 않다. 1929년에 공업연구회가 설립되었음을 앞에서 언급하였지만, 부산상의 『월보』를 살펴보면, 부산상의는 1930년까지 공업을 육성하기 위한 제안을 거의 하지 않았다. 1931년 중의 부산상의의 회의에서는 "여수-시모노세키 항로가 만들어진 이후 부산 상권이 점차 잠식되고

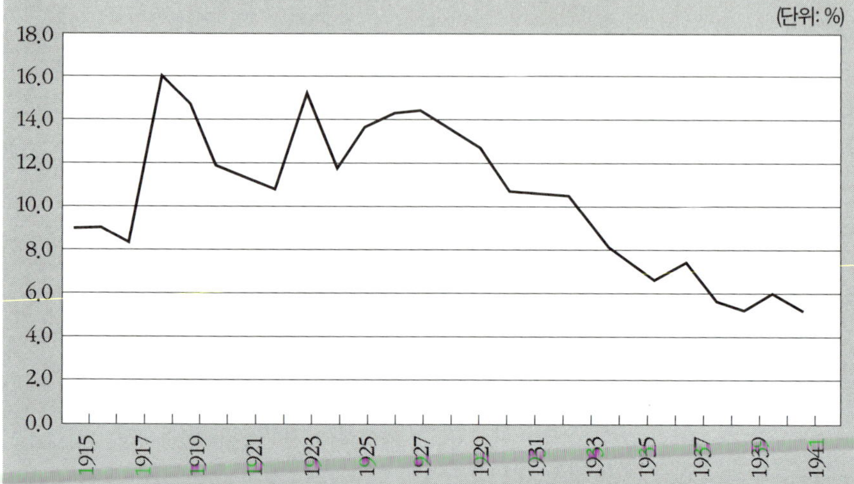


**그림 6-2** 부산의 공산액이 전국에서 차지하는 비중

주: 박영구(2005)에 공장생산액이 실려 있음. 『月報』(1931. 8), p. 18을 이용해서 공장생산액을 공산액으로 환산하였음.
자료: 박영구(2005), p. 140; 김낙년(2006), pp. 423~426.

있고, 오지 상인의 일본과의 직거래도 늘고 있다. 지금까지 부산이 상업도시로 발달하였으니 이후에는 부산이 공업을 발달시켜야 한다. 상인이 일본제품만이 아니라 부산의 생산품도 취급해야 한다. 부산의 상공업자가 협력하면 상공도시를 건설할 수 있는데, 부산 공업이 발달하기 위해서는 동력과 물이 충분히 공급되어야 한다"는 의견이 나왔는데,[66] 이 의견에 따르면 늦어도 1931년에는 부산의 공업을 발달시켜야 함이 인식되었다고 해석해도 될 것이다. 1930년대에는 부산상의가 공업육성정책을 빈번하게 제안하였는데, 그 중에서 가장 눈에 띄는 것은 기업이 필요로 하는 자금을 제공하는 것과

66) 『月報』(1931. 6), p. 2.

공업제품 수출을 촉진하는 것이었다.

### (1) 금융

부산상의는 1931년에 중소상공업의 금융조합, 무진(無盡)회사, 무진강(無盡講), 전당포 이용상황을 조사하여 금융개선책을 강구할 것을 결정하였고,[67] 같은 해 5월에 전선상의연합회에 「중소상공업자에 대한 금융개선의 건」을 제안하였으며, 1931년 5월에도 「중소공업의 조장발달을 기하기 위해 저리의 자금융통을 받게 하는 건」을 제안하였다.[68] 1932년에는 부산상의가 「중소상공업 구제대책에 관한 진정서」를 조선총독에게 제출하였는데, 그 진정서에서 중소기업이 대장성 예금부 저리자금을 융통받을 수 있게 할 것, 공장 기계설비를 담보 잡힐 때 시가에 0.8을 곱하게 할 것, 동업조합이 공동시설 이용사업과 금융사업을 할 수 있게 할 것을 제안하였다.[69] 같은 해에 부산상의는 부산의 금융관련 조합과 은행의 대표자(당시 조선은행 부산지점장)에게 현행 대출금리를 하루 2리 인하해 줄 것을 요청하였고, 산업투자자금의 이자율은 반드시 인하해 줄 것을 요청하였다.[70] 그 직후에 부산조합은행 대표자가 금리인하문제에 대해 답신하였고, 현재 부산의 대출이자율은 경성, 대구보다 2~3리 낮고, 다른 지방보다는 3리 이상 낮지만, 부산상의의 요망이 강하므로 개개의 대출자의 대출조건을 음미하여, 부산상의의 기대에 부응하겠다고 하였다.[71] 1933년 5월에는 중소상공업자금 융통 손실보상제도를 세울 것을 조선상공회의소 정기총회에 제출하기로 하였다.[72] 손실보상제도가 만들어지면 대출받기 쉬워질 것이기 때문이었다.

1937년에 부산상의가 공업진흥좌담회를 주최하였고 공업금융을 주요

67) 『月報』(1930. 4), pp. 4~5.
68) 『月報』(1932. 9), p. 26.
69) 『月報』(1932. 9), p. 30.
70) 『月報』(1932. 10), p. 18.
71) 『月報』(1932. 11), pp. 26~29.
72) 『月報』(1933. 5), p. 22.

안건으로 다루었다.[73] 1938년 7월 중에 부산상의 회장이 상경하여 총독부 당국자와 부산기업의 군수공업 하청, 중앙시험장 지소의 부산 유치, 부산상의 상공상담소 부속금융기관 설치에 대해 논의하였는데,[74] 12월에 이르러 금융문제가 일부의 성과를 거두었다. 경상남도 당국에서 3만 원의 융자를 얻어 부산상의 상공상담소에 자금융자부를 신설하였고, 심사위원회를 두어 원칙적으로는 1건 200원을 한도로 하여 자금난의 상공업자에게 대부하게 되었다.[75]

### (2) 공산품 수출입

1932년에 만주국이 수립되자 부산상의는 만주에 부산의 생산물(생선, 고무제품, 면제품, 도기)을 판매하기 위해서는 만주의 관세가 인하되어야 하고, 철도운임이 낮아져야 한다고 판단하였다. 그것을 위해서는 만주에 대한 자세한 조사가 필요하며,[76] 만몽(만주와 몽고)시찰단을 조직하여 부산 공산품의 직거래가 가능한지 잘 살펴보아야 한다고 주장하였다.[77] 그리하여 4월에는 총 22명이 만주와 몽고를 시찰하기 위해 출발하였다.[78]

당시에 고무신 원료의 하나인 면범포(綿帆布)가 일본에는 무관세로 수입되었지만 일본에서 한국으로는 종가 5%로 수입되었다. 그렇지만 일본에서 한국으로 수입되는 고무제품에는 수입세가 부과되지 않았기 때문에 한국 제화업자가 일본 제화업자보다 그만큼 불리하였다. 그리하여 남선고무공업협회가 1933년에 부산상의에 조사를 요청하였다. 부산상의는 그 자문에 대해 수입세는 산업보호보다 재정수입을 얻는 것을 목적으로 하고 있는

73) 釜山日報, 「釜山の工業振興座談會」(1937. 10. 23).
74) 東亞日報(1938. 8. 5), p. 7.
75) 釜山日報, 「中小商工業救濟資金 明春から融通」(1938. 12. 21); 東亞日報(1938. 12. 23), p. 7.
76) 『月報』(1932. 2), p. 28.
77) 『月報』(1932. 3), p. 15.
78) 『月報』(1932. 4), p. 14.

데, 수입세를 철폐하려면 총독부령을 개정해야 한다고 답신하였다. 이에 대해 남선고무공업협회가 그 철폐에 협조해 줄 것을 부산상의에 진정하였다.[79] 같은 해 4월에 부산상의가 고무신 원료로 사용되는 면사포의 수입세 철폐를 총독부에 진정하기로 의결하였고, 그 방법은 남선고무공업협회가 제출한 고무신 관련 진정서에 부산상의가 부신서(副申書)를 첨부하여 당국에 제출하는 것으로 하였다.[80]

1930년대 중반부터 부산에서 생산된 경질도기, 법랑철기, 전구, 정어리 토마토소스 통조림, 면직물이 동남아시아로 수출되었고, 부산상의는 수출 전망이 밝다고 판단하였다. 그리하여 부산상의는 7월 상순부터 2개월 간 남양으로 상업시찰단을 파견할 계획을 세웠고,[81] 부산항과는 기항료, 해운회사와는 운임의 인하교섭을 계획하였다.[82] 1937년에 네덜란드 총독부 동아시아 사무소장 로핀이 경성에 들렀을 때 경성의 조선호텔에서 동남아시아 무역좌담회가 열렸는데, 부산상의는 경질도기, 법랑철기, 전구, 유리제품, 세탁비누 등을 조선호텔에 전시하였고 수출증가를 모색하였다.[83]

1938년에 열린 전선상공회의소 제7회 총회에서 부산상의는 수출촉진을 위해서 수출품 가공원료의 수입제한을 완화하도록 당국에 건의할 것을 집행부에 요청하였다.[84] 그런데 이 문제는 쉽사리 해결되지 않았다. 12월에는 공업원료가 매우 부족하게 되었고, 그 때문에 부산의 귀금속가공업, 가구제조업, 인쇄업, 선구(船具)업, 건축자재상, 면포상, 고무화 제조업, 양복제조업 등이 모두 생산량을 50~80% 줄여야 하였다. 그리하여 부산상의가 중소상공업자의 원료입수 곤란에 대해 조사하였다.[85]

---

79) 『月報』(1933. 3), p. 17.
80) 『月報』(1933. 4), pp. 19~22.
81) 東亞日報(1936. 5. 6), p. 8.
82) 朝鮮新聞, 「突如運賃値上げで海外貿易絶望か」(1936. 12. 20).
83) 釜山日報, 「會場に光る 釜山の出品」(1937. 3. 24).
84) 平壤每日新聞, 「朝鮮商議總會」(1938. 6. 1).
85) 東亞日報(1938. 12. 11), p. 7.

금융과 공업제품 수출입을 지원하는 일 이외에도 여러 정책이 제안되었다. 부산상의는 1930년에 부산에 공업학교가 설립되도록 노력할 것을 결정하였다.[86] 오랫동안 지지부진하였으나, 1938년 12월에 경상남도가 중심이 되어 부산공업학교를 설립하기로 하고, 그 기성회를 다음 1월에 조직하기로 하였다. 경성공고가 4과, 평양공고가 2과인데, 부산에는 기계, 전기, 화공의 3과를 두기로 하였고, 1940년 개교를 목표로 하였다. 소요경비를 75만 원으로 추산하였고, 반액은 국고보조, 반액은 일반기부로 설립할 것을 계획하였다. 그 회의에 참석한 立石良雄 부산상의 회장은 사재 5만 원을 기부하기로 하였다.[87]

1930년에는 전선상공회의소 회의에서 제조업자의 면세기한을 5년으로 개정하여 공업을 조장할 것을 제안하였고,[88] 1930년에는 공업용수가격 인상계획을 재고하라는 건의서를 부산 부윤에게 제출하였다.[89]

1933년 3월에 부산상의가 전문가를 초청하여 부산 제조업체의 공장설비, 기술, 작업, 조직, 사무, 기타 등을 진단하기로 하였다. 오사카, 고베, 나고야, 요코하마가 부산보다 앞서서 행하고 있었는데, 부산은 중소공장이 많기 때문에 특히 중요하다고 판단하였다.[90] 같은 해 4월에는 공장진단규정을 제정하였고,[91] 10월에 공장진단이 시행되었는데 당시 부산에 소재하였던 348개 공장[92] 가운데 30개가 부산상의의 진단계획에 응하였다. 참가공장이 다수에 달하자 부산상의가 10월 26일에 예비검사를 하였으며, 한 공장에서는 전기줄이 녹아내리고 있는 것도 발견하였다. 부산상의는 예비검사를 바탕으로 공장진단이 큰 효과를 거둘 것으로 짐작하였다.[93]

86) 『月報』(1930. 4), pp. 4~5.
87) 東亞日報(1938. 12. 25), p. 7.
88) 東亞日報(1930. 9. 17), p. 8.
89) 『月報』(1933. 3), p. 30.
90) 『月報』(1933. 3), p. 17.
91) 『月報』(1933. 4), p. 14.
92) 부산상공회의소, 『통계연보』(1933).
93) 朝鮮每日新聞, 「釜山商議が工場診斷を行ふ」(1933. 10. 31).

1934년에 조선총독부가 「조선시가지계획령」을 공포하였고, 전국 도시에 용도별로 지역을 분할하고 지구를 설정하는 방법을 도입하였다. 이 제도에 따라 유사한 용도의 시설을 집단화하고 이질적인 시설의 혼재를 막게 되었는데, 1936년에 부산상의는 서면 일대가 공장지대가 되어야 하며, 그렇게 되기 위해서는 동천을 준설하고 운하를 파며 적기반도에 철도를 부설해야 한다고 판단하였고, 총독부, 경상남도, 부산부에 진정하였다.[94)]

1937년에는 부산상의와 공업구락부가 「공업도시로서의 부산의 장래」라는 팜플렛을 만들어 일본의 여러 상공회의소와 기업가에게 발송하였는데, 대공장을 대거 유치하는 것이 그 목적이었다.[95)] 같은 해에 전선상공회의소 제6회 총회가 열렸을 때 부산상의는 조선의 신흥산업은 아직 요람기에 있으므로 「중요산업통제법」을 조선에 적용하는 문제에 대해 총독부가 신중히 대처할 것을 요청하였다.[96)] 「중요산업통제법」이 조선에 적용되면 부산에 대공장을 유치하기 어렵게 될 것이었기 때문이다.

### 3. 상공업을 넘어서

1933년에는 부산부가 부산관광협회 설립을 제안하였고 부산상의가 그것에 동의하였다.[97)] 관광협회 위원회에는 부산상의의 上田耕一郎 이사가 출석하였다.[98)] 이어서 1년에 30원을 부담하고 부산관광협회에 가입하기로 하였다.[99)]

부산부는 이 무렵부터 관광업 육성에 관심을 크게 기울였다. 자세한 정황을 알 수는 없지만, 1937년에는 부산관광협회가 부산역 구내 제1잔교 위

94) 東亞日報(1936. 5. 16), 조간 p. 4.
95) 釜山日報, 「工業釜山の建設に內地資本家に呼かく」(1937. 2. 24).
96) 釜山日報, 「朝鮮商議總會 各地の提出議案」(1937. 6. 9).
97) 『月報』(1933. 2), p. 11.
98) 『月報』(1933. 5), p. 30.
99) 『月報』(1933. 6), p. 18.

에 관광안내소를 신설하려고 철도국과 절충하였고, 9월에 개점하기로 합의하였다.[100] 1938년 3월의 부산부회에서는 부회의원들이 부산부가 관광업 육성에 더 노력할 것을 요청하였다. 戎才吉과 久布白貫 의원은, 부산부의 내년도 관광객 유치예산 2,381원으로는 사업을 제대로 할 수 없으므로 적어도 500원의 증액이 필요하다고 제안하였고, 관광시설을 잘 관리해야 한다고 발언하였다. 부산부의 小松 내무과장은 상의의 협조를 얻어 예산을 늘리겠으며 관광시설을 잘 관리하겠다고 답하였다.[101] 1939년의 부산부회 선거에서는 조봉관(趙鳳瓘) 의원이 동래와 해운대를 부산에 흡수시키고, 송도해수욕장에 수족관을 건설하여, 부산을 관광부산으로 발달시키겠다는 선거공약을 제시하였다.[102]

앞에서 언급한 대로 1939년에 부산, 대구, 마산을 단위로 하는 남조선상공회의소연합회가 설립되었다. 남조선상공회의소연합회 창립총회가 11월 28일에 부산상의에서 개최되었는데, 부산상의는 남조선의 관광시설을 정비하고, 부산, 대구, 마산을 연결하는 종합적 관광로를 설정하여 관광조선의 진가를 발휘하자는 제안을 하였다.[103] 앞에서 소개한 〈그림 6-2〉에 의하면 부산의 공산액이 전국에서 차지하는 비중이 1930년대에 지속적으로 감소하였다. 부산부가 부산관광협회를 만들고, 이어서 부산상의가 부산, 대구, 마산을 연결하는 종합적 관광코스를 제안한 것은 새로운 성장산업을 발굴하려 한 것이라 할 수 있다.

100) 東亞日報(1937. 7. 22), p. 4.
101) 朝鮮民報, 「釜山府會(第七日)」(1939. 3. 26).
102) 東亞日報(1939. 8. 20), p. 7.
103) 朝鮮日報(1939. 11. 30), 석간 p. 1.

부산상의는 부산을 중심으로 남한의 철도망을 편성하고, 동아시아의 주요 항구를 부산항과 연결하는 일을 식민지기에 지속적으로 추구하였다. 그리하여 부산에서 서북쪽(경성), 북쪽(원산), 서쪽(광주)으로 철도가 뻗어 나갔고, 도쿄, 오사카, 시모노세키, 博田, 상하이, 天津, 타이페이, 大連, 자바, 콜카타 등 아시아의 주요 도시가 부산과 항로로 연결되었다.

위와 같은 성과를 가져온 내적인 조건은 부산상의의 조직적 역량이었다. 〈표 6-1〉에 의하면 회비수입, 상의 예산, 회원수 모두 부산이 2위였다. 즉, 부산상의는 전국에서 두 번째의 큰 조직이었던 것이다. 경성은 회원수에 비해 회비수입이 매우 많은데, 10명의 회원이 2만 5,200원을 납부하였기 때문이다. 부산상의의 직원은 1937년에 이사, 서기, 사무원, 고용원을 모두 합해서 11명이었다. 이들이 서무, 조사, 회계, 상공상담의 일을 보았다.

1916~1943년에 상의 회장은 4명이었다. 회장이 의원총회에서 선출되었음에도 불구하고, 大池忠助, 香椎源太郎, 立石良雄, 西條利八이 각각 1916~1919년, 1920~1933년, 1934~1941년, 1941~1943년에 역임하였다. 西條利八은 立石良雄이 1941년 9월에 사망한 후 잔여임기에만 일하였으므로 제외

**표 6-1** 주요 상의의 개항 (단위: 원, 명)

| 상의 | 회비수입(1931) | 예산(1936) | 회원(1931) |
|---|---|---|---|
| 경성 | 54,000 | 150,000 | 1,970 |
| 부산 | 22,859 | 58,841 | 1,257 |
| 평양 | 17,000 | 51,349 | 656 |
| 대구 | 15,200 | 28,313 | 620 |
| 인천 | 12,740 | 50,140 | 502 |

자료: 부산상공회의소(1982), p. 287; 釜山日報, 「商議所豫算」(1938. 2. 13).

하고 3명의 평균재직기간을 구하면 약 8년이었다. 상의 회장은 당시 부산 재계의 최고 유력자였고, 전국적으로도 유수한 재력가였다. 大池忠助의 재력은 이 책 제2장에 잘 소개되어 있다. 香椎源太郎은 동경에 본점을 둔 조선가스전기주식회사의 사장을 지냈고(1915년), 부산수산주식회사만이 아니라 경성수산주식회사를 경영하였고(1927년), 조선수산협회와 조선수산회의 회장을 지냈으며(각각 1922년과 1931년), 평안남도 대동군에 설립된 조선송전주식회사의 사장이 되었고(1928년), 평양에 본점을 둔 서선합동전기주식회사와 경성에 본점을 둔 남선합동전기주식회사의 회장이 되었다(각각 1934년과 1937년).[104] 유력자가 회장을 연임하는 것이 자연스럽게 받아들여졌던 것이라고 생각된다. 회장과 부회장을 포함하는 평의원의 평균재직연수는 차철욱(2005)의 연구에서 계산할 수 있다. 1916~1941년에 총 12회의 선거가 행해졌고, 누계 360명의 평의원을 선출하였는데, 1회 이상 평의원으로 재직한 사람의 수는 한국인 39명, 일본인 115명이었다. 평균 2.3회 재직하였고, 재직연수는 약 5년이었다. 평의원 역시 부산 재계의 유력자였다.

부산 재계 유력자가 장기간에 걸쳐 회장과 평의원을 차지한 것에는 일장일단이 있었을 것이다. 집행부가 안정되어 조직력이 높아졌을 수도 있고, 집행부가 고정되어 상의가 활력을 잃었을 수도 있기 때문이다. 그런데 아래의 여러 사태는 부산상의의 조직적 역량을 다각적으로 나타내고 있다. 첫째는 다른 기관이 제공하는 가공된 정보가 아니라 자기에게 필요한 정보를 스스로 수집하여 이용하였던 것이다. 부산상의는 부산경제에 필요한 원천정보를 수집하였다. 1923년 3월에 부산상의가 임원회의를 열었고, 만주 · 블라디보스토크 · 青島의 산업경제를 조사하기로 하였다. 그리하여 총독부 산업조사반에 합류하여 출발하는 부산상의의 제정삼에게 그 지역 산업경제에 대한 조사를 촉탁하기로 하였다. 또 같은 회의에서 부산상의 서기장을 일본

104) 김동철(2005).

주요 도시에 파견하여 상공업을 조사하기로 하였다.[105)]

1932년 2월에 만주와 몽고를 시찰할 계획을 세웠고, 상의에서 13명, 사업자에서 8명이 참가하기로 계획하였다.[106)] 앞에서 언급하였듯이 3월에 만몽시찰단을 조직하였고,[107)] 4월에 총 22명이 출발하였다.[108)] 부산상의는 조사 경비를 마련하기 위해서는 상의 회비 부과율을 2% 높여 30%로 해야 한다고도 주장하였다.[109)] 한편, 1933년에는 간도방면 조사비를 예산에 포함시켰다.[110)]

1936년 5월에 부산상의는 남양으로 수출되는 법랑, 전구, 면직물의 양이 증가하고 있으며, 이후에 전도가 양양하다고 판단하여 7월 상순부터 2개월간 남양상업시찰단을 파견할 계획을 세웠다. 총독부는 식산국이 남양진출을 위한 구체적 방책을 연구 중이었기 때문에 식산국 상공과 石井 기사를 부산상의에 포함시켜 같이 파견하려 하였다. 부산상의는 부산의 물가상승을 염려하여 1937년 7월부터 1938년 5월까지 82개 상품의 가격 추세를 조사하였고, 상승률이 가장 높은 상품은 우피, 감자, 세포, 가마니, 석탄, 소금, 소고기 등임을 알아 내었다.

둘째는 부산상의의 활동에서 계획하고, 제안하며, 협상으로 사태를 해결하는 역량이 발견되는 것이다. 앞에서 언급한 동해선 부설, 철도 · 선박 운임인하, 국제항로 개설과 관련한 부산상의의 활동에 의하면 부산상의는 조선총독부 및 민간기업과 적극적으로 교섭하였고, 결과를 끌어내었다.

셋째로 부산상의는 부산의 독자적인 목소리를 내었다. 1921년 8월에 미곡거래소연합회가 한국 쌀의 수도대용(受渡代用) 폐지를 논의하겠다고 하자, 부산상의는 임원회의를 열고 수도대용 폐지가 절대로 불가하다고 결정

105) 東亞日報(1923. 3. 3), p. 4.
106) 『月報』(1932. 2), p. 20.
107) 『月報』(1932. 3), p. 14.
108) 『月報』(1932. 4), p. 14.
109) 『月報』(1932. 2), p. 28.
110) 『月報』(1933. 1), p. 14.

하였고, 그 뜻을 일본 정부 농상무장관과 조선총독에게 문서로 알렸다. 수도대용이 폐지되면 미곡거래소에서의 미곡거래량이 크게 줄어들게 되기 때문이었다. 이에 비하면 경성상의는 부산상의에 찬동한다고 하면서도 미곡거래소연합회의 회의결과를 지켜보고 태도를 결정하겠다고 하였다.[111] 한편, 1927년에 조선총독부가 석유관세 특례를 폐지하는 건에 대해 여러 상의에 자문하였는데, 부산상의 이외는 전부 찬성하였다. 외국석유회사가 가격을 약간 인상할 우려가 있으나 큰 문제는 없을 것으로 판단하며 특례를 폐지하는 것이 한국과 일본 경제의 융화에 기여한다는 것이 찬성의 요지였다. 이에 대해 부산상의는 석유관세 특례 폐지보다 석유회사들이 석유가격을 인하하게 유도해야 하며, 상의연합회가 영미 회사들에게 인하를 요청해야 한다고 주장하였다.[112] 또 1933년에 북해도가 한국 쌀에 흙과 모래가 많이 섞였다는 이유로 한국 쌀의 이입을 금지하려 하자 부산상의가 그 일에 대한 반대운동에 나섰다. 부산상의는 그 문제를 부산항에서의 거래량 감소만이 아니라 조선 전체의 문제로 확대하려 하였고 경성상의에 응원을 요청하였다.[113]

부산상의가 역량을 발휘할 수 있는 지정학적인 조건도 있었다. 식민지기에 일본제국의 수도는 도쿄였고, 경성은 여러 중심도시의 하나에 지나지 않았다. 식민지기에 총독부, 주요 은행과 대기업의 본점, 주요 단체의 본부가 경성에 있었고, 그런 만큼 정치 · 경제의 중심지였지만, 부산에는 경성과 경쟁할 수 있는 다른 요소가 있었다. 부산은 조선시대에도 일본과의 무역항이었다. 부산에는 1407년에 왜관이 설치되었는데, 장소는 자성대, 대평동, 수정동, 초량동으로 때로 바뀌었지만 줄곧 지속되었다.[114] 1876년에 부산이 개항하기 직전에는 왜관이 초량에 있었다. 즉, 부산은 일본인에게 친숙한

111) 東亞日報(1921. 8. 17), p. 2.
112) 朝鮮日報(1927. 8. 23), 석간 p. 6.
113) 朝鮮日報(1933. 1. 31), 조간 p. 8.
114) 송혜영(2002), pp. 1~10.

곳이었다. 또 부산은 규슈에서 직선거리로 200km 정도 떨어져 있을 뿐이고, 부산만은 수심이 15m 정도로 깊지만 조수간만의 차는 1.3m에 지나지 않으며, 자연 방파제가 있어서 큰 배가 정박하기 좋았다. 20세기 전반에는 아직 항공운송이 발달하지 않았기 때문에 일본의 육군이 대륙으로 진출하기 위해서는 부산을 통과하는 것이 가장 효과적이었다. 또 부산항은 대한해협을 통해서 규슈로, 동해를 통해서 일본 북부와 러시아 연해주로, 동지나해를 통해서 중국과 대만으로, 태평양을 통해서 아메리카로 연결되는 지리적 요충지에 입지하였다. 그리하여 부산상의는 부산을 중심으로 해서 교통망을 편성하도록 주장할 수 있었고, 일본 정부와 조선총독부는 철도와 도로를 부산을 출발점으로 해서 건설하고, 많은 항로가 부산을 통과하는 일을 지지하였던 것이다.

## Ⅴ. 해방 후의 부산상의

식민지기의 부산상의는 부산을 상업에 기반을 둔 공업도시로 발달시키고자 하였고, 남한의 교통망이 부산을 기점으로 해서 뻗어나가게 함과 동시에 부산항과 외국의 항구를 최대한 많이 연결하였다. 그리하여 부산과 국내의 다른 지역에서 생산된 상품이 부산을 경유해서 국외로 수출되고, 부산과 국외에서 생산된 상품이 부산을 경유해서 국내의 다른 지역으로 반출되게 하고자 하였다. 1930년대 후반에는 발달한 교통망 위에서 관광업의 성장을 계획하였다.

1945~1960년에 부산상의는, 일본인이 남기고 돌아간 물적 재산이 황폐하게 되는 것을 막았고, 부산경제의 재건과 성장을 위해 여러 가지 사업을

하였고, 부산시의 직할시 승격(처음에는 특별시 승격)운동에서 주도적으로 활동하였고, 대한상의와 협력하여 「대한상공회의소법」이 제정되게 하였고, 부산시를 지원하며 치안을 유지하기도 하였다.[115] 하지만 그 기간에는 부산경제의 발달과 관련해서 명확한 전략을 가졌던 것 같지는 않다.

1960~1970년대에는 부산상의가 명확한 부산경제 발전전략을 가졌다고 보인다. 이 점과 관련해서 흥미로운 것은 1961~1980년의 상의 회장(박선기, 신중달, 강석진) 취임사이다. 취임사에 의하면, 부산상의는 일관해서 제1의 목표를 수출공업 육성에 두었고, 제2의 목표를 항만정비에 두었다.[116] 위의 두 목표를 결합하면, 부산에서 수출품을 생산하고 부산항을 통해서 수출한다는 것이 된다. 이 기간에 부산상의는 항만과 관련해서 여러 사항을 건의 · 제안하였다. 입항한 외항선박에 대한 검역 완화, 도입양곡의 부산항 입항 및 현지가공 허용, 부산 남항의 물양장(物揚場) 축조 및 매립공사(2회), 부산항 부선 건조, 부산항 안에 저목장(貯木場) 설치, 외국선박을 상대하는 부산항 내 업체에 대한 감세(2회), 부두지구 개발촉진(2회), 객선전용부두 설치, 부산과 유럽공동체 및 부산과 아프리카 사이에 정기항로 개설, 호주 양모 직항선의 부산 경유 등이었다.[117] 그런데 부산을 국내교통의 중심지로 발달시키려는 노력은 하지 않았다. 즉, 해방 이후에는 부산과 외국의 관계를 더 중시하고, 부산과 내륙의 관계를 덜 중시하게 되었던 것이다.

1950년대에 많은 원조물자가 부산항을 통해서 도입되었고, 부산에 그것을 가공하는 최종가공공업이 발달하였다. 한국 정부가 1960년대에 생산재를 수입하고, 그것을 가공하여 경공업 완제품을 생산하고, 나아가서 가능한 한 많이 수출하도록 독려하였을 때, 부산의 기업은 그것에 대응하기 쉬웠다. 해방 이후의 부산경제를 둘러싼 환경의 변화는, 부산상의가 수출공업과

115) 박섭(2006).
116) 부산상공회의소(1982), pp. 783, 805, 827.
117) 부산상공회의소(1982), pp. 875~889, 1173~1213.

항만의 결합을 중시하게 하였던 것이다.

## Ⅵ. 맺음말

우리는 경제를 정부 또는 시장의 관점에서 관찰하는 것에 익숙하다. 그리하여 정부가 개별 기업을 지도 · 규제하는 방법을 살펴보거나 시장경쟁을 살펴본다. 예를 들어, 1960~1970년대의 한국경제를 관찰하려는 사람은 정부의 재벌정책을 살펴볼 것이고, 2000년대의 한국경제를 관찰하는 사람은 대기업의 시장경쟁을 검토할 것이다. 기업가단체는 정부와 시장의 사이에 존재한다. 그리하여 정부와 기업의 사이에서 정책을 조절 · 매개하고 기업과 기업의 사이에서 경쟁을 조절 · 매개하는 것이다. 기업가단체가 논리적으로 중요하다고 해서 현실에서도 중요한 것은 아니지만, 필자의 다른 연구에 의하면 실제적으로도 중요한 역할을 하였다.[118] 그렇지만 한국의 기업가단체에 대한 연구는 활발하지 않다. 지방의 기업가단체에 대한 연구는 한국 전체의 기업가단체에 대한 연구보다 더 부족한데, 그것은 한국에서 지방에 대한 관심과 연구가 부족한 것과 일맥상통한다고 할 수 있다.

저자는 이 글에서 식민지기 부산상의의 산업 및 도시 발전전략을 검토하였다. 부산상의는 부산의 산업구조를 계획하고 그것을 성취하기 위해 활동하였다고 할 수 있다. 저자가 해방 후의 부산상의에 대해 조금밖에 검토하지 않았지만, 부산상의는 1960~1970년대에 자신의 산업개발전략을 가졌고 부산경제를 그 방향으로 이끌었다. 부산상의는 정부와 기업 및 기업과

118) 박섭(2005; 2007a; 2007b); 박섭 외(2006).

기업의 사이에서 서로를 조절 · 매개하며 부산경제의 개발전략의 형성과 집행에서 중요한 역할을 하였던 것이다.

## 참고문헌


京城日報.

경인문화사 편집부 편, 『朝鮮鐵度四十年略史』 상, 경인문화사, 1991(원저는 조선총독부철도국, 『朝鮮鐵道四十年略史』, 1943).

김낙년 편, 『한국의 경제성장, 1910-1945』, 서울대학교 출판부, 2006.

김동철, 「부산의 유력자본가 향추원태랑(香椎源太郎)의 자본축적과정과 사회활동」, 『역사학보』 186호, 역사학회, 2005.

大阪每日新聞 朝鮮版.

東亞日報.

每日申報.

박 섭, 「한국경제에서의 정부와 동업자단체: 면방적업의 경우」, 中村哲 · 박섭 편저, 『동아시아 근대경제의 형성과 발전』, 신서원, 2005.

______, 「근대 동아시아 경제에서 동업자단체의 역할」, 나카무라 사토루 · 박섭 엮고 지음, 『근대 동아시아 경제의 역사적 구조』, 일조각, 2007a.

______, 「한국과 대만 경제에서의 同業者團體의 역할, 1950-1980」, 『경제학연구』 55(1), 한국경제학회, 2007b.

박섭 · 김종한 · 박영구 · 장지용, 「부산상공회의소의 경제적 역할, 1945-60」, 『경제연구』 24(4), 한국국민경제학회 · 한국경상학회, 2006.

박영구, 『근대 부산의 제조업, 1900-1944: 통계와 발전』, 부산발전연구원, 2005.

釜山商工會議所, 『統計年報』, 1937.

______, 『부산상의사』, 1982.

釜山商業會議所 編, 『會員名簿』, 釜山商工會議所, 1928.

釜山日報.
송혜영, 「부산 일본전관거류지의 형성과 변화에서 나타난 건축적 특성에 관한 연구」, 한국해양대학교 석사학위논문, 2002.
時代日報.
『月報』 釜山商業會議所/釜山商工會議所.
전성현, 「일제하 조선상업회의소 연합회의 산업개발전략과 정치활동」, 동아대학교 박사학위논문, 2006.
朝鮮每日新聞.
朝鮮民報.
朝鮮新聞.
朝鮮日報
차철욱, 「일제강점기 부산상업(공)회의소 구성원의 변화와 '부산상품견본시'」, 『지역과 역사』 제17호, 2005.
平壤每日新聞.

# 부 록

## 일러두기

1. 1935년 이후 소멸로 기록된 회사의 경우는 추가적인 검토가 필요하지만 일단 함께 밝혀 둔다.
2. 회사명은 제1장에서 밝힌 원칙에 따라 하나로 통일한 것이다.
3. 공칭자본금과 불입자본금의 단위는 엔(円)이며 공칭자본금은 최초 설립연도의 공칭자본금을, 불입자본금은 소멸연도의 불입자본금을 보인 것이다.
4. 주소지의 경우도 주요한 변화에 대해서만 기록하였다.
5. 주요 영업은 각 연도의 기록된 내용 중 중복된 내용을 정리한 것으로, 영업내용의 변화를 보인 것은 아니다.
6. 그 외 정비의 원칙은 제1장을 참조하십시오.

# 부산지역 회사 일람표

부록 주식회사

| 회사명 | 소재지 | 주요 영업 | 공칭자본금 | 불입자본금 | 창립 | 소멸 |
|---|---|---|---|---|---|---|
| 江原食品 | 南濱町 1<br>大橋通 2 | 1차산품 가공, 제조, 판매 | 10,000 | 10,000 | 1931 | 1937 |
| 慶南無盡 | 本町 1<br>大廳町 2 | 무진업 | 200,000 | 70,000 | 1927 | 1934 |
| 慶南産業 | 南富民町 30 | 농사 경영, 농산물 가공 매매, 농림용품 가공 매매 | 260,000 | 66,000 | 1925 | 1940 |
| 慶南産業 | 大倉町 4 | 繩叺筵 매매, 기타 약공품 매매 | 300,000 | 300,000 | 1933 | 현존 |
| 慶南商事 | 大倉町 4 | 미잡곡, 미곡부산물, 미강화학비료 매매 | 180,000 | 72,000 | 1940 | 1940 |
| 慶南水産 | 佐川町 | 수산물 위탁 매매 | 100,000 | 25,000 | 1914 | 1915 |
| 慶南繩叺 | 大倉町 1<br>大倉町 4 | 繩叺筵 매매업 | 200,000 | 80,000 | 1927 | 1932 |
| 慶南印刷 | 草梁町<br>瀛洲町 | 인쇄업 | 50,000 | 17,500 | 1916 | 1931 |
| 慶南自動車 | 榮町 1<br>榮町 1 | 자동차 운수 및 운송업 | 1,000,000 | 1,200,000 | 1931 | 현존 |
| 慶尙日産自動車 | 榮町 3 | 자동차 및 용품 판매,<br>자동차 수리 및 차체 제작 | 250,000 | 125,000 | 1938 | 현존 |
| 券番興産 | 南濱町 2 | 금융대부업 | 100,000 | 25,000 | 1937 | 1937 |
| 金釜回漕 | 南濱町 2<br>昭和通 1 | 운송업 | 35,000 | 10,630 | 1934 | 1935 |
| 今城水産工業 | 大倉町 1 | 어비, 어유, 어업 등 | 300,000 | 150,000 | 1938 | 1939 |
| 南鮮國産自動車 | 榮町 2 | 자동차 및 용품 판매 | 150,000 | 12,500 | 1937 | 1937 |
| 南鮮燒酎 | 大新町 319<br>東大新町 1 | 주조업 | 100,000 | 40,000 | 1938 | 1939 |
| 南鮮水産 | 大橋通 3 | 어업, 수산물 운반 매매, 가공 판매 | 1,000,000 | 350,000 | 1938 | 현존 |
| 南鮮倉庫 | 草梁町 393 | 창고업, 금융, 운송, 화재보험대리업 | 100,000 | 65,000 | 1926 | 현존 |
| 南鮮護謨工業 | 凡一町 | 각종 고무화 제조 판매 | 100,000 | 25,000 | 1933 | 1933 |
| 南朝鮮鑛業 | 寶水町 1<br>西町 4 | 광업 | 200,000 | 200,000 | 1937 | 1940 |
| 南朝鮮米油 | 大倉町 2 | 각종 유업, 스탠다드 제품 위탁판매 | 1,000,000 | 400,000 | 1936 | 1940 |
| 南朝鮮信託 | 大倉町 1 | 금융업, 위탁판매, 유가증권, 신탁 | 3,000,000 | 250,000 | 1922 | 1933 |

| 회사명 | 소재지 | 주요 영업 | 공칭자본금 | 불입자본금 | 창립 | 소멸 |
|---|---|---|---|---|---|---|
| 南朝鮮自動車 | 大倉町<br>榮町 2 | 자동차운반업,<br>자동차 및 동부품 판매 및 수리 | 100,000 | 150,000 | 1927 | 현존 |
| 니시키와타(にしきわた) | 釜岩里 121 | 각종 면 및 침구류 제조 판매 | 180,000 | 144,000 | 1939 | 현존 |
| 大東石油 | 土城町 2 | 석유 매매 | 1,000,000 | 1,000,000 | 1922 | 1939 |
| 大菱金山鑛業 | 大倉町 4 | 광업 | 2,000,000 | 2,000,000 | 1938 | 1940 |
| 大立護謨 | 釜田里 340 | 고무화 제조 | 100,000 | 100,000 | 1936 | 1939 |
| 大鮮釀造 | 凡一町 401 | 주류, 청량음료, 조미료,<br>공업용약품 제조 판매 | 1,000,000 | 1,000,000 | 1930 | 현존 |
| 大日本帝國發明品製造 | 草梁 | 특허, 실용신안, 상표의장 제작 판매 | 100,000 | 25,000 | 1928 | 1928 |
| 大正醬油 | 幸町 | 장유 제조 판매 | 100,000 | 35,000 | 1919 | 1921 |
| 東亞金屬工業 | 土城町 2<br>昭和通 5 | 광산용기계기구 건축금물제조,<br>선철주조품 제조 | 199,000 | 99,500 | 1940 | 현존 |
| 東亞綿業 | 凡一町 1,298 | 양복류 장갑 등 제조 가공 판매<br>직물제조업 | 195,000 | 195,000 | 1939 | 현존 |
| 東亞物産 | 昭和通 3 | 해륙산물, 신탄, 식료품, 청과물 판매 | 120,000 | 30,000 | 1940 | 현존 |
| 東亞藥化學工業 | 榮町 3<br>大倉町 2 | 소독액, 살충액 제조 | 500,000 | 300,000 | 1940 | 현존 |
| 東亞運輸 | 佐藤町 | 해운업 | 200,000 | 50,000 | 1920 | 1921 |
| 東亞通運 | 大橋通 1 | 해륙운송업 | 200,000 | 50,000 | 1937 | 1937 |
| 東洋琺瑯 | 瀛仙町 258 | 법랑철기 제조 판매, 철공업 | 120,000 | 350,000 | 1934 | 현존 |
| 東洋製罐釜山工場 | 青鶴洞 333 | 식료 캔용 관 | 32,580,000 | 26,884,000 | 1941 | 현존 |
| 東洋被服 | 昭和通 3 | 면포, 피복류 등 면포가공품 제조 판매 | 100,000 | 100,000 | 1939 | 현존 |
| 東洋興業 | 草場町 | 일반어업, 해운업, 魚油비료 제조 | 750,000 | 750,000 | 1930 | 1937 |
| 마루타(マルタ)海運 | 大倉町 1<br>大橋通 1 | 해륙운송, 보험대리,<br>해륙물산의 위탁판매 | 300,000 | 75,000 | 1931 | 1940 |
| 馬山汽船 | 大橋通 2<br>瀛仙町 2 | 해상운수업 | 6,000 | 6,000 | 1925 | 현존 |
| 滿留興業 | 瀛仙町 1260 | 임업, 식림, 제탄 및 판매 | 300,000 | 75,000 | 1937 | 1940 |

부록 주식회사

| 회사명 | 소재지 | 주요 영업 | 공칭자본금 | 불입자본금 | 창립 | 소멸 |
|---|---|---|---|---|---|---|
| 滿留一興業 | 凡一町 644<br>埋立新町 | 정미, 정맥 | 198,000 | 158,000 | 1940 | 현존 |
| 滿韓運輸 | 辨天町 | 화물운송, 운수 및 대금업 | 50,000 | 15,000 | 1907 | 1913 |
| 綿元畜産 | 凡一町 | 牛馬 매매, 축산가공품 이출입 | 60,000 | 15,000 | 1928 | 1929 |
| 牧島酒造 | 瀛仙町 1,592 | 주조업 | 50,000 | 50,000 | 1935 | 현존 |
| 武久南事 | 大倉町 2 | 각종 제품 판매 | 300,000 | 75,000 | 1931 | 1932 |
| 珀石華鑛業 | 本町 5 | 광산 경영 | 100,000 | 100,000 | 1937 | 1937 |
| 發明品製造 | 辨天町 1 | 특허, 실용신안, 상표, 의장 제작 판매 | 100,000 | 25,000 | 1927 | 1940 |
| 白山貿易 | 岸本町<br>本町 | 무역 및 위탁매매업 및 대부업 | 1,000,000 | 500,000 | 1918 | 1927 |
| 蓬萊酒造 | 瀛洲町 587 | 주류 제조 판매 | 250,000 | 250,000 | 1938 | 현존 |
| 釜山甘藷 | 南濱町 1 | 甘藷 판매 위탁, 荷造재료, 농수산물 매매 | 180,000 | 180,000 | 1938 | 현존 |
| 釜山建材 | 南濱町 1 | 좌관 건축 재료 매매 | 50,000 | 100,000 | 1938 | 현존 |
| 釜山穀物信託 | 大廳町<br>草梁町 | 곡물, 비료, 신탁업 | 500,000 | 125,000 | 1919 | 1913 |
| 釜山共同倉庫 | 藏前町<br>榮町 3 | 창고업, 운송업, 대부업, 위탁판매업 | 200,000 | 375,000 | 1913 | 1932 |
| 釜山工業 | 瀛仙町 1,573 | 군수품 특수 제작 청부, 조선 및 광산용 기계제작 | 150,000 | 150,000 | 1940 | 현존 |
| 釜山共益 | 大廳町 | 금융업 | 10,000 | 15,000 | 1910 | 1913 |
| 釜山交通 | 水晶町 30<br>大倉町 30 | 여객, 자동차 운수업 | 500,000 | 500,000 | 1939 | 현존 |
| 釜山軌道 | 南濱町 | 해운업 | 100,000 | 25,000 | 1909 | 1910 |
| 釜山金融 | 本町 4 | 금전 대부, 부동산 매매 대차, 보험 대리 업무 | 50,000 | 50,000 | 1932 | 1940 |
| 釜山汽船 | 本町 | 해운업 | 600,000 | 150,000 | 1908 | 1912 |
| 釜山南港土地 | 富平町 2 | 토지 건물 경영 | 2,000,000 | 500,000 | 1934 | 1935 |
| 釜山爐工業 | 瀛仙町 137 | 건축 · 조선용 금물 및 노제조 | 180,000 | 180,000 | 1936 | 현존 |
| 釜山農産 | 南濱町 | 식량품 위탁판매 | 20,000 | 5,000 | 1905 | 1906 |
| 釜山埋築 | 大廳町 4 | 매축업 | 350,000 | 350,000 | 1902 | 1908 |
| 釜山埋築 | 大廳町 4 | 매축업 | 350,000 | 350,000 | 1930 | 1930 |

| 회사명 | 소재지 | 주요 영업 | 공칭자본금 | 불입자본금 | 창립 | 소멸 |
|---|---|---|---|---|---|---|
| 釜山無盡 | 富平町<br>幸町 1 | 無盡業 | 100,000 | 325,000 | 1921 | 1940 |
| 釜山米穀<br>商券信託 | 大廳町<br>大倉町 1 | 금융업, 창고, 운송업,<br>곡물 유가증권 위체대변 | 3,000,000 | 750,000 | 1922 | 1929 |
| 釜山商工 | 草梁町 | 비누, 화장품, 면제품, 타올, 엿기름<br>제조 판매 | 200,000 | 100,000 | 1919 | 1923 |
| 釜山商事 | 瀛仙町 1,257 | 대금업,<br>토지가옥의 경영 · 매매 · 중개 · 물건소개 | 100,000 | 40,000 | 1924 | 현존 |
| 釜山西部<br>自動車 | 富平町 2 | 자동차 운전 및 자동차 부속품 판매<br>자동차 乘合 및 임대영업 | 25,000 | 77,500 | 1920 | 1934 |
| 釜山西部<br>酒造 | 大新町 502<br>中島町 1 | 주조업 | 300,000 | 300,000 | 1938 | 현존 |
| 釜山船具 | 大橋通 1 | 도료 · 선구 · 토목 · 광산용품 | 195,000 | 195,000 | 1940 | 현존 |
| 釜山<br>船舶給水 | 本町 1<br>大橋通 2 | 선박급수업 | 30,000 | 30,000 | 1926 | 1940 |
| 釜山水産 | 南濱町<br>大橋通 3 | 수산물 매매 위탁 판매, 제빙 및 판매,<br>어업 자금대부 | 100,000 | 1,010,000 | 1907 | 현존 |
| 釜山水産物<br>販賣 | 大橋通 2 | 수산물 위탁 판매 | 100,000 | 25,000 | 1931 | 1939 |
| 釜山獸畜養屠 | 草梁町 | 도축업 | 35,000 | 17,500 | 1907 | 1940 |
| 釜山食糧品 | 南濱町 1<br>大橋通 3 | 일반 식량품 판매 | 100,000 | 95,000 | 1907 | 1940 |
| 釜山信託 | 榮町<br>辨天町 1 | 창고업, 신탁업, 금전대부업,<br>각종 상품 위탁 판매 | 500,000 | 300,000 | 1920 | 1932 |
| 釜山薪炭 | 埋立新町 | 신탄매매업, 신탄재목 도매, 석탄 코크스 | 200,000 | 52,895 | 1919 | 1922 |
| 釜山釀造 | 瀛洲町 588 | 주조업 | 50,000 | 12,500 | 1934 | 현존 |
| 釜山演劇 | 西町 | 극장 임대 | 30,000 | 20,000 | 1907 | 1911 |
| 釜山燃料 | 昭和通 4 | 신탄 및 일반 연료 판매업 | 50,000 | 17,500 | 1936 | 1937 |
| 釜山煙草 | 寶水町 1 | 연초 제조, 판매 및 재배 | 100,000 | 45,000 | 1907 | 1921 |
| 釜山煙草元賣捌 | 佐藤町 | 전매국 제연초류의 매매 | 300,000 | 120,000 | 1921 | 1926 |
| 釜山煉炭製造 | 大橋通 4 | 유연탄 · 무연탄 제조, 가정용 연탄 제조 | 50,000 | 50,000 | 1938 | 현존 |

부록 주식회사

| 회사명 | 소재지 | 주요 영업 | 공칭자본금 | 불입자본금 | 창립 | 소멸 |
|---|---|---|---|---|---|---|
| 釜山窯素 | 大廳町 田浦里 39 | 煉瓦 시멘트 등 제조 | 500,000 | 150,000 | 1919 | 현존 |
| 釜山運送 | 大廳町 | 신탄, 재목 매매 및 위탁, 운송업 | 200,000 | 50,000 | 1920 | 1923 |
| 釜山運送事業合同 | 大倉町 3 | 화물 운송업 | 100,000 | 25,000 | 1927 | 1929 |
| 釜山飮料 | 本町 5 | 청량음료수 제조 판매 | 23,000 | 23,000 | 1928 | 1928 |
| 釜山燐寸 | 瀛仙町 1,036 | 성냥 제조 | 150,000 | 150,000 | 1939 | 현존 |
| 釜山臨港鐵道 | 榮町 1 昭和通 4 | 철도운수업 | 1,000,000 | 900,000 | 1939 | 현존 |
| 釜山自動車 | 岸本町 大廳町 4 | 자동차 운전 및 자동차 부속품 판매 | 300,000 | 90,000 | 1920 | 1927 |
| 釜山棧橋 | 佐藤町 琴平町 | 잔교업 | 150,000 | 150,000 | 1904 | 1916 |
| 釜山電球工業 | 草梁町 174 | 전구의 제조 가공 매매 | 20,000 | 20,000 | 1940 | 1940 |
| 釜山電燈 | 本町 | 전기업 | 100,000 | 100,000 | 1901 | 1910 |
| 釜山製本工業 | 西町 4 | 제본업 | 100,000 | 30,000 | 1940 | 현존 |
| 釜山製粉 | 入江町 南濱町 | 제분업 곡분 제조 판매 | 100,000 | 30,000 | 1907 | 1913 |
| 釜山製氷冷藏 | 昭和通 2 | 제빙, 냉장, 냉동업 | 200,000 | 350,000 | 1935 | 현존 |
| 釜山第二信託 | 辨天町 1 | 은행 및 금융업 | 500,000 | 62,500 | 1930 | 1930 |
| 釜山製函 | 大橋通 1 | 제함, 목재의 매매, 재제업 | 1,000,000 | 25,000 | 1939 | 1940 |
| 釜山證券 | 大廳町 | 각종 상품위탁판매, 토지 · 유가증권매매, 금전대부 | 500,000 | 175,000 | 1920 | 1929 |
| 釜山鎭埋築 | 榮町 凡一町 311 | 토지매축, 가옥 · 건축 매매 및 임대 | 3,000,000 | 1,260,000 | 1926 | 현존 |
| 釜山鎭酒造 | 佐川町 682 | 주조 및 판매 | 250,000 | 250,000 | 1938 | 현존 |
| 釜山鎭合同運送 | 水晶町 | 운송업 | 30,000 | 15,000 | 1927 | 1929 |
| 釜山鎭合同運送 | 水晶町 229 | 운송 화물 취급업 | 60,000 | 60,000 | 1940 | 1940 |
| 釜山倉庫 | 常盤町 昭和通 4 | 창고업, 운수업 | 25,000 | 25,000 | 1896 | 1914 |
| 釜山倉庫 | 榮町 1 | 창고업, 운수업 | 100,000 | 25,000 | 1935 | 현존 |

| 회사명 | 소재지 | 주요 영업 | 공칭자본금 | 불입자본금 | 창립 | 소멸 |
|---|---|---|---|---|---|---|
| 釜山倉庫 | 昭和通 4 | 창고업, 운수업 | 100,000 | 25,000 | 1935 | 현존 |
| 釜山鐵器에나멜(エナメル) | 瀛仙町 273 | 법랑철기, 에나멜품 제조 | 100,000 | 100,000 | 1934 | 현존 |
| 釜山青果 | 大橋通 3 | 과실, 채소의 위탁 판매 | 500,000 | 150,000 | 1935 | 현존 |
| 釜山畜産 | 凡一町 1,297 | 이출 牛의 매매 알선,<br>축우의 위탁 구매 및 판매 | 100,000 | 100,000 | 1937 | 1940 |
| 釜山築港 | 昭和通 3<br>榮町 1 | 매축, 매립업 및 경지정리 | 5,000,000 | 5,000,000 | 1922 | 현존 |
| 釜山택시(タクシ-) | 大橋通 1 | 승용 자동차 운송업 | 35,000 | 35,000 | 1937 | 현존 |
| 釜山土器 | 辨天町 | 陶土器 판매 | 65,000 | 20,800 | 1921 | 1922 |
| 釜山土地建物 | 南濱町 1 | 토지건물 매매 및 경영 | 150,000 | 75,000 | 1931 | 현존 |
| 釜山土地 | 草場町 3<br>本町 2 | 부동산의 매매, 임대차 대부 매매 | 76,000 | 76,000 | 1930 | 1939 |
| 釜山트럭(トラク)運輸 | 榮町 2 | 화물자동차 운송업 | 10,000 | 15,000 | 1931 | 1939 |
| 釜山被服 | 伽倻里 384 | 피복의 제조 판매 | 100,000 | 90,000 | 1939 | 현존 |
| 釜山合同飮料 | 西町 2 | 청료음료 제조 판매 | 180,000 | 135,000 | 1939 | 현존 |
| 釜山海産商事 | 辨天町 1 | 해조, 해산물 매매 | 60,000 | 15,000 | 1935 | 1935 |
| 釜山火藥銃砲 | 岸本町<br>富平町 4 | 총포, 화약, 獵具 판매 | 300,000 | 75,000 | 1921 | 1927 |
| 釜山丸米運送 | 池之町 | 해송업 | 200,000 | 50,000 | 1920 | 1921 |
| 釜山丸海運送 | 南濱町 2 | 운송업 | 100,000 | 40,000 | 1930 | 1930 |
| 釜山興産 | 佐川町 | 활동사진극장의 임대,<br>공동판매소 · 점포 임대 | 150,000 | 97,500 | 1921 | 1931 |
| 釜山回漕 | 埋立新町<br>大倉町 2 | 해운업 창고업 | 100,000 | 50,000 | 1925 | 1927 |
| 北魚倉庫 | 草梁 | 창고업 및 운송업 | 100,000 | 35,000 | 1914 | 1916 |
| 北海道物産販賣 | 草梁町 247 | 수산물 위탁 판매 | 100,000 | 25,000 | 1934 | 1940 |
| 濱口製罐硝子工業 | 南濱町 1 | 제관업, 유리용기 제조업 | 180,000 | 72,000 | 1941 | 현존 |

**부록** 주식회사

| 회사명 | 소재지 | 주요 영업 | 공칭자본금 | 불입자본금 | 창립 | 소멸 |
|---|---|---|---|---|---|---|
| 사쿠라바(サクラバ)商事 | 南濱町 2<br>幸町 2 | 영화 상설연극장,<br>활동사진기계 부속품 임대 및 매매 | 100,000 | 100,000 | 1931 | 현존 |
| 사쯔마야(さつまや)製菓 | 高島町<br>大倉町 4 | 과자 제조 판매 | 50,000 | 12,500 | 1922 | 1927 |
| 山峰코크스(コークス)工業 | 瀛仙町 259 | 코크스 제조 및 판매 | 185,000 | 185,000 | 1940 | 현존 |
| 山西酒造 | 富平町 | 주류, 장유 제조업 | 75,000 | 45,000 | 1908 | 1910 |
| 三光製材製 | 凡一町 101 | 목재 매매, 제재업, 각종 제함업 | 100,000 | 25,000 | 1939 | 1940 |
| 三光被服 | 瀛仙町 1,558 | 일반 직물의 재단 가공 판매 | 150,000 | 150,000 | 1939 | 현존 |
| 三玲鑛業 | 本町 5 | 각종 광업 | 100,000 | 100,000 | 1936 | 1940 |
| 森林産業 | 田浦里 748 | 각종 실류, 직물 제조 가공 | 750,000 | 495,000 | 1939 | 1940 |
| 森本精米 | 佐川町 68 | 정미업 | 250,000 | 250,000 | 1937 | 1937 |
| 三山自働車 | 瀛洲洞<br>榮町 | 운반업 | 30,000 | 30,000 | 1920 | 1921 |
| 三陽物産釜山支店 | 草梁町 465 | 해산염, 간어, 수산어패류 | 190,000 | 47,500 | 1941 | 현존 |
| 三珍鑛業 | 本町 5 | 광산업 | 100,000 | 100,000 | 1936 | 현존 |
| 三和護謨 | 凡一町 1,290 | 각종 고무제품 제조 판매 | 855,000 | 765,000 | 1934 | 현존 |
| 鮮麻製綱 | 大橋通 4 | 麻製제조업 | 195,000 | 195,000 | 현존 | 현존 |
| 鮮滿興業 | 幸町 2 | 연예, 기타 흥행업 | 3,000 | 3,000 | 1927 | 1935 |
| 鮮海石油 | 大橋通 3 | 휘발유, 기타 유류 매매 및 운반 | 180,000 | 180,000 | 1939 | 1940 |
| 小佐工業 | 凡一町 884 | 법랑철기, 유리, 기계 제조 | 240,000 | 140,000 | 1937 | 현존 |
| 昭和土地建物 | 大廳町 1 | 토지 건물의 매매 및 경영, 임대업 | 100,000 | 100,000 | 1929 | 현존 |
| 昭和코르크(コルク)工業 | 瀛仙町 1,260 | 코르크 제조 가공업 | 100,000 | 200,000 | 1930 | 현존 |
| 昭和海運 | 大橋通 2 | 해륙운수업, 각종 보험대리 | 100,000 | 40,000 | 1936 | 현존 |
| 昭和興業 | 瀛仙町 1,260 | 임업, 殖林, 제탄, 토지대부, 토목건축 청부업 | 300,000 | 75,000 | 1937 | 현존 |
| 守谷水産商事 | 南濱町 1 | 어업 및 수산물매매, 어업 도매, 캔제조 | 500,000 | 200,000 | 1934 | 현존 |
| 新興工業 | 草梁町 228 | 각종 장식 세공 판매 | 5,000 | 5,000 | 1937 | 1939 |
| 辻酒造 | 富平町 2 | 식초류 양조업 | 30,000 | 100,000 | 1911 | 현존 |

| 회사명 | 소재지 | 주요 영업 | 공칭자본금 | 불입자본금 | 창립 | 소멸 |
|---|---|---|---|---|---|---|
| 아사히고무(アサヒゴム) | 佐川町 680 | 足袋 및 고무신 제조 | 1,000,000 | 1,500,000 | 1939 | 현존 |
| 魚乙彬製藥 | 榮町 1<br>水晶町 397 | 제약 판매, 제약업 | 150,000 | 150,000 | 1933 | 현존 |
| 嶺南繩叺 | 本町 1<br>大倉町 4 | 승팔연 및 비료 매매 | 150,000 | 60,000 | 1933 | 1939 |
| 龍頭被服商事 | 瀛仙町 1,633 | 면포 일반 포면 제품 판매, 기성복 양품, 잡화 판매 | 100,000 | 100,000 | 1940 | 현존 |
| 旭染工 | 堂甘里 141 | 국기 및 현수막, 기타 인쇄염 제조 가공 | 180,000 | 45,000 | 1940 | 현존 |
| 伊藤倉庫 | 富平町 | 창고금융업 | 500,000 | 125,000 | 1919 | 1920 |
| 히노마루(日の丸)運輸 | 大倉町 3 | 육해 운송업 | 330,000 | 165,000 | 1936 | 1936 |
| 日東商工 | 大倉町 2 | 유류 판매 | 100,000 | 40,000 | 1936 | 현존 |
| 日本硬質陶器 | 瀛仙町 1,821 | 도자기 제조 | 3,750,000 | 937,500 | 1917 | 현존 |
| 日本紙器工業 | 寶水町 3의 27 | 지함 제조 | 32,000 | 32,000 | 1939 | 현존 |
| 日本合金工業 | 大倉町 1<br>瀛仙町 1,026 | 각종 금속주물, 砲金 등 제조 | 160,000 | 160,000 | 1939 | 현존 |
| 日本海産興業 | 瀛仙洞 | 통조림 제조 | 100,000 | 100,000 | 1922 | 1923 |
| 日鮮鑛業開發 | 西町 4<br>寶水町 2 | 광업 | 180,000 | 180,000 | 1939 | 현존 |
| 日淸製藥 | 辨天町 | 제약 및 매약의 제조 및 판매 | 50,000 | 15,000 | 1907 | 1916 |
| 日韓倉庫 | 常盤町 | 화물보관업 | 200,000 | 125,000 | 1905 | 1906 |
| 立石汽船 | 大橋通 1 | 해운업, 철도하물취급업, 운송 보험 대리 | 330,000 | 2,000,000 | 1935 | 1940 |
| 資生堂釜山販賣 | 榮町 2<br>本町 2 | 화장품류의 판매 | 100,000 | 70,000 | 1939 | 현존 |
| 第一被服工業 | 大新町 424<br>東大新町 1 | 일반 직물 및 피복의 재봉, 가공, 판매 | 150,000 | 112,500 | 1939 | 현존 |
| 帝國特許醬油慶尙釀造 | 幸町 | 장유 양조 판매 | 100,000 | 25,000 | 1919 | 1920 |
| 朝紡商事 | 凡一町 700 | 면화 및 면사, 면포 판매 | 180,000 | 180,000 | 1939 | 현존 |
| 朝鮮穀産工業 | 釜田里 46 | 엿 제조업 및 원료 판매 | 100,000 | 50,000 | 1936 | 1937 |

| 회사명 | 소재지 | 주요 영업 | 공칭자본금 | 불입자본금 | 창립 | 소멸 |
|---|---|---|---|---|---|---|
| 朝鮮鑛業 | 本町 3 | 광물 채굴 판매 | 180,000 | 90,000 | 1939 | 현존 |
| 朝鮮鑛油 | 大倉町 2<br>大倉町 1 | 광유 도료 기계류 판매 | 100,000 | 50,000 | 1929 | 현존 |
| 朝鮮金屬工業 | 釜田里 359 | 각종 차량 차체 제조,<br>자동차 및 동부품 제작 수리 | 3,000,000 | 1,125,000 | 1934 | 현존 |
| 朝鮮汽船 | 佐藤町<br>大橋通 1 | 해륙운송업, 창고업, 보험업무 | 100,000 | 1,000,000 | 1925 | 1940 |
| 朝鮮起業 | 佐川洞 | 해면 매립 및 토목 · 건축 청부업 | 3,000,000 | 500,000 | 1912 | 1922 |
| 朝鮮農林拓殖 | 土城町 2<br>富平町 3 | 농업투자업, 신탄판매 | 50,000 | 50,000 | 1930 | 1934 |
| 朝鮮農事 | 龜浦 | 농사경영 및 대금업 | 100,000 | 40,000 | 1907 | 1917 |
| 朝鮮塗料油脂 | 大橋通 3 | 일반 도료 제작 | 150,000 | 150,000 | 1940 | 현존 |
| 朝鮮貿易振<br>興釜山支店 | 大橋通 4 | 백화 판매업 | 3,000,000 | 3,000,000 | 1941 | 현존 |
| 朝鮮紡織 | 凡一洞 | 섬유공업 | 5,000,000 | 7,500,000 | 1917 | 현존 |
| 朝鮮琺瑯 | 瀛仙町 2 | 법랑철기 및 원료 제조 | 100,000 | 100,000 | 1932 | 현존 |
| 朝鮮不動産 | 本町 2 | 부동산 매매 중개, 경영 및 관리 | 1,000,000 | 250,000 | 1935 | 현존 |
| 大成商會 | 福田町 84<br>西町 1 | 금전, 부동산의 신탁 관리<br>농업경영 금융업 | 450,000 | 70,000 | 1929 | 1934 |
| 朝鮮사루베이지<br>(サルヴェ-ジ) | 大橋通 2<br>大橋通 1 | 선박 및 화물의 해난구조, 선박해체,<br>海事공사 | 198,000 | 99,000 | 1940 | 현존 |
| 朝鮮社船 | 大倉町 1 | 해운업 | 1,000,000 | 550,000 | 1925 | 1932 |
| 朝鮮産金興業 | 榮町 1<br>西町 4 | 광업 | 10,000,000 | 10,000,000 | 1924 | 현존 |
| 朝鮮産業 | 埋立新町<br>琴平町 | 농업, 殖林 및 대금업,<br>동산 및 부동산 매매 중개 | 100,000 | 35,000 | 1907 | 1914 |
| 朝鮮商船 | 大倉町 4<br>大橋通 1 | 해륙운송업, 창고업, 보험대리업 | 500,000 | 125,000 | 1937 | 1940 |
| 朝鮮船渠工業 | 瀛仙町 | 선박제조 수선, 汽機機關汽動車,<br>기계기구 제조 | 40,000 | 400,000 | 1922 | 1927 |
| 朝鮮石炭工業 | 大橋通 1 | 석탄 채굴 | 100,000 | 25,000 | 1941 | 현존 |

| 회사명 | 소재지 | 주요 영업 | 공칭자본금 | 불입자본금 | 창립 | 소멸 |
|---|---|---|---|---|---|---|
| 朝鮮水産物販賣 | 榮町 3<br>大橋通 2 | 수산물 위탁판매<br>어업경영 | 100,000 | 25,000 | 1931 | 1940 |
| 朝鮮水産輸出 | 本町<br>大橋通 2 | 수출수산물 제조, 수산물 위탁 매매<br>어업, 수산물 캔 제조, 비료 제조 | 1,000,000 | 400,000 | 1918 | 현존 |
| 朝鮮輸出編物 | 草梁町 174<br>伽倻里 384 | 메리야스류의 제조 및 판매<br>화학 군수 제조 | 160,000 | 180,000 | 1939 | 현존 |
| 朝鮮亞砒酸廣業 | 埋立新町<br>大倉町 2 | 아비산 및 일반광업 | 20,000 | 200,000 | 1923 | 현존 |
| 朝鮮洋傘製造 | 凡一町 883 | 양산 및 재료제조 | 180,000 | 90,000 | 1941 | 현존 |
| 朝鮮瓦斯電氣 | 富平町 3 | 가스 · 전기의 공급, 전철 · 승합자동차 경영 | 6,000,000 | 4,800,000 | 1910 | 1935 |
| 朝鮮油肥 | 凡一町 461 | 비료, 우지 제조 | 180,000 | 90,000 | 1940 | 현존 |
| 朝鮮飮料 | 本町 3 | 청량음료수 제조 판매 | 25,000 | 25,000 | 1928 | 1940 |
| 朝鮮日水 | 大橋通 3 | 수산물의 매매 및 운송, 어업, 수산물 가공 | 175,000 | 175,000 | 1938 | 현존 |
| 朝鮮自動車販賣 | 榮町 1 | 자동차 및 부품 제작, 수리, 판매 | 1,000,000 | 1,000,000 | 1937 | 현존 |
| 朝鮮潛水器漁業 | 南濱町 1<br>大倉町 1 | 잠수기 어업, 수산제품 제조 및 부수 사업 | 285,000 | 213,750 | 1923 | 1937 |
| 朝鮮電球貿易 | 大廳町 2<br>昭和通 4 | 전구 및 유리 제품 제조 판매 | 250,000 | 250,000 | 1940 | 현존 |
| 朝鮮電氣 | 瀛仙町 70 |  | 50,000 | 50,000 | 1936 | 1936 |
| 朝鮮電氣製鋼 | 伽倻里 256 | 주강품 제조 | 2,000,000 | 2,000,000 | 1940 | 현존 |
| 朝鮮電話工事 | 榮町 1 | 사설 전화 가설, 무선 공사,<br>전화용 기계기구 매매, 전기업 | 20,000 | 15,000 | 1940 | 현존 |
| 朝鮮製鋼 | 瀛仙町 1,887 | 제강, 각종 로프 제조 및 판매,<br>선구 금물류 제조 및 판매 등 | 250,000 | 250,000 | 1929 | 현존 |
| 朝鮮製罐 | 靑鶴洞 330 | 빈깡통, 용기, 통조림 제조 판매 | 1,000,000 | 500,000 | 1939 | 1940 |
| 朝鮮製油 | 凡一町 700 | 유지의 제조 판매 | 1,500,000 | 1,500,000 | 1939 | 현존 |
| 朝鮮製藥 | 辨天町 2 | 매약 및 약종 제조, 판매 | 100,000 | 25,000 | 1925 | 1933 |
| 朝鮮鑄物工業 | 南濱町 1 | 주물공업 | 100,000 | 25,000 | 1936 | 1936 |
| 朝鮮酒造 | 水晶洞 | 주류 양조 및 판매 | 100,000 | 25,000 | 1919 | 1920 |
| 朝鮮重工業 | 瀛仙町 1 | 선박 건조 수리 · 항공기 · 기관차 · 차량<br>제조 수리 | 3,000,000 | 5,000,000 | 1937 | 현존 |

부록 주식회사

| 회사명 | 소재지 | 주요 영업 | 공칭자본금 | 불입자본금 | 창립 | 소멸 |
|---|---|---|---|---|---|---|
| 朝鮮倉庫商事 | 昭和通 4 | 창고업, 운송업, 상품 매매, 금융업 | 200,000 | 108,000 | 1937 | 현존 |
| 朝鮮築港 | 榮町 1<br>昭和通 4 | 외국산 원유 매매,<br>축항, 항만 수리 및 매립 | 1,000,000 | 1,000,000 | 1936 | 현존 |
| 朝鮮타올(タオル)工業 | 釜田里 335 | 타올 제조 | 180,000 | 126,000 | 1939 | 현존 |
| 朝鮮土地建物 | 西町 4 | 토지건물 매매 및 임대, 부동산 경영 | 50,000 | 82,500 | 1935 | 현존 |
| 朝鮮土地金融 | 草場町 3 | 부동산, 상품 담보 대부 | 100,000 | 100,000 | 1931 | 1931 |
| 朝鮮통구리(トングリ)工業 | 大橋通 1 | 통구리분 제조 | 198,000 | 51,480 | 1941 | 현존 |
| 朝鮮海運 | 大倉町 2<br>大橋通 2 | 해륙운송업 | 25,000 | 62,500 | 1928 | 현존 |
| 朝鮮海藻 | 本町 1<br>大橋通 2 | 해조 매매 및 위탁판매, 해조 채취,<br>자금대부 | 250,000 | 62,500 | 1920 | 현존 |
| 朝鮮海苔加工販賣 | 南濱町 1 | 건해태 가공업 | 180,000 | 135,000 | 1940 | 현존 |
| 朝鮮協同水産 | 大橋通 1 | 수산물 매매 및 수송, 활선어 · 게류 도매업 | 450,000 | 450,000 | 1938 | 현존 |
| 朝鮮護謨調帶 | 佐川町 688 | 고무 벨트 제조 | 500,000 | 500,000 | 1939 | 현존 |
| 朝日放熱器 | 瀛仙町 916 | 방열기 제조 판매, 鑄造業 | 100,000 | 10,000 | 1936 | 현존 |
| 間部石鹼製造所 | 大新町 646 | 세탁비누 | 4,000 | 4,000 | 1938 | 1939 |
| 關東商會 | 榮町 3<br>草梁町 465 | 해륙물산무역, 위탁 매매, 금전대부 | 100,000 | 50,000 | 1925 | 1940 |
| 慶南銀行 | 草梁町<br>草梁町 | 은행 | 1,000,000 | 750,000 | 1912 | 1927 |
| 國際舘 | 岸本町<br>大倉町 4 | 활동사진 경영, 가옥 임대, 흥업의 경영 | 200,000 | 100,000 | 1920 | 1928 |
| 大池回漕店 | 埋立新町<br>大橋通 2 | 회조 운송 보험업, 해륙운송업, 창고업 | 500,000 | 250,000 | 1923 | 현존 |
| 島田商店 | 辨天町 | 잡화 도매 | 150,000 | 37,500 | 1922 | 1923 |
| 東成商會 | 本町 | 미곡, 비료, 견면포 제조 매매업, 곡물<br>무역상 | 500,000 | 250,000 | 1920 | 1921 |

| 회사명 | 소재지 | 주요 영업 | 공칭자본금 | 불입자본금 | 창립 | 소멸 |
|---|---|---|---|---|---|---|
| 東洋工作所 | 昭和通 5 | 공작기계의 제작, 수리 | 180,000 | 350,000 | 1939 | 현존 |
| 朝鮮水産新聞社 | 本町 1<br>大倉町 1 | 신문발행 | 20,000 | 20,000 | 1927 | 1935 |
| 東讚共榮組 | 瀛仙町 2,011 | 선어 매매, 어업 | 45,000 | 84,982 | 1932 | 현존 |
| 明治屋 | 大廳町1 | 면사포 식량품 기타 잡화 매매 | 600,000 | 150,000 | 1919 | 현존 |
| 미나토(みなと) | 昭和通 2 | 요리업 | 50,000 | 50,000 | 1935 | 1940 |
| 半島石鹼製造所 | 大新町 313 | 비누 제조 및 가공 매매 | 12,000 | 12,000 | 1938 | 1940 |
| 釜山競賣市場 | 辨天町 3 | 오복 잡화 경매 | 15,000 | 15,000 | 1928 | 1931 |
| 釜山工作所 | 瀛仙町 1,998 | 군수품 공작, 일반 각종 기계 선박 제작 수리 | 100,000 | 100,000 | 1938 | 현존 |
| 釜山券番 | 南濱町 2 | 예기 권번의 경영 | 50,000 | 45,000 | 1924 | 현존 |
| 釜山物産組 | 大倉町 4<br>大橋通 1 | 운송업 | 250,000 | 75,000 | 1933 | 현존 |
| 釜山빌딩(ビルディング) | 南濱町 3 | 식당 · 목욕탕 경영, 코크스 제조 판매 | 50,000 | 50,000 | 1925 | 1927 |
| 釜山商船組 | 高島町<br>大倉町 4 | 해륙운송, 부선임대차, 기타 부대 사업 | 100,000 | 200,000 | 1913 | 현존 |
| 釜山商業銀行 | 琴平町<br>本町 1 | 은행업 | 1,500,000 | 750,000 | 1912 | 1934 |
| 釜山實費診療院 | 草梁町<br>本町 | 의업 및 치과 | 10,000 | 2,500 | 1922 | 1926 |
| 釜山日報社 | 岸本町<br>大倉町 4 | 신문발행 및 인쇄업, 인쇄재료 판매 | 250,000 | 150,000 | 1918 | 현존 |
| 釜山製釘所 | 瀛仙町 1,940 | 못 및 볼트류 제조 | 20,000 | 5,000 | 1936 | 1940 |
| 釜山鐵工造船所 | 瀛仙町 | 선박 및 기계류 제작 수리 | 50,000 | 50,000 | 1928 | 1940 |
| 山利商店 | 大倉町 1<br>本町 3 | 미곡 해조류 매매 및 위탁판매, 자금대출 | 300,000 | 150,000 | 1928 | 1935 |
| 山本吳服店 | 幸町 1 | 오복, 잡화 판매 | 300,000 | 225,000 | 1934 | 1935 |
| 森本精米所 | 佐川町 68 | 정미업 | 200,000 | 200,000 | 1938 | 1940 |
| 三成商會 | 大倉町 2 | 승팔연, 빈캔 등 판매업 | 50,000 | 12,500 | 1936 | 1939 |
| 三原商店 | 本町 3 | 지류 및 지류가공품 판매 | 180,000 | 90,000 | 1940 | 현존 |

부록 주식회사

| 회사명 | 소재지 | 주요 영업 | 공칭자본금 | 불입자본금 | 창립 | 소멸 |
|---|---|---|---|---|---|---|
| 三友商會 | 本町 3 | 洋家具, 가구제작 판매, 금고 판매, 건축 재료 판매 | 100,000 | 62,500 | 1935 | 현존 |
| 三忠商店 | 本町 | 면포 기타 내외 물산 위탁 매매 | 100,000 | 25,000 | 1922 | 1922 |
| 上田船具店 | 大橋通 2 | 어망, 어구, 선구류 판매 | 195,000 | 195,000 | 1939 | 현존 |
| 上村精麥所 | 凡一町 | 정맥, 정미, 잡곡의 매매 | 20,000 | 15,000 | 1927 | 1940 |
| 松島遊園 | 富民町 2 | 여인숙업, 요리업 | 200,000 | 200,000 | 1922 | 1940 |
| 手島石鹼製造所 | 大新町 313 | 비누 제조 | 12,000 | 12,000 | 1938 | 1939 |
| 十友商會 | 佐川町 79 | 각종 미싱 판매 | 5,000 | 5,000 | 1937 | 1939 |
| 若狹材木店 | 榮町 3 | 제재 및 목재 판매, 시멘트 및 기타 건축 토목재료 판매 | 200,000 | 100,000 | 1935 | 1940 |
| 에비스(エビス)藥舖 | 大倉町 4 本町 5 | 매약 이입 판매 및 약품제조 판매 | 100,000 | 25,000 | 1925 | 현존 |
| 二和商會 | 草梁町 398 | 해륙물산의 무역 및 위탁판매 | 150,000 | 37,500 | 1939 | 1940 |
| 立石商店 | 本町 1 | 석유정제, 해운업, 창고업 | 500,000 | 2,250,000 | 1931 | 현존 |
| 田中造船鐵工所 | 瀛仙町 | 각종 선박 발동기의 제 기계 제조 및 판매 | 100,000 | 75,000 | 1931 | 현존 |
| 鳥居商店 | 瀛仙町 2,006 | 어업 | 100,000 | 25,000 | 1936 | 1937 |
| 朝鮮水産新聞社 | 大倉町 1 | 신문발행 | 20,000 | 20,000 | 1926 | 1940 |
| 朝鮮養兎奬勵會 | 大新町 | 養兎장려 보급 | 12,000 | 12,000 | 1924 | 1927 |
| 佐治商會 | 佐藤町 大橋通 1 | 석탄, 식염, 전기기구, 코크스 판매, 보험대리업 | 100,000 | 145,000 | 1925 | 현존 |
| 主一商會 | 大倉町 | 무역, 위탁 매매 | 500,000 | 125,000 | 1920 | 1921 |
| 讚崎商店 | 辨天町 | 小間物, 화장품, 메리야스, 기타 판매 | 100,000 | 50,000 | 1920 | 1922 |
| 倉橋商店 | 大廳町 3 | 板유리販賣 및 建具, 토목건축 재료 제조 판매 | 250,000 | 200,000 | 1935 | 현존 |
| 千葉商會 | 本町 3 | 塗料 판매 및 제조 | 195,000 | 195,000 | 1940 | 현존 |
| 川井印刷所 | 富平町 2 | 인쇄업 | 70,000 | 70,000 | 1921 | 현존 |
| 淸水精米所 | 凡一町 522 | 정미업 | 500,000 | 500,000 | 1935 | 현존 |
| 村精麥所 | 凡一町 | 정맥업 | 20,000 | 15,000 | 1927 | 1928 |
| 出口鐵工所 | 水晶町 30 釜田里 259 | 자동차 차체 제작 | 50,000 | 275,000 | 1934 | 1937 |

부록 주식회사

| 회사명 | 소재지 | 주요 영업 | 공칭자본금 | 불입자본금 | 창립 | 소멸 |
|---|---|---|---|---|---|---|
| 타까라야(たからや)商店 | 南濱町 | 식량품 잡화상 | 50,000 | 12,500 | 1921 | 1923 |
| 카네야(カネヤ)回漕店 | 大橋通 2 | 운송업, 해운업 | 200,000 | 150,000 | 1937 | 현존 |
| 澤山兄弟商會 | 大倉町 3 | 해륙운송업 | 200,000 | 1,000,000 | 1922 | 현존 |
| 弘中商會 | 榮町 1 | 기계류 판매업 | 32,000 | 32,000 | 1931 | 1931 |
| 興産會 | 辨天町 | 금융, 신탁, 창고, 일반상품 매매 | 200,000 | 50,000 | 1922 | 1923 |
| 中部農事 | 南濱町 1 | 농사경영 및 자금대부 | 500,000 | 375,000 | 1933 | 현존 |
| 辰馬商事 | 草梁町 174 | 주류, 음료수, 식료품 매매 | 25,000 | 25,000 | 1940 | 1940 |
| 清水海運 | 大橋通 1 | 해상운송업 | 180,000 | 45,000 | 1941 | 현존 |
| 沖繩炭鑛 | 大新町 851 | 석탄 채광 및 판매 | 2,000,000 | 911,000 | 1928 | 1932 |
| 韓國農事 | 龜浦 | 농업 및 대금업 | 100,000 | 40,000 | 1907 | 1910 |
| 韓國産業 | 埋立新町 | 식림업 및 대금업 | 100,000 | 25,000 | 1907 | 1910 |
| 韓國倉庫 | 佐藤町 | 창고업 | 2,000,000 | 500,000 | 1907 | 1909 |
| 咸北土地 | 大倉町 3 | 토지경영 | 500,000 | 500,000 | 1929 | 1935 |
| 協同繩叺 | 大廳町 2 | 繩叺業 | 150,000 | 60,000 | 1938 | 1939 |
| 丸金酒造 | 富平町 1 | 酒酢類 양조업 | 75,000 | 56,500 | 1908 | 현존 |
| 丸吉被服工業 | 瀛仙町 1,633 | 학생복, 작업복 제조 | 100,000 | 25,000 | 1940 | 현존 |
| 丸大고무(ゴム) | 凡一洞 942 | 고무화, 고무제조업 | 250,000 | 300,000 | 1930 | 1935 |
| 丸百크라브(クラブ)化粧品販賣 | 大廳町 1<br>大橋通 1 | 화장품도매 | 15,000 | 15,000 | 1929 | 현존 |
| 丸山運送 | 大橋通 1 | 운송업, 해운업 | 50,000 | 12,500 | 1936 | 1940 |
| 丸一自動車運送 | 大倉町 4 | 화물자동차운송 | 100,000 | 50,000 | 1936 | 1939 |
| 丸平水産工業 | 南濱町 1<br>昭和通 1 | 어농축산물 제조 판매,<br>어비료 및 어유 제조 판매 | 100,000 | 500,000 | 1932 | 현존 |
| 丸和工業 | 堂甘里 113 | 직물 염색, 섬유공업 | 100,000 | 150,000 | 1935 | 현존 |
| 厚生衣糧 | 南富民町 69 | 盲鰻(곰장어) 기타 껍데기 유제 가공 | 190,000 | 190,000 | 1939 | 1940 |
| 興亞商事 | 榮町 2 | 지류 가공 판매 | 88,000 | 70,400 | 1940 | 현존 |
| 興亞衛生化學工業 | 瀛仙町 | 소독액, 살충액 제조 | 100,000 | 25,000 | 1940 | 현존 |

부록 합자회사

| 회사명 | 소재지 | 주요 영업 | 공칭자본금 | 불입자본금 | 창립 | 소멸 |
|---|---|---|---|---|---|---|
| 慶南漁業信託 | 寶水町 2 | 어업 경영, 어선 · 어구 · 해산물 위탁 매매 | 5,000 | 5,000 | 1927 | 1935 |
| 共立運送 | 本町 4<br>大倉町 4 | 운송업, 창고업 | 10,000 | 10,000 | 1931 | 1939 |
| 共同海運 | 大廳町 1 | 해운업 | 10,000 | 10,000 | 1935 | 1935 |
| 共榮物産 | 西町 4 | 승팔연 매매 및 보험대리 | 5,000 | 5,000 | 1931 | 1937 |
| 串崎信託 | 西町<br>大廳町 1 | 중개업 및 일반 신탁업 | 2,500 | 5,000 | 1925 | 1928 |
| 光本汽船 | 大倉町 1<br>大橋通 2 | 해륙운송업 | 50,000 | 50,000 | 1924 | 1937 |
| 九山運送 | 大倉町 1 | 운송업 | 11,500 | 11,500 | 1931 | 1934 |
| 九鮮鑛業 | 大新町 262 | 규석 채굴 판매 | 10,000 | 10,000 | 1937 | 1939 |
| 宮本시멘트(セメント)紙袋 | 水晶町 325 | 시멘트 紙袋 제조업 | 2,300 | 2,300 | 1940 | 현존 |
| 金剛醬油 | 草梁町 322 | 장유 양조업 | 5,000 | 5,000 | 1937 | 1939 |
| 金剛海運 | 大橋通 2 | 해운업 | 13,000 | 8,500 | 1937 | 1939 |
| 金城商事 | 富平町 1 | 해륙물산 · 미곡 매매, 토지 · 건물 매매 | 20,000 | 20,000 | 1935 | 1935 |
| 內山洋洋堂 | 西町 4 | 약품 제약 판매 | 2,000 | 2,000 | 1923 | 1935 |
| 農事金融信託 | 草場町 | 농잠구, 비료, 신탁 판매 | 10,000 | 10,000 | 1926 | 1927 |
| 大昭運輸 | 大倉町 4 | 해륙운수업, 항만작업 | 10,000 | 10,000 | 1934 | 현존 |
| 大正信託 | 富平町<br>土城町 1 | 금융 대리업, 일반 신탁 | 30,000 | 30,000 | 1925 | 1935 |
| 大池回漕 | 本町 | 운송업 | 20,000 | 20,000 | 1907 | 1908 |
| 大倉鑛業 | 榮町 3 | 광산경영 및 주물매매 | 5,000 | 5,000 | 1934 | 현존 |
| 大和護謨 | 佐川町 68 | 고무화 제조 판매 | 30,000 | 30,000 | 1933 | 1934 |
| 渡邊護謨 | 水晶町 | 고무 제조 판매 | 20,000 | 20,000 | 1929 | 1931 |
| 稻葉共保 | 富平町 2 | 토지 건물 유가증권 매매 | 50,000 | 50,000 | 1929 | 1929 |
| 東明洋家具商店 | 佐川町 | 양가구 제조 판매 | 3,000 | 3,000 | 1932 | 1932 |
| 東亞紙業 | 草梁町 579 | 和洋紙 도매 | 20,000 | 20,000 | 1938 | 1939 |
| 菱岩護謨製造 | 水晶洞 43 | 고무 제품 제조 판매 | 50,000 | 50,000 | 1931 | 1934 |
| 滿留嘉久 | 高島町 | 정미업 및 비료 판매 | 65,000 | 65,000 | 1921 | 1924 |
| 福島 | 本町 4 | 미곡 비료 위탁 판매 | 70,000 | 70,000 | 1920 | 1931 |

**부록 합자회사**

| 회사명 | 소재지 | 주요 영업 | 공칭자본금 | 불입자본금 | 창립 | 소멸 |
|---|---|---|---|---|---|---|
| 福榮 | 大倉町 2 | 사탕 · 맥분 판매, 잡화 도매 | 1,000 | 10,000 | 1934 | 현존 |
| 福浦土地建物 | 大新町 852 | 부동산 매매 | 30,000 | 30,000 | 1936 | 1939 |
| 蓬萊券番 | 瀛洲町 674 | 예기치옥 | 5,000 | 5,000 | 1938 | 1939 |
| 釜山共立葬儀 | 西町<br>幸町 2 | 장의 및 인부청부 | 10,000 | 10,000 | 1914 | 1935 |
| 釜山工業 | 草梁町 592 | 桶樽 제조, 비누 제조 | 22,000 | 22,000 | 1930 | 1935 |
| 釜山農業信託 | 水晶町 229 | 토지경영, 농구 · 비료 · 농산물 매매 | 20,000 | 20,000 | 1921 | 1934 |
| 釜山大橋<br>兄弟建築 | 瀛仙町 | 건축청부업 | 3,000 | 3,000 | 1932 | 1933 |
| 釜山商事信託 | 富平町 1 | 신탁업 | 5,000 | 5,000 | 1926 | 1935 |
| 釜山水産工業 | 南濱町 1 | 水産皮革의 제조 | 10,800 | 8,300 | 1937 | 1939 |
| 釜山信託 | 富平町 | 신탁업 | 5,000 | 5,000 | 1925 | 1926 |
| 釜山 塩 業 | 瀛仙町 251 | 염 판매업, 제염업 | 30,000 | 30,000 | 1915 | 현존 |
| 釜山運輸 | 本町<br>大倉町 | 운송업 | 3,000 | 50,000 | 1904 | 1921 |
| 釜山第一<br>트럭(トラック) | 凡一町 243 | 기계류 판매 | 4,000 | 4,000 | 1931 | 1935 |
| 釜山酒造 | 佐川町 682 | 주류 양조업 | 10,000 | 6,890 | 1931 | 1932 |
| 釜山築港 | 富平町 3<br>昭和通 3 | 토지매축, 방파제구축 | 500,000 | 1,000,000 | 1928 | 1939 |
| 釜山土木 | 西町 | 토목청부업 | 50,000 | 17,500 | 1901 | 1906 |
| 釜山土地建物 | 寶水町 2 | 토지 건물 매매 대차 | 5,000 | 5,000 | 1927 | 1935 |
| 釜山土地經營 | 草場町 2<br>南富民町 30 | 토지 · 주택 경영, 부동산 매매업 | 18,000 | 18,000 | 1931 | 1939 |
| 釜山土地企業 | 大倉町 3 | 토지의 조성, 경영, 매매 | 50,000 | 50,000 | 1934 | 1934 |
| 釜山皮革貿易 | 榮町<br>瀛洲町 37 | 피혁류의 판매 | 15,000 | 15,000 | 1922 | 1935 |
| 釜山化粧品 | 本町 3 | 화장품 판매 | 30,000 | 100,000 | 1930 | 현존 |
| 釜山丸魚 | 南濱町 1 | 운반업 및 製箱업 | 54,000 | 54,000 | 1920 | 1934 |
| 北尾 | 富平町 2 | 미곡 잡화 판매 | 3,000 | 3,000 | 1925 | 1935 |
| 山一 | 瀛仙町 1,974 | 製材, 製函業 | 5,000 | 5,000 | 1935 | 1939 |

부록 합자회사

| 회사명 | 소재지 | 주요 영업 | 공칭자본금 | 불입자본금 | 창립 | 소멸 |
|---|---|---|---|---|---|---|
| 山長 | 幸町 1 | 축음기 · 레코드 판매, 다방 · 식당 경영 | 10,000 | 20,000 | 1934 | 1935 |
| 三共商事 | 本町 4 | 부동산 매매, 금전 대부 | 1,500 | 1,500 | 1935 | 1935 |
| 三光鑛業 | 榮町 3 | 광업 | 5,000 | 50,000 | 1936 | 1939 |
| 三國屋 | 西町 3 | 청주, 장유, 신탄, 잡화 판매 | 3,000 | 3,000 | 1931 | 1937 |
| 三重 | 草場町<br>草梁町 197 | 과자 제조 | 3,500 | 3,500 | 1933 | 1935 |
| 森 西津屋商店 | 幸町 2 | 융지 · 모직물 직수입판매,<br>모직물 · 양복류 조제 판매 | 20,000 | 20,000 | 1913 | 1915 |
| 西部木材 | 大新町 380 | 목재판매 | 3,000 | 3,000 | 1932 | 1935 |
| 昭三組 | 草梁町 | 인부공급, 전기 · 건축 공작청부 | 7,000 | 4,000 | 1929 | 1939 |
| 小野組 | 本町<br>岸本町 | 해륙 화물 운송, 위탁품 매매 | 10,000 | 10,000 | 1911 | 1916 |
| 昭和製飴 | 寶水町 3 | 엿 제조업 | 29,720 | 30,520 | 1927 | 1933 |
| 松岡工業 | 西町 4 | 토목 건축 청부업 | 100,000 | 100,000 | 1938 | 현존 |
| 殖産 | 榮町 3 | 금융업 | 3,000 | 3,000 | 1936 | 1937 |
| 神崎漁業 | 瀛仙町 1,922 | 어업, 선어 · 염간어 매매, 가공유비 제조 | 200,000 | 200,000 | 1935 | 1937 |
| 新興土地 | 昭和通 4 | 토지 경영 | 15,000 | 15,000 | 1938 | 1939 |
| 永田海運 | 大倉町 2 | 해운업 | 7,000 | 7,000 | 1933 | 1935 |
| 旭商工 | 大新町 480 | 금고, 소방구 매매업 | 5,000 | 5,000 | 1938 | 1939 |
| 旭商會 | 東大新町 1 | 제 기계 매매업 | 15,000 | 15,000 | 1939 | 현존 |
| 熊野御堂 | 西町 1 | 신문 판매, 신문, 통신 | 4,000 | 2,000 | 1929 | 1935 |
| 日韓組運輸 | 本町 | 운송업 | 5,000 | 5,000 | 1909 | 1910 |
| 畑屋 | 辨天町 | 자전거 판매 및 수선 | 10,000 | 10,000 | 1926 | 1927 |
| 朝鮮農事商 | 草場町 2 | 신탁업, 농잠구, 비료 위탁판매 | 10,000 | 10,000 | 1926 | 1935 |
| 朝鮮堂辛子 | 大倉町 1 | 고추가루, 일차산물 수이출입 및 판매 | 10,000 | 10,000 | 1931 | 1935 |
| 朝鮮琺瑯 | 瀛仙町 2 | 법랑 철기 제조 | 10,000 | 10,000 | 1932 | 1934 |
| 朝鮮輪業 | 池之町<br>大倉町 1 | 자동차 · 자전거 부속품 제조 판매 | 20,000 | 20,000 | 1924 | 1935 |
| 朝鮮時報社 | 西山下町<br>大廳町 | 신문발행 | 24,000 | 16,125 | 1892 | 1910 |
| 朝鮮時報 | 西町 4 | 신문발행 | 27,000 | 100,000 | 1921 | 1939 |

## 부록 합자회사

| 회사명 | 소재지 | 주요 영업 | 공칭자본금 | 불입자본금 | 창립 | 소멸 |
|---|---|---|---|---|---|---|
| 朝鮮信託 | 大新町 426 | 부동산의 매매 및 일반신탁업 | 2,500 | 2,500 | 1927 | 1935 |
| 朝鮮油肥 | 凡一町 110 | 鰲獸 해체, 화학 사업 | 7,500 | 7,500 | 1938 | 1939 |
| 朝鮮日本種苗 | 大橋通 1 | 채소, 화목 종자 | 50,000 | 10,000 | 1941 | 현존 |
| 朝鮮製藥工業 | 瀛仙町 | 제약공업 | 10,000 | 10,000 | 1926 | 1933 |
| 朝鮮紙器 | 凡一町 1,298 | 紙器 제작 | 12,000 | 15,000 | 1937 | 1939 |
| 朝鮮化學礦油工業 | 本町 3<br>凡一町 428 | 유류 판매, 礦油製精 | 50,000 | 50,000 | 1937 | 현존 |
| 朝陽油脂 | 凡一町 515 | 양초 | 150,000 | 150,000 | 1941 | 현존 |
| 酒井芳泉堂 | 西町 1<br>辨天町 3 | 서화 골동품 매매 | 2,500 | 2,500 | 1932 | 1935 |
| 中國商品 | 埋立新町 | 화양주류 · 음료수 제조 판매 | 5,000 | 5,000 | 1920 | 1921 |
| 淸水組海陸運輸 | 大橋通 1 | 해륙 운송업 | 15,000 | 15,000 | 1939 | 현존 |
| 河原 | 草場町 2 | 시계 · 귀금속 판매 수리, 음료수 제조 판매 | 2,000 | 1,500 | 1928 | 1931 |
| 鶴賀商事 | 瀛仙町 1,686 | 해륙산물 무역 및 장유 판매 | 20,000 | 20,000 | 1937 | 1939 |
| 韓國臺鹽販賣 | 南濱町 | 臺鹽一手販賣, 재제염 | 60,000 | 60,000 | 1904 | 1915 |
| 加賀和商店 | 富平町 1 | 직물 가공품 판매 | 5,000 | 5,300 | 1933 | 1939 |
| 加藤商會 | 大倉町 4 | 자동차 및 부분품 | 3,300 | 3,300 | 1938 | 1939 |
| 江口商店 | 西町 4 | 미곡 매매 | 5,000 | 4,500 | 1936 | 1937 |
| 江崎商店 | 幸町 2 | 표구 및 표구 재료 판매, 고물상 | 3,000 | 3,000 | 1924 | 1935 |
| 岡野商店 | 高島町<br>榮町 1 | 미곡, 잡곡, 비료 판매 | 120,000 | 10,000 | 1920 | 1935 |
| 岡田商店 | 寶水町 1 | 과자 제조 판매 | 11,000 | 54,000 | 1925 | 1930 |
| 岡村商店 | 草梁町 448 | 미곡 · 주류 판매, 두부 제조 판매 | 4,000 | 3,000 | 1929 | 1936 |
| 改重工務店 | 大新町 576 | 토목 청부업 | 20,000 | 20,000 | 1938 | 1939 |
| 慶南自動車部 | 榮町 3 | 운송업 | 25,000 | 25,000 | 1930 | 1939 |
| 慶尙煙草組合 | 本町 | 연초 | 50,000 | 50,000 | 1919 | 1920 |
| 高橋酒造所 | 寶水町 3 | 주류 양조업 | 3,000 | 2,500 | 1931 | 1935 |
| 高木商店 | 富平町 1 | 신고의류 등 매매, 금전대부업, 매약청부 | 7,000 | 7,000 | 1928 | 1928 |
| 高山商店 | 富平町 2 | 미곡, 잡곡 매매 | 3,800 | 2,000 | 1928 | 1929 |
| 高須屋 | 大倉町 4 | 과자류 제조 판매 | 2,000 | 2,000 | 1927 | 1935 |
| 古原商店 | 寶水町 1 | 桶樽의 제작 판매 | 4,500 | 4,500 | 1930 | 1931 |

부록 합자회사

| 회사명 | 소재지 | 주요 영업 | 공칭자본금 | 불입자본금 | 창립 | 소멸 |
|---|---|---|---|---|---|---|
| 古原藥房 | 大倉町 4 | 약품, 화장품, 주류 판매 | 5,000 | 5,000 | 1930 | 1933 |
| 古原藥舖 | 高島町<br>大倉町 4 | 약품, 화장품, 주류 판매 | 8,000 | 8,000 | 1924 | 1934 |
| 高妻商店 | 本町 1 | 漁網具 판매, 수산업 관련 기계 판매 | 10,000 | 10,000 | 1930 | 1931 |
| 高村商店 | 本町 3 | 잡화 판매 | 3,000 | 3,000 | 1932 | 1939 |
| 谷町精米所 | 綠町 2 | 정미업 | 5,000 | 5,000 | 1927 | 1927 |
| 谷村商店 | 大廳町 2 | 小間物, 잡화 판매 | 1,000 | 1,000 | 1929 | 1935 |
| 共榮商會 | 大倉町 2 | 미잡곡 위탁 판매 | 10,000 | 10,000 | 1930 | 1930 |
| 共榮印房 | 富平町 1 | 印版業, 印版彫刻, 印材 판매 | 5,000 | 5,000 | 1931 | 1936 |
| 共榮曹達工場 | 大新町 665 | 세탁 조달 제조 | 8,000 | 6,500 | 1937 | 1937 |
| 日光가라스(ガラス)製作所 | 寶水町 3 | 유리 제조 | 15,000 | 17,500 | 1933 | 1935 |
| 光信商店 | 富平町 3 | 포류 잡화 판매 | 2,000 | 1,400 | 1932 | 1935 |
| 廣濟號藥房 | 草梁町 612 | 약품 판매 | 10,000 | 8,000 | 1935 | 1939 |
| 九德殖産組合 | 大新町 852 | 부동산 임대, 경영 | 2,400 | 2,400 | 1930 | 1939 |
| 九萬旅館 | 大倉町 4 | 여관 경영 | 1,800 | 1,800 | 1933 | 1935 |
| 久保洋服店 | 辨天町 2 | 양복 판매 | 18,000 | 18,000 | 1936 | 1937 |
| 龜屋商店 | 西町 4 | 오복, 태물, 잡화, 화장품 매매 | 10,000 | 10,000 | 1929 | 1929 |
| 亀屋商店 | 辨天町 2 | 과자 제조 판매 | 10,000 | 10,000 | 1932 | 1935 |
| 國油商會 | 大倉町 1 | 유류 판매 | 10,000 | 10,000 | 1933 | 1939 |
| 國之家 | 南富民町 | 요리사 양성 | 5,000 | 3,000 | 1924 | 1930 |
| 堀商店 | 富平町 3 | 석탄, 스레트, 석면, 烟突 판매 | 3,920 | 2,120 | 1929 | 1929 |
| 堀江商店 | 辨天町 2 | 메리야스, 모자, 양품 판매 | 2,500 | 6,500 | 1928 | 1934 |
| 宮路組 | 東大新町 2 | 토목 건축 청부업 | 15,000 | 5,000 | 1937 | 현존 |
| 宮野組 | 寶水町 3 | 토목 건축 청부업 | 5,000 | 4,500 | 1931 | 1934 |
| 宮中商會 | 本町 1 | 메리야스 製造 · 판매, 잡화 도매 | 7,000 | 7,000 | 1931 | 1931 |
| 近江屋吳服店 | 綠町 2 | 吳服反物 판매 | 7,600 | 7,600 | 1935 | 1936 |
| 近藤商店 | 本町 3 | 잡화 도매 | 69,000 | 70,000 | 1930 | 1939 |
| 金剛製藥所 | 幸町 1<br>寶水町 3 | 매약 제조 판매 | 5,000 | 5,000 | 1932 | 1939 |

| 회사명 | 소재지 | 주요 영업 | 공칭자본금 | 불입자본금 | 창립 | 소멸 |
|---|---|---|---|---|---|---|
| 金露商店 | 南濱町 1 | 장유, 주류, 식량품의 판매 | 8,000 | 8,000 | 1932 | 1934 |
| 金森商會 | 大廳町 3 | 신발 및 잡화, 식량품 판매 | 2,000 | 1,000 | 1931 | 1935 |
| 金田精米所 | 中島町 1 | 정미업, 미곡 판매 | 2,000 | 2,000 | 1931 | 1931 |
| 金河商店 | 凡一町 136 | 식량품 판매 | 5,220 | 5,220 | 1937 | 1939 |
| 磯部洋服店 | 榮町 3 | 양복 제조, 판매 | 1,500 | 1,500 | 1931 | 1939 |
| 幾野染工場 | 幸町 1<br>南濱町 3 | 염색 상품 매매, 청부 | 3,000 | 3,000 | 1930 | 1935 |
| 吉崎商店 | 南濱町 1 | 해산물 매매 | 5,000 | 5,000 | 1930 | 1931 |
| 金基淳商店 | 大倉町 1 | 해산물 위탁판매 | 3,500 | 3,500 | 1933 | 1934 |
| 金淳相商店 | 佐川町 545 | 제 잡화 판매 | 1,000 | 1,000 | 1933 | 1935 |
| 金英大商店 | 瀛仙町 | 제 잡화 판매 | 3,600 | 3,600 | 1932 | 1935 |
| 나까노(ナカノ)印刷所 | 大廳町 2 | 인쇄, 제책 | 5,000 | 5,000 | 1938 | 1939 |
| 丹波商店 | 幸町 1 | 소간물, 잡화 판매 | 15,000 | 15,000 | 1926 | 1929 |
| 丹波商會 | 西町 1 | 향유, 식량품, 잡화 위탁 판매 | 2,000 | 5,000 | 1929 | 1935 |
| 丹波屋商店 | 寶水町 2 | 식량품 판매 | 10,000 | 5,000 | 1937 | 1939 |
| 淡盛商會 | 本町 | 미곡 · 해산물 매매 및 위탁 판매, 캔 제조, 정미, 운송무역업 | 30,000 | 150,000 | 1906 | 1920 |
| 大東酒造場 | 大新町 550 | 주류양조업 | 10,000 | 10,000 | 1931 | 1939 |
| 大城石炭商店 | 瀛洲町 | 석탄 판매 | 3,000 | 3,000 | 1933 | 1933 |
| 大野商店 | 大倉町 2 | 석탄 · 원염 판매, 제염업 | 20,000 | 20,000 | 1928 | 현존 |
| 大洋貿易社 | 草梁町 | 해산물 판매 | 8,000 | 8,000 | 1935 | 1937 |
| 大田時計店 | 寶水町 1 | 시계류, 안경, 귀금속 판매 수리 | 1,300 | 3,000 | 1934 | 1937 |
| 大池商店 | 大倉町 2 | 기계 및 금고 판매 · 가공 · 수리, 농기구 판매업 | 50,000 | 50,000 | 1937 | 현존 |
| 大倉商店 | 大新町 355 | 洗濯曹達 및 비누 제조 판매 | 3,300 | 3,300 | 1930 | 1931 |
| 大倉商店 | 南濱町 2 | 해산물 매매 | 17,000 | 17,000 | 1930 | 1931 |
| 大和組 | 大新町 355 | 토목 건축 청부업 | 10,000 | 10,000 | 1938 | 1939 |
| 大黑南海堂 | 辨天町 1 | 약품류 매매업 | 99,500 | 300,000 | 1920 | 현존 |
| 德重商店 | 榮町 1 | 정미, 미곡, 비료 위탁 판매 | 3,000 | 2,400 | 1928 | 1930 |
| 稻尾商店 | 土城町 1 | 건구, 지물류의 제조 판매 | 2,000 | 2,000 | 1927 | 1936 |

부록 합자회사

| 회사명 | 소재지 | 주요 영업 | 공칭자본금 | 불입자본금 | 창립 | 소멸 |
|---|---|---|---|---|---|---|
| 渡邊組 | 土城町 1 | 토목 건축 청부업 | 50,000 | 50,000 | 1938 | 1939 |
| 東京池田卽效治療院 | 富平町 1 | 전기치료 강습생 양성, 치료기계 제작 및 대여 | 5,000 | 5,000 | 1929 | 1935 |
| 棟近酒場 | 富平町 4 | 주류 양조 판매 | 7,000 | 6,000 | 1928 | 1929 |
| 棟近酒造場 | 富平町 4 | 주류 양조 판매 | 10,000 | 10,000 | 1929 | 1933 |
| 東信商會 | 富平町 4 | 정미업 | 10,000 | 10,000 | 1934 | 1935 |
| 東亞藥房 | 草梁町 605 | 인삼 무역업 | 2,000 | 2,000 | 1929 | 1935 |
| 東一精米所 | 大倉町 4 | 정미업, 잡곡상 | 30,000 | 30,000 | 1935 | 1935 |
| 東海物産 | 西町 1 | 해산물, 장유 판매 | 2,000 | 2,000 | 1930 | 1935 |
| 藤本商店 | 西町 4 | 空箱, 空甁 판매 | 1,000 | 500 | 1932 | 1937 |
| 藤田鑛油店 | 本町 1 大橋通 3 | 광유류 판매업 | 42,000 | 42,000 | 1934 | 현존 |
| 藤井農具店 | 水晶町 | 농구 제조 판매 | 6,150 | 6,150 | 1932 | 1933 |
| 藤土組 | 西町 4 | 토목·건축, 판금, 공작, 철공 | 8,000 | 8,000 | 1938 | 현존 |
| 栗林商店 | 草場町 1 | 製氷 판매 | 1,000 | 1,000 | 1931 | 1931 |
| 리구나(リグナ)商會 | 富平町 1 | 토목건축청부업, 유창목·도료 제조 및 판매, 특허품 판매 | 2,000 | 2,000 | 1930 | 1939 |
| 리구나(リグナ)化學工業所 | 榮町 1 | 유창목 도공 및 제품 판매 | 4,000 | 7,530 | 1933 | 1934 |
| 林商店 | 草場町 2 | 청량음료수 제조 판매 | 3,600 | 3,600 | 1933 | 1939 |
| 滿鮮商會 | 榮町 1 | 비료·고무·곡류 매매, 통신업 | 10,000 | 10,000 | 1930 | 1931 |
| 未廣商店 | 本町 1 | 잡화 판매 | 2,000 | 2,000 | 1930 | 1938 |
| 末友商店 | 富平町 1 | 佛具 제조 판매 | 1,300 | 1,300 | 1937 | 1939 |
| 明石商店 | 幸町 1 | 소간물, 화장품, 잡화 판매 | 10,000 | 10,000 | 1922 | 1934 |
| 牧野商店 | 富平町 2 | 履物, 어망용 浮子 재료 제조 판매 | 6,000 | 5,000 | 1929 | 1930 |
| 木屋吳服店 | 富平町 1 | 오복, 태물, 신고의류 판매 | 3,000 | 1,650 | 1924 | 1928 |
| 牧田商店 | 草場町 | 잡화상 | 1,000 | 1,000 | 1921 | 1923 |
| 木村商店 | 大廳町 1 | 미곡 판매 | 50,000 | 50,000 | 1932 | 1934 |
| 木下商店 | 榮町 1 | 고무제품 및 잡화 판매 | 3,000 | 3,000 | 1928 | 1935 |
| 卯年精米所 | 富平町 2 | 정미 및 잡곡 판매 | 4,000 | 4,000 | 1927 | 1935 |
| 武田鐵工所 | 富平町 1 | 기계류의 제작 매매 | 50,000 | 44,000 | 1928 | 1929 |

| 회사명 | 소재지 | 주요 영업 | 공칭자본금 | 불입자본금 | 창립 | 소멸 |
|---|---|---|---|---|---|---|
| 미카사야(ミカサ屋) | 辨天町 1<br>南濱町 2 | 우산, 提灯(提打, 提燈) 제조 판매 | 3,500 | 3,500 | 1926 | 1939 |
| 미나모토야(ミナモトヤ)商店 | 谷町 1 | 식량품 잡화 판매 | 3,000 | 3,000 | 1932 | 1934 |
| 미나미(ミナミ)自動車商會 | 榮町 1 | 자동차 판매업 | 10,000 | 10,000 | 1931 | 1934 |
| 米田古物店 | 富平町 | 古道具, 古着類 매매 | 2,600 | 2,600 | 1925 | 1926 |
| 米田組 | 福田町 84 | 토목 건축 청부업 | 60,000 | 60,000 | 1932 | 1940 |
| 米專組 | 福田町 84 | 토목 건축 청부업 | 70,000 | 70,000 | 현존 | 현존 |
| 彌重工務店 | 西大新町 2 | 토목 건축 청부업 | 20,000 | 20,000 | 1939 | 현존 |
| 미쯔로코(ミツロコ)商店 | 大廳町 2 | 식량품 잡화 | 3,000 | 3,000 | 현존 | 현존 |
| 미쯔와(みつわ)兄弟家具商會 | 大廳町 2 | 양가구 제조 판매 | 3,500 | 6,500 | 1935 | 1937 |
| 博多屋洋服店 | 西町 3 | 양복재봉업 | 1,700 | 1,700 | 1930 | 1935 |
| 泊商店 | 西町 4 | 해산물 매매 | 10,000 | 10,000 | 1930 | 1931 |
| 白石商店 | 富平町 1 | 履物 제조 판매 | 3,000 | 3,000 | 1933 | 1933 |
| 寶來舘 | 幸町 1 | 활동사진, 흥행 | 5,000 | 2,500 | 1929 | 1929 |
| 福山屋商店 | 大倉町 2 | 식량품, 잡화 판매 | 2,000 | 2,000 | 1932 | 1937 |
| 福壽 | 大倉町 2 | 요리업 | 2,500 | 2,500 | 1927 | 1931 |
| 福原鐵工所 | 富平町 1 | 기계 제작 | 40,000 | 30,000 | 1937 | 1939 |
| 釜山建築勞動共濟會 | 榮町 2 | 토목 건축 청부업 | 3,000 | 3,000 | 1932 | 1935 |
| 釜山穀物仲介社 | 大倉町 | 미곡・비료・해산물・잡화 매매 중개 | 2,000 | 2,000 | 1931 | 1935 |
| 釜山모르타르(モルタル)工業所 | 水晶町 106 | 시멘트 기와 제조업 | 10,000 | 10,000 | 1928 | 1937 |
| 釜山木工所 | 富平町 2 | 가구, 지물 제조 판매 | 4,000 | 4,000 | 1928 | 1935 |
| 釜山貿易 | 大倉町 2<br>南濱町 2 | 해산물, 비료, 미곡 판매 | 13,800 | 2,600 | 1927 | 1935 |
| 釜山物産商會 | 大倉町 4 | 토산품 제조 판매 | 2,700 | 2,700 | 1935 | 1939 |
| 釜山百貨競賣市場 | 西町 | 제 잡화 경매시장 경영 | 4,500 | 4,500 | 1927 | 1927 |

부록 합자회사

| 회사명 | 소재지 | 주요 영업 | 공칭자본금 | 불입자본금 | 창립 | 소멸 |
|---|---|---|---|---|---|---|
| 釜山商工社 | 草梁町 | 비누, 물엿 제조 판매 | 10,000 | 39,853 | 1927 | 1929 |
| 釜山사링구(シヤーリンク)工場 | 大橋通 4 | 각종 강재의 절단 가공 판매 | 30,000 | 30,000 | 1937 | 1937 |
| 釜山釀造所 | 佐川町 682 | 양조 판매 | 10,000 | 10,000 | 1933 | 1939 |
| 釜山魚鱗精箔所 | 瀛仙町 139 | 어린박 제조 | 2,000 | 2,000 | 1933 | 1937 |
| 釜山塩業商會 | 瀛仙町 76 | 원염 판매, 再製鹽 제조 판매 | 10,000 | 10,000 | 1925 | 1935 |
| 釜山飮料社 | 大廳町 2<br>富平町 2 | 청량음료수 제조 판매 | 10,000 | 3,500 | 1911 | 1939 |
| 釜山電機企業所 | 榮町 3 | 전기공사청부, 전기기구 제조 판매 | 5,000 | 5,000 | 1930 | 1935 |
| 釜山精米所 | 谷町 2 | 정미 잡곡 | 6,000 | 6,000 | 1937 | 1937 |
| 釜山製飴所 | 寶水町 3 | 과자 제조 판매 | 25,000 | 25,000 | 1927 | 1927 |
| 釜山製罐所 | 富平町 3 | 무력 아연 편판, 제관 | 3,000 | 3,000 | 1935 | 1935 |
| 釜山耐大工業所 | 大新町 231 | 石綿 찜통(ムシカマド) 제작 | 1,000 | 1,000 | 1938 | 1939 |
| 富田商店 | 瀛仙町 1,875 | 포장용 목상 제조 | 20,000 | 20,000 | 1935 | 1937 |
| 復興社 | 大倉町 2 | 주류 · 유류 기타 식량품 판매 | 5,000 | 5,000 | 1931 | 1932 |
| 北西鐵工所 | 幸町 2 | 철공업, 제 기계 제작 매매 | 5,000 | 20,000 | 1931 | 1939 |
| 棚田藥舖 | 草梁町 205<br>佐川町 845 | 약종, 매약 판매 | 2,600 | 2,600 | 1932 | 1937 |
| 비와코야(ビワコ屋) | 土城町 3 | 주류 제조, 식용품 캔 제조 | 10,000 | 10,000 | 1922 | 1935 |
| 寺田商店 | 辨天町 1 | 주류, 제 잡화류 매매 | 7,000 | 10,000 | 1930 | 1934 |
| 山口陶器店 釜山支店 | 榮町 3 | 도자기, 각종 유류 판매 | 55,000 | 5,500 | 1929 | 1929 |
| 山根商店 | 本町 | 잡화 소매 | 2,000 | 2,000 | 1924 | 1925 |
| 山崎商會 | 大倉町 3 | 고무제품 및 잡화 판매 | 3,000 | 3,000 | 1928 | 1929 |
| 山岐醬油店 | 瀛仙町 2,008 | 장유 양조업 | 30,000 | 30,000 | 1938 | 1939 |
| 山本商店 | 草梁町 | 선어, 해산물, 포모의 판매 | 27,000 | 1,500 | 1931 | 1935 |
| 山本兄弟商會 | 草場町 1 | 맥주, 일용품, 잡화 판매 | 3,000 | 3,000 | 1927 | 1929 |
| 山本薪炭商會 | 草場町 482 | 목탄, 각종 연료 판매 | 30,000 | 30,000 | 1934 | 1934 |
| 山上時計商會 | 辨天町 2 | 시계 판매 수리 | 600 | 1,200 | 1932 | 1939 |
| 山水堂製菓所 | 幸町 2 | 과자 제조 | 4,000 | 4,000 | 1933 | 1933 |
| 山二精米所 | 南濱町 2 | 정미업 | 40,000 | 40,000 | 1924 | 1931 |

| 회사명 | 소재지 | 주요 영업 | 공칭자본금 | 불입자본금 | 창립 | 소멸 |
|---|---|---|---|---|---|---|
| 山中商店 | 南濱町 2 | 발동기계 공구 | 10,000 | 10,000 | 1937 | 1939 |
| 山村商店 | 瀛仙町 1,733 | 주류 및 제 잡화 판매 | 2,000 | 2,000 | 1929 | 1935 |
| 山下製鹽所 | 瀛仙町 | 제염업 석탄 판매 | 30,000 | 30,000 | 1933 | 1933 |
| 山喜商會 | 大廳町 1 | 미곡 도매 | 50,000 | 50,000 | 1932 | 1933 |
| 山喜號木川商店 | 大倉町 3 | 和洋酒, 장유 판매 | 11,000 | 11,000 | 1924 | 1935 |
| 森岡祖 | 幸町 2 | 토목 건축 청부업 및 재료 판매 | 35,000 | 35,000 | 1931 | 1935 |
| 森岡酒造場 | 大新町<br>富平町 4 | 주류 양조 및 판매 | 5,000 | 4,000 | 1931 | 1937 |
| 三共堂 | 西町 1 | 메리야스, 잡화 판매 | 4,000 | 4,000 | 1931 | 1931 |
| 三共商會 | 幸町 2 | 토공용품,식량품, 잡화 판매, 인부임금융 | 30,000 | 30,000 | 1928 | 1929 |
| 三星商會 | 中島町 | 해륙물산 매매 | 15,000 | 15,000 | 1922 | 1922 |
| 森安商會 | 瀛仙町 667 | 蘆草 세공 | 10,000 | 10,000 | 1933 | 1939 |
| 森安組 | 水晶町<br>佐川町 | 토목 건축 청부업 | 5,000 | 5,000 | 1934 | 현존 |
| 森永로구로(ロクロ)<br>木型制作工場 | 富平町 1 | 각종 목형 제작 판매 | 1,000 | 1,000 | 1931 | 1931 |
| 三榮商會 | 大倉町 1 | 운송업, 신탄 · 식량품 · 잡화 판매 | 5,000 | 5,000 | 1929 | 1935 |
| 三原信商店 | 本町 3 | 紙가공품, 보험대리 | 30,000 | 30,000 | 1937 | 1939 |
| 森田工務店 | 瀛洲町 609 | 토목 건축 청부업 | 20,000 | 12,000 | 1935 | 현존 |
| 森田商會 | 大倉町 | 제 기계 판매, 중개 매입 | 5,000 | 2,000 | 1931 | 1934 |
| 森田組 | 佐川町 1,007 | 토목 건축 청부업 | 50,000 | 50,000 | 1938 | 현존 |
| 三井石鹼製造所 | 草梁町 592 | 비누 제조 | 9,000 | 9,000 | 1933 | 1935 |
| 미쯔바야<br>(三つ葉屋)商店) | 中島町 1 | 製면사류, 組紐레이스 판매 | 4,000 | 4,000 | 1927 | 1927 |
| 미쯔와야(三ッ和屋) | 大橋通 1 | 식량품, 선구 | 2,000 | 2,000 | 1937 | 1939 |
| 三八競賣所 | 西町 2 | 물품 위탁판매, 동산 · 부동산 중매 | 3,000 | 3,000 | 1927 | 1928 |
| 森下商店 | 瀛仙町 1,764 | 식량품, 잡화 판매 | 3,000 | 3,000 | 1931 | 1934 |
| 三和精米所 | 富平町 3 | 정미, 비료, 제 잡곡 매매 | 1,500 | 1,500 | 1931 | 1935 |
| 上野家具店 | 大倉町 3 | 가구류 도매 | 7,000 | 7,000 | 1927 | 1928 |
| 商榮商會 | 大倉町 1 | 국내물자의 중개 및 도매 | 5,000 | 5,000 | 1931 | 1931 |
| 商榮會 | 大倉町 2 | 화장품, 잡화 판매 | 12,000 | 10,000 | 1926 | 1931 |

**부록** 합자회사

| 회사명 | 소재지 | 주요 영업 | 공칭자본금 | 불입자본금 | 창립 | 소멸 |
|---|---|---|---|---|---|---|
| 商榮會 | 大倉町 1 | 화장품, 잡화 판매 | 12,000 | 10,000 | 1926 | 1931 |
| 上田商店 | 南濱町 1<br>大橋通 2 | 청과 및 해산물 판매 | 5,000 | 5,000 | 1932 | 1935 |
| 西島組 | 大新町 1,006 | 토목 건축 청부업 | 10,000 | 10,000 | 1938 | 1939 |
| 西尾商店 | 大倉町 3 | 잡화 판매업 | 10,000 | 3,000 | 1928 | 1935 |
| 西鮮商會 | 草梁町 570 | 잡화업 | 10,000 | 5,000 | 1936 | 1937 |
| 西夜商店 | 大橋通 2 | 해산물 위탁매매, 비료매매, 수산가공업 | 20,000 | 20,000 | 1935 | 현존 |
| 西原盛雄 | 大倉町 1 | 미잡곡 비료 판매 | 10,000 | 10,000 | 1929 | 1929 |
| 西田商店 | 富平町 2 | 식량품 잡화 판매 | 1,250 | 2,250 | 1937 | 1939 |
| 西村商店 | 南濱町 | 금물 판매 | 26,000 | 26,000 | 1922 | 1923 |
| 石井商店 | 辨天町 1 | 기성 양복 및 부속품 판매 | 20,000 | 20,000 | 1929 | 1932 |
| 石井商店 | 大橋通 1 | 운송업 | 15,000 | 15,000 | 1938 | 1939 |
| 鮮友社 | 大倉町 3<br>瀛仙町 1,938 | 선어 매매, 운반 · 해운업 | 8,700 | 8,000 | 1930 | 1935 |
| 盛陶商會 | 瀛仙<br>榮町 3 | 도자기 및 잡화 판매 | 20,000 | 20,000 | 1927 | 1931 |
| 세이키(セイキ)堂 | 富平町 1 | 활판 제 인쇄 | 5,000 | 3,000 | 1928 | 1935 |
| 笹田商店 | 榮町 2 | 撰穀機 제작, 농구류 판매 | 10,000 | 8,200 | 1928 | 1935 |
| 小宮黑鉛鑛業所 | 榮町 3 | 흑연채굴 광판매 | 200,000 | 200,000 | 1933 | 현존 |
| 小林精米所 | 富平町 2 | 정미 판매 | 7,600 | 3,600 | 1928 | 1928 |
| 小笠原組 | 草場町 2 | 토목 건축 청부업 및 건축재료 판매 | 5,000 | 5,000 | 1931 | 1931 |
| 昭三組 | 草梁町 43 | 노력인부 공급 | 4,000 | 4,000 | 1929 | 현존 |
| 小室黑鉛鑛業所 | 榮町 2 | 흑연 광업 | 20,000 | 20,000 | 1933 | 1933 |
| 小野彌五郎商店 | 大倉町 1 | 미곡, 繩叺 소매 | 5,000 | 4,000 | 1928 | 1928 |
| 小野商會 | 大廳町<br>幸町 | 전기 · 가스 기구 판매 및<br>전기사업 청부 | 2,500 | 2,500 | 1913 | 1916 |
| 小原祖 | 水晶町 1,010 | 토목 건축 청부업 | 43,000 | 42,500 | 1931 | 1939 |
| 小田商店 | 寶水町 2 | 해산물, 식량품 제 잡화 판매 | 19,000 | 19,000 | 1932 | 1935 |
| 小川商店 | 大倉町 3 | 잡화, 식량품, 화장품 판매 | 1,500 | 1,500 | 1931 | 1935 |
| 小澤組 | 水晶町 390 | 토목 건축 청부업 | 10,000 | 10,000 | 1938 | 1939 |
| 小坂種苗場 | 瀛仙町 294 | 종묘류의 제조 판매 | 3,300 | 3,300 | 1931 | 1935 |

| 회사명 | 소재지 | 주요 영업 | 공칭자본금 | 불입자본금 | 창립 | 소멸 |
|---|---|---|---|---|---|---|
| 昭和牧場 | 大新町 | 축우돈 및 우유 판매 | 6,500 | 6,500 | 1933 | 1937 |
| 昭和物産商會 | 昭和通 1 | 생과 및 야채 | 5,000 | 5,000 | 1938 | 1939 |
| 昭和組 | 大新町 3 | 토목 청부업 | 50,000 | 30,000 | 1937 | 1937 |
| 松岡組 | 幸町 2<br>西町 4 | 토목 건축 공사 청부 및 관련 재료 판매 | 35,000 | 35,000 | 1931 | 1937 |
| 宋得守組 | 佐川町 5 | 토목 청부업 | 10,000 | 8,000 | 1938 | 1939 |
| 松葉屋商店 | 本町 2 | 組紐袋物, 화장품, 잡화 판매 | 5,000 | 5,000 | 1929 | 1929 |
| 松村博愛堂 | 寶水町 1 | 약품, 매약 판매 | 10,000 | 10,000 | 1922 | 1929 |
| 壽屋 | 寶水町 2 | 주류, 식량품 판매 | 5,000 | 5,000 | 1937 | 1939 |
| 水英家釀造場 | 水晶町 152 | 탁주 제조, 판매 | 15,000 | 15,000 | 1932 | 1934 |
| 洵商店 | 西町 4 | 해산물 매매 | 10,000 | 10,000 | 1930 | 1930 |
| 스타(スター) | 幸町 1 | 음식점 경영 | 5,000 | 3,000 | 1927 | 1935 |
| 柴崎時計店 | 大倉町 | 귀금속, 시계 판매 및 수리 | 6,000 | 6,000 | 1930 | 1937 |
| 植田食品罐詰工業所 | 土城町 2 | 각종 캔 제조업 | 2,500 | 30,000 | 1938 | 현존 |
| 新開商店 | 草梁町 | 해산물 매매, 浦鉾 제조 판매 | 3,000 | 3,000 | 1930 | 1932 |
| 信東商會 | 大新町 304 | 잡곡, 제과 원료 | 2,500 | 2,500 | 1935 | 1937 |
| 信畑組 | 草場町 2 | 토목 청부업 | 7,000 | 7,000 | 1938 | 1939 |
| 榊精米所 | 大倉町 4 | 정미업 | 30,000 | 30,000 | 1936 | 1939 |
| 新興電球工業所 | 草梁町 2 | 豆電球 제조 판매 | 8,000 | 10,500 | 1936 | 현존 |
| 失夜商店 | 南濱町 2 | 우산, 제등, 부채 판매 | 2,200 | 2,200 | 1933 | 1939 |
| 安川紙器製作所 | 寶水町 3<br>富平町 4 | 지함류, 紙器 제조 | 4,000 | 4,000 | 1935 | 현존 |
| 安村商店 | 佐川町<br>草梁町 | 해산물, 비료 제조 판매 | 6,500 | 60,000 | 1931 | 1933 |
| 安河內商店 | 佐川洞 692 | 주류 제조 판매 | 80,000 | 80,000 | 1930 | 1934 |
| 岩崎組 | 草梁町 176 | 토목 건축 청부업 | 20,000 | 20,000 | 1938 | 현존 |
| 櫻井商店 | 大廳町 1 | 미곡, 비료 판매 | 15,000 | 15,000 | 1933 | 1939 |
| 野本組 | 草場町 2 | 토목 건축 청부업 | 10,000 | 5,000 | 1938 | 1939 |
| 에스와이(エスワイ)號 | 池之町<br>大倉町 1 | 양복 調製 양복 및 부속품 소매 | 18,000 | 15,000 | 1924 | 1930 |

부록 합자회사

| 회사명 | 소재지 | 주요 영업 | 공칭자본금 | 불입자본금 | 창립 | 소멸 |
|---|---|---|---|---|---|---|
| 에스와이(エスワイ)號羅紗店 | 池之町<br>大倉町 1 | 나사, 면포, 마류 판매 | 10,000 | 10,000 | 1926 | 1930 |
| 永瀨商店 | 富平町1<br>幸町 1 | 건구, 지물 제조 판매 | 5,000 | 5,000 | 1925 | 1935 |
| 永信靴鞄店 | 本町 4 | 신발, 가방 제조 수리 판매 | 10,000 | 10,000 | 1933 | 1939 |
| 玉盛商會 | 佐川町 595 | 목재 製函 | 1,500 | 1,500 | 1938 | 1939 |
| 友近商店 | 草梁町<br>榮町 3 | 완구류 판매 | 1,500 | 6,000 | 1931 | 1935 |
| 友金正商店 | 榮町 3 | 목재, 시멘트 등 건축재료 판매 | 5,000 | 5,000 | 1931 | 1935 |
| 禹金트럭(トラック) | 佐川町 378 | 운송업 | 10,000 | 10,000 | 1938 | 1939 |
| 羽場製炭所 | 南濱町 2 | 제탄 및 석탄 판매 | 5,000 | 5,000 | 1932 | 1935 |
| 宇田組 | 富平町 2 | 토목 건축 청부업 | 35,000 | 35,000 | 1938 | 1939 |
| 旭商店 | 大橋通 2 | 해산물 판매 | 8,000 | 8,000 | 1937 | 1937 |
| 元吉商會 | 瀛仙町 | 음식점 영업, 과자류 판매 | 4,000 | 4,000 | 1932 | 1935 |
| 元木商店 | 富平町 2 | 식량품 소매 | 2,000 | 2,000 | 1931 | 1931 |
| 元益商店 | 草梁町 618 | 면포 판매 | 2,000 | 15,000 | 1934 | 1937 |
| 原田商店 | 中島町 1 | 된장 · 장유 양조, 주류 판매 | 5,000 | 4,000 | 1928 | 1929 |
| 原田船具店 | 大橋通 4 | 船具 金物, 로프, 도료 판매 | 10,000 | 10,000 | 1937 | 1939 |
| 越田商店 | 佐藤町<br>大倉町 4 | 석탄, 철, 선박 매매 일반대변업 | 20,000 | 50,000 | 1921 | 1935 |
| 遊長組 | 大新町 981 | 토목 건축 청부업 및 설계 | 60,000 | 30,000 | 1932 | 1935 |
| 伊藤商店 | 寶水町 3 | 주장유, 식량품 잡화상 | 4,000 | 4,000 | 1934 | 1935 |
| 伊藤商店 | 大倉町 4 | 기와 제조 | 30,000 | 30,000 | 1937 | 1937 |
| 伊藤商店 | 瀛仙町 1,877 | 주물 단공제작, 동재 기타 재료상 | 50,000 | 50,000 | 1939 | 현존 |
| 伊藤組 | 草梁町 43 | 토목 건축 청부업 및 재료 제조 판매 | 20,000 | 10,000 | 1932 | 1935 |
| 伊福鐵工所 | 幸町 2 | 철공업, 제 기계 제작 및 수리 | 5,000 | 5,000 | 1931 | 1935 |
| 二六競買市場 | 西町 2 | 오복, 태물, 신고의류, 위탁판매 및 경매업 | 3,000 | 3,000 | 1930 | 현존 |
| 李學守商店 | 大新町 | 미곡 소매점 | 1,000 | 1,000 | 1930 | 1930 |
| 日成商會 | 佐川町 3 | 면포, 인삼, 장롱류 판매 | 7,300 | 3,000 | 1933 | 1939 |
| 日光電球工業所 | 寶水町 3 | 소형 전구 제조 | 25,000 | 25,000 | 1939 | 현존 |

부록 합자회사

| 회사명 | 소재지 | 주요 영업 | 공칭자본금 | 불입자본금 | 창립 | 소멸 |
|---|---|---|---|---|---|---|
| 日光카라스(ガラス)製造所 | 寶水町 3 | 유리 제조 | 1,500 | 1,500 | 1933 | 1933 |
| 日光硝子製作所 | 寶水町 3 | 유리 제조 | 17,500 | 17,500 | 1933 | 1939 |
| 히노마루(日ノ丸)運送店 | 大倉町 3 | 운송업 | 3,000 | 1,000 | 1929 | 1935 |
| 一六競賣市場 | 西町 | 고물, 도구, 의류 등 경매 | 7,000 | 7,000 | 1921 | 1923 |
| 日之出商會 | 幸町 1 | 산소, 가스의 매매 | 10,000 | 10,000 | 1937 | 1939 |
| 日出組運送店 | 大倉町 4 | 일반운송업, 보험대리업 | 40,000 | 40,000 | 1928 | 1930 |
| 日下部古物店 | 富平町 1 | 고도구, 고착물 매매 | 2,500 | 2,500 | 1927 | 1927 |
| 入江商店 | 大倉町 4<br>榮町 1 | 도자기 판매 | 6,000 | 6,000 | 1930 | 1935 |
| 紫崎時計店 | 大倉町 2 | 시계, 안경, 귀금속 판매 수리 | 6,000 | 6,000 | 1931 | 1932 |
| 子城商會 | 凡一町 3 | 고무 원료 가공, 재생 고무 공업 | 2,000 | 2,000 | 1937 | 현존 |
| 長尾商店 | 幸町 1 | 오복, 태물, 고의, 잡화, 고물 판매 | 3,000 | 3,000 | 1924 | 1935 |
| 長濱商店 | 南濱町 1 | 잠수기구 제조 판매 | 6,000 | 6,000 | 1935 | 1937 |
| 長嶋商店 | 富平町 3 | 청과물 판매 | 2,000 | 2,000 | 1934 | 1934 |
| 赤星製飴商會 | 本町<br>大倉町 4 | 과자, 엿 제조 판매 | 3,000 | 3,000 | 1925 | 1934 |
| 赤坂商店 | 南濱町 1 | 곡류, 해산물 매매 및 위탁 중개 | 30,000 | 25,000 | 1933 | 1939 |
| 田口材木店 | 榮町 1 | 토목 건축 재료 판매 | 10,000 | 10,000 | 1934 | 1934 |
| 田頭商店 | 瀛仙町 2,016 | 식료품 잡화 소매상 | 5,000 | 5,000 | 1938 | 현존 |
| 專頭組 | 土城町 3 | 토목 청부업 | 30,000 | 30,000 | 1938 | 1939 |
| 田邊屋商店 | 瀛洲町 607 | 완구 도매 | 1,000 | 1,000 | 1935 | 1935 |
| 田雜商店 | 大倉町 1정 | 도자기 판매 | 5,000 | 5,000 | 1929 | 1935 |
| 田精米所 | 瀛洲町 | 잡곡 매매 · 중개, 정미업 | 5,000 | 2,000 | 1929 | 1933 |
| 田中組 | 草梁町 83 | 토목 건축 청부업 | 100,000 | 90,000 | 1935 | 현존 |
| 田川組 | 大新町 699 | 토목 청부업 | 7,000 | 7,000 | 1935 | 1939 |
| 占部商店 | 瀛仙町 | 일반 고물, 선박 매매, 의류 매매 | 3,000 | 3,000 | 1928 | 1935 |
| 井橋商店 | 大倉町 4 | 곡류 위탁 매매 | 4,500 | 5,500 | 1928 | 1934 |
| 井上商店 | 池之町 | 농기계 판매 | 5,500 | 5,500 | 1924 | 1935 |
| 井上商店 | 大倉町 1 | 농기계 판매 | 5,500 | 5,500 | 1924 | 1935 |

부록 합자회사

| 회사명 | 소재지 | 주요 영업 | 공칭자본금 | 불입자본금 | 창립 | 소멸 |
|---|---|---|---|---|---|---|
| 井上組 | 寶水町 2 | 토목 건축 청부업 | 15,000 | 15,000 | 1938 | 현존 |
| 井野商店 | 大倉町 4 | 곡류 위탁 매매 | 5,000 | 5,000 | 1929 | 1929 |
| 井澤商會 | 寶水町 1 | 전기공사 청부 및 기구재료 판매 | 3,000 | 1,500 | 1932 | 1935 |
| 第一商會 | 榮町 3 | 각종 기계 판매 | 6,000 | 6,000 | 1931 | 1934 |
| 朝光商店 | 凡一町 515 | 蠟燭 | 30,000 | 10,000 | 1941 | 현존 |
| 篠崎商店 | 寶水町 2 | 주류 판매 | 4,000 | 4,000 | 1930 | 1935 |
| 朝鮮物産商會 | 大倉町 4 | 조선 토산품 및 식료품 제조 | 2,700 | 2,700 | 1935 | 1937 |
| 朝鮮出版協會 | 富平町 3<br>土城町 3 | 인쇄 및 출판업 | 8,400 | 6,000 | 1937 | 1939 |
| 朝鮮通信廣告社 | 大廳町 1 | 광고 취급 | 7,000 | 7,000 | 1933 | 1933 |
| 朝鮮特産品貿易協會 | 幸町 1 | 조선 특산품 판매 | 5,000 | 5,000 | 1934 | 1935 |
| 朝日石鹼製造販買所 | 富平町<br>大新町 | 비누 제조 판매 | 3,000 | 6,000 | 1930 | 1937 |
| 朝日製綿所 | 佐川町 683 | 난면, 古綿, 재제업 | 7,000 | 7,000 | 1937 | 1937 |
| 早川防水布製造所 | 南濱町<br>幸町 2 | 방수포 제조 판매 | 10,000 | 10,000 | 1922 | 1935 |
| 酒井商店 | 辨天町 2<br>幸町 1 | 잡화, 造花, 소간물, 직물 판매<br>도자기 판매 | 15,000<br>10,000 | 15,000<br>10,000 | 1927<br>1935 | 1934<br>1939 |
| 中岡商店 | 凡一町 | 토지 · 건물 · 유가증권 매매, 금전대부 | 38,000 | 38,000 | 1931 | 현존 |
| 中谷組 | 草梁町 134 | 토목 건축 청부업 | 100,000 | 100,000 | 1935 | 1939 |
| 中島商店 | 榮町<br>本町 3 | 제 상품의 매매 및 위탁 판매 | 35,000 | 50,000 | 1921 | 1928 |
| 中林神效堂 | 大倉町 3 | 매약 화장품 등의 기계 판매 | 10,500 | 10,500 | 1931 | 1931 |
| 中央競賣市場 | 佐川洞 | 新古物品 매매 중개업 | 1,000 | 1,000 | 1922 | 1922 |
| 中益商店 | 南濱町 1 | 해산물 위탁 판매 | 3,000 | 3,000 | 1933 | 1934 |
| 中俊釀造部 | 寶水町 2 | 장유, 된장 양조 | 12,000 | 12,000 | 1933 | 현존 |
| 中村工務店 | 富民町 1 | 토목 건축 청부, 설계, 감독 | 2,000 | 2,000 | 1932 | 1935 |
| 中村商店 | 草梁町 621 | 광유 판매 | 6,000 | 5,000 | 1938 | 현존 |
| 中村組 | 中島町 1 | 토목 건축 설계, 시공, 청부 | 5,000 | 5,000 | 1936 | 1937 |
| 眞木運送店 | 本町 1 | 해륙운송업 | 4,000 | 4,000 | 1928 | 1930 |

| 회사명 | 소재지 | 주요 영업 | 공칭자본금 | 불입자본금 | 창립 | 소멸 |
|---|---|---|---|---|---|---|
| 津村工務店 | 水晶町 658 | 토목 건축 청부업 | 6,000 | 110,000 | 1938 | 현존 |
| 眞鎬商店 | 瀛仙町 1,882 | 청량음료수 제조 | 10,000 | 10,000 | 1935 | 1937 |
| 柵田藥舗 | 草梁町 | 매약업 | 2,600 | 2,600 | 1932 | 1933 |
| 川崎商店 | 辨天町 1 | 도자기 소매 | 6,100 | 6,100 | 1932 | 1935 |
| 川藤商會 | 大新町 405 | 제약업 | 2,000 | 2,000 | 1938 | 1939 |
| 天命堂 | 瀛洲町 31 | 종이, 문방구, 서적, 잡지류 판매 | 5,000 | 6,500 | 1933 | 현존 |
| 千歲組 | 富平町 1 | 토목 건축 청부업 | 60,000 | 50,000 | 1935 | 현존 |
| 青柳商店 | 辨天町 3 | 금 · 은 세공 제작 및 판매 | 5,000 | 4,000 | 1928 | 1934 |
| 青柳支店 | 辨天町 2<br>水晶町 | 금 · 은 세공 제작, 시계 판매 | 3,000 | 4,000 | 1928 | 1934 |
| 青木屋 | 大廳町 2 | 식량품 판매 | 3,000 | 3,000 | 1937 | 1937 |
| 清水工務店 | 水晶町 341 | 토목 건축 청부, 인부파견, 금융업 | 40,000 | 100,000 | 1934 | 현존 |
| 清水孝商店 | 草場町 2 | 오복 판매 | 3,000 | 3,000 | 1935 | 1939 |
| 清水商店 | 辨天町 3 | 시계 귀금속 판매 및 수리 | 5,000 | 2,000 | 1933 | 1935 |
| 清香社 | 本町 5 | 청량음료수 제조 판매 | 10,000 | 10,000 | 1926 | 1927 |
| 草梁葬儀社 | 草梁町 171 | 장의 영업 | 6,000 | 6,000 | 1927 | 1939 |
| 草野商店 | 草場町 3 | 오복 및 의류 판매 | 4,000 | 4,000 | 1932 | 1935 |
| 村上時計店 | 富平町 2 | 시계 수선 판매 | 5,000 | 500 | 1931 | 1935 |
| 村上타올(タオル)商會 | 辨天町 1 | 타올 기타 면제물의 제조 가공 판매 | 3,000 | 35,000 | 1932 | 1939 |
| 村上草梁葬儀社 | 草梁町 170 | 장의업 | 6,000 | 6,000 | 1918 | 현존 |
| 村雨屋商店 | 水晶町 | 製菓 판매 | 2,000 | 2,000 | 1932 | 1932 |
| 村井商店 | 榮町 2 | 시멘트 및 건축재료 판매 | 10,000 | 7,000 | 1931 | 1935 |
| 崔祥珞商店 | 大橋通 1 | 해산물 위탁 매매 | 5,000 | 4,000 | 1935 | 1939 |
| 萩野商店 | 本町 3 | 和洋紙, 지류 도매 보험대리업 | 50,000 | 100,000 | 1920 | 1939 |
| 카네(カネ)生商店 | 大倉町 1 | 해산물 판매 | 5,000 | 5,000 | 1932 | 1935 |
| 타카노(タカノ)商店 | 水晶町 397 | 미곡, 잡곡 판매 | 5,000 | 9,500 | 1930 | 1935 |
| 灘光商店 | 南濱町 2 | 魚 중매, 선박 용달, 식료품 판매 | 8,000 | 8,000 | 1928 | 1931 |
| 太田商店 | 榮町 3 | 고구마, 과일 매매 | 3,000 | 3,000 | 1938 | 1939 |
| 太田時計店 | 寶水町 1 | 시계 판매 | 3,000 | 3,000 | 1934 | 1939 |

| 회사명 | 소재지 | 주요 영업 | 공칭자본금 | 불입자본금 | 창립 | 소멸 |
|---|---|---|---|---|---|---|
| 토모야(トモヤ)商會 | 瀛仙町 1,764 | 화양주, 잡화 위탁판매 | 5,000 | 5,000 | 1927 | 1934 |
| 土井組 | 本町 5 | 토목 건축 청부업 | 15,000 | 25,000 | 1938 | 현존 |
| 投夜商店 | 富平町 2 | 履物類, 浮子 제조 판매 | 6,000 | 6,000 | 1928 | 1935 |
| 坂本商店 | 幸町 1 | 금물 · 기계기구 소매, 위탁 판매 | 5,000 | 5,000 | 1928 | 1929 |
| 布谷商店 | 南濱町 1 | 비료 매매, 해산물 위탁 매매 | 10,000 | 10,000 | 1927 | 1935 |
| 豊田商店 | 大倉町 2 | 미잡곡, 비료 판매 | 30,000 | 30,900 | 1934 | 현존 |
| 豊田榮藏商店 | 本町 | 곡물 · 비료 매매, 정미업 | 3,000 | 2,000 | 1924 | 1924 |
| 하마야(はまや)吳服店 | 幸町 1 | 오복, 태물, 잡화 판매 | 10,000 | 9,000 | 1928 | 1930 |
| 河田商店 | 辨天町 2 | 문방구류 판매 | 10,000 | 10,000 | 1930 | 1935 |
| 하카타야(ハカタヤ)商店 | 富平町 1 | 주류 잡화 판매 | 10,000 | 10,000 | 1923 | 1935 |
| 鶴龜堂 | 幸町 1 | 과제 제조 판매, 음식점 경영 | 3,000 | 2,000 | 1926 | 1935 |
| 鶴林萬年筆製造所 | 本町 1 | 만년필 수리 판매 | 1,000 | 1,000 | 1934 | 1934 |
| 幸田商店 | 佐川町 524 | 화장품 잡화 판매 | 3,000 | 3,000 | 1934 | 1935 |
| 幸組 | 富平町 4 | 토목 건축 청부업 | 20,000 | 20,000 | 1938 | 1939 |
| 穴見商店 | 草梁町 35 | 식량품 | 3,000 | 2,000 | 1938 | 1939 |
| 戸田組 | 草梁町 65 | 토목 건축 청부업 | 200,000 | 200,000 | 1932 | 현존 |
| 忽那操商店 | 大倉町 3 | 기계류 부속품 판매, 수리, 공사청부 | 50,000 | 50,000 | 1929 | 1935 |
| 花屋ホテル | 大倉町 4 | 호텔 경영 | 13,000 | 13,000 | 1935 | 1937 |
| 弘中商會 | 榮町 1 | 전기 기계 판매, 제작, 수리 및 농공용 기계 재료 중개판매 | 25,000 | 25,500 | 1924 | 1930 |
| 丸岡組 | 大新町 1,008 寶水町 2 | 토목 건축 청부업 | 40,000 | 30,000 | 1938 | 현존 |
| 丸金運送店 | 大倉町 4 | 운송업 | 5,000 | 5,000 | 1938 | 1939 |
| 丸大商會 | 大倉町 2 | 繩叺 및 고물상 | 10,000 | 10,000 | 1936 | 현존 |
| 丸萬旅館 | 大新町 | 여관업 | 1,800 | 1,800 | 1933 | 1933 |
| 丸德藥石堂 | 西町 3 | 약종 판매, 유리 제조 | 20,000 | 20,000 | 1922 | 1927 |
| 丸富材木店 | 榮町 3 | 목재판매업 | 9,000 | 10,000 | 1937 | 현존 |
| 丸三商會 | 大倉町 1 | 고구마 매매 | 5,000 | 1,500 | 1934 | 1934 |

| 회사명 | 소재지 | 주요 영업 | 공칭자본금 | 불입자본금 | 창립 | 소멸 |
|---|---|---|---|---|---|---|
| 丸善靴店 | 辨天町 3<br>幸町 1 | 피혁제품, 여행용구 제조 판매 | 6,600 | 6,600 | 1923 | 1935 |
| 丸新絹布工場 | 釜田里 239 | 견직물 제조업 | 70,000 | 70,000 | 1934 | 1937 |
| 丸榮商會 | 富平町 2 | 식량품 잡화 가구 | 2,000 | 2,000 | 1935 | 1935 |
| 丸伊商店 | 富平町 3 | 식료품 등 판매 | 5,000 | 5,000 | 1930 | 1931 |
| 丸太商會 | 大倉町 2 | 繩叺, 麻袋, 空箱 | 10,000 | 10,000 | 1936 | 1939 |
| 丸平太平精米所 | 榮町 2 | 정미업, 잡화류의 판매 | 10,000 | 10,000 | 1935 | 1935 |
| 丸八商店 | 南濱町 | 미곡, 비료 매매 | 5,000 | 5,000 | 1926 | 1928 |
| 荒木商店 | 富平町 | 미곡, 숯, 해산물, 잡화 판매 | 5,720 | 5,000 | 1928 | 1935 |
| 黑江藥石堂 | 西町 | 약종 제조 판매 | 20,000 | 20,000 | 1922 | 1923 |
| 黑住釀造所 | 瀛仙町 2,016 | 장유 양조업 | 5,000 | 5,000 | 1932 | 1937 |
| 興信精米所 | 富平町 3<br>大倉町 [illegible] | 미곡류 매매 및 위탁판매 | 10,000 | 9,000 | 1930 | 1934 |
| 히노데(ヒノデ)印刷所 | 大廳町 2 | 인쇄업 | 10,000 | 10,000 | 1936 | 1937 |
| (ナ) 精米所 | 瀛仙町 609<br>瀛洲町 614 | 정미 및 잡곡매매 | 5,000 | 5,000 | 1929 | 1935 |
| 協同郵船 | 草梁 | 선박의 임대차 및 해운업 | 150,000 | 150,000 | 1899 | 1917 |
| 協同印刷 | 富平町 1<br>草梁町 593 | 인쇄업 | 8,000 | 10,000 | 1928 | 1937 |
| 協同海運 | 大倉町 3 | 해륙운송업 | 2,500 | 2,500 | 1930 | 1935 |
| 丸山運送 | 大廳町 1 | 운송업 | 11,500 | 11,895 | 1931 | 1935 |
| 丸鮮鑛業 | 大新町 262 | 규석 채굴 판매 | 10,000 | 10,000 | 1937 | 1937 |
| 丸一運送 | 水晶町 229 | 운송업 | 10,000 | 5,000 | 1937 | 1939 |
| 興亞水産食糧品 | 昭和通 5 | 수산물 가공 및 판매 | 15,000 | 15,000 | 1941 | 현존 |

**부록** 합명회사

| 회사명 | 소재지 | 주요 영업 | 공칭자본금 | 불입자본금 | 창립 | 소멸 |
|---|---|---|---|---|---|---|
| 江原海運 | 大倉町 2 | 선박 해운 운송 | 12,500 | 12,500 | 1928 | 1930 |
| 慶南信託 | 寶水町 3 | 신탁업 | 5,000 | 5,000 | 1926 | 1927 |
| 串崎 | 大廳町 1 | 동산·부동산 매매 및 임대업 | 3,000 | 3,000 | 1928 | 1935 |
| 高瀨 | 本町 2 | 면사포 무역업, 토지가옥 임대 조림, 견면 직물 면포업 | 2,300,000 | 1,500,000 | 1917 | 1939 |
| 橋本 | 佐藤町<br>琴平町 | 선박운송업, 중매업 | 200,000 | 200,000 | 1916 | 1927 |
| 大山 | 辨天町 2<br>本町 | 모자, 足袋 제작 판매 | 10,000 | 10,000 | 1913 | 1916 |
| 大池廻送 | 本町 1 | 화물 운송 | 20,000 | 20,000 | 1907 | 1908 |
| 德丸 | 大倉町 1 | 모자, 메리야스, 잡화 매매 | 10,000 | 10,000 | 1930 | 1939 |
| 明治고무(ゴム) | 榮町 1 | 고무화 제조 판매 | 5,000 | 5,000 | 1930 | 1935 |
| 釜山不動産信託 | 幸町 1 | 토지 건물 관리, 매매, 대차 소개 | 10,000 | 10,000 | 1928 | 1931 |
| 釜山水産食品 | 瀛仙町 1,260 | 수산물의 제조, 수산제품의 매매 | 11,500 | 11,500 | 1931 | 1932 |
| 釜山演劇 | 西町 | 극장업 | 30,000 | 20,000 | 1907 | 1910 |
| 釜山鹽業 | 本町 2 | 원염 매입, 정제 및 식염의 판매 | 30,000 | 30,000 | 1911 | 1916 |
| 釜山油脂 | 瀛仙町 1,986 | 기계류 제조 | 30,000 | 30,000 | 1932 | 1935 |
| 山峰코크스(コークス)製造 | 瀛仙洞 | 코크스 제조 판매 | 24,000 | 24,000 | 1922 | 1927 |
| 西村化學製油 | 草梁町 292<br>水晶町 361 | 유류, 고무자재, 공업제품 판매 | 10,000 | 10,000 | 1935 | 현존 |
| 鮮滿琺瑯鐵器 | 瀛仙町 1,260 | 법랑철기 제조 | 35,000 | 64,000 | 1936 | 현존 |
| 小野田土地 | 榮町 1<br>土城町 2 | 토지 건물 경영 | 30,000 | 20,000 | 1927 | 현존 |
| 小野組 | 大倉町 3 | 해륙운송업 | 5,000 | 5,000 | 1917 | 1930 |
| 昭和鑄造 | 凡一町 238 | 선철주물업 | 100,000 | 100,000 | 현존 | 현존 |
| 五島 | 本町 2 | 미곡 무역업 | 40,000 | 45,000 | 1908 | 현존 |
| 二宮海運 | 大橋通 2 | 해운업 | 17,000 | 17,000 | 1938 | 1939 |
| 日本帆布 | 瀛仙町 1,887 | 綿帆 제조 | 50,000 | 190,000 | 1934 | 현존 |
| 朝鮮메리야스(メリヤス) | 佐川町 | (미 기록) | 30,000 | 30,000 | 1929 | 1930 |

**부록 합명회사**

| 회사명 | 소재지 | 주요 영업 | 공칭자본금 | 불입자본금 | 창립 | 소멸 |
|---|---|---|---|---|---|---|
| 倉橋額椽 | 瀛仙町 1,408 | 가구 및 액연 제조 | 5,000 | 5,000 | 1936 | 현존 |
| 韓國新聞賣捌 | 西町 | 신문 판매 | 3,000 | 3,000 | 1908 | 1909 |
| 古川釀造所 | 寶水町 | 주류 제조 판매 | 10,000 | 10,000 | 1922 | 1922 |
| 谷川商店 | 幸町 | 철물용기 매매 및 중매업 | 20,000 | 20,000 | 1920 | 1921 |
| 共信商會 | 佐川洞 | 금전대부업 | 10,000 | 10,000 | 1919 | 1921 |
| 共榮商會 | 大倉町 2 | 外米, 잡곡, 비료 매매 | 10,000 | 10,000 | 1934 | 1935 |
| 光明商會 | 凡一町 405 | 석유 정제 | 7,500 | 7,500 | 1934 | 1934 |
| 吉見商店 | 辨天町 2 | 지류, 문구류 판매 | 150,000 | 150,000 | 1925 | 1930 |
| 金宗海商店 | 大倉町 3 | 정미업, 승팔연 · 마대 · 미잡곡 매매 | 20,000 | 20,000 | 1933 | 1935 |
| 大森商店 | 榮町 1 | 자전거 판매 수리 | 8,000 | 8,000 | 1926 | 1935 |
| 大野商店 | 池之町<br>辨天町 1 | 미곡 · 비료 · 해산물 위탁판매, 토산품 제조 판매, 여행용구 판매 | 5,000 | 3,500 | 1926 | 1935 |
| 大日本麥酒㈜製品販賣所 | 本町 | 맥주판매업 | 20,000 | 20,000 | 1911 | 1916 |
| 大佐田商會 | 西町 1 | 장유양조 판매 | 12,000 | 12,000 | 1928 | 1935 |
| 大池精米所 | 高島町<br>大倉町 4 | 정미, 미곡 위탁 매매, 비료 및 석탄 매매 | 250,000 | 250,000 | 1924 | 1933 |
| 藤本商店 | 西町 4 | 刀劍 매매, 指物 제작 판매 | 1,500 | 1,500 | 1927 | 1935 |
| 木村商店 | 草梁町 | 염물, 표백, 염료 판매 | 5,000 | 5,000 | 1924 | 1924 |
| 美濃屋支店 | 草梁町<br>佐川町 590 | 金物, 荒物 판매 | 4,000 | 4,000 | 1929 | 1935 |
| 福榮商會 | 榮町 | 식량품 잡화 판매 | 58,000 | 58,000 | 1932 | 1935 |
| 釜山鑛業所 | 榮町 1 | 채광업 | 2,000 | 2,000 | 1933 | 1934 |
| 釜山麯子製造所 | 凡一町 125 | 누룩 제조 판매 | 6,000 | 1,000 | 1931 | 1935 |
| 釜山晒染製藥工業所 | 凡一町 | 탈지면, 붕대재료, 증류수 제조 · 표백 · 염색 | 4,000 | 8,000 | 1932 | 1939 |
| 釜山시멘트(セメント)販賣所 | 榮町 2 | 시멘트 좌관 재료 판매 | 20,000 | 20,000 | 1931 | 1935 |
| 釜山精米所 | 幸町<br>大倉町 | 정미, 미곡 위탁 판매 | 80,000 | 45,000 | 1915 | 현존 |
| 富田商店 | 昭和通 2 | 목재 제재 및 판매 | 60,000 | 60,000 | 1936 | 1937 |

부록 합명회사

| 회사명 | 소재지 | 주요 영업 | 공칭자본금 | 불입자본금 | 창립 | 소멸 |
|---|---|---|---|---|---|---|
| 濱田鮮魚部 | 大倉町 1 | 각종 어업 수산에 관한 일반 업무 | 30,000 | 30,000 | 1928 | 1930 |
| 山本金物商店 | 南濱町 2 | 금물 판매 | 25,000 | 25,000 | 1922 | 1927 |
| 山本金物店 | 南濱町 2 | 금물 · 주물 제조, 철공 제작품의 판매 | 5,650 | 3,250 | 1931 | 1933 |
| 山本邦商店 | 本町 1 | 고무화, 잡화 판매 | 10,000 | 10,000 | 1927 | 1933 |
| 山本自轉車店 | 埋立新町 大倉町 2 | 자전거 제조 · 판매 · 수리, 전기도금, 기계수리 | 10,000 | 10,000 | 1924 | 1935 |
| 山上時計商舗 | 辨天町 2 | 금은 세공, 시계 판매 수리, 귀금속 매매 | 3,600 | 4,500 | 1924 | 1931 |
| 山西商店 | 大廳町3 | 캔, 잡화 식량품 판매 | 30,000 | 50,000 | 1919 | 1937 |
| 三德商店 | 榮町 2 | 농구 및 제 기계기구 판매 | 8,000 | 8,000 | 1929 | 1935 |
| 三木屋商店 | 中島町 2 | 장유 판매 | 1,000 | 1,000 | 1932 | 1935 |
| 三田組 | 榮町 1 | 토지 건축 청부업 | 30,000 | 25,000 | 1928 | 1933 |
| 三重出版社 | 大廳町 1 | 학용품 판매 | 120,000 | 120,000 | 1936 | 1937 |
| 上山商行 | 釜山鎭 佐川町 688 | 상업, 대금업, 농사경영 및 양조업 | 100,000 | 100,000 | 1908 | 1931 |
| 西面精米所 | 凡田里 368 | 정미업, 미맥 소매업 | 4,500 | 7,500 | 1934 | 현존 |
| 西村商店 | 南濱町 1 | 금물 판매 | 26,000 | 26,000 | 1922 | 1930 |
| 西村商店 | 富平町 1 | 미곡, 薪炭 판매 | 12,000 | 12,000 | 1933 | 1935 |
| 西村化學 | 草梁町 292 | 유공업품 염료 | 10,000 | 10,000 | 1935 | 1939 |
| 石川精米所 | 岸本町 大倉町 4 | 정미 및 미곡 위탁 판매 | 50,000 | 11,350 | 1913 | 현존 |
| 守谷商店 | 南濱町 1 | 해산물 매매 | 100,000 | 100,000 | 1927 | 1935 |
| 新納商店 | 南濱町 | 금물 제조 판매 | 25,000 | 25,000 | 1920 | 1924 |
| 新義州金融會 | 大廳町 | 금전대부업 | 5,000 | 5,000 | 1908 | 1920 |
| 宇田組 | 富平町 2 | 토목 건축 청부업 | 10,000 | 10,000 | 1930 | 1930 |
| 六一兄弟商會 | 佐川町 | 잡화 판매, 금전대부 | 30,000 | 30,000 | 1934 | 1937 |
| 尹炳準商店 | 本町 | 면포, 곡물 매매 | 10,000 | 10,000 | 1920 | 1920 |
| 伊藤商會 | 西町 2 | 오복, 太物, 質, 高著 및 잡화상 | 120,000 | 120,000 | 1913 | 1916 |
| 伊藤商店 | 瀛仙町 1,877 | 선철강재상 | 50,000 | 50,000 | 1938 | 1939 |
| 井上商店 | 綠町 2 | 모자, 소간물, 화장품, 잡화 판매 | 5,000 | 5,000 | 1928 | 1931 |
| 井野商店 | 大倉町 4 | 부동산 · 미곡 중개 판매 | 5,000 | 5,000 | 1931 | 1933 |
| 鄭仁五商店 | 草梁町 609 | 견면포 소매 | 70,000 | 87,500 | 1937 | 1939 |

**부록** 합명회사

| 회사명 | 소재지 | 주요 영업 | 공칭자본금 | 불입자본금 | 창립 | 소멸 |
|---|---|---|---|---|---|---|
| 朝鮮服部洋行 | 大廳町 2 | 문방구 판매 | 100,000 | 125,000 | 1938 | 현존 |
| 竹內商店 | 辨天町 2 | 단추류, 양복, 신발 부속품, 화양잡화 매매 | 3,000 | 3,000 | 1928 | 1937 |
| 中見商店 | 辨天町 1 | 해산물 · 식량품 등 매매 및 위탁판매 | 20,000 | 20,000 | 1931 | 1937 |
| 中上商店 | 辨天町 1 | 해산물, 잡곡, 비료 판매 | 24,000 | 18,000 | 1930 | 1935 |
| 泉屋商店 | 南濱町 1 | 식량품, 잡화 판매 | 25,000 | 25,000 | 1925 | 1929 |
| 湯川兄弟商會 | 大倉町 | 주류판매업 | 20,000 | 20,000 | 1920 | 1921 |
| 八田組 | 大倉町 3 | 토목 건축 청부업 | 10,000 | 30,000 | 1936 | 1939 |
| 平野組 | 埋立新町<br>土城町 2 | 토지 건물 경영 및 매매 | 120,000 | 130,000 | 1919 | 현존 |
| 學校用品製作所 | 瀛仙洞 | 학교용품 제작 판매 | 15,000 | 4,000 | 1920 | 1921 |
| 下釜商店 | 南濱町 1 | 청과, 수산, 식량품 판매 | 6,000 | 20,000 | 1933 | 1935 |
| 下垣商店 | 辨天町 1 | 해산물 매매 | 85,000 | 6,000 | 1933 | 1935 |
| 忽那商店 | 大倉町 2 | 각종 기계류의 제작 · 판매, 토목공사청부 | 15,000 | 70,000 | 1927 | 1935 |
| 忽邦自動車商會 | 榮町 1 | 자동차 부분품 판매, 차체 제작 수리 | 15,000 | 15,000 | 1927 | 1928 |
| 和田商店 | 埋立新町<br>大橋通 1 | 토목 · 건축 · 左官 재료 판매 | 10,000 | 10,000 | 1924 | 1937 |

# 찾아보기

## ㄱ

ㄴ



ㄷ

ㄹ



ㅁ

ㅂ

### ㅈ

ㅍ



ㅎ

## 저자 소개

**김대래(제5장)**

현직: 신라대학교 경제학과 교수(drkim@silla.ac.kr)

전공: 한국경제사

논저: 『부산 귀속사업체 연구』

『해방직후 부산 경남지역의 공업』

「귀속사업체의 연속과 단절(1945-1960)-부산지역을 중심으로-」(공저)

「20세기 후반기 지방재정 통계정비의 문제점(1950-2000)-부산의 사례를 중심으로-」

「이주와 지배: 개항 이후 부산거주 일본인에 관한 연구(1876-1910)」

**김종한(제6장)**

현직: 경성대학교 경제물류학부 교수(kimjhan@ks.ac.kr)

전공: 노동경제학, 정치경제학

논저: 『대안적 발전모델: 신자유주의를 넘어서』(공저)

『지역고용전략의 쟁점과 과제』(공저)

『지역 노동시장의 쟁점과 과제』(공저)

「부산지역 고용불일치 특징과 일자리창출 정책분석」

「한국 상장기업의 산업 및 기업유형별 생산시스템 분석」

**김호범(제4장)**

현직: 부산대학교 경제학과 교수(hobkim@pusan.ac.kr)

전공: 한국경제사, 동아시아경제사

논저: 『사람의 역사, 경제의 역사』(공저)

「노동력 공급감소와 질적 향상이 경제성장에 미치는 효과」(공저)

「식민지기 본점은행의 설립과 해체: 부산 3행의 경우」(공저)

「20세기 주요 도시별 예대출의 통계정비와 그 변동추세 분석」

「일본의 인구학적 요인과 경제성장간의 관계에 대한 분석」(공저)

**박섭(총론, 제6장)**

현직: 인제대학교 국제경상학부 교수(econseop@inje.ac.kr)

전공: 동아시아경제사

논저: 『근대 동아시아 경제의 역사적 구조』(공편)

『동아시아 경제의 형성과 발전』(공편)

「근대경제에 대한 한국인의 적응: 19세기 후반부터 20세기 전반까지」

「Cooperation between business associations and the government in the Korean cotton industry, 1950-70」

「한국과 대만 경제에서의 同業者團體의 역할, 1950-1980」

**박영구(제2장)**

현직: 부산외국어대학교 경제학과 교수(parkyg@pufs.ac.kr)

전공: 산업경제사, 경제발전

논저: 『근대부산의 제조업, 1900-1944: 통계와 발전』

『시장의 지배자들: 열강들의 성장과 퇴보, 세계경제 200년사』(공저)

『농촌지역 노동시장과 고용기회』(공저)

『한국 중화학공업화 연구 총설』

『현대부산의 제조업, 1945-2000: 통계와 발전』

『후발공업국의 발전전략과 산업경쟁력: 19세기 독일의 경쟁력 우위 원천과 시사점』

**배석만(제3장)**

현직: 부산대학교 강사(dolbe68@hanmail.net)

전공: 한국근현대사, 산업사

논저: 「1970年代初頭現代グループの造船工業參入過程の分析」

「일제말 조선인자본가의 경영활동 분석-白樂承과 李鍾會의 군수회사 경영을 중심으로-」

「태평양전쟁기 조선총독부의 국책조선소 건설추진과 그 귀결-朝鮮造船工業株式會社의 사례-」

「일제시기 부산의 대자본가 香椎源太郎의 자본축적활동-日本硬質陶器의 인수와 경영을 중심으로-」
「일제시기 朝鮮機械製作所의 설립과 경영(1937-1945)」

**장지용(제1장, 부록)**

현직: 부산대학교 경영경제연구소 전임연구원(symomm@kornet.net)
전공: 한국경제사
논저: 『동아시아의 경제, 20세기에서 21세기로』(공저)
『사람의 역사, 경제의 역사』(공저)
『일본자본주의와 한국 · 대만-제국주의 하의 경제변동』(공역)
「한국 공업화 과정에서 농촌의 역할: 도시가구와 농촌가구의 소득과 지출을 중심으로」(공저)

**정이근(제1장, 부록)**

현직: 동아대학교 강사(jung2gun@hanmail.net)
전공: 경제사, 정치경제학
논저: 『역사유물론과 자본주의』
『자본주의의 기원』(역서)
「갑오농민전쟁의 사회경제적 배경」
「4대 도시의 제조업 이윤율 비교, 1970~2000」(공저)

# 부산의 기업과 기업가단체, 1900~1945

2010년 5월 3일 초판1쇄 인쇄
2010년 5월 10일 초판1쇄 발행

저 자 박섭 · 장지용 편
발행인 노현철
발행처 도서출판 해남
서울특별시 서대문구 충정로 3가 227-1 우리타워 6F
전화 739-4822 팩스 720-4823
e-mail haenam30@dreamwiz.com
homepage www.hpub.co.kr
등록 1995. 5. 10 제 1-1885호

정 가 23,000원

ISBN 978-89-6238-020-0 93320

이 저서는 2007년도 정부재원(교육인적자원부 학술연구조성사업비)으로
한국연구재단의 지원을 받아 연구되었음
(KRF-2007-321-B00029)